戦国時代

永原慶二

講談社学術文庫

目次

「世界史」の成立と新技術

関東・東北の争覇戦

中国・四国の戦い

戦国時代

はじめに――動乱と革新の世紀

旧秩序の解体

京都の大半を焼きつくし、各地を動乱の渦に巻きこみながら一〇年余りに及んだ応仁《おうにん》の大乱は、文明《ぶんめい》九年（一四七七）ようやく終わりを告げた。
その年、興福寺大乗院門跡《もんぜき》の尋尊《じんそん》（関白一条兼良《かねよし》の子）は、日記の中で大乱によって一変した諸国の状況を次のように区分けした。
第一は、幕府の命令にことごとく従わず、年貢《ねんぐ》を一向に進上しない国々、
第二は、国中なお戦乱で、年貢進上どころでない国々、
第三は、幕府の任命した守護は一応下知《げち》に従うが、守護代《しゅごだい》以下在国の者共が従わない国々、
大別すると諸国はこの三つのいずれかの状態にある、というのである。しかし尋尊は国々をこの基準によって色分けしてみたものの、結局は「日本国は 悉《ことごと》く以《もっ》て御下知に応」じないということだ、とサジを投げてしまっている。
応仁の乱以前は、幕府もそれまで永らく社会の骨組みとなってきた荘園《しょうえん》公領制の秩序を大枠としては認めており、守護や国人《こくじん》（在国の旧地頭《じとう》級在地領主）が、「職《しき》」という形で定められた職権の範囲を越えて独立領主化する動きを抑える方針をとっていたが、それが大乱を

室町幕府将軍の在任期間とその末路

代	将軍名	在任期間	事情
9	義尚（義熙）	1473～1489年	近江の鈎の陣中で病没（25歳）。
10	義稙（義尹 義材）	①1490～1493 ②1508～1521	細川政元に追放される。細川高国に追われ、近江で死す（58歳）。
11	義澄（義高 義遐）	1494～1508	細川高国等に追われ、近江で病死（32歳）。
12	義晴	1521～1546	三好長慶等に追われ、近江で病死（40歳）。
13	義輝（義藤）	1546～1565	松永久秀等に攻められ自殺（30歳）。
14	義栄	1568年2月～9月	織田信長に追われ、摂津で病死（29歳）。
15	義昭（義秋）	1568～1573	織田信長により追放される（37歳）。

きっかけとして全面的に崩れだしたのである。実際、各地の荘園の史料を見ても大部分は応仁の乱を境に年貢が納まらず有名無実になっていっている。

しかもそればかりでなく、社会の変動は、村々の地侍《じざむらい》や民衆の動きによっていちだんと底深くおし進められていた。応仁の乱後の文明一七年（一四八五）の山城国一揆《やましろのくにいっき》につづいて、長享《ちょうきょう》二年（一四八八）には加賀《かが》の一向《いっこう》一揆が守護富樫政親《とがしまさちか》を倒し、「門徒持ち」の国といわれるほどの事態を出現させた。権力は将軍から守護へ、守護から守護代・国人へ、そしてさらに地侍・「百姓」へと、しだいに分散下降し、下剋上《げこくじょう》的社会状況が広まり、時代は室町から戦国へと移り出していた。

この間、将軍義尚《よしひさ》は近江《おうみ》に出兵（一四八七）して、同国南半の守護六角高頼《ろっかくたかより》を討つなど、幕権の回復にそれなりの努力をかたむけたが、翌々年、酒色がたたってわずか二五歳で鈎《まがり》の陣中に死んだ。その後、義材《よしき》（義稙《よしたね》）・義高《よしたか》（義澄《よしずみ》）・義晴《よしはる》・義輝《よしてる》とつづく将軍たちは、みな細川・三好などの実力者たちの都合によって擁立され、また追放されてゆき、前ページの表で分かるように、だれ一人、京都で平穏に終わりをまっとうすることができなかった。しかもそのように将軍の運命を翻弄《ほんろう》した細川にしても、ほんとうに実力をもっていたのは勝元《かつもと》の子政元《まさもと》までであり、その後は二流に分裂してしだいに力を失っていった。

戦国時代の上限と下限

常識的な時代区分によると、戦国時代とは、応仁元年（一四六七）の乱の開始から、天正《てんしょう》元年（一五七三）織田《おだ》信長《のぶなが》が将軍義昭《よしあき》を追放するまでの一〇〇年余りの時期をさすことになっている。たしかに尋尊が記した状況は、応仁の乱によってもたらされたのだから、この時代区分はいちおう適当だといってよい。けれどもすこし具体的に考えてみると、いかに諸国の動乱がはげしいといっても、義尚の代までは、まだ中央政権としての室町幕府の存在を無視するわけにはゆかないし、幕府─守護の体制そのものに正面から反逆的態度を示したものもほとんどいない。その意味で、戦国時代の開始時点を応仁の乱の勃発《ぼっぱつ》に求めることはややあいまいであり、いささか早きに失するといわなければならない。むしろ次のような一連の動きこそが、戦国時代開幕の実際の指標だと思われる。

文明一八年（一四八六）、出雲《いずも》で前守護代尼子《あまご》経久《つねひさ》、守護京極《きょうごく》氏の拠点月山《がっさん》城を奪う。
長享二年（一四八八）、加賀で一向一揆、守護富樫政親を倒す。
延徳《えんとく》三年（一四九一）、北条早雲《ほうじょうそううん》、伊豆《いず》韮山《にらやま》を奪い堀越公方《ほりこしくぼう》足利茶々丸《あしかがちゃちゃまる》を殺す。
明応《めいおう》二年（一四九三）、細川政元、将軍義材を追放する。

すなわち、数年間につづいておこったこの四つの事件は、既成の支配者同士の権力闘争にとどまるものではなく、どれもが、幕府―守護体制そのものに対する根本的な反逆という性質を帯びていた。このなかからさらにどれか一つの事件で線をひき、時代区分の画期を明瞭《めいりょう》にせよといわれるとむつかしいが、あえていえば、前三者をふまえて、政元のクーデターをもって戦国時代の開始ということができるだろう。やはり、ローカルな事件だけで歴史の全体的変化を区切ることは適当でない。その点、政元のクーデターは、将軍の実権と既存の幕府体制にとどめを刺したという意味で、全国的な意味をもち、一つの時代の終わり、したがって新時代の始まりとするにふさわしいといえる。

では、戦国時代の終末点はどこか。そのくわしい理由はのちに述べるが、結論だけをさきにいえば、私は、通説の天正元年（一五七三）（信長の義昭追放）よりも、信長が岐阜から安土《あづち》に移った天正四年のほうが適当だと考える。安土進出は、濃尾《のうび》の戦国大名信長が、「天下人《てんかびと》」への飛躍を具体化したもっとも明瞭な画期である。そしてさらにいえば、信長の安土時代を引き継いで秀吉《ひでよし》が天正一八年（一五九〇）、小田原の北条氏政《うじまさ》・氏直《うじなお》を打倒し、国内統一の軍事活動を完了するまでを実質的には戦国時代の最終局面として視野に入れる必要がある、と思う。そうしたわけで、本書の叙述の範囲は一五世紀の九〇年代から一六世紀の九〇年に及ぶほぼ一世紀ということになる。

時期区分をどう見るか

おおまかにいって一世紀にも及ぶこの戦国時代は、一つの時代としての独自の特徴をもつと同時に、その初期と末期とでは当然のことながら、ずいぶんと変化がある。感覚的に分かりやすい絵画史でいえば、水墨画の頂点雪舟《せっしゅう》（一四二〇〜一五〇六）の時代から、豪華絢爛《けんらん》たる狩野永徳《かのうえいとく》（一五四三〜九〇）の時代までの推移をふくんでいる。また人の世代でいえば、およそ三世代の歳月にわたる。したがってこの一世紀に登場する群雄たちをひとくるめにしたり、その間の社会的推移を無視したりすれば、時代把握は平板になってしまうおそれがある。やはりこの時代のなかをさらに時期区分して見てゆくほうが、一世紀の歴史の流れを具体的にとらえることができるだろう。

そこで試みにおもな大名たちの生存期間を一瞥《いちべつ》しよう。天文《てんぶん》一二年（一五四三）（一五四二年説もある。後述）は、この時代の戦術を一変させた鉄砲伝来の年であるが、ほぼこの時点は大名たちの生存期からみても、大きな境目ということができる。北条早雲と氏綱《うじつな》父子、尼子経久、駿河《するが》の今川氏親《いまがわうじちか》などははっきりと〝鉄砲以前〟の人である。陸奥《むつ》の伊達稙宗《だてたねむね》、周《す》防《おう》の大内義隆《よしたか》、美濃の斎藤道三《どうさん》などの主な活動もだいたい〝鉄砲以前〟といったほうがよい。それに対して北条氏康《うじやす》・毛利元就《もうりもとなり》・武田信玄《たけだしんげん》・上杉謙信《うえすぎけんしん》・浅井長政《あざいながまさ》・朝倉義景《あさくらよしかげ》・三好長《みよしなが》慶《よし》・松永久秀《まつながひさひで》などは、年齢に差はあっても天正元年（一五七三）前後にみな生涯を終わっている。これらはいわば〃鉄砲以後〃の戦国第二世代の人々である。

代表的人物の生死を指標にして歴史を見るというわけではないが、そうしたことも念頭において戦国時代のなかをさらに時期区分すれば、明応《めいおう》二年（一四九三）から天文一二年（一五四三）までの五〇年を第一期（前期）、それ以後永禄《えいろく》一一年（一五六八）の信長入京までの二五年間を第二期（後期の前半）としたい。これは、各地で大名領国体制が本格的に形成されてゆく時期である。それに対して第三期（後期の後半）に当たる永禄一一年から信長の安土移転すなわち天正四年（一五七六）までは、全国の動きが信長に対する武田・朝倉・浅井・毛利などの大名と本願寺＝一向一揆の戦いにまとまってゆき、「天下」を賭《か》けた争いに歴史が収斂《しゅうれん》してゆく局面である。この動きは天正一八年（一五九〇）秀吉による小田原北条氏打倒によって完了する。したがって第三期は戦国の終わり、天下統一の過程であり、いわゆる織豊《しょくほう》政権期にかかっている。第三期は統一の本格的進行期であるが、信長の若い時代はまだ戦国といったほうがよい時代的特徴をもっている。

時代を見る目

では、日本列島諸地域の動きがそれぞれ半ば独自に、半ば連動しながら同時併行で進行するこの時代の歴史の本質をとらえるには、どこに目をすえるのが適当であろうか。歴史を見る目は人によってさまざまであり、絶対というものはありえない。しかし私は、すくなくとも次のような点を念頭におくことが大切だと思う。

第一は、戦国時代史を、群雄抗争の年代記だけにとどめないことである。たしかに戦国の群雄たちはそれぞれに卓越した能力と個性を発揮し、時代をリードする存在であった。この時代になぜ個性強烈な群雄がいっせいに姿を現すのかも歴史として重要な問題だ。だが、この時代には社会のあらゆる階級・階層・集団・個人などが、それぞれに歴史の舞台に登場し、鮮明な役割をもち、相互にからみ合いながら社会をゆり動かしてゆく。歴史はなによりもそのような全社会層の動きの総体を相関的・構造的にとらえるものでなくてはならない。

第二は、動乱のもたらす社会変動を、そのもっとも深奥の要因から考えてみることである。社会変動とは、いわば深層ナダレのようなものであって、表層の観察からだけではその本質をとらえることができない。織田信長がもっとも手を焼いたのが一向一揆であったことからもすぐ考えられるように、戦国動乱の深奥部の力は地侍・農民などの惣《そう》・一揆を基礎とする民衆闘争だった、と私は思う。一向一揆はとりわけきわだった動きであるが、地侍・農民のような村に根を下ろした広範な人々が諸地域で強い自律的・独自的な活動を展開し、社会の在り方を根底から変えていったのがこの時代の特徴である。

第三は、この激動の世紀を、たんなる破壊と混乱の時代としてではなく、革新と創造の時代としてとらえることである。この動乱によって、もはや色褪《いろあ》せた「中世」的なものが否定し去られ、新たな「近世」的なものが準備されてくるといわれるのであるが、それは具体的にはなんだったのか。人々の生活や社会の諸関係も、人間のタイプも、また価値意識も、この一世紀のあいだに一変した。そこで生みだされ、新たに創造されてくるものを明確にすることこそ歴史を見る目の基本である。そこには過渡期というだけではすまない独自性豊かなものがある。

第四は、この時代を世界史的な視野のなかで、ひろく、深くとらえることである。一五世紀末から一六世紀にかけて、世界は大航海と発見の世紀にはいった。ポルトガル・スペインをはじめとするヨーロッパ人が、アジアに進出するなかで、日本・琉球《りゅうきゅう》・中国・朝鮮・東南アジアもいやおうなしに新たな国際関係のなかにおかれることとなる。「日本」の中として見すごされがちの琉球や北海道もそのなかで大きく変動し新しい特徴をもつようになる。それらは日本の戦国時代史の展開にどのような影響をもたらしたか、また日本人の自己認識・国際認識と国際感覚はそのなかでどのように変化していったのか。戦国大名たちにとって、戦争と内政、外交と貿易が切りはなしえない一体的なものとなってゆくことは、これ以前にはみられない特徴であって、それがこの時代の変動のスケールをいちだんと大きくし、「面白さ」をもたらしているといえる。

戦国時代の開幕

早雲、豆・相を取る

早雲の登場

戦国の群雄のさきがけはやはり北条早雲《そううん》である。「北条早雲」は後世の通称で、当人は伊勢新九郎長氏《ながうじ》と名乗り、入道して早雲庵宗瑞《そうずい》と号した。この長氏＝早雲（以下、便宜上、すべて早雲と記す）が駿河《するが》から突如伊豆《いず》に侵入、政知《まさとも》（将軍義教《よしのり》の子、義政《よしまさ》の弟）から代替わりになったばかりの堀越公方《ほりこしくぼう》足利茶々丸《あしかがちゃちゃまる》を殺して、要衝韮山《にらやま》を奪取したのは、延徳《えんとく》三年（一四九一）九月のことである。時はまだ応仁《おうにん》の乱からさほどのへだたりがなく、時代の空気はなお室町といったほうが自然のころであった。そのとき、駿河今川領の東端興国寺《こうこくじ》城（沼津市）の城将とはいえ、ほとんど無名の早雲が、室町幕府の東国支配権を統括する堀越公方を、理由も示さず、すこしのためらいもなく倒してしまったのだから、その登場は室町幕府体制への反逆としてまことに鮮烈な印象を与える。このとき早雲は年六〇（とされるが疑問もあり、確実には分からない）。新時代の旗手というには意外な高齢であった。

　早雲の生国・出自については、古くから正体不明の素浪人とする説のほか、伊勢、京都、備中《びっちゅう》などの諸説があったが、近年、備中に所領をもつ伊勢氏の一族で、そのころ盛時《もりとき》と名乗

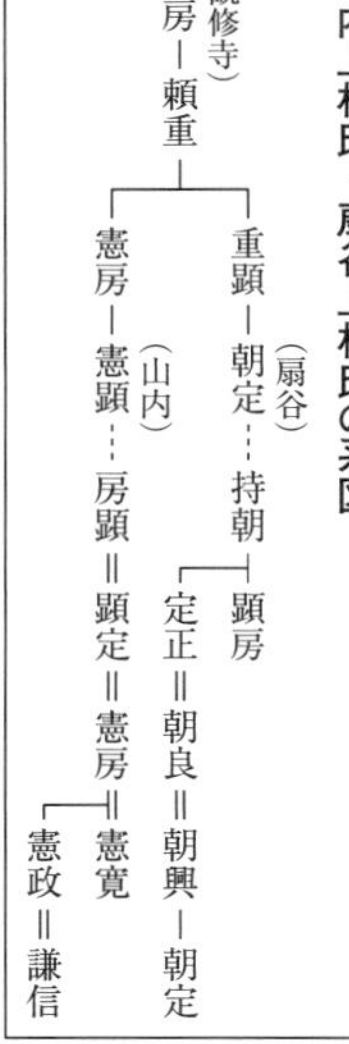

山内上杉氏・扇谷上杉氏の系図

っていたことが確認された。また妹の北川殿が今川義忠《よしただ》（氏親《うじちか》の父）の夫人となっており、その縁故をたどって駿河に下向したと伝えられてきたが、これも、早雲が幕府の政所《まんどころ》長官伊勢氏の一族とすれば、妹が足利一門の今川氏に入嫁してもすこしも不思議はないと考えられるようになった。早雲は韮山奪取以前、今川氏の継嗣《けいし》をめぐる内紛を調停して北川殿の生子氏親を立てることに成功し、その功で興国寺城将に登用されたようである。さらに最近の研究では、当時幕権を握る細川政元《まさもと》と今川氏親との間にかねて連係があり、政元が政知の次男清晃＝義澄を将軍に擁立するため、早雲をして茶々丸を倒させたと見る説も提起されている。

このころ、伊豆・関東の情勢は、山内《やまのうち》・扇谷《おうぎがやつ》両上杉の対立によって、すでに火をふきつつあり、太田道灌《おおたどうかん》が殺された翌長享《ちょうきょう》元年（一四八七）には、扇谷上杉定正《さだまさ》と山内上杉顕《あき》定《さだ》とが、相模《さがみ》の実蒔《さねまき》原（神奈川県厚木市）、武蔵《むさし》の須賀谷《すがや》原（埼玉県比企《ひき》郡嵐山《らんざん》町）・同高見原（埼玉県大里《おおさと》郡寄居《よりい》町）などで、大規模な合戦をくりひろげていた。その四年後、将軍義政の弟で関東の鎮めの任務をおびてくだっていた堀越公方政知が五七歳で死んだのだから、早雲が幕府の実力者細川政元と密約して野望をみたすのにはたしかに有利な情勢であった。『鎌倉九代後記《かまくらくだいこうき》』などは、これを上杉定正の手引きとしているが、のちの行動からみても、早雲がするどく情勢をみてとり、政元の要請に従い、みずから決断したとみるほうが適当であろう。韮山は国府のある三島《みしま》に近く、伊豆半島ののどもとに位置していたから、これをおさえることは、伊豆一国ばかりか、東国全体を戦略上の視界に入れるための近道であった。

それから五年後の明応《めいおう》五年（一四九六）（通説では明応四年だが、五年、あるいはそれ以降と見るのが最近の研究である）、早雲はまた東に進んで小田原城を急襲し、城主大森氏を追った。早雲第二の賭《か》けである。大森氏は上杉定正の重臣で大きな勢力をもっていた。元来駿河東部の出身であるが、上杉禅秀《ぜんしゅう》の乱（応永二三年＝一四一六）以降相模西部に進出、氏《うじ》頼《より》の代に小田原城を本拠とするようになった。早雲は城主大森氏頼が死ぬと、その機会をとらえ、小田原攻撃にふみ切ったのである。そのとき、城主は大森藤頼《ふじより》というのが古くからの説であるが、たしかな史料では「式部少輔《しきぶしょうゆう》」とよばれる人物だった。

相模を制す

小田原城奪取以後、長いあいだ、早雲の行動には記録にのこるほどのものが見られない。おそらく、伊豆・西相模の地固めに時をついやしていたと思われる。早雲自身はまだ韮山を本拠とし、小田原には入っていない。

しかし、小田原奪取からほぼ一〇年近くを経た永正《えいしょう》元年（一五〇四）、早雲は扇谷上杉朝《とも》良《よし》（定正の養子）に呼応して山内上杉顕定と戦うため、稲毛《いなげ》（神奈川県川崎市）まで進んだ。また永正三年・同五年には今川氏親の命をうけて三河《みかわ》に出陣した。永正三年には西相模ではじめて検地も行った。これらの事実からすると、かれは、上杉・今川のような既成の権力ともたくみに連絡しながら、一歩一歩わが道を切りひらこうとしていたようである。

こうした政治的、軍事的準備をかさねたのち、永正九年、早雲は第三の飛躍にふみ切った。三浦義同《よしあつ》の拠《よ》る岡崎城（伊勢原市）攻撃である。三浦氏は東相模から同国中央部にわたる大豪族であり、その娘は太田道灌の子資康《すけやす》の妻となっていたことからも分かるように、相模統一をめざす早雲の前に立ちはだかる強敵であった。しかもこの攻撃は、小田原攻めの場合よりもはるかに多くの危険が予想された。山内・扇谷の両上杉は、早雲の進出を警戒して、永正二年には和平を結んでいたから、今回の戦いにあたっては、その対立を利用するわけにゆかない。早雲の出兵が知れると、江戸城にあった扇谷上杉朝興《ともおき》も義同救援に出撃した。

しかし早雲は義同を三浦郡の住吉城に追い、朝興を江戸に敗走させるとともに、関東の中心地鎌倉に入り、上杉の来襲にそなえて玉縄城《たまなわ》（鎌倉市城廻）を固めた。上杉・三浦方も屈せず、翌永正一〇年には太田資康が江戸から攻撃をかけてきた。

早雲はこれを破って資康を敗死させたものの、一一年には、三浦半島の新井城《あらい》に拠って力をもりかえした三浦義同・義意《よしおき》父子が鎌倉に襲いかかった。早雲は相模平定によって生涯の最後を飾ろうとしたのであろう。力戦してこれを退けた。つづいて永正一三年、扇谷上杉朝興が玉縄城に攻撃を加えてきた。早雲はこれも破ると、新井城を急襲し、ついに三浦父子を敗死させた。ここに早雲は韮山奪取以来二五年の歳月をかけて豆・相両国を制圧することに成功した。

主従と民政をめぐる所伝

元来、東国に固有の所領も武力ももたず、今川の客将にすぎなかった早雲のこうした驚くべき軍事的成功は、応仁以前から進行していた鎌倉公方の支配体制の崩壊という東国の歴史の流れと、かれ自身の人間的能力によるとひとまずいえるであろう。

けれども一歩すすんで考えれば、これほどの成功を支えた軍事力、さらにはその背後にある政治・経済力を、早雲はどのように組織し、発揮していったかという疑問にゆきあたる。

この問題を解き明かすのに参考となる一つの史料は『小田原旧記《おだわらきゅうき》』であろう。この史料は東京西郊の三鷹《みたか》市牟礼《むれ》に住む高橋毅氏の所蔵文書《もんじょ》の中から発見され、昭和二八年（一九五三）、はじめて紹介された。本書には伝存者高橋氏の地位・家格を高くするための作為と解すべき部分もふくまれていて学問的評価はかならずしも高くない。しかしその原形が編まれたのは、天文《てんぶん》二一年（一五五二）の北条氏の上州平井城攻略後まもないころという推定も可能で、その内容には参考となるところも少なくない。冒頭には「御草創之功臣」として、

(1)御由緒家　七家　御草創七手御家老衆
(2)駿河衆　四家　豆州御打入之砌《みぎり》駿州より御供之家
(3)伊豆衆　二〇家　伊豆御打入以後一国御平定之砌最初に御味方に属する家（実際には二一家書かれており、その一家が高橋家である）
(4)相模衆　一四家　小田原平定之節最初に御手に属する家

北条氏系図

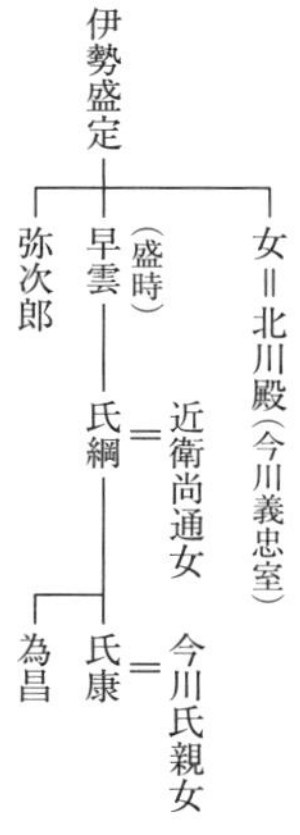

計四五家を挙げている。これものちの歴史的展開につれて増加した人々をふくめて整えられたものではあろうが、やはり相当の史実を反映していると見てよいだろう。

もともと本領に住みつづけた古い家柄で多くの一族をもつ場合とちがい、今川氏の一客将にすぎなかった早雲には頼るべき同族や根《こん》本《ぼん》被《ひ》官《かん》が乏しく、はじめは早雲に従って東下してきたわずかの部将がいたにすぎないらしい。近年の研究で分かってきたところでは、のちのちまで北条氏の重臣として活躍した大道寺・笠原氏などが備中以来の根本被官であった。「旧記」は「御草創七手」というから、せいぜいその程度であろう。早雲は、そうした同族・根本被官の乏しさを補うため、伊豆衆・駿河衆以下の大小の国人《こくじん》・地侍《じざむらい》をつぎつぎに服属させながら家臣構成を拡大していった。そのさい、注意をひかれるのは、これら国人・地侍級家臣の謀《む》反《ほん》や敵方への寝返りといった事実や所伝がほとんど残されていないことである。のちにくわしく見るように、戦国大名はみな国人領主を服属させて、それらを自分の軍事力にとりこむけれども、多くの大名は、かれらの絶えざる反乱や動揺になやみぬかねばならなかったし、それに関する史実は無限といってよいほど多い。ほんとうに早雲の場合うまくいっていたのだろうか。

このことにかかわって『北条五代記』は興味深い話を伝えている。早雲が韮山を奪うと、伊豆の侍たちはみな服属してきたが、かれは「御所（堀越公方）の知行《ちぎょう》わずか有計《あるばかり》を台所領

（早雲の直轄領）に納め」、国内の侍たちの所領はみなもとどおりに安堵《あんど》した、というのである。しかもまたこれと同時に「前々の侍年貢《ねんぐ》過分の故、百姓つか（疲）るゝ由《よし》聞及びぬ。以来は年貢五つ取所《とるところ》をば一つゆるし、四つ地頭おさむべし。此外一銭にあたる義なり共、公役かくべからず」と布令した、という。

もちろん、この所伝を確実な史料によって裏付けることはできない。「四つおさむ」という四公六民に通ずる表現も江戸時代のものであってそのまま信用するわけにはいかない。けれどもこうした所伝が生まれるような配慮や政策がある程度実施され、国人・地侍・百姓の多くが早雲を受け入れていたと見ることは、あながち不当ではあるまい。『北条五代記』はまた韮山急襲のおりに、日ごろ早雲から年貢軽減の恩をうけていた百姓たちが「此君の情には命の用にもたつべし」といって従軍したとも伝えている。領内国人・地侍ばかりでなく、農民の人心掌握にまで進んだところに早雲の成功の秘密があったかもしれない。この点は北条氏の領国支配体制構築の問題として後で検討しよう。

早雲寺殿廿一箇条

ところでこの早雲は、長寿をまっとうし（通説では八八歳）、徒手《としゅ》よく豆・相二国の統合に成功するという輝かしい事績をのこしたにもかかわらず、みずからの過去も功業も、いっさい人に語ろうとしなかったようである。それに関する書状・手記のたぐいは残されていない。ただひとつ、これも確実にかれのものと断定できないが、おそらく早雲自身が残したと見てよい家訓「早雲寺殿廿一箇条」がある。家中の人々のために記しおいた日常心得というべきものであるが、よくかれの人柄を伝えている。その一、二を示そう。

一、手水《ちょうず》を使はぬ先に、厠《かわや》より厩《うまや》・庭・門外迄《まで》見めぐり、先《まず》掃除すべき所を、似合の者に言付《いいつけ》、手水を早く使ふべし、水はありものなればとて、ただうがひし捨べからず。家の内なればとて、高く声ばらひする事、人に憚《はばか》らぬ躰《てい》にて聞にくし、ひそかに使ふべし、天に跼《くぐま》り、地に蹐《ぬきあし》すといふ事あり（第四条）

これが疾風《しっぷう》怒濤《どとう》の時代に身をおき、豆・相二国を実力で奪いとった人物の言葉とはとても思えないこまかな心配りである。しかし、この用心深さ、身の慎みこそ、ナゾの前半生のうちに身につけたものであり、同時に韮山以後にも一貫したものであろう。

一、拝みをする事、身の行ひ也、只《ただ》心を直《すぐ》にやはらかに持、正直憲法《けんぽう》にして、上たるをば敬ひ、下たるをば憐《あわれ》み、有るをば有るとし、無きをば無きとし、有のまゝなる心持、仏意冥慮《めいりょ》にもかなふと見えたり、たとひ祈らずとも、此《この》心持あらば、神明の加護之《これ》有るべし、祈るとも心曲らば、天道に放され申さんと慎むべし（第五条）

ここでは、「有るをば有るとし、無きをば無きとし」という平凡ではあるが、しばしば人生にとって貫きがたい信条が率直に述べられ、神仏を拝むとはそのような「有のまゝ」のいつわりない態度にほかならないといっている。これこそ、かれの家臣・民衆に対する一貫した姿勢であり、人心掌握の秘鍵《ひけん》でもあったのではなかろうか。中世的ないつわりの多い権威主義や伝統・家柄などの拘束がまだ強い時代状況のなかで、一代で身を立て広大な領域支配者の地位にのぼったものがこういい切ることは、やはり思いきった価値意識の変革というべきである。古来、戦国群雄のなかでもきわだった権謀術数家のように見られている早雲であるが、この「廿一箇条」ににじみ出ている人間像こそ新しい時代の担い手としてのかれの実像に近いと見てよさそうである。

虎の印判

早雲は、死の前年、すなわち永正一五年（一五一八）九月、家督を嫡子氏綱《うじつな》に譲った。その直後の一〇月、氏綱は伊豆の木負《きしょう》（静岡県沼津市）の百姓たちにあてた文書に、はじめて「虎の印判」を用いた。印の上部に虎をすえ、印文には「禄寿応穏《ろくじゅおうおん》」の四字を刻んでいる。

虎の印判　北条氏綱が永正15年（1518）にはじめて使用して以後4代73年間用いられた。川崎市市民ミュージアム

これ以後、虎の印判は北条家督の権威のシンボルとして、同氏の滅亡にいたるまで、重要な公式文書にはつねに用いられた。印文の四文字は、おそらく早雲の到達した心境であり、氏綱の家督相続にあたり、領国統治の平安を願って刻んだ言葉であろう。そして氏綱は「伊勢」の名字を「北条」に改めた。「北条」の名乗りは伊

豆・相模の国主として、鎌倉北条氏を継承するという思いをこめたものである。

氏綱はこのとき三三歳、以後天文一〇年（一五四一）の死にいたるまでの二十余年間、父の遺業をついで、領国を武蔵に向けて拡大した。大永《たいえい》四年（一五二四）には上杉朝興を破って江戸城を奪い、翌五年には太田資頼《すけより》の守る岩付《いわつき》（槻）城をおとしいれた。さらに天文六年武蔵の要衝川越《かわごえ》城を取り、翌七年には下総国府台《しもうさこうのだい》で小弓御所《おゆみごしょ》足利義明《よしあき》（古河《こが》公方《くぼう》政氏《まさうじ》の子）およびそれを支持する里見義堯《よしたか》と戦って義明を倒すとともに、勢力を房総方面にまでのばした。この間、氏綱は娘を古河公方晴氏に嫁がせ、義明・義堯との戦いを有利にみちびく政治工作もおこたらなかった。また、鶴岡八幡宮修復の大造営工事を一世一代の大事業として推進し、京都・奈良の多数の職人を招きこれを完成した。

永正一七年、氏綱は早雲からの代替《だいが》わりを契機として、相模国内の大規模な検地を実施した。検地は領国支配の土台というべき事業であるが、前代の守護大名たちはまだこれにほとんど手をつけられなかった。検地は年貢や夫役《ぶやく》の増徴に連なる。そのためたいていの場合、地侍・百姓はこれに猛烈に抵抗した。領国内の国人領主も段銭《たんせん》や軍役《ぐんやく》の増徴に連なるため反対した。そのため守護大名は結局、荘園制以来の古い土地台帳にたよらざるをえなかったのである。これに対して氏綱が、先例のない大規模な検地を代替わり早々に実施したことは注目に値する。ここに、北条氏がもっとも力をいれた領国支配の基調が鮮やかに示されている。

尼子経久、出雲を制す

守護代から戦国大名へ

早雲とは異なる立場・家柄から出発して、〝鉄砲以前〟にいちはやく有力な戦国大名に成長した代表的人物に山陰の尼子《あまご》経久《つねひさ》がいる。

尼子氏は近江《おうみ》国北半守護京極氏の庶流で、同国犬上《いぬかみ》郡尼子郷（滋賀県甲良《こうら》町）を本領としたが、明徳《めいとく》三年（一三九二）、室町幕府に重きをなした京極高詮《たかあき》が出雲・隠岐《おき》の守護に任じられたおり、尼子持久《もちひさ》を出雲守護代として近江から派遣したことに始まる。

この尼子氏が出雲で飛躍の基礎を築いたのは、経久の父清定であった。当時、守護京極政高は、応仁の乱のさなかでひきつづき在京し、国元の支配は清定に任せていた。このころ出雲でも国人領主の離合がつづき、守護体制はおびやかされていたが、清定は守護所のある富田《とだ》の月山《がっさん》城（島根県安来《やすぎ》市広瀬町）において、領国支配の安定に力を入れた。その結果、かれは政高から恩賞として、能義《のぎ》郡奉行職《ぶぎょうしき》、美保関《みほのせき》（島根県松江市美保関町）および安来領家分代官職などをはじめ、多くの所領をあたえられた。なかでも美保関は日本海海上交通の有力港津《こうしん》で、そこから徴収できる入津料《にゅうしんりょう》＝関銭《せきせん》や流通税は安定した大型財源であった。しかし、清定が得たこれらのものは、変質しつつあってもまだ荘園制的秩序のもとでの「職《しき》」である。また文明六年（一四七

尼子氏の系図

清定──経久─┬─政久──詮久（晴久）──義久
　　　　　　　└─国久──誠久──勝久

四）、清定が、一七歳の嫡男又四郎を京都にのぼせて主家に仕えさせたことからみても、清定は出雲に根をおろしつつあったとはいえ、なお幕府―守護体制の枠《わく》からまったくとびだした存在ではなかった。

ところが、応仁の乱後間もなく、又四郎、すなわち経久は公然とこれから離反するようになる。次の文書は、その実態をよく示している。

佐々木尼子民部少輔《みんぶしょうゆう》（経久）の事、御成敗《ごせいばい》に背《そむ》き、寺社本所領を押へ置き、剰《あまつさ》へ今度御所修理料段銭の事、宮両人に仰せ付けらるるの所、難渋《なんじゅう》せしむ、その外《ほか》条々緩怠《かんたい》、一《いっ》に非《あら》ざるの上は、退治なさるるの御下知《おんげち》畢《おわんぬ》、然れども風聞の如くんば、佐波《さは》兵部少輔彼《か》の尼子に合力《ごうりき》して出張すと云々、言語道断《ごんごどうだん》の次第也《しだいなり》、河州進発の事、仰せ付けらるるの所、遅怠せしめ、結句此《かく》の如きの所行《しょぎょう》、太《はなは》だ然るべからず、自然申す子細ありといへども、日ならずその綺《いろい》を止《とど》め、河州へ発向せらるべき由、仰せ下さるる所也、仍《よっ》て執達件《くだん》の如し、

文明十六年三月十七日

下野守（布施英基）（花押）

大和前司（飯尾元連）（花押）

吉川次郎三郎（国経）殿

（原漢文）

これは幕府の奉行人が将軍の命をうけて、吉川《きっかわ》次郎三郎国経に指令した文書である。それ

によれば尼子民部少輔経久は、⑴寺社本所領を押領《おうりょう》している、⑵幕府が納入を命じた御所修理料段銭を納めない、⑶その他種々の不法行為もかさねている、⑷佐波兵部少輔（石見《いわみ》の国人）が尼子に呼応している、⑸吉川は河内《かわち》への出陣を命じたのに尼子にくみして延引し不法を重ねている、といったぐあいである。安芸《あき》北部の吉川国経も動揺したため、幕府はそれを抑えるべくこの文書をだしたのである。寺社本所領の保護、段銭の徴収と納入は守護―守護代の基本任務であるにもかかわらず、これを無視し、さらに石見の国人までを味方に引き入れているのだから、経久はいまや幕府―守護体制の一環たる守護代の立場を離脱して、自立的な戦国大名への道にふみだしたといわなくてはならない。

月山城奪回

この幕府の下知と平行して、守護京極政高は経久の守護代の地位を奪い、出雲の国人を動員して経久を月山城から追放し、清定以来の所領も没収した。

この処分が経久にとってきびしい打撃であったことはいうまでもないが、それだけで経久が完全に没落したと考えるわけにはゆかない。処分からわずか二年足らずのちの文明一八年(一四八六)正月、経久は月山城を急襲、城将塩冶《えんや》掃部介《かもんのすけ》を敗死させ、城をふたたび掌中におさめた。この経過について、尼子氏を中心とする軍記物語『雲陽軍実記《うんよういくさじつき》』は、ひどく零落して母の実家にひそんでいた経久が、被差別民である鉢屋《はちや》の集団の援助をうけ、正月元日の朝、かれらを万歳《まんざい》に扮装《ふんそう》させて城内に入れ、人々の注意をこれにひきつけた隙《すき》をついて火を放ち、その混乱に乗じてたちまち城を奪った、と述べている。

戦国大名がこのような被差別民集団を積極的に掌握し動員したことは、のちにもふれるように一般にも存在した。だが、経久がこのころ極端に落ちぶれていたように描いているのは、やはり文学的作為である。かれが多年にわたって東出雲に築きあげてきた所領支配の体制は、主家の命令や月山城からの退去だけでまったく崩れ去ったとは考えられない。この年経久は二九歳であった。

これ以後、経久のさしせまった課題は、出雲国人の統合である。富田からは距離が近く、勢力も大きいうえ、さきの経久追放のときにも主力となった仁多《にた》郡の三沢氏をはじめ、飯石《いいし》郡の三刀屋《みとや》氏・赤穴《あかな》氏などは尼子と肩をならべる有力国人であった。これらの人々を服属させるにはずいぶん長い時間がかかっている。三沢を計略によって富田の城下に誘いだし、これを倒したのは長享《ちょうきょう》二年（一四八八）である。また三刀屋を服属させたのは、同氏に宛てた経久の明応九年（一五〇〇）の知行宛行状《ちぎょうあてがい》からみて、おそらくそのころであろう。しかし永正五年（一五〇八）、経久は出雲中部の加茂あたりに兵を動かしているから、月山城奪回から二〇年以上を経てもまだ領国の安定を確保しえていなかったようである。早雲に比べて、守護代の家柄から出発するという有利な条件にもかかわらず、なおこのありさまであることは、乱立する国人の統合がいかに困難な事業であったかを示すものである。

それにしても、尼子経久が着実に力をのばし、群がる出雲国人との争いに勝ちぬいていった背景には、かれ自身の能力のほか、次に述べるような天与の資源と良港をおさえることによって、他とは異なる経済力をもちえたことがある。

砂鉄と港湾をにぎる

富田月山城は現在の島根県安来市広瀬町にある。ここを訪れようとすれば、安来駅から飯《いい》梨《なし》川にそって、平坦な道を行くこと車でおよそ三〇分ほど、行く手に月山の山容がせまりだすあたりから、飯梨川の川底は高くなって、沿岸の耕地からは天井《てんじょう》川となっている（近年は改修された）。それは往時の砂鉄のカンナ流しのために堆積《たいせき》した土砂によるのである。山陰の鉄は古代以来この地方の特産であるが、室町・戦国のころには、太刀以下の武具や築城資材用の需要増加にともなって、その生産技術・産出量も飛躍的に上昇し、当地の原料鉄は諸国に供給された。

当時、タタラによる鉄の生産は、出雲の山地をはじめ、伯耆《ほうき》・安芸北部など中国山地の各地で行われた。なかでも飯梨川上流の西比田《にしひだ》に、金屋《かなや》（鉄師）たちが共同で祀《まつ》る金屋子《かなやご》神社の本社があることからも推定されるように、尼子の本拠富田の後背地は、山陰タタラ鉄の主産地であった。当時その生産は現地の土豪・住民や、移動する技術者たちの手で行われ、尼子自身が直接かかわることはなかったが、その流通については強い統制を加え、出荷される製品に対して積出港である美保関で鉄駄別銭《だべちせん》をとりたてていた。

尼子が美保関を掌握したのは父清定の代である。当時美保関は山陰随一の良港として日本海側諸国の船が入港するとともに、中国・朝鮮にも知られ、その名は『明史《みんし》』の記事や一四七一年につくられた朝鮮人申叔舟《しんしゅくしゅう》の『海東諸国記』にもあげられ、内外貿易で活況を呈していた。そのため守護京極氏はこの港を直轄し、入港する船や出入りする荷物から関税をとりたてる権利をにぎり、尼子の離反以前は清定をその代官に任命していたのである。文明六

年（一四七四）一一月一七日付で京極政高から尼子又四郎（経久）に宛てた書状に、

美保関公用《くよう》の事、五万疋《びきと》執り沙汰《ざた》あるべきのうち、今度御上洛につき、万疋の事、明年乙未《きのとひつじ》より五ケ年これを進じ候、四万疋においては厳密に執り沙汰あるべく候、庚《かのえ》子《ね》の歳よりは五万疋もとの如く京納あるべく候、

とあるように、その徴収額は守護取分だけでも五万疋という巨額におよんでいた。したがって代官尼子の取分は、規定どおりの「公用」を納入したとしても、おそらくこれを上まわったにちがいないし、文明六年以降は公用分のうち一万疋も尼子に与えられたわけである。

尼子は、その勢力の伸張にともない、永禄《えいろく》のころには杵築《きづき》（島根県出雲市大社町）や日御碕《ひのみさき》の宇龍津《うりゅうづ》（同上）をもその支配下においた。ここも美保関とならぶ良港で、斐伊《ひい》川をくだる鉄荷は杵築に着き、ここから宇龍津に下ろされて積み出された。尼子が杵築とともに宇龍津の支配に力を入れ、鉄駄別銭を徴収していたことは、日御碕神社に残る数多くの関係文書から知ることができる。杵築には有力商人坪内《つぼうち》氏がいて、杵築（出雲）大社・尼子氏と結び、「相物《あいもの》親方職」をもつ特権商人として活動していた。

あいつぐ進出作戦

その後経久は、山口に逃れてきた将軍義尹《よしただ》（義稙《よしたね》）を擁する周防《すおう》の守護大内義興《よしおき》の軍に加わって、永正五年（一五〇八）入京し、同一三年帰国するまで長く滞京した。五一歳から五

尼子氏の進攻年表

1518（永正15）	伯耆の南条宗勝を攻める。
1521（大永元）	石見に侵入。
1523（大永3）	安芸に侵入。鏡山城を攻める。
1524（大永4）	伯耆の諸城を攻撃。安芸でも大内方と戦う。
1527（大永7）	備後和智で大内方の陶興房と戦う。
1532（天文元）頃	隠岐をおさえる。
1536（天文5）	経久の孫詮久、備中・美作に進攻。
1538（天文7）	詮久、美作・備前・但馬・播磨に作戦行動。

九歳の時期である。当時大内氏は中国地方最大の勢力であったが、尼子はその直接の被官となったわけではない。おそらく出雲を統合した経久自身の判断にもとづき、新たな飛躍を期待してひとまず大内との同盟関係に入ったのであろう。

在京中の活動がかれの戦国大名としての成長にどのような意味をもたらしたかを判断することはむつかしい。しかし帰国した経久は新たな闘志を燃やして、中国諸方面への進出作戦を開始している。おそらく将軍家も管領《かんれい》細川氏もそれぞれに分裂し、室町幕府の予想をこえる凋落《ちょうらく》ぶりを目の前に見て、諸国の情勢にも通じたことが、そのような独自行動をうながしたのであろう。おもな軍事行動だけをあげても、上の表のようであり、自立した戦国大名として勢力を強めている。そして天文九年（一五四〇）には、尼子傘下から大内方に転じた毛利元就《もうりもとなり》を討つため、大挙安芸に侵入している。

こうして尼子の勢力は大永から天文初年にかけて絶頂に達し、出雲以下、隠岐・石見・伯耆・安芸・備後《びんご》・備中・備前《びぜん》・美作《みまさか》・但馬《たじま》・播磨《はりま》に及んだ。俗に尼子を「十一州の大守《たいしゅ》」と称するのもそのような状況をさすのである。けれども、前ページの表を一見して分かるように、尼子の進出作戦は、あまりに多方面にわたっていて、早雲のように的がしぼられていない。そしてまた、軍事的征服地を領国として安定させるための政策についても、早雲の検地や貫高《かんだか》制のような基本的な問題についての積極さがはっきりしない。その意味で、尼子の領国支配は鉄の流通課税などのほかはなお未熟であり、軍事行動にたよりすぎた弱点があったらしい。この点は毛利との関係でのちにくわしくふれる。それにしても尼子経久は、天文一〇年、八四歳の高齢で生涯の幕を閉じるまで、早雲と同じように休むことを知らない精力的活動をつづけ、前期の戦国大名を代表する傑物であったことは疑いない。

道三、美濃を奪う

道三、美濃に入る

戦国前期に登場し、下剋上《げこくじょう》の典型という意味で早雲とならび称せられる斎藤道三《どうさん》は、明応三年（一四九四）の生まれと伝えられる。それは早雲が小田原を取る直前ごろにあたるから、早雲と道三とではゆうに一世代も年齢がちがう。けれども、道三は二〇歳代のうちに美濃で活動をはじめているから、二人はやはり戦国前期の人物といってよい。道三の伝記は霧に包まれているが、通説的には次のようなものである。

道三は、北面の武士の家筋に属し、京都西南郊の西ヶ岡《にしがおか》にいた松波左近将監基宗《まつなみさこんのしょうげんもとむね》の子として生まれ、一一歳のとき京都の日蓮宗妙覚寺《みょうかく》に入って法蓮坊《ほうれんぼう》とよばれた。のち、寺をとびだして松波庄五郎と名乗り、京都西南部西ヶ岡の油搾《あぶらしぼ》り商人奈良屋又兵衛の娘を妻として山崎屋庄五郎と改め、諸国に油を売り歩いた。

しかし、かれはまだ二〇歳代のうちに縁をもとめて美濃国の守護土岐《とき》家の重臣長井長弘《ながひろ》に接近した。長弘はこのころ稲葉山城の守将であったが、家臣西村三郎左衛門尉正元《さえもんのじょうまさもと》の死後、そのあとを庄五郎につがせて西村勘九郎正利と名乗らせ、やがて鷺山《さぎやま》城にいた守護大名土岐頼芸《よりなり》に仕えさせた。——これが『美濃国諸旧記』などをもととして語り伝えられてきた道三のナゾの前半生の筋書きである。

しかし戦後発見された「春日倬一郎氏所蔵文書」の中の「六角承禎《しょうてい》条書」には、妙覚寺から還俗《げんぞく》して美濃に来たのは道三の父（西村新左衛門尉）で、長井氏を名乗り、その子の道三が長井新九郎規秀《のりひで》と称したこと、のち改姓して斎藤利政と称したことなどが記されている。この史料は信頼度の高いものである。したがってこれをふまえれば、道三の国盗《くにと》りは父子二代の事業だったことになる。

当時の美濃では四代にわたり実力を振っていた守護代斎藤氏が没落し、守護の土岐家も乱れて混乱がつづいていた。たまたま妙覚寺時代に共に修業僧であった日運《にちうん》が、長井長弘の弟で美濃常在寺の住職となっていたことから道三の父が長井氏に接近し、この国に触手をのばしていった、というのが事実らしい。

守護をゆさぶる国人と一揆

南北朝期以来、「土岐絶えなば足利絶ゆべし」といわれるほどの勢力をもち、応仁当時守

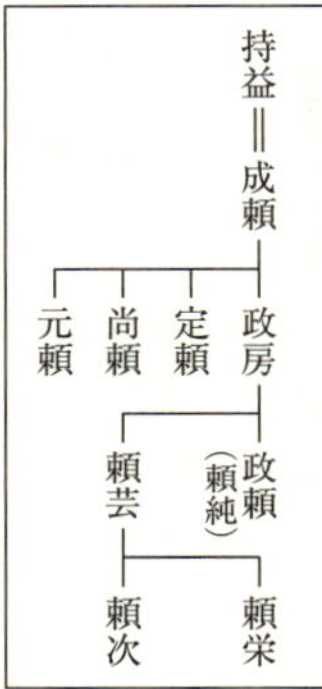

土岐氏の系図

護であった土岐成頼は幕政に深くかかわっていた。その関係から、応仁の乱の終結とともに、足利義視《よしみ》を奉じて帰国した。しかしこれが内紛の発端となり、成頼を支持する斎藤利国《としくに》と、これに反対する守護代利藤《としふじ》とのあいだで争いがおこった。

　この戦いは利国派の勝利で終わった。しかしその後、成頼の継嗣《けいし》をめぐって嫡男政房と四男元頼の対立がおこった。さきの争いで利国派の勝利に力のあった小守護代石丸《いしまる》利光は元頼を支持し、利国は政房を支持した。このために、明応四年（一四九五）から翌年にかけて美濃の多数の国人を二分して船田《ふなだ》合戦とよばれる大規模な戦いがくりひろげられた。村山・山田・長井などの国人は利国方についた。国枝・古田・馬場などの国人は石丸方に味方した。戦いは結局利国方の勝利に終わり、政房が守護職を継ぎ、石丸利光は敗死した。

　船田合戦は、守護の跡目争いというより国人の分裂抗争をその本質としていた。守護の土岐家が無力化したばかりでなく、そのもとで権力をもっていた守護代斎藤家も衰退した。そうしたわけで、勝者となった守護代斎藤利国とその子利親にしても、それほどの実力を独自にもっていたわけではなく、二人は、明応五年、さきに石丸を支持した江南の六角氏を討つため近江に出陣したとき、郷民の蜂起《ほうき》にあってあえなく敗死した。

　この郷民たちは、そのとき斎藤方の兵一〇〇〇を全滅させたといわれるが、一向宗《いっこうしゅう》門徒の一揆《いっき》であったらしい。このころ、門徒勢力は美濃でも急速にのびており、これが情勢の混乱をいっそう深刻なものとしていたようである。三条西実隆《さんじようにしさねたか》の日記の永正《えいしよう》三年（一五〇六）五月七日の条には「濃州一揆蜂起の事、之を語る、驚き入る者也」という記事がある。一向宗の開創寺数を見ても、延徳二年（一四九〇）に三五寺、明応九年（一五〇〇）には四九寺、天文年間に入ると有力直参《じきさん》寺院の数だけで三〇をこえた。土岐の守護領国は、国人の台頭と門徒の一揆によって根底からゆさぶられているのである。道三父子の進出は、まさにそのような情勢に乗じたものであった。

美濃を奪う

このころ道三が担いだ土岐頼芸《よりなり》は、革《かわ》（川）手《て》城（岐阜市）に拠る守護土岐政頼の弟であった。土岐の家は古くから幕府との関係が深かったため、応仁の乱とともに美濃にくだる公《く》家《げ》も多く、革手は西の山口とともに、京都文化の流入がさかんであった。そうしたことから頼芸も都ふうに遊芸を好み、都のことにも通ずる道三を寵愛《ちようあい》した。

道三は頼芸の信頼を得るとすぐ、相続争いに敗れて不満をもつ頼芸に謀反《むほん》をすすめた。大永七年（一五二七）八月、道三は夜陰、革手を急襲し、みずから陣頭に立って城内に突入、政頼を越前《えちぜん》に走らせた。これによって、頼芸は難なく美濃守護職を手に入れた。道三はその功によって本巣《もとす》郡祐向《ゆうこう》山の城主にとりたてられた。

天文二年（一五三三）には、道三は長井新九郎規秀と名乗るようになっていた。この年一一月、長井景弘と連署してだした長滝寺宛ての掟書《おきてがき》がそれを示している。長井氏は守護代斎藤氏とともに、土岐氏を支える両輪の立場にある名家であったから、その名跡《みようせき》をついだ道三は、すでに美濃掌握に向かって数歩進めたことになる。この長井を継承するにいたった経緯は十分明らかでないが、道三は恩人の長井長弘を頼芸に讒言《ざんげん》し、自分の手の者に殺させたと伝えられている。

これによって立場を有利にした道三は、いよいよ大胆な動きをとりだした。本願寺証如《しょうにょ》の『天文日記《てんぶんにっき》』によると、天文五年、道三は別府城をめぐって斎藤彦九郎と争っている。この事件には美濃の門徒もからんでおり、かれらは「長井方が勝つと門徒側はこまる」と本願寺に報告し、越前の朝倉方にも援兵をもとめているから、道三の行動は強引で門徒の反発をまねくものであったらしい。

天文七年、道三は病死した守護代斎藤利良のあとをついで、またもや改名し、斎藤左近大夫《さこんだゆう》利政と名乗った。かれはかねてこの日を期待し、主君頼芸を革手から大桑城《おおが》（岐阜県山県市）に移していたため、美濃の実権は利政＝道三の手に帰した。しかもなおこれにとどまらず、天文一一年五月、大桑城を急襲して頼芸を尾張《おわり》に追った。このころ、土岐一族や国人のなかに、利政の独走に反発し、警戒する空気が強くなっていたことを察したため、かれは、機先を制してこの挙に出たのである。

道三は、こうして徹底した現実主義の道を歩み、たびたび名乗りをかえながら美濃一国を制した。既存の家をつぎつぎに乗っ取りながら前進の地歩を固めてゆくという一貫した手口は、なんらの既成の権力をもたないかれにとっては、もっともてっとり早いやりかたであった。家名や主従の恩義や人間的誠実といった伝統的なモラルからすれば、道三はまことに恐るべき〝背徳者〟である。だがみずからの智謀と術数だけを頼みとし、権力に向かってひたすら前進する道三は、こうした〝背徳〟にまったく躊躇《ちゆうちよ》することがなかった。古来、早雲と道三が「梟雄《きようゆう》」と評価されてきたのもそうしたことによる。それは封建道徳が社会のすみずみまでをとらえた江戸時代につくりあげられた評価であろうが、領有関係がまだ固まっていない前期戦国大名の真骨頂を示すものである。

道三の領国支配

道三が美濃一国を取って以後、四囲の大名・国人・地侍・農民の反発は強かった。天文一三年（一五四四）九月には、尾張の織田信秀《のぶひで》や越前の朝倉教景《のりかげ》が、西美濃の国人衆と連絡をとって道三を攻撃した。さすがの道三もこのときは苦しく土岐頼芸の美濃復帰を認めるという譲歩を余儀なくされた。また『天文日記』には、これに先立つ天文一〇年に、美濃の一向宗道場三〇〇余りのうち、破却を一一ヵ所にとどめた道三の処置に本願寺が感謝しているという記事があるから、門徒一揆、ひいてはひろく民衆に対しても宥和《ゆうわ》策をとらざるをえなかったようである。

天文一八年と見られる安藤鉦司氏（岐阜県本巣市）の所蔵文書には、「真桑名主百姓中《まくわみようしゆ》」宛てに、同郷の用水を「上秋之内高屋上下」から取ることを認めた道三の発給文書が残されている。おそらく、領国の安定のために、このころ道三も民政に力を入れだしていたのであろう。天文一七年、娘の濃姫《のうひめ》を織田信秀の子信長に嫁《とつ》がせたのも緊迫した情勢を切り抜けるための外交策であった。

天文一八年、道三は、稲葉山城を大改修して領国支配の拠点を固め、同二一年にはふたたび大桑城を攻めて、土岐氏を滅亡させ、美濃一国の支配を名実ともに完成した。道三が父のあとをうけて活動を始めたときからここまでに、早雲が豆・相統一に要したと同じように、二十数年の歳月をついやしているが、その足どりは早雲以上に術策にみちていた。のちに、弘治《こうじ》二年（一五五六）、道三が、子義竜《よしたつ》（じつは土岐頼芸の子といわれる）と戦ったとき、道三に味方する被官や国人が意外に少なく、孤立のうちにみじめな最期をとげねばならなかったことに、かれのすべてが象徴されているように思われる。

室町幕府体制の崩壊

政元、将軍を追放

道三の活動よりはややさかのぼることになるが、明応二年（一四九三）、京都では勝元《かつもと》の子細川政元がクーデターをおこして将軍足利義材（のち義尹、さらに義稙と改名）を廃し、元堀越公方足利政知の次子清晃《せいこう》（茶々丸の弟、還俗して義遐《よしとお》、のちに義高《よしたか》また義澄《よしずみ》と改名）を擁立した。早雲が伊豆韮山を乗っ取った二年後のことである。

義材は、義視（義政の弟）の子で、義尚《よしひさ》の死後、延徳二年（一四九〇）に将軍となり、その翌年から翌々年にかけて、先代義尚にならって、六角高頼《たかより》討伐のため近江に出陣し、幕権回復の意気込みを示した。しかしこのころ幕府の実権は畠山政長がにぎっており、明応二年、義材が近江から帰るとまもなく、政長はこれを擁して河内に出陣した。政長の目的は応仁の乱以来争いつづけてきた畠山義就《よしなり》の子義豊《よしとよ》の討伐にあったが、名分を立てるために将軍を動かしたのである。
細川政元のクーデターはその隙をついて断行された。かれの真のねらいは義材の追放そのものよりも、幕政の実権を畠山政長から奪回しようとするところにあった。政元は、応仁の乱以来急速に力をのばしていた大和《やまと》の国人越智《おち》・古市《ふるいち》氏らと連絡をとって足場を固め、清晃を自分の邸《やしき》に移して義遐、ついでまた改め義高と名乗らせた。そのうえで政元は河内に兵を送って政長を攻め、これを自殺させるとともに、義材を竜安《りょうあん》寺に幽閉した。義材はその後脱出して越中《えっちゅう》に逃れ、神保《じんぼ》長誠《ながしげ》を頼るが、都では翌明応三年の末、義高が元服して正式に将軍位につき、政元が実権をにぎって管領となった。

室町幕府の歴史において、一五世紀前半には将軍義教《よしのり》が暗殺されるという事件があった（嘉吉《かきつ》の乱）。また管領家の細川と畠山の争いは古くからのことで、それ自体は特記するほどのことでない。けれどもこんどのように、将軍が幕府中枢の個人によって追放され、別人が擁立されるというほどのことはかつてなかった。

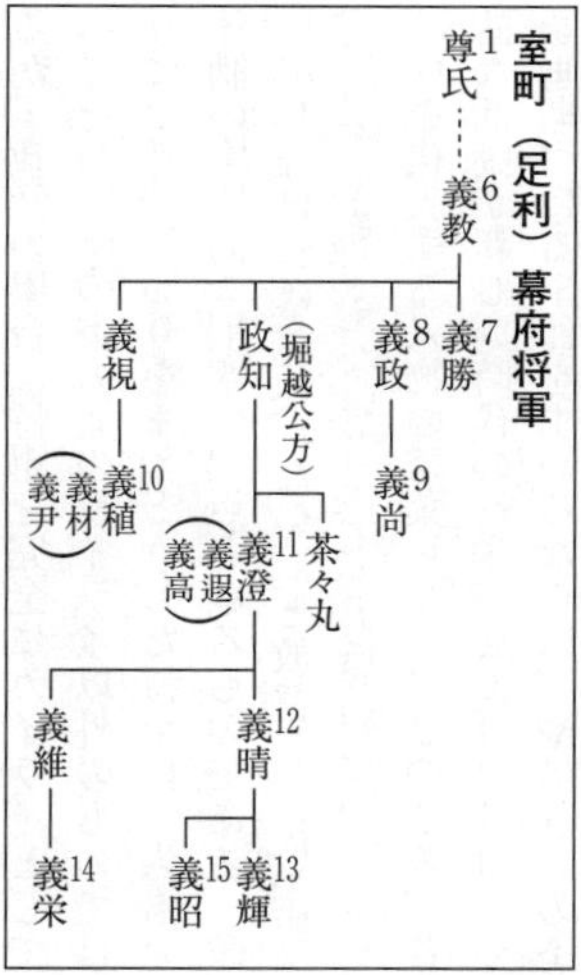

政元の将軍廃立は赤松満祐《みつすけ》の個人感情に発する衝動的な義教暗殺に比べれば、はるかに深刻な事件である。義教は専制政治を強行したため、いわば窮鼠《きゅうそ》猫を噛《か》むかたちで満祐の反発を誘発したのであ

るが、政元の場合は将軍を完全にカイライとしているのである。そしてこれ以後の将軍はすべてその時々の実力者のカイライ以外のものではなく、はじめに示した（一四ページ表）ように京都で終わりをまっとうした将軍は一人もいない。その意味で、この事件こそ室町幕府体制の実質的な崩壊の起点となるものである。政元は「いかに将軍であっても人がその下知《げち》に応じなければ意味がない」と放言し、後柏原天皇《ごかしわばら》の即位大礼の問題がおこったときにも「その実をそなえない者は王とも思わない」といったという所伝がある。いかにも下剋上の時代を代表する人物の言葉らしい。このころ、各地では早雲をはじめとする戦国大名の先駆的な活動が新しい時代のページをくりひろげつつあったが、中央政治の舞台で旧体制の否定を画期づける事件を求めるならば、やはりこの不敵な政元のクーデターとすべきであろう。

細川家の分裂

こうして政元は幕府権力を独占し、これ以後、京都の政情は政元を軸に動いてゆく。細川の古くからのライバル畠山における政長と義就の争いが、両人の死後、それぞれの子尚順《ひさより》と義豊にひきつがれてつづけられ、結局、共倒れのかたちで同家の衰退をよびおこしたことも、細川政元の立場を有利にした。

ところが、政元が権力をにぎって一〇年近くたったころ、細川家にも分裂問題が政元の継嗣をめぐってひきおこされた。もともと細川は讃岐《さぬき》など守護職をもつ惣領《そうりよう》家上屋形《かみやかた》、阿波《あわ》守護職をもつ下屋形をはじめ、和泉《いずみ》細川・備中細川など同族も多く、よくまとまって繁栄を誇ってきた。ところが、かんじんの政元は男色にふけり修験道《しゆげんどう》に凝《こ》るなど、たいへんに風変わりな人物で女を近づけなかったために子がなかった。

そこで政元ははじめ関白九条政基の子、聡明《そうめい》丸を養子とした。それだけなら問題がおこるわけはなかったが、細川の血筋に家をつがせたいという人情からであろうか、文亀《ぶんき》三年（一五〇三）になると、阿波の細川義春の子をまた養子に定め、将軍義澄の一字をうけて澄元《すみもと》と名乗らせた。安定した時代でも二主ならびたつはずはないのに、世は分裂と下剋上の渦中にあった。

摂津《せっつ》守護代薬師寺元一《もとかず》は、まだ阿波にとどまっている澄元を擁立して政元と対立、元一の弟長忠は逆に政元を支持して兄元一を討つという深刻な内紛に進み、永正元年（一五〇四）元一は敗北して自殺した。

ここで政元は聡明丸を元服させて澄之《すみゆき》と名乗らせたが、永正三年（一五〇六）になると、問題の人澄元が、阿波細川の実力者三好之長《ゆきなが》の援護をうけて入京した。そのため京都は大混乱におちいった。翌永正四年には、さきに政元を支持した薬師寺長忠が、山城守護代香西《こうざい》元長と結び、澄之を支援した。畠山・六角、遠くは大内など、政元に不満をもつ守護大名たちもこれを支持し、結局政元は長忠らに殺され、澄元は近江に逃れた。『細川両家記』はこの間の事情を、政元はかねて「まほう（魔法）」をおこなったり「御船遊びばかり」で「余り物くるほしくおはし」たので、「御内《みうち》とざま（外様）」の人々に殺さ

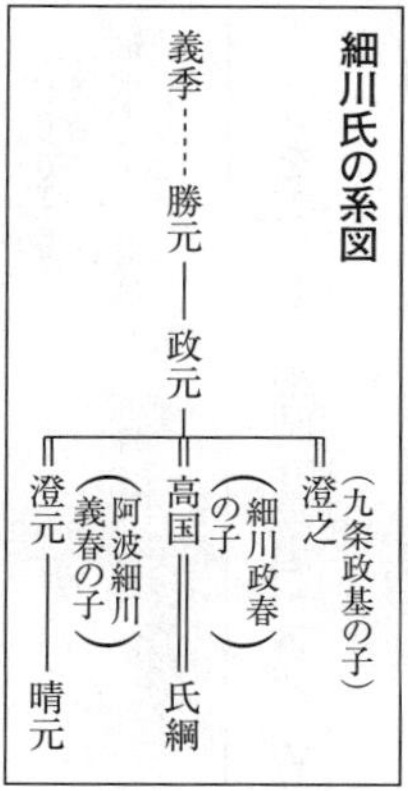

れたのだと説明している。

　ここに一三年ほどつづいた政元の時代は終わり、澄之が権力をにぎったかにみえたが、近江に逃れた澄元はすぐ勢いをもりかえして入京、澄之とこれを支持した薬師寺長忠・香西元長を倒し、澄元が細川総領家の家督をついだ。

大内氏の系図

（百済王子）琳聖太子……義興―義隆┬義尊
　　　　　　　　　　　　　　　　　│（大友義鑑の子）
　　　　　　　　　　　　　　　　　＝義長

細川高国＝大内義興連立政権

しかし、この澄元の天下も一年とつづかなかった。永正五年（一五〇八）になると、前にふれたように、政元のクーデターで越中に逃れ、のち周防の大内義興をたよった義尹（義稙）が、義興に擁されて、細川高国（政元のもう一人の養子）の支持も得て入京した。これによって、将軍義澄と、細川澄元は近江に逃れ、義尹は義澄にかわって将軍に返り咲き、高国が管領、義興が管領代に就任した。政元政権に代わる高国＝義興連立政権の出現である。

　事態もここまでくれば、将軍とはかたちばかりであり、管領といい管領代といっても、実体は京都とその周辺を中心とするごく不安定な権力にすぎない。ただ、それでも、歴史のなかで形成されてきた京都や畿内のもつ政治上経済上の地位は特別なものがあるから、それを掌握する点では単純に一地方政権としてだけでかたづけてしまうことはできない。大内義興はこれから永正一五年まで国元の不安をおして一〇年間も滞京した。その主なねらいは対明《みん》勘合《かんごう》貿易の主導権を独占するところにあった。事実、義興はこの間、かねてのライバル細川をおさえてその独占に成功した。そのような問題ひとつをとっても、京都の制圧と将軍・管領などという名分が、なおたんなる形式という以上に政治的意義をもっていたことは明らかであり、のちの天下統一が京都制圧をぬきにしては考えられないゆえんもそこにあった。しかし、そのことと現実の室町幕府体制とは別ものであって、将軍の実質的な権力を軸として展開されてきた幕府の全国支配体制はすでに崩壊し去ったというべきである。

義興の周防帰国ののち、細川澄元・三好之長《ゆきなが》が阿波の兵をひきいて反攻を試みたが、高国はこれを返り討ちにして之長を自殺させた。澄元はまた阿波に落ちて病死し、晴元《はるもと》が阿波細川氏を継いだ。そのあと、永正一八年（一五二一）、高国に擁立された将軍義稙は、高国の専権を不満として阿波に走りこれに抵抗した。高国はさきに自分が追った義澄の子を義晴と名乗らせ、あたらしい将軍とした。高国はこれで都合次第《つごうしだい》に二人の将軍を擁立したわけである。

しかし、この高国も大永七年（一五二七）、柳本賢治《やなぎもとかたはる》（香西元盛《こうざいもともり》の弟）やそれと結ぶ畿内国人衆の反乱にあって没落し、阿波から堺《さかい》を経て京都に進出してきた細川晴元にとって代わられた。まことにめまぐるしい転変の連続であって、旧体制の崩壊のあと、新時代の担い手とそれによる秩序が出現しない一時期であった。

戦国大名への道

「戦国大名」とは何か

ここで「戦国大名」という概念について確認しておこう。われわれは自明のものとして

「戦国大名」というが、やや厳密に考えた場合、いかなる状態・条件をそなえたものをそうよぶべきなのか。

本書での当面の理解は次のようなものである。「戦国大名」とは、(イ)国政の形式としてともかく日本国の統一政権としての形をととのえていた室町幕府—守護体制からの離脱・自立にふみだし、(ロ)独自に多数の旧荘園・公領などをふくむひろいまとまりある地域の支配権を主張し、(ハ)そのなかに割拠する国人・地侍など中小領主層の多くを、その在地性を否定しないまま家臣化するとともに、(ニ)検地や段銭・棟別銭・夫役などの賦課を通じて土地・人民に対する「公儀」＝公権力として上級領主権の掌握をめざしたもの、と規定できよう。戦国大名の勢力範囲はしばしば「大名領国」ともいい、実際伊豆とか美濃というような「国」、場合によっては「郡」を単位とするものが多いが、それはかならずしも絶対条件とはいえない。「国」を単位とし、守護職を掌握することが、戦国大名にとっても公儀権力としての形をととのえる点で領国の民衆や侍に説得力をもち有利であったことはまちがいないが、かならずしもすべての戦国大名が守護職をもっているわけではなく、「国」を唯一の領有単位としているわけでもない。もっとも決定的なことがらは、右のように一定領域の中小領主層の多くを家臣化し独立した支配権力を主張ないし掌握して、幕府の行政・裁判権あるいは既存の所領支配関係など、いわば中央国家の秩序から離脱し、自立的な地域国家の形成を目ざしているところにある。ここで、大名領国間の境界（「境目」）は中央政権によって定められるのではなく、当事者大名同士で協定する他はなかった。

今川氏親の場合

この点をもうすこし、これまで見た三人とはまったくちがう出自の今川氏親の領国について考えてみよう。駿河の今川氏親は、やはり〝鉄砲以前〟の時期に戦国大名となった人物だが、その家は元来足利家の一族であり、南北朝時代以来、駿河守護職を世襲する門閥の家であった。したがって今川氏は室町幕府―守護体制の支柱というべき家柄で、実際にも、永享《えいきょう》の乱をはじめとする、たびかさなる関東の動揺に対して、つねに幕府秩序を守る立場をつらぬいてきた。

その今川が戦国大名への転換をみせだすのは、やはり応仁の乱がきっかけであった。このころ、西軍に組みした遠江の斯波義廉《しばよしかど》の軍を討とうとした氏親の父今川義忠が、勝利をにぎりながら、斯波の残党にかこまれて運悪く死んでしまったことから、駿河は大混乱におちいった。のちに氏親と名乗る遺子竜王（早雲の妹北川殿所生）はそのとき四歳にすぎなかった。家督相続をめぐり、竜王を支持するグループとその反対派に分かれ、駿河の国人は抗争した。『今川記』は、この紛争を調停したのがほかならぬ早雲であるといっており、それは事実と見られるが、氏親はそのようにはじめから国衆《くにしゅう》と対決せざるをえなかった。そしてそれを解決するものはもはや幕府ではなく、みずからの実力以外にないことを思い知らされてゆく。

氏親はそれ以来、駿河の国人統制と土地人民支配のために積極的に乗りだしたばかりでなく、永正一四年（一五一七）には遠江を攻め、伝統的な守護家である斯波勢力を一掃して駿・遠両国を実力で掌握した。しかもそれは軍事的征服にとどまらない領国支配策をともな

おもな戦国大名の出自

1	守護から戦国大名へ転化したもの	今川氏親（駿河）、武田信玄（甲斐）、朝倉義景（越前）、大内義隆（周防）、大友義鎮（豊後）、六角義賢（近江）、島津貴久（薩摩）
2	守護代、その一族や奉行から戦国大名へ転化したもの	上杉謙信（越後）、織田信長（尾張）、尼子経久（出雲）
3	国人から戦国大名へ転化したもの	伊達稙宗（陸奥）*、結城政勝（下総）、浅井長政（近江）、相良為続（肥後）、毛利元就（安芸）、小早川隆景（安芸）、竜造寺隆信（肥前）、長宗我部元親（土佐）
4	その他の戦国大名	北条早雲（伊豆・相模）、斎藤道三（美濃）

*伊達稙宗は大永2年（1522）、陸奥国守護に補任されている。

っていた。発給文書の形式から見ても、永正末年のころで、室町幕府との関係がまったく断ち切られていることが注目される。そして政策としての第一は、永正一七年、大永四年（一五二四）に実施しはじめた領内検地である。第二は、大永六年、氏親の死の直前に完成された「今川仮名《かな》目録《もくろく》」である。戦国大名領国法典としては、これにさきだつものとして肥後《ひご》の「相良《さがら》氏《し》法度《はっと》」と周防の「大内氏掟書《おきてがき》」がある。しかし、「相良氏法度」は国人領主としての性格をもつ有力家臣の意思が強く反映されたもので、大名領国の法度としてはやや未熟な性格をもつ。また「大内氏掟書」は、個別に発せられた法令の集成であって、多少性質を異にしている。その意味で「今川仮名目録」は領国統治の基本法として主君の権力の確立を示す代表的なものといってよい。

さらにこの「仮名目録」の「追加」が天

文二二年（一五五三）に今川義元《よしもと》によって制定されているが、その第二〇条には、「分国中守護使不入など申事、甚曲事《くせごと》也、……只今はをしなべて、自分の力量を以て、国の法度を申付、静謐《せいひつ》する事なれば、守護の手入間敷《いる》事、かつてあるべからず」とある。領国はすべては当家の実力でおさえたのだから、「守護使不入」といって今川家の支配を拒否しようとするものは絶対に認められない、という主張は義元の高らかな領国支配宣言であって、旧来の特権をもつ荘園や寺社領、半独立の国人領などは一切認めないというものである。それは、まさしく氏親の目ざしたところであり、これこそ戦国大名のありかたをもっとも端的に示すものである。

さまざまの可能性

戦国大名の出自、系譜はさまざまだった。早雲と道三は守護・守護代の家筋でなく、何代にもわたって培われてきた支配地域の「職《しき》」＝公的支配の前史をもつものでなかった。そのようなタイプは、旧秩序の解体が進み、しかもまだそれにかわる有力な大名が生まれ出ない〝鉄砲以前〟の時期に登場しやすかった。これに対し尼子経久や越後《えちご》の長尾（のち上杉家を継承）は守護代の家であり、今川は守護家から戦国大名に転生した。同じように守護から出発したものには甲斐《かい》の武田、周防の大内のほか、九州の大友・島津《しまづ》などがある。守護は室町時代のうちに、国内の武士に対する指揮権や警察権、さらには一国平均段銭《たんせん》とよばれる一種の租税を徴収する権限をもっていた。そのうえ、伝統的な国衙《こくが》の権能も多くは守護が吸収していたから、すでに大名化の可能性をもっていた。この大名化の可能性ないし現実性を積極的に評価する立場からは室町幕府体制下の守護の管国支配を「守護領国制」とよび、戦国大名領国制への連続性が考えられる。しかしそれとはちがって、室町幕府の守護に対する統制や荘園公領制を前提とした所領制度、あるいは国人たちの守護に対する独立性や将軍への直結性を重視し、守護の独立大名としての限界面をより重く見る立場からは、守護の「領国制」はまだ十分展開していないとする。私は守護の「領国制」への動きを積極的に認め、戦国大名はさらなる推進によって室町幕府体制から離脱・自立してゆくところにその歴史的特徴を見出す立場に立つ。しかし守護職は戦国大名にとって絶対不可欠の条件とは考えない。

　その点で注目されるのは、守護代やその一族あるいは国人領主が、周辺の国人と一揆＝連盟を結びながら守護家を圧倒して戦国大名となる場合である。五二ページの表は、おもな大名たちの社会的出自による分類表である。「守護代、その一族や奉行」の実体は国人といってよいものが多いから、2と3は本質的には近似しており、両者をあわせて「国人から戦国大名へ転化したもの」ということも無理ではない。ここでは北の伊達《だて》稙宗《たねむね》から南の竜造寺隆《りゅうぞうじたか》信《のぶ》・相良《さがら》為続《ためつぐ》にいたるまでをあげておいたが、実際にはこのタイプのものはもっと多い。そして、やや立ち入ってみれば、同じ国人といっても、伊達氏のように、室町時代から将軍との関係が深く、稙宗が「稙」の字を将軍義稙からもらっていることにも示されるとおり、将軍直結でスケールが大きく家格の高い例もある。また浅井・毛利・竜造寺・長宗我部《ちょうそがべ》などのように、守護の被官となっていた、ごくなみの国人から急速に台頭したものも少なくない。要するに、戦国大名の社会的出自は多様であり、戦国大名化の成否は、出自・身分・所職だけによって左右されるものではない。

しかしそれとともに、社会的出自の多様性の根拠、ある国ではなぜ守護の戦国大名化が成功し、ある国ではなぜ国人に打倒されたかという問題も重要である。それについては具体的な諸事情・過程とともに、室町幕府体制の残存度とか、下からの下剋上の社会状況がどこまで展開していたか、というような問題もふくめて総合的な考察が必要であろう。さらにまた伝統的な守護から戦国大名へ転化した場合と、国人が戦国大名化した場合とで、領国支配の政策にどのような差異があるか、といった問題も考えてみなくてはならない。

ここでは、戦国時代とは、大名の登場の仕方だけを見てもこのように多様な可能性を秘めており、その可能性の追求のために、人々が個人の能力を最大限度に発揮した躍動的な時代であることに注目しておきたいと思う。

惣・一揆と下剋上の社会状況

百姓と地侍のコンミューン

伊勢国小倭郷

守護や国人が地域権力の強化に向けてはげしく争うようになった一六世紀には、民衆世界においても地侍や百姓の自律的な動きが目だって高まっていた。

伊勢国小倭《おやまと》郷は、近鉄大阪線の名張《なばり》と伊勢中川の間にある榊原《さかきばら》温泉口駅周辺の地域である。江戸時代の佐田《さだ》・大仰《おおのき》・三ケ野《みつがの》など雲出《くもず》川北岸の一二ヵ村をふくんでいる。明応三年(一四九四)、この小倭郷の住民たちは、新たに郷内に開創された成願寺《じようがんじ》の真盛上人《しんせいしようにん》に対して、二通の起請文《きしようもん》をささげた。一通は八月一五日付で、郷の百姓たち三五〇人が、「大仰衆二郎太郎外二十九名」といった形で村別に連署している。起請文の主文は「田畠山林の境を紛らせ、他人の作職《さくしき》をとったり、作物を盗んだりしない」など、村落生活の共同の秩序を守ることを誓った五ヵ条からなっている。

他の一通は一ヵ月余りのちの九月二一日付で、石見入道・尾張入道以下計四六名が連署している。これも五ヵ条であるが、その内容は前者とまったくちがい、たとえば、「この人数のなかで、もし公事《くじ》(争い)がおこった場合は、一家中として、理非に応じて裁許すべきこと（下略）」（第一条）、「この衆中の者の被官《ひかん》が、他所ならびに小倭荘内で悪党をはたらいたときは、扶持人《ふちにん》に届けず、ただちに誅罰《ちゅうばつ》を加えるべきこと」（第三条）などというように、四六人の「一家中」とよぶグループの申し合わせで内部で争いがおこった場合は「衆中」として理非判断して（平和に）解決することなどを決めている。

この四六人は小倭郷のいわゆる名主《みょうしゅ》・地侍クラスの村の支配的な位置にある人々であり、多くは伊勢北畠氏の「被官」となっていたようである。かれらは、「一家中」あるいは「衆中」「一揆」ともいっている共同の組織によって、郷の秩序を維持する立場にあった。成願寺真盛上人への起請文という形は神仏への起請と同じことで、実際はそれらの人々の盟約である。

とくに興味深いのは、この申し合わせが一方的なものでなく、三五〇人の百姓の起請文をふまえて行われていることである。四六人の名主・地侍たちは、かれら自身が「衆中」のような協議組織をもっていたと同時に、百姓たちを一方的におさえつけるのでなく、百姓たちに、自主的に申し合わせた形をとって起請文をつくらせ、それにもとづいて「衆中」による地域支配を行おうとしているのである。すなわちこの小倭郷は、それぞれに共同体的な性質の強い百姓集団と地侍的な上層者集団の二重構成によって、自律的な地域結合を形成

しているのである。百姓集団と上層者集団とのあいだには、支配される者と支配する者との関係が生成しつつあるが、ここでは絶対的権力をもつ君主は存在しないのである。

郷の徳政と老分衆

この小倭郷では、大永《たいえい》から永禄のころ、郷限りの徳政がたびたび実施された。室町幕府がまだ力をのこしていた応仁以前には、「一国徳政」とか「諸国平均徳政」といって、国単位もしくは全国一律に適用される徳政令がだされたが、ここでは地域が主体となった自治的な徳政が行われているのである。

しかも注目されるのは、徳政を実施したり、それにともなう紛争を解決し、また他地域との貸借などについて徳政を除外する「徳政指置《さしおき》」処分を行ったりするものが「老分衆《ろうぶんしゅう》」とよばれる組織であり、それがさきの上層者集団の中の長老格の人々によってつくられていたことである。徳政をめぐる紛議は「老分衆批判」、すなわち老分衆による裁決（「批判」とは今日と意味がちがい判定のこと）というかたちで解決された。また小倭郷の南隣の村には「蔵《くら》本《もと》」をいとなむ者が住んでおり、小倭郷民にも貸付けていたが、そのような郷外者の債権は老分衆の「批判」によって保護され、徳政を免除されることが多かった。

こうした事実からみると、小倭郷は政治的にも経済的にもかなりまとまった自律的性格の強い地縁結合体であり、上級権力者の立場から荘園や国衙領という形で不自然に分断されていたかつての支配単位とはちがっている。

室町から戦国にかけて、各地の村々では、村人同士の社会結合と自治的権利を強め、近江の菅浦《すがら》や今堀《いまぼり》郷の例にも見られるように、「惣」の掟をつくる場合が少なくない。この小倭郷は、そのような惣村を基礎としつつ、その多数の集合体として成立した地域結合と思われる。「郷」の在り方は、時や所によってさまざまであり一律に論じられないが、京都近郊の山科《やましな》七郷などの「郷」も小倭郷と似た性格をもっており、そのようなものは各地に生まれだしていた可能性が高い。ここでは年貢の徴収や検断（警察・裁判）のような領主権力が村請《むらうけ》によって大幅に規制され、年貢の多くの部分さえもが郷内に留保された。その意味で「郷」の成長は、戦国時代の地方社会をとらえようとするとき、その時代的特徴をもっともよく示すものとして見逃しえない問題である。

大和国惣百姓申状

在地で自主的に行う徳政とちがって百姓が一荘一郷をはるかにこえて、「国」という意識をもって地域的に広く（多くの場合郡規模）団結して徳政を要求した場合もある。年欠であるが、これも同じ時代のものと思われる「大和国惣百姓申状」がある。

追つて申し上げ候、
この御返事、高安の茶屋まで下さるべく候、
今度、国炎干《えんかん》の儀に就き、百姓等悉く以てかんにん（堪忍）一向に叶ひがたく候の間、南都幷びに官符《かんぷ》衆徒の御方へ、御徳政の事、色々歎き申し上げ候、万一徳政の御儀なく候はば、百姓等悉く以て正躰《しょうたい》あるべからず候、然らば来年の耕作已下《いか》まで、一円に相ひ捨

つべく候、併《しか》しながら御慈悲の御儀を以て、早々御徳政行はれ候はば、各々忝く畏《かしこま》り存ずべく候由、然るべきの様、寺家に於て御披露畏り存ずべく候、恐惶謹言、

七月卅日

大和国惣百姓等上

法隆寺公文代《くもんだい》御房

中院へ参る

（原漢文）

一読して分かるように「大和国惣百姓」が日照り凶作のため徳政令発布を「南都幷びに官符衆徒」に要求し、これを法隆寺公文にも仲介、推進してくれるよう求めている。「南都」は興福寺のことで、中世大和には武家の守護がおかれず、興福寺が守護権をもっていた。「官符衆徒」はその興福寺のもつ検断権を実際に行使する寺侍だが、その性格は国人級の武士であった。「惣百姓」は徳政が行われなければ来年は耕作も放棄すると強硬で、法隆寺公文代に対し、この返事は高安《たかやす》茶屋まで届けてくれ、といっている。高安は大和と河内の境の高安山で、そのあたりの茶屋に、今回の「惣百姓」集団の指導部がおかれていたということになる。

「惣百姓」がいったいどのようにして組織されたのか、またその指導部となったのはどのような人物だったのかは興味深い問題である。残念ながら今のところこの点を具体的に知ることはできない。一部の国人級の侍が「惣百姓」の名で、一定の政治的意図をもってかかわっていた可能性もまったくは否定できないが、やはり徳政の受益者が債務に苦しむ人々である

ことは確実だから、この闘争の主力が「百姓」であったことはたしかだろう。ともかく一国「惣百姓」という名乗り方自体がこの時代特有のものであり、特定の人物の作文としても、それが受け容《い》れられるような空気がひろく社会に充満していたと見ることはできる。

門徒の一揆と惣国

加賀門徒の「惣国」

百姓・地侍の結合が、信仰に媒介されて強靭《きょうじん》さと戦闘性を発揮したのは、史上有名な加賀《かが》門徒の「惣国」であった。

応仁の乱さなかの文明三年（一四七一）、蓮如が吉崎《よしざき》（福井県あわら市）に進出して以来、北陸の本願寺派門徒は驚くべき勢いでその数を増した。日本史上稀有《けう》の扇動家であり組織者であった蓮如は、たえず不安と不満をかかえねばならない民衆を信仰に目覚めさせ、これを吉崎に結集した。蓮如自身は現世のことについては守護の権力を認める考え方をとっていたが、いったん燃えあがった門徒たちは、しだいに蓮如をのりこえて世俗権力に対する反逆を辞さなくなると同時に、本願寺からは異端と目されていた真宗高田《たかだ》派信徒に対する宗教的敵《てき》愾心《がいしん》を燃えあがらせた。

文明六年、加賀で火の手があがった。この国でも当時、守護の富樫《とがし》家が分裂し、政親《まさちか》は東軍、弟幸千代《こうちよ》は西軍に分かれ、たがいに国衆をあつめて争っていたが、幸千代はこの地方で勢いのあった高田派の門徒をも味方にひきいれ、政親派を圧倒した。そのため、政親は本願寺派をひきつけて劣勢を挽回《ばんかい》しようとした。越前など北陸方面に所領をもっていたことから、この事件に深い関心を寄せていた大乗院尋尊は、同年一一月一日の日記に次のように記している。

加賀国一向宗土民無碍光宗と号す、侍分と確執、侍分悉《ことごとく》以て土民方より国中を払はる、守護代、侍方に合力の間、守護代こすき、打たれ了《お》はんぬ、一向宗方二千人ばかり打たれ了はんぬ、国中焼失し了はんぬ、東方の鶴童は国中へ打入ると雖《いえど》も、持するを得ずと云々、土民蜂起《ほうき》希有の事也、

ここで「侍方」「侍分」といっているのは幸千代方のことをさす。一向宗徒＝政親側の損害も大きかったが、幸千代方はこの蜂起に完全に圧倒され、幸千代に味方した守護代小杉某は敗死したのである。

こうして、門徒の一揆は世俗の権力争いと絡みあうようになったが、加賀門徒の「惣国」は、そうした過程をふまえて、長享二年（一四八八）に成立した。文明六年の事件のおり、富樫政親は門徒の力によってからくもその立場を回復したが、政親と門徒とが究極のところ提携できるわけはなかった。政親は門徒の一揆を本能的に恐れ、勝利をにぎるとこんどはたちまちその弾圧者に転じていった。しかも長享元年、将軍義尚が、近江の六角高頼《たかより》討伐に出陣すると、政親は無謀にもこれに応じ、国内の将軍奉公衆《ほうこうしゅう》とよばれる国人たちを動員するとともに、戦費にあてるため多額の守護役を農民に割りあてた。

このため門徒一揆は政親に背き、富樫泰高《やすたか》を擁して、いそぎ帰国した政親を高尾城（金沢市）に攻めた。『官地論』というこの一揆のことを記した史書に「土貢地利ノ一塵モ運上セズ、アマツサヘ、党ヲ結ビ郡ヲ分《わかつ》テ各々一揆ノ与《くみ》ヲナス」というように、門徒はかねてから「党」をつくり郡のなかにいくつかの「与《くみ》」を編成し、戦う態勢をとっていた。そして鳥越《とりごえ》の弘願《ぐがん》寺、吉藤《よしふじ》の専光寺、磯部の勝願寺、木越《きごし》の光徳寺の「四箇寺ノ大坊主《おおぼうず》ハ各一味同心シテ」これを指導し、洲崎《すのさき》（須崎）和泉《いずみ》入道慶覚《きょうかく》・河合《かわい》藤左衛門尉《とうざえもんのじょう》宣久《のぶひさ》が大将となって猛攻した。政親も必死の防戦につとめたが、六月九日、城は落ち、政親は腹を切って死んだ。守護政親の敗北は、加賀が門徒の「惣国」となる結果をもたらした。『実悟記拾遺《じつごきしゅうい》』によれば、これから加賀は「百姓ノ持タル国ノヤウニナリ行キ候」というわけだった。

蓮如をのりこえて

門徒一揆のこのような強烈さが、なによりもかれらの信仰にささえられていたことはいうまでもない。北陸の門徒が、富樫の内紛にかかわりをもちだした文明五年（一四七三）、蓮如ははやくも「言語道断、迷惑の次第」とその考えを拒否していたが、門徒は蓮如のような政治性を持ち合わさなかった。翌六年二月の「お文」で、蓮如が「ツギニハ守護地頭《じとう》方ニムキテモ、ワレハ信心ヲエタリトイヒテ、疏略ノ儀ナク、イヨイヨ公事《くじ》ヲマタク（全）スベシ」といっているところを見ても、「守護地頭方」に対する「疏略」（粗略）の行いがいたるところで摩擦をひきおこしていたにちがいない。信心を得ることによって救われるという門徒らの素朴な確信が、現世の「守護地頭」への服従を本願寺への忠誠心におきかえて死を恐れない行動へと直進させたのである。

親鸞《しんらん》から蓮如へ継承され強調された同朋《どうぼう》・同行《どうぎょう》思想は、地域共同体的な性格の強い「惣国」型社会構造によく適合していた。「信心一致ノウヘハ四海ミナ兄弟」という同朋思想は、日ごろ差別されがちの渡り職人や下層商人たちにも受け容れられやすい性質のものであった。近江堅田《かたた》の『本福寺跡書』を見ると、紺屋《こうや》・研屋《とぎや》などさまざまの職人たちが門徒となっていることが注目される。三河一向一揆の主力地帯は矢《や》作《はぎ》川沿岸の交通・商業のさかんなところであり、伊勢長島の一揆の本拠も木曾《きそ》川河口デルタで同様の性格をもっていた。

門徒の百姓たちは在俗のままその住居を道場として講《こう》の中心となった。他宗派の場合、僧侶は村人の外部に存在するものであるが、一向宗では、村落共同体のメンバーである村人自身が伝道者となるから、人々は安心してこれに従うことができた。それが一向宗が圧倒的な浸透力をもって村々に根づいていった一つの理由であろう。また肥後の人吉《ひとよし》の「相良《さがら》氏《し》法《はっ》度《と》」には「男女によらず、しらふと（素人）のきねん（祈念）、くすし（医師）取いたし、みな一かう（向）宗と心得べき事」とあるところからみて、門徒は困窮者・病人などに対し、祈禱《きとう》・医療などの活動も行いながら支持をひろめていったらしい。一向宗がいわば遍歴者の行う呪術《じゅじゅつ》的な要素をもつことによって、下層庶民の信仰を現実に強めていったわけである。そして、それらをふまえ、かれらは「党（衆）」を結成して門徒一揆の単位細胞をつくった。さらに、『官地論』が指摘しているように、「党」をあつめて「組《くみ》（与）」とし、これをさらに地域的にまとめてゆくという組織方式は、後述する伊賀《いが》惣国の組織方式と共通するものがある。組織者蓮如は炯眼《けいがん》よくこの点を見ぬいて地縁的社会組織をたくみに門徒組織に再編成していったのである。

しかし、「党を結び郡を分かって与《くみ》をなし」「道場」→末寺→有力寺院（一家衆《いっけしゅう》・大坊主）という寺院序列を組織してゆけば、その頂点として必然的に本願寺に到達する。蓮如のあとをついだ実如《じつにょ》あるいはそれにつづく証如《しょうにょ》の時代になると、本願寺法主《ほっす》は、このようにみごとに組織された門徒勢力の頂点に立って貴族化ないし封建領主化し、その下から積みあげられた共和的組織は、逆に本願寺の意思を下達《かたつ》する統制組織に転化されつつあった。けれども本願寺の貴族化だけを重視して、門徒組織のもつ本質的な革命性を過小評価することは正しくない。門徒大衆はその信仰の帰結として、必然的に集団化し、反権力の行動に立ち向かった。現世の領主に年貢を差し出すことをやめ、土地を「仏法領《ぶっぽうりょう》」とし、その収穫の一部を本願寺に「懇志《こんし》」として納めることが、「往生」の救いを得るためのもっとも大切な行動だと確信すれば、講を結んだ門徒農民たちが村ぐるみの年貢拒否闘争に立ちあがるのも不思議でない。蓮如の最初の布教地であった南近江の戦国大名六角氏の法度は「年貢所当《しょとう》無沙汰せしめ、下地上《あ》ぐべきの由申す百姓《ひゃくしょう》前作職《まえさくしき》の事、一庄一郷申し合せ、田畠荒すべきの造意、悪行の至り」（二四条）といっている。一庄一郷あげての耕作放棄という農民闘争は、領主にとって手のつけられない戦術であったが、その背後にこのような門徒の動きがあったことはほぼたしかであろう。

燃えひろがる門徒勢力

こうして、一向宗の信仰と門徒組織は、当時の民衆の心をもっともよくとらえ、現実の社会組織に密着しながら、伏流水のように各地に力強く浸透していった。

蓮如の布教活動は、近江からはじめて越前吉崎に進んだが、北陸門徒が先鋭化すると、かれはそれから脱出するようなかたちで、文明七年（一四七五）吉崎を去り、同一〇年以来、さきに破却された大谷に代え、山科に本願寺を再建して、ふたたび畿内を布教の対象にえらんだ。この寺は天文元年（一五三二）法華《ほっけ》宗徒の攻撃で焼亡したが、「寺中は広大無辺、荘厳さは仏国のようだ」「在家は洛中《らくちゅう》の住宅に劣らない」といわれ、寺内《じない》町は活気に充《み》ちており、寺は要害であった。蓮如はこれから死にいたるまでのほとんど四半世紀のあいだ、山城・摂津・河内・大和・紀伊《きい》などの各地をまわり、堺《さかい》・飯貝《いいがい》・鷺森《さぎのもり》・英賀《あが》・久宝寺《きゅうほうじ》・富田《とんだ》林《ばやし》など、今日まで別院として残る諸寺院を建立《こんりゅう》し、明応五年（一四九六）には最後の隠居寺として摂津に石山御坊《いしやまごぼう》を建てた。これがのちに、信長を悩ましつづけた石山本願寺となるのである。

この間、門徒の勢力は、越前・加賀・能登《のと》・越中などの北陸一帯から飛驒《ひだ》の山中にまで燃えひろがり、三河・尾張・伊勢・美濃など東海・東山《とうさん》方面でも急速に強くなっていった。また畿内から西の教線は播磨・安芸などにものびていった。地方有力寺院には一家衆といわれる蓮如の子供たちが配置され、多数の末寺・道場を掌握した。越中の蓮光寺は、加賀・能登・飛驒にわたって三七〇余りの末寺・道場をもっていた。また三河の上宮《じょうぐう》の末寺は、文明一六年、すでに三河に六四、尾張に四一といわれた。このころ各地の他宗派寺院の中にも一向宗に転向するものがつづいた。

だが、大をなすことは、同時にその内部にさまざまの不純さや矛盾を抱え込むことでもあり、それにともなう動揺も免れがたい。

曲折する民衆の戦い

政争と一揆

前述のように加賀の門徒惣国も一揆の力が大きくなるにつれて、大名・国人の側からもこれを利用しようとする動きがはげしくなった。明応二年（一四九三）、細川政元がクーデターを決行したときも、義材が越中に走り、神保長誠《じんぼながしげ》を頼ったことから、翌年にかけて北陸は中央の政争に巻きこまれ、門徒一揆の長衆《おとなしゆう》の河合宣久《のぶひさ》は義材を支持し、洲崎（須崎）慶覚は政元方につくという形で分裂した。

永正元年（一五〇四）から三年にかけて、細川政元と通ずる本願寺が、加賀・越中・能登の門徒一揆を扇動して朝倉元景《もとかげ》の軍とともに越前に攻めこみ、守護側と戦うという事件もおきた。このとき守護側は朝倉教景《のりかげ》の奮闘によって、一揆軍を打ち破り、和田《わだ》の本覚《ほんがく》寺、藤島《ふじしま》の超勝《ちようしよう》寺など越前の有力寺院を徹底的に弾圧した。このころになると、一揆の力を利用するために、みずから門徒となる国人領主も少なくなかったから、一揆がたちまち政争に巻きこまれる可能性はいっそう大きくなっていた。

さらに、ややのちのことであるが、蓮如のあとをついだ実如が、大永五年（一五二五）、まだ若年の孫（証如）をのこして死ぬと間もなく、加賀門徒勢力には深刻な分裂がおこった。当時加賀の門徒たちを率いていたのは、本泉寺・松岡寺・光教寺という三寺の一家衆であり、洲崎らの有力土豪門徒がこれを支持していた。ところが、その体制から疎外された有力寺院坊主・土豪たちと、さきに永正の戦乱で越前を追われていた超勝寺・本覚寺などは、これに不満をもち、享禄《きょうろく》四年（一五三一）、本願寺の坊官として勢力をもつ下間筑前《しもつまちくぜん》法橋《ほっきょう》頼《らい》秀《しゅう》、弟民部少輔頼盛《みんぶしょうゆうらいせい》を加賀に迎えて巻きかえしをはかり、両者は周辺の諸勢力を引きこんで戦った。本泉寺などの一家衆派は「小一揆」、下間派は「大一揆」といわれたが、結果は「大一揆」の勝利に終わり、加賀門徒の支配権は超勝寺・本覚寺に移った。

宗教戦争の苦汁

「大一揆」「小一揆」の騒動がおこった翌享禄五年（一五三二）、畿内では本願寺法主証如が、細川晴元（政元の養子澄元の子）の要請に応じて、木沢《きざわ》長政を援《たす》け、河内飯盛《いいもり》城に畠山義宣《よしのぶ》を倒し、ついで堺に三好元長《もとなが》を攻めて自刃させた。このとき証如の指令によって蜂起した門徒一揆は摂河泉三ヵ国にわたり、その数三万といわれた。ここまでくると本願寺の行動は、もはや完全に現世の権力闘争と一体化していた。そしてかれらの拠点である山科、石山はもとより、各地の寺内町（一向宗寺院とその門前町）は城砦《じょうさい》都市としての性格を強めた。

　ところが、その同じ年のうちに、一転して細川晴元・木沢長政と本願寺とが対立した。晴元は、当時ラディカルな動きをとりだした法華一揆と手をにぎり、それをもって一向一揆と対決しようとした。八月二三日、京都市中の法華宗二一ヵ寺の連合からなる法華一揆は、細川晴元・六角定頼《さだより》の軍と結んで、山科本願寺を攻撃し、これを焼き落とした。本願寺の実力者下間兄弟は急遽《きゅうきょ》北陸から帰還してこれを援けたが、法華一揆は山科・摂津・和泉などの各地で一向門徒を圧倒した。法華一揆は天文三年（一五三四）ごろには、洛中の地子銭《じしせん》を納めず、宇治《うじ》一郷・山科七郷・東山《ひがしやま》一〇郷などを独自に支配しようとするなど、すさまじい勢いを示した。

法華一揆の主力は京都の都市民衆であり、元来一向一揆の主力であった門徒民衆と解決しえないほどに異質な関係にあるものではなかった。けれども、日蓮《にちれん》宗も他宗に対するはげしい排他性をもつとともに、信徒仲間の固い団結を誇っていたから、一向一揆との対抗は、宗教戦争としての苛烈《かれつ》さをもっていた。法華一揆は結局、天文五年、その強大化に恐れをなした山門（比叡山《ひえいざん》）が、六角定頼らを味方に引き入れてこれを急襲したため、一挙に圧殺されて終わった。こうして聖俗支配層の泥沼のような政争に巻きこまれながら、相互に戦わされた一向一揆と法華一揆は、戦国の民衆が味わわねばならなかった悲劇であり、歴史は一直線には進みえないことを示す事件であった。

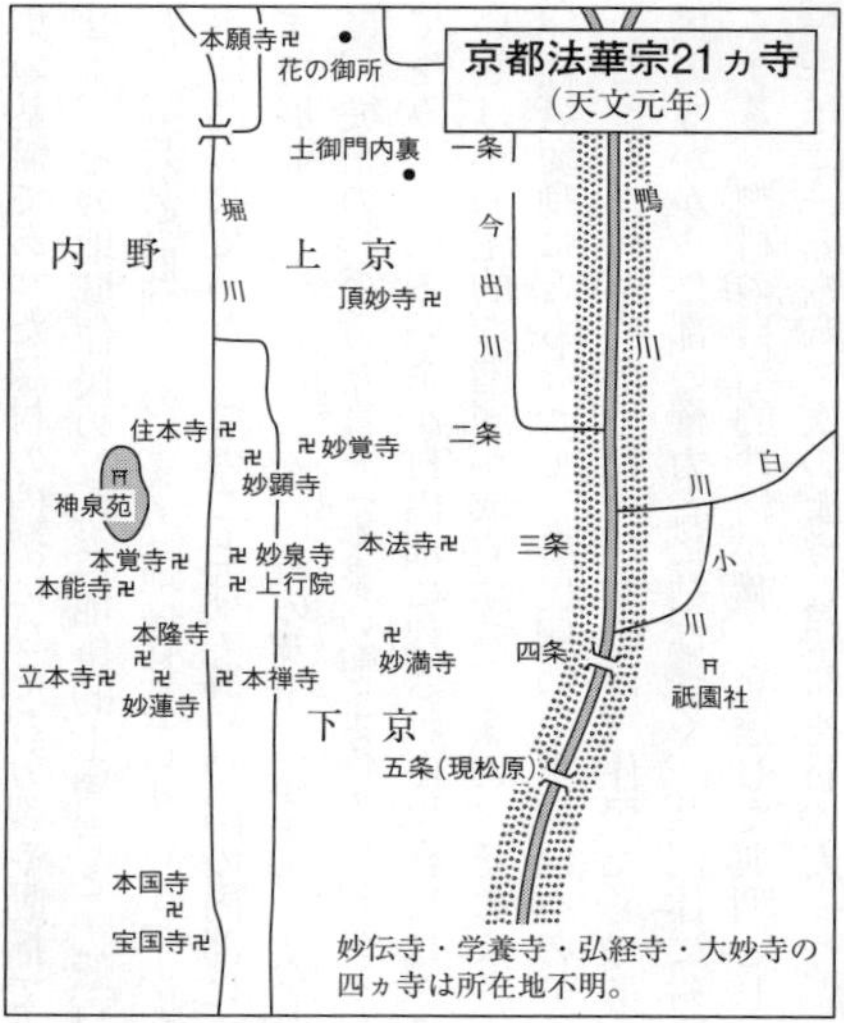

惣のかかえる不安

しかし、戦う民衆にとって、もっとも根源の不安は、かれら自身の結集の基盤であった惣村の内部にひそむ分裂や動揺であった。伊勢小倭《おやまと》郷にせよ、伊賀惣国にせよ、その地域住民のなかに地侍的上層者と一般百姓という区別される二つの身分が存在し、「老分衆批判」のような地域社会の法秩序にかかわる制裁・調停権能は主として前者の手に握られていた。このことは、郷や惣国の内部にまだはっきりとした支配―被支配関係にまで展開はしていないが、その芽生えが大きくなりだしていたことを意味している。さらに、従来の「公方年貢《くぼうねんぐ》」（本来の領主権者に納める分）の重みが低下した結果、農民によって生みだされる剰余が村内部に残される場合には、それを掌握する地侍クラスの新興地主ないしは小領主的な階層が成立する。また、そのような条件にめぐまれない地方でも、はげしい経済変動にともなって、農民層の上下方向への分解が進行する。

こうした村落内部の社会的変動は、住民たちのあいだの水平的結合に亀裂を生じさせ、住民のなかから外部の権力者に結びつく、共同体に対する「裏切り」者を生みだす危険を大きくする。惣村の自治的性格が強く発達した典型として知られる近江湖北の菅浦《すがら》惣《そう》では、永禄一一年（一五六八）次のような決議を行った。

当所壁書《かべがき》の事、守護不入自《じ》検断《けんだん》之所なり、然《しか》らば西に三人六郎三郎・孫四郎・源三、東に一人衛門尉《えもんじよう》二郎、是四人在所の置目《おきめ》に背き、縦《ほしいままに》地頭の号を仮《か》り、甚《はなは》だ然るべからざる行《おこな》いこれ在るの間、末代に於て在所の参会、とりわけ村人長男《おとな》中老此等《なかのおとなこれら》之参会興行の仁之《じんこ》れ在るに於ては、先《まず》其人を堅く政道（成敗カ）致すべき者也、猶以《なおもっ》て其《その》仁躰《にんてい》の事は申すに及ばざる者也、仍《よっ》て後日の為件《くだん》の如し、

永禄十一年十二月拾四日

十六人之長男
東西之中老
廿人　（原漢文）

この文書は、菅浦惣が「守護不入自検断」の権利をもつことを示すものとしてよく知られているが、その内容は、六郎三郎以下計四人の者が、「在所の置目《おきめ》」（惣掟《そうおきて》）に背いて、「地頭」（浅井氏をさす）の名をかり、はなはだけしからぬ行動をしている。そこでこれらの者を惣から追放し、村の寄合《よりあい》に出ることをさしとめる、もしそれを破ったものは、かたく罰せられる、といった主旨である。惣は「十六人之長男・東西之中老廿人」によって運営され、「自検断」権を行使した。惣の堅牢《けんろう》さを誇る菅浦惣においてさえ、その内部に外部から浸透してくる権力の手引きをする者があらわれてきているのである。

しかも、追放をうけた四人の者は、浅井氏の権力を背景に、惣への帰住を企てるが、それを契機に惣は、伝統的な自治を守りぬこうとする理想派と、すでに浅井権力を排除することのむつかしさを見通してこれとの妥協のなかで生き抜く道を見いだそうとする現実派とに分裂した。浅井はこの惣の分裂に乗じて、村人たちの被官化をすすめ、ついには惣の自検断をふみにじり、今後は惣に糺明《きゅうめい》すべき事件がおこっても浅井氏の「御異《（意）》見次第たるべく候」という起請文を書かせてしまう。

大名や国人たちが、村の百姓を被官や若党あるいは軍役衆に取り立てるという動きは、当時どの地方でもひろくみられるようになっていた。百姓の持地《もちち》のうち、いくらかの部分の年貢を免除あるいは軽減して、これを奉公のための給分という形で与えることによって、かれらを支配の側に引きつけてゆくことは、村の内部に権力を浸透させるさいにもっとも手近な方法であった。有名な近江堅田の門徒の記録である『本福寺跡書』には「諸国ノ百姓ミナ主ヲ持タジ〱トスルモノ多クアリ、（中略）侍モノノフハ百姓ヲバサゲシムルゾ」という一節がある。これは領主権力＝武家支配に強く抵抗した自律性の強い惣型社会の門徒たちが武家奉公を排した空気を伝えるものであるが、同時に半面では、このころ、大名国人などの武家による百姓の被官化がひろく進展しつつあったことを物語っている。近江の今堀郷では「しゆう《（主）》なしの百姓は無二御座一候」といわれ、農民がひろく武家・地侍の与力《よりき》・被官に編成される状況が進みつつあった。

村の住民闘争

このような惣の内部からの動揺・解体傾向や、百姓の武家被官化のひろまりに着目すると、戦国時代はすでに惣村の終末段階であり、農民を中心とする民衆闘争の分裂・衰退期ではないか、という見通しも生まれてくる。戦後の研究ではほぼそのような見解が有力であった。惣の全盛期はむしろ応仁以前の時期であり、土一揆《どいっき》の高まりは惣の発展に支えられていた。しかし、土一揆を通じて農民が荘園領主や守護権力を後退させ、経済的には年貢不払いの戦いをおし進めた結果、富が農村に残るようになると、その富を掌握する有力名主・地侍が小領主化し、農民とのあいだに亀裂が生じてくる。山城の国一揆でも国人・地侍の指導性が表面化しだしていたが、戦国時代になるとその傾向はいっそう進行し、地域社会は分裂し、矛盾を強めてゆき、そこに戦国大名の領国支配が成立する、という道筋である。

農民層の上下方向への分解が進行し、その上層部の人々が地主ないし小領主化し、あるいは武家被官となるという傾向は、たしかにそのとおりである。農村居住者はどこでも地侍・乙名《おとな》百姓などといわれる上層グループと一般の百姓グループとに分かれていった。けれどもそのことがただちに地域社会を分裂させ、農民闘争を衰退させるような結果をまねいていたかといえばそうではない。住民のなかに二つの階層が発生することは、ただちに両層が決定的な対立関係にたつことを意味しない。

この時代はもともと江戸時代のように兵農分離が身分的・空間的に徹底的に行われ、士農工商の身分が固定していたわけではないから、百姓が地主化し小領主化して大名や国人の被官となることはかなり自由に行われた。しかしその被官関係は、江戸時代の主従関係のように固定的、絶対的なものではなかった。武士の被官となるとすぐ都市に移るのでもない。また一地域の支配者も、けっして単一ではなく、複数の大名・国人が入り乱れ、交錯しあっていることが多い。だから、ある百姓がだれかの被官となったからといって、かれがただちに仲間の百姓たちや村落共同体に対する完全な敵対者になったというわけではない。

被官となった名主・地侍は、たしかにその主君たる大名や国人の手引き役を演ずる可能性をもつであろう。しかし、この時代のように、大名や国人の支配階級としての結集が進んでおらず、相互にはげしく戦いあっているという流動的な状況のもとでは、被官百姓も、時に反農民的であっても、一転すれば農民戦線側の先頭に立つというのがあたりまえの姿であった。だから、村の住民はいかに政争に利用され、あるいは宗教戦争に走り、あるいは武家被官になろうとも、全体としてみると自律性と反権力的な性格や行動を失わないばかりか、小領主化した人々とも結びついてたえず巨大な力を発揮しているのである。農民が上下方向に階層分化すれば、すぐ相互に和解できない敵対関係に入ると考えたり、村落共同体結合の流動化が民衆闘争をただちに衰退させたとみることは、複雑で立体的な動きをとっていたこの時代の地域住民の在り方を平板化するおそれがある。戦国時代は、村落共同体の内部に階層分化が進みながらも、全体として惣結合をふまえた民衆闘争が強い政治色をおび、複雑な様相を強めながら、大名権力と対決してゆく時代であった。

伊賀惣国一揆

このように村落住民がその内部と複雑な身分関係をもちながら、外部からの軍事的侵入に対し結束した大きな力を発揮したみごとな事例は「伊賀惣国一揆」である。

「国一揆」としては文明一七年（一四八五）に南山城地方に成立した山城の国一揆が史上もっともよく知られている。この一揆に結集した百姓・地侍は宇治平等院《びょうどういん》でそれぞれの集会をもち、「掟法《おきてほう》」を定め「惣国」と称して検断権までを行使した。けれどもその「掟法」の本文は残されていない。

ところが、伊賀の惣国一揆は、かれらが制定した掟をそのまま伝えており、現在伊勢神宮の神宮文庫所蔵の「山中文書」のなかに収められている。

一一ヵ条からなる「惣国一揆掟之事」は、末尾に「右掟連判を以て定むる所件《くだん》の如し」とあるから、一揆衆中が連判して盟約したものである。「霜月《しもつき》十六日」とだけあって作成の年代は記されていないが、内容からみて、三好長慶が京都の実権をにぎった天文二一年（一五五二）から信長が南近江の六角氏を追って進出してきた永禄一一年（一五六八）までのあいだということはできる。

第一条　他国より伊賀国に侵入する者があれば、惣国一味同心してこれを防ぐこと、
第二条　惣国の者どもがとりしきっているゆえ、要所要所の物見から注進あれば、里々に鐘をならし、時を移さず陣におもむくこと、
第三条　上は五〇、下は一七を限り、その間の者はすべて陣に参加すべきこと、長陣になったら交替勤務とし、在々所々は武者大将を指名し、惣はその下知《げち》に従うこと、
第五条　国境に他国側がつくった城を取り、忠節を励む百姓があれば、十分の褒美をあたえ、その身は侍に取りたてること、
第七条　惣国の者は諸侍・足軽《あしがる》によらず、けっして三好方に奉公してはならない、
第一〇条　前々より、大和から我方に対し、たびたび不法な攻撃が加えられているが、大和大将の牢人は断じて許容できない、
第一一条　わが惣国は順調に態勢がととのった、近江の甲賀から協力の申し入れがあるから、我方から出張して、伊賀・甲賀の境目で、近日野寄合《のよりあい》をもつ、

とくに注目させられる箇条の要点を書きだしてみるとこのようなものである。全体として

軍事的な性格が強く、これを作成したのは侍分の人々にちがいない。第五条で、手柄あった百姓は侍に取り立てるといっている。侍グループが百姓に対する身分支配までも行っていたらしい。しかし、第三条でも分かるとおり、この惣国は村々の惣を基礎として、百姓の広範な参加の上に成立っている。また大和をはじめ外部からの侵入者に対抗する共同の防衛組織としての性質が強い。惣国の内部には侍と足軽・百姓の身分的区分があり、支配被支配に近い関係を包含している面を見のがせないが、全体として百姓・地侍のヨコの結合にもとづく共同体、という性格のほうが前面に押しだされている。第七条に惣の侍・足軽が外部の三好勢力に結び付くことを禁じている。

さらに、第一一条によると、類似の組織が伊賀と隣接する近江甲賀《こうか》郡にもあり、そちらから伊賀惣国に協力の申し入れがあったことも興味深い。その甲賀郡の組織は、「山中文書」に収められている他の史料から分かるが、「甲賀郡中惣《ぐんちゆうそう》」とよばれ、甲賀郡に居住する村々の小領主の連合体であった。たとえば甲賀郡柏木《かしわぎ》の御厨《みくりや》という地域に住む山中氏・美濃部《みのべ》氏・伴《ばん》氏という村落単位の小領主が、それぞれ「同名惣《どうみようそう》」をむすび、その連合としての柏木「三方惣《さんぼうそう》」をつくり、さらに同様のかたちの地域的連合組織を統合するかたちで「郡中惣」が編成されているのである。これらの組織は地侍中心とはいえ、野洲《やす》川に取水堰《しゆすいぜき》をもつ用水路の共同管理という生産機能や地域防衛という軍事的機能の共同体的な性格が強かったため、農民のひろい支持を得ることができた。

伊勢小倭郷・伊賀惣国・甲賀郡中惣は、そのスケールを異にしながらも、ほぼ同じ時代の相接する地域に出現した地侍・百姓の自律性の強い結集体である。こうした基盤組織の出現こそ戦国時代をその深層から規定する社会動向であり、戦国大名がその領国体制を固めようとするとき対決がさけられない相手であった。

農村経済の不安

豊凶と物価の年代記

ここで目を転じて戦国期地域社会の経済状況についても見ておこう。現在、河口《かわぐち》湖の南岸、山梨県南都留《みなみつる》郡富士河口湖町にある常在《じょうざい》寺という日蓮宗の寺に、稀《まれ》にみる貴重な記録『妙法寺記』が残されている。厳密にいうと、これには「勝山《かつやま》記」以下いくつかの系統の写本があり、筆者やその所属寺院名、所在などについても考えるべき問題があるが、おおまかにいって室町時代の文正《ぶんしょう》元年（一四六六）から永禄四年（一五六一）まで、この地方の政情・世相・豊凶・物価などを書きついだ年代記である。これによって現在の富士吉田市を中心とする都留郡地方の社会経済動向をなまなましい形で知ることができる。

当地方は土地柄のめぐまれたところとはいえず、甲斐のなかでも郡内《ぐんない》とよばれて、有力国人小山田《おやまだ》氏の勢力下にあり、甲府盆地とは別個の地域社会を形成していた。その意味では戦国大名登場の社会的背景を探る舞台としては、かならずしも適当とはいえないかもしれない。だが、当地は、西北は御坂《みさか》峠をこえて甲府に通じ、東南は山中《やまなか》湖・籠坂《かごさか》峠を通って駿河に抜ける交通路に位置し、単純に「辺境」とはいい切れない土地柄である。

ここでは、この記録のなかから、永正元年（一五〇四）～天文一九年（一五五〇）の五〇

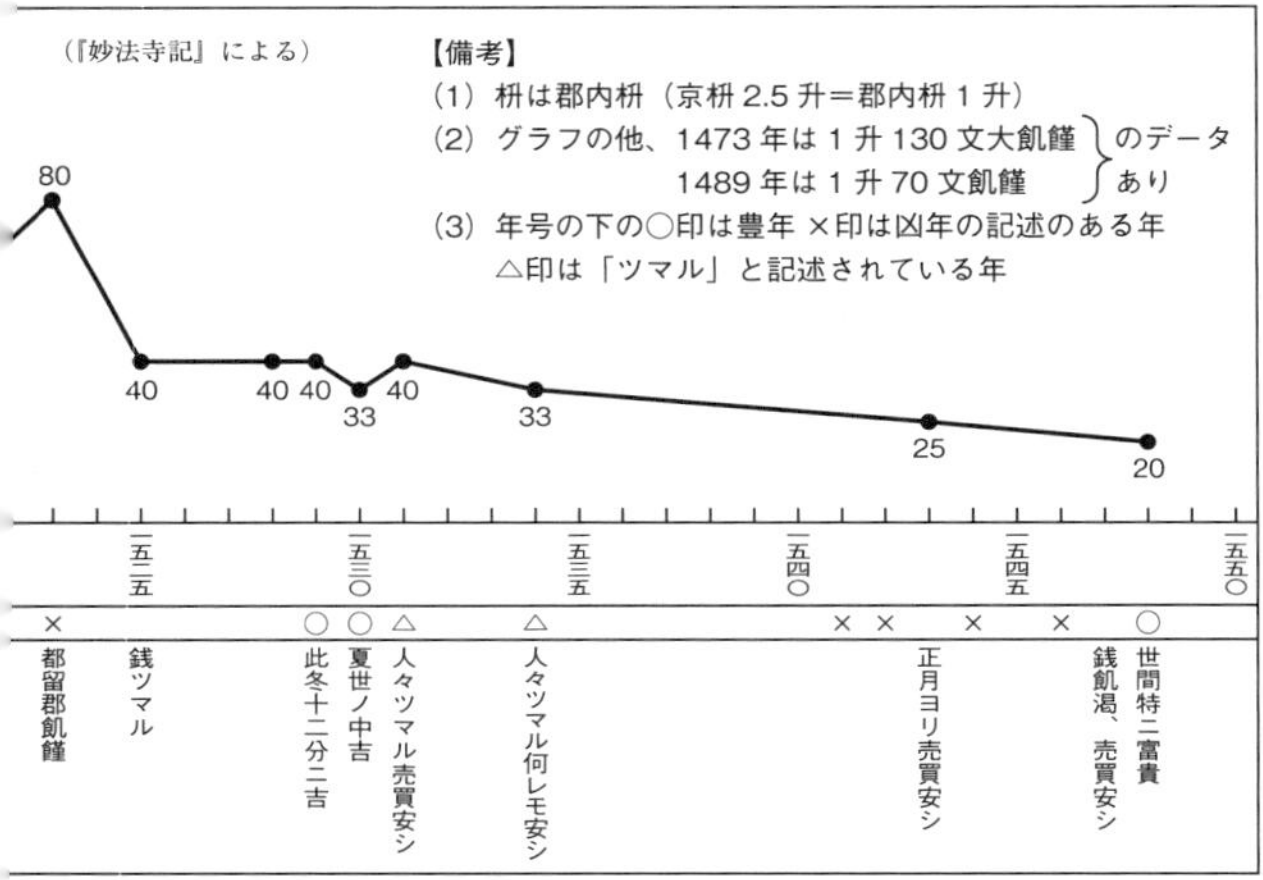

年ほどの時期を区切って、豊凶・米価の動きを抜きだしてみた。上のグラフはそれを示す。ここからすくなくとも、

(1) この地域では（グラフにはこまかく示さなかったが）米と大麦・小麦・粟《あわ》・稗《ひえ》などを合わせつくっているが、農民たちはおおむね春までに米を食いつくし、春にはわらびや草の根を掘って食べ、夏から秋にかけては麦などを食べている。すなわち収穫時期の異なる穀類を手から口へと食い、それぞれの端境期《はざかいき》には自然採取の山菜などでなんとかくいのばしている。

(2) 豊凶は年によってかなりはげしく、「飢《き》饉《きん》」「ツマル」などと表現される年と、「世間富貴」「世の中十分」などと記される年とが、あいなかばしている。

(3) 飢饉の年には人馬が餓死することも珍しくなく、約五〇年のあいだに七ヵ年におよ

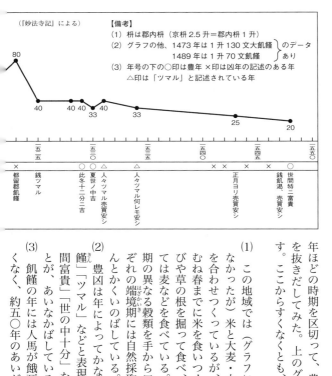

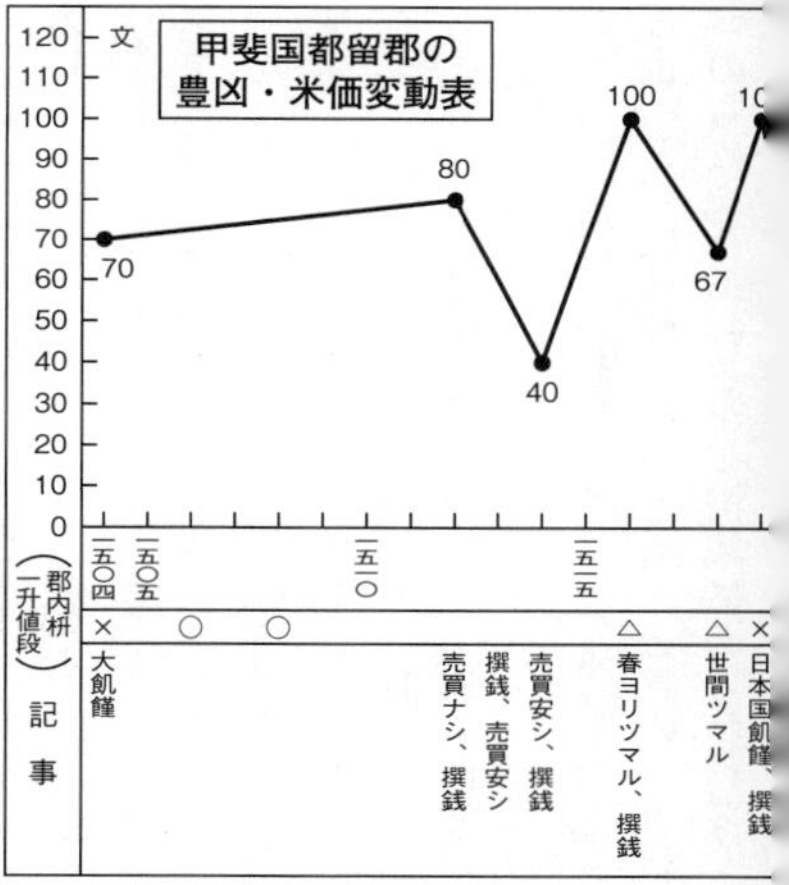

んでいる。

(4)　米価などの変動は今日の常識からすれば考えられないほど激しく、高い年は一升＝一三〇文、安い年は一升＝二〇文というようにきわめて大きな振幅がある。ただし一〇〇文というのは餓死者の出るような凶作の例外的場合であり、一升＝四〇文あたりがもっとも多い。この「一升」は甲斐地方で使われた郡内枡《ます》によるものとすれば、それは標準の枡とされる京枡の二・五升分にあたる。したがって一升＝四〇文は京枡に換算して一升＝一六文になる。それにしても米の乏しい当地の米価は高価である。

(5)　一五二五年ごろから米価が低い水準で固定するようになってきている。これは銭不足と関係するらしい。米価が低迷しているのは豊作であるということのほか、撰銭《えりぜに》がしきりに行われるために、銭貨の流通量が不足することによる面が強い。

といったことが指摘できる。

全国的な傾向として、室町から戦国にかけて、稲作の単位面積当たりの生産力は相当に高

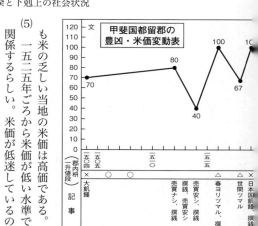

まったとみられている。けれどもこの地方の場合、飢饉の年にはすぐ餓死者も出るほどの不安を抱えていた。しかも注目しなくてはならないのはそのような不安のままに、穀物売買が意外にひろく行われていることである。耕地がせまく、やせていること、交通路にそっていることなどがその原因であろうが、なによりも、生産力の不安定さが、豊作の年には売り、凶作の年には買うという関係を強制的につくりだしているのであろう。その場合、余裕ある者はいっそう有利に、余裕のない者はいっそう不利になることは避けられない。

　ここで想起されるのは、『おあむ物語』という戦国時代を生きぬいてきた女性の回想記の「その時分は。軍《いくさ》が多くて何事も不自由な事で。おじやつた。（中略）あさ夕雑水《ざふすゐ》をたべて。おじやつた。（中略）さて。衣類もなく。おれが十三の時。手作《てづくり》のはなぞめの帷子《かたびら》一つあるよりほかには。なかりし。そのひとつのかたびらを。十七の年まで着たるによりて。すねが出て。難義にあつた」という記事である。この女性の父はのちに石田三成《みつなり》に仕え三〇〇石《こく》の禄をはんだ山田去暦という人であるが、その程度の武士ですら食料が不足して雑炊しかとれず、「ひる飯などくふという事は。夢にもないこと。夜にいり。夜食といふ事も。なかつた」のである。育ちざかりの娘時代に、着たきりすずめだったとは、たいへん意外だが、そもそも商品経済が未熟の上に、交通条件や戦争によって、物資の流通が円滑を欠いたことを考えれば、それが事実であったろう。安芸の武士で毛利に仕えた玉木吉保（天文二一年生まれ）も、「百姓ハ食物少シ、冬ハ木ノ実ヲ拾《ひろい》テ雪中ノ命ヲ続ケ、春ハ蕨《わらび》葛根《くずのね》を掘テ露命ヲ助《たすく》ル也」と、検地役人をつとめたときの実感を、自叙伝『身《み》自鏡《じかがみ》』のなかで述べている。

　のちにまたふれるが、撰銭にあらわれてくる通貨の混乱は、そのような経済的困難にいっそう拍車をかけた。戦国大名の経済政策が、のちにみるように、どこでも市場の設立や通貨の調整に力を入れているのもそのためである。戦国時代は、たしかに一面では新しい時代の夜明けであって、農業ばかりでなく、手工業や土木技術などの発展がめざましいが、半面いつの時代でもそうであるように、戦争は民衆生活に飢饉・疫病・殺戮《さつりく》、略奪などさまざまの困難と混乱とを強いていたのであり、民衆がしばしば飢餓線上におかれていたことを見逃せない。それらはまた半面では村に地主・高利貸を成長させた。それを見落とすと、この時代の民衆の怒りのはげしさも理解できない。

公方年貢と加地子

そこでもうすこし経済動向に立ち入ってみよう。このころ、土地の領有関係は、はげしい経済変動や政治的動揺の結果、おそろしく複雑になっていた。かつての荘園領主は山城・大和など畿内の一部をのぞくともうまったく衰弱し、ほとんどの場合自分の手による年貢の取り立て能力を失っていた。以前に都の荘園領主が収納していた年貢の大部分は、戦国大名の直轄領なら大名自身、知行地《ちぎょうち》なら給人《きゅうにん》、独立的な国人領ならば国人の領主の手許に入るようになった。しかし場合によっては、村の寺院や有力名主などがこの権利を買い入れて、その上部には年貢を支払う領主がいないケースもある。伝統的な荘園制秩序が崩れ去ってしまったのだから荘園年貢の徴収権をだれが手に入れるかは、身分の問題ではなく、武力や経済力の問題に他ならなかった。それにしても、だれが手に入れるにせよ、かつての年貢にあたる部分が存在したことはかわりない。この部分はこの時代は「公方年貢」とか「本年貢《ほんねんぐ》」とよばれるようになった。「公方」とはもともと将軍のことをさすが、ここでは、その時々の現実的な支配者が「公方」であった。そこにも世の移りかわりがあらわれている。

またそれと同じ土地について「加地子《かじし》」とよぶ地代を取る地主的な権利がひろまってきた。一般の農民と荘園領主との中間に加地子（あるいは「名主加地子」ともいう）という取り分がひろく成立しだすのは鎌倉末〜南北朝時代のころからであるが、戦国時代にはそれがさらに一般化したのである。しかも一反あたりの取り分を見ても、「公方年貢」が三〜五斗《と》程度で固定していたのに対し「加地子」はしばしばそれを上まわる量となった。それは荘園領主が無力になっていったのに対し、加地子を取る村の有力者たちは、反当たり収量の増加につれて、実力と同時に契約＝取り引き関係を通じて加地子額を引き上げていったからである。その結果、「加地子」の収取権者も流動化した。「加地子」の収取権の持ち主は在村の寺社や名主だけでなく、かつての荘園領主や国人・地侍も、時としては貨幣でこの権利を買い集めたり貸金の代わりに受け取ったりすることがあった。永正四年（一五〇七）の山城の国「上久世荘《かみくぜのしょう》 散用帳《さんようちょう》」という史料によると、京都の東寺《とうじ》は、領主権をたてなおすために、本来の取り分である「本年貢」（「公方年貢」にあたる）の権利のほか、「加地子」の収取権を、みずから大量に買い集めたり年貢や借金の払えない者から差し押さえたりして、総面積五六町歩余りのうち、三七町歩の加地子権を手に入れている。上久世荘は、東寺にとってひざもとの荘園で、窮迫する寺院経済の最後の拠点となっていたから、このように徹底したことをやったのであろう。もちろん荘園領主が当時、どこでもこんなことをやったわけではなく、逆に本年貢の権利まで質入れしたり売却したりするケースのほうが多かった。

中家の加地子権買入れ状況（三浦圭一氏による）

年代	買入れに支出した銭額	買入れに支出した米額	買入れ地の筆数
	貫文	石	
1501〜10	95.200	—	41
1511〜20	109.600	0.55	44
1521〜30	62.350	2.00	31
1531〜40	362.260	1.80	138
1541〜50	255.800	1.25	80
1551〜60	254.450	1.00	24
1561〜70	14.300	8.50	7
1571〜80	22.000	47.00	9

この「本年貢」と「加地子」とを合計したもの、すなわち東寺が加地子権も手に入れて農民からこの両者をあわせ取るような場合、これを「分米《ぶんまい》」とよんでいる。「分米」は、多くの場合、直接耕作者から取る年貢・地代のすべてになるから、東寺としては、この場合には他の中間の権利者を排除し得たことになる。このように直接耕作者からの年貢・地代の収取関係を一本化することになる「分米」の収取権を確保するのが、没落しつつある荘園領主のみならず、土地の支配を目ざす大名においても理想である。秀吉の太閤《たいこう》検地はそれを実際に全国一律のかたちで実現しようとしたのである。

村の蔵本

このころのように、農村でも貨幣の必要が高まる一方、作柄や物価の変動がはげしく、それに加えて戦争による臨時課税や人夫・兵士の徴発も少なくない、という状況のもとでは、農民の生活は不安定であった。貧しいものはたえず餓死や没落の淵《ふち》にのぞんでいたが、豊かな者はますます富んだ。

阪和《はんわ》線で堺市から和歌山にゆく途中に熊取《くまとり》という駅がある。この付近一帯は中世では和泉国熊取荘とよばれ、豊かな自然にめぐまれた畿内型の農村であった。その荘の中心の御門《ごもん》という集落に江戸時代には大庄屋《おおじょうや》を勤め、今日もその住宅が文化財に指定されている中家《なか》がある。この中家には戦国時代から江戸時代にかけての膨大な古文書、とくに土地買入証文類が多くのこされている。それによると、中家は前ページの表にみられるように、一六世紀を通じて活発に加地子収取権を買い入れている。一枚一枚の買入証文に耕地の広さが記されていないものもあるため、面積でどのくらいになるか確定できないが、毎年着実に土地を買い集めていく姿はよく分かる。買い入れた土地は、周辺の村々にまでひろく分散していた。この部分について中家はかならずしもみずから経営するわけでなく、居村分などを除けば他の大部分は一種の不耕作地主的な立場にあったわけである。

中家のこのような加地子権買入れは、主として、同家の金融活動によっていたらしい。同家の文書の中の一つに、天文二二年（一五五三）九月二七日付の算用状（計算書）がある。

リフン《（利分）》二文子《もんこ》
合料足四十三貫七百卅一文
同米六石三斗二升二合五勺《しゃく》
右件銭米者来秋中返才《（済）》可申候、

野田宮刀禰《とね》より
蔵本中左近殿

これによると、野田宮の刀禰は中家からかなり多額の銭《ぜに》と米とを来秋までということで借用している。「リフン」（利子）は二文子すなわち一〇〇文につき月二文という条件である。二文子というのは一般の例からすれば比較的安い利率だが、中家は「蔵本《くらもと》」とよばれているところからみて、銭や米穀の貸付業をいとなんでいたにちがいない。もともとは地元の年貢を収納し、これを売りさばいて銭に換えて納める仕事が主であったが、やがて金融活動のほうが本業化したのである。天文二四年には、紀伊国名草《なぐさ》郡にあった岩橋《いわはし》荘の半分を根来《ねごろ》寺の大弐公《だいにこう》からまとめて買い込んだりしているから、相当手びろく活動していたようである。

こうした蔵本は、村人たちの不安定な経済条件のもとではなくてはならないものであり、各地域の中にひろく発見できるようになってきた。それは地主兼金融業者という、江戸時代の農村にひろく見られる農民上層の姿に通ずるものである。ただこの時代では、中家のように加地子収取権を買い取っても、自分の直接経営地はひろげないというタイプは、主に経済的先進地に見られるものであった。関東の北条領の場合、貫高制の年貢や段銭など、領主側に強制された貨幣納入に耐えられなくなった農民のなかに負債が累積し、その結果欠落ちする事例がたくさんにみとめられる。このあたりの村では、土豪・地侍層が蔵本として金融機能をいとなみ、その結果質流れになった土地を手に入れると、多くの場合は周辺の小百姓や下人を使って経営した。それは本年貢のうえに加地子までを安定的に払いきれないような生産力の低い村に多いケースである。当時の農村には、地主的な性質をもつ上層民と、独立の耕作者であるが経済的にはたえず不安におびやかされている中下層農民という、二階層がひろく形成され、それらが、地位・権限などを異にしながら、「侍分」と「地下分《じげぶん》」という前述の村の基本的な二階層を生みだしたのである。

「世界史」の成立と新技術

東アジア情勢の新展開

ポルトガルの進出

日本の社会がその基底からの変動によって、かつて経験したことのない長期・全国的な動乱と革新の時代に突入したころ、東アジアの情勢も大きく転回しつつあった。

一四九八年、ヴァスコ＝ダ＝ガマのひきいるポルトガルの船隊は、喜望峰を迂回《うかい》して、インドのカリカットに到達した。インド航路の開拓は、ポルトガルの東方貿易に巨利をもたらすことになる。一五一〇年ゴアを奪取、翌一一年マラッカに進出。マラッカは当時、東は香料の島モルッカ諸島、西はインド、南はジャワ、北は中国、さらには琉球《りゆうきゆう》、日本におよぶアジア国際貿易の中心地であった。

冒険と略奪に恐れを知らないポルトガル商人団にとって、中国は胡椒《こしよう》市場としても重要な目標となった。マラッカ占領からわずか二年後の一五一三年、かれらははやくも広州方面にあらわれた。ポルトガル人は中国に香料を運び、中国から生糸・絹織物を買い付けてインド方面に送り、想像をこえる利益を手に入れた。明《みん》帝国は華夷《かい》秩序に従う入貢《にゆうこう》貿易以外は認めないという厳しい海禁政策をとっていたが、ポルトガル人たちにとって、長大な海岸線や無

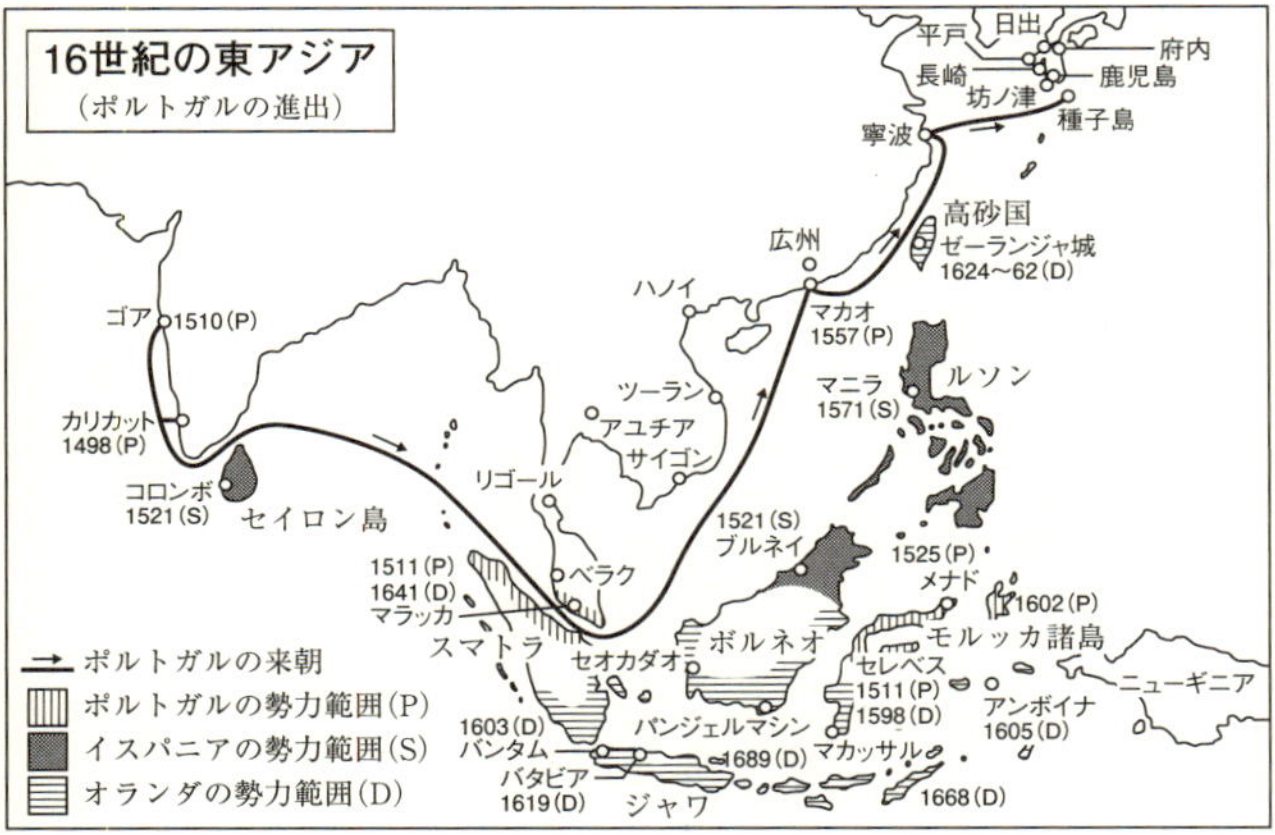

16世紀の東アジア
（ポルトガルの進出）

数の島々を利用した密貿易はさして難事ではなく、中国商人もこれを歓迎した。やがてポルトガル商人は北上して、寧波《ニンポー》にまであらわれた。寧波は日本の対明貿易船の入港地であった。

一方、フェルナンド＝マゼランは、一五一九年、スペイン国王の援助を得て、南アメリカの南端、のちにいうマゼラン海峡をまわって太平洋に出、西に進んで一五二一年フィリピン諸島に達した。かれらのねらいも香料であったが、かんじんの香料諸島は、一歩さきんじたポルトガルの手に落ちていたため、東洋貿易の拠点として、新たにフィリピンに目をつけた。しかし、スペイン人がマニラを占領して、本格的植民を開始したのは一五七一年以後であったから、中国貿易の主導権はポルトガルににぎられていた。

西洋人の日本認識と日本人の世界認識

ポルトガル人が寧波にまで出現したことは、日本人とポルトガル人との出会いがすでに必至となったことを意味している。

一三世紀末ごろにつくられたマルコ゠ポーロの『東方見聞録』では、日本は「黄金の島ジパング」として紹介された。そこでは日本はまだ夢の島であった。しかし、ポルトガル人のアジア進出初期の文献として知られるジョアン゠デ゠バロスの著作では、その第一編（一五五二年出版）で日本をジャポンエス Japões 諸島、第三編（一五六三年出版）ではジャパン Japan といっている。ジャパンの発音の由来について、キリシタン宣教師のロドリーゲスは、一六三四年の著作のなかで「シナ人は日本の語をジョプエン Jopuen と発音し、また広《カン》東《トン》語ではジェプエン Jepuen という。それによってポルトガル人はジャパンというようになった」といっている。このバロスの書物の作成は鉄砲伝来直前の一五四〇年ごろと見られるから、すでにかれらの日本認識は現実的なものとなっていたといってよい。

おそらく、ポルトガル人は、マラッカもしくは広州あたりで、中国商人から日本についての知識を授けられていただろう。また遠くその方面に活躍する琉球・日本の商人にも出会っていたにちがいない。琉球・日本商人の東南アジア方面への貿易活動は、はるか以前からさかんになっていたし、日本にもその方面の商人がやってきた。すでに一世紀余りも前の応永《おうえい》一五年（一四〇八）、「南蛮船《なんばんせん》」が若狭《わかさ》の小浜《おばま》に入港し、「亜烈進《あらじん》」から日本国王に象・孔雀《くじゃく》などの珍獣をもたらした、という記録もある。この「南蛮船」がどの地方のものかはっきりしないが（新村出氏はパレンバンと見ている）、このころから日本側の海外認識も、もはや「天竺《てんじく》」「震旦《しんたん》」「本朝」という古風な三国観にとどまるものではなかった。「南蛮」という、中国風の表現そのものは、対外蔑視《べっし》のニュアンスをもっているにせよ、日本商人の活動の舞台は朝鮮・中国に限らず東南アジアにひろまりつつあったのである。

ただそれにしても中国ジャンク船に乗るポルトガル人の種子島《たねがしま》到着が一五四三年（天文一二年）であるから（一五四二年説もある）、かれらが広州方面に進出して以来、日本に出現するまでおよそ三〇年を経ているのはどういうわけであろうか。カリカットからゴア↓マラッカ↓広州への東進の速さにくらべると、これはいかにもおそい。ポルトガル商人は、日本貿易にすぐとりくむほど魅力を感じなかったのであろうか。

明の海禁と琉球・ポルトガル商人

このころ、入貢形式による対明勘合貿易の主導権は、幕府の衰退によって、細川・大内両氏のあいだで争われていた。細川の背後には堺商人、大内の背後には博多《はかた》商人があり、両者の争いははげしくつづけられた。永正五年（一五〇八）大内義興《よしおき》が、亡命してきた前将軍義稙を擁して入京し、管領代となって長らく滞京したのも対明貿易の主導権を手に入れるためであった。

義興の子義隆の代になると、大内が優勢となり、義隆は天文八年（一五三九）と同一六年に、大規模な船団を博多から明に送った。しかし、この天文一六年をもって、日明勘合貿易は幕を閉じた。その後まもなく大内義隆が陶隆房《すえたかふさ》の反乱のために死んでしまったことと、ライバルの細川も内訌《ないこう》によって衰退したことが、その直接の要因であった。その結果、一六世紀のなかばごろになると、「倭寇《わこう》」と中国商人の密貿易が盛んになり、それに対する明の海

『倭寇図巻』　上陸する倭寇。明代末期の作。東京大学史料編纂所

禁と官憲の弾圧が強まるにしたがって、日明民間貿易は琉球商人によって中継されるようになってゆく。

一般に「後期倭寇」とよばれる日本の海民グループないし海賊団は、中国沿岸に出没し、実力取り引きや略奪をほしいままにした。「八幡大菩薩《はちまんだいぼさつ》」の旗を立てた「八《ば》幡船《はんせん》」は大型でも三〇〜四〇人、多くは十数人乗り程度のものだったらしいが、五島《ごとう》あたりから数日で海を渡り、主として江蘇《こうそ》・浙江《せっこう》・福建・広東など中国の中・南部の海岸を襲った。一五五五年の倭寇にいたっては杭州《こうしゅう》方面から上陸して南京《ナンキン》をおびやかした。肥前《ひぜん》の松浦《まつら》党もこうした海賊集団の有力なひとつであった。それればかりかこれらの「倭寇」には朝鮮・中国の海賊的商人も加わっているのもしばしばで、一種の国際密貿易団という性質が強かった。

他方、ひそかに貿易をもとめる中国海商もさかんに日本にやってきた。いま訪ねればひっそりと静まった、美しいが意外に狭い入江にすぎない薩《さつ》摩《ま》半島南西端の坊《ぼう》ノ津《つ》や、五島列島などには、多数のジャンクが風に乗って集まった。なかには、中国出身でありながら日本の平戸《ひらど》を根城にして縦横にあばれまわった王直《おうちよく》のような海賊の巨魁《きよかい》もあらわれた。王直ははじめ塩商人だったらしいが、広東で大船を手に入れ、生糸・綿布・硝石《しようせき》などを積みだして密貿易に乗りだした。豊後《ぶんご》の大友のもとに滞在していた鄭舜功《ていしゆんこう》という明《みん》人の書『日本一鑑《いつかん》』や倭寇対策の目的で編集された鄭若曾《ていじやくそう》の『籌海図《ちゆうかいず》編』によると、一五四五年(天文一四年)、王直は「倭寇」と共同して海賊商船団を編成し、五島・平戸を根拠にしたのち、一五五七年、明の官憲にだまされて殺されるが、それまで平戸の領主松浦《まつら》氏から厚遇され、日明間の密貿易を牛耳《ぎゆうじ》っていた。ポルトガル人を種子島に導いたのも王直だったらしい。

こうして、日本と明あるいは南方諸地域との海上交通・貿易が活発となる一方、海禁による明の統制が強化されだすと、ポルトガル商人は琉球商人にとって代わって中国密貿易商人と競争しつつ中継貿易に本腰を入れるようになった。その結果、ポルトガル船の平戸や日出《ひじ》(豊後府内の外港)への来航は、一五五〇年前後のころから本格化した。ザビエルが鹿児島に上陸したのも、まさにそのようなときにあたる一五四九年(天文一八年)のことである。要するに、日明貿易が勘合形式で直接行われているかぎり、ポルトガル商人は、日本貿易に大きな期待を寄せる余地が少なかったが、それが困難になるとともに、中継利益のひとり占めをねらって日本に渡航しはじめ、「世界」が一つに結ばれてゆくのである。

鉄砲伝わる

『鉄炮記』の記述

王直の指揮する中国ジャンク船で種子島に上陸したポルトガル人が、鉄砲を領主種子島時《とき》尭《たか》に伝えたという、史上著名な事件は、ポルトガルの対日貿易が本格化する以前の天文一二年（一五四三）のことであった。明の沿海にゆくはずのところ、暴風で流されたらしい。『鉄炮記《てっぽうき》』はそのときのことを以下のように伝えている。

天文一二年八月二五日、種子島の西村小浦に一隻の大船が漂着した。どこの国から来たかわからないが、船客は百余人、その服装は異様でことばも通じない。さいわいにそのなかに明の儒生五峰《じゅせいごほう》という者がいて、西村の主宰織部丞《おりべのじょう》と砂上筆談し、これが「西南蛮種之賈胡《ここ》（商人）」であると分かった。（中略）領主時尭はこれらの人々を引見したが、その長たる者は二人で、一人は牟良叔舎、他の一人は喜利志多佗孟太といい、手に一物をたずさえていた。長さは二、三尺、まっすぐで中空であった。しかしその底は密閉され、その傍には火の通る穴がある。用うるときには妙薬を入れ、小さい鉛の丸《たま》をそえる。穴から火を点じて発すれば雷《らい》のとどろくような音をだし、耳を掩《おお》わざるをえないが、小さな標的でもかならずあたる。時尭はこの稀世《きせい》の珍品の名も用途も知らなかったが、感嘆おくあたわず、万金をもってその二挺《ちょう》を買いあげ、火薬の調合法を家臣の篠川小四郎に学ばせ、みずから射撃術を習い、百発百中の技量に達した。

このとき、紀州根来《ねごろ》寺の杉坊《すぎのぼう》某公が千里を遠しとせず、鉄砲（鉄炮）を譲ってくれるよう懇望《こんもう》してきたので、時堯は津田監物《けんもつ》丞《のじょう》を遣わして一挺を杉坊に贈り、使用法も伝授した。一方時堯は鉄匠数人に命じ、そっくりの模造品をつくらせた。しかしその底の塞《ふさ》ぎかたがわからなかった。ところが、翌年またこの「蛮種賈胡《ここ》」がやってきたとき、そのなかに一人の鉄匠がいたので、時堯はよろこび、金兵衛尉清定に命じて、底の塞ぎかたを学ばせた。そこで一年あまりのうちに数十挺の鉄砲ができあがった。

その後和泉《いずみ》国堺の橘《たちばな》屋《や》又三郎なる商人が、たまたま種子島に一、二年滞在し、鉄砲を学んだ。かれは帰ってから鉄砲又《てつぽうまた》とよばれるほどで、畿内《きない》近国のものはみなかれから学んだ。また故老のいうところでは、天文の壬寅癸卯《じんいんきぼう》（天文一一〜一二年）のころ、新造の入貢船三隻が種子島から明に向かおうとしたとき、嵐にあい、一隻は座礁沈没、一隻はからくも寧波に着き、他の一隻は運航不能となった。その種子島にとどまった一隻は、翌年首尾よく明に渡ったが、帰路台風にあって伊豆に漂流した。伊豆の人々はこの難破船の搭載品をうばったが、船中にあった時堯の家来松下五郎三郎は、鉄砲を手にたずさえ、射撃してみせた。その百発百中ぶりに驚いた伊豆の人々は、驚嘆してかれから学んだ。そのため鉄砲は関八州にもたちまちひろまった。

これを記している現在は、すでに当時から六十余年をへだてている。しかし時堯のもとめた二挺の鉄砲がたちまち六六ヵ国にひろまり、諸国の鉄匠はその製法を身につけるにいたったことを思えば、わが種子島はまことに鉄砲の発祥地というべきだ。

以上が、漢文体の『鉄炮記』の骨子をかなり忠実に現代語訳したものである。

どこまでが事実か

この『鉄炮記』は、慶長《けいちょう》一一年（一六〇六）、南浦文之《なんぽぶんし》（文之玄昌ともいう）という禅僧が、種子島久時《ひさとき》の命をうけ、久時にかわって鉄砲伝来の歴史を記録するというかたちで作成したのであるが、その主旨は、久時が父時堯の功業を顕彰しようとしたものである。したがって、この記録が六〇年前の史実をすべて正確に伝えているかどうかは検討の余地があろう。けれども今日知られている史料のかぎりでは、やはりもっとも信頼できるものと考えてよい。

ただかんじんの伝来の年については、異説がないわけではなく、ヨーロッパ側の史料では、むしろ一年まえの一五四二年説が有力である。たとえばモルッカ諸島のポルトガルのカピタン（商館長）として活躍したアントニオ＝ガルワンの『世界発見記』（死後、一五六三年刊）は、伝聞した事実として、

一五四二年、アントニオ＝ダ＝モッタ、フランシスコ＝ゼイモト、アントニオ＝ベイショットという三人の者が中国のリャンポ市へむかう途中遭難して、ある島に流れつ

いた。この島は人々がジャポンエスと称し、古書がその財宝のことについて語り伝えるシパンガスらしい。

と記している。

もう一つの問題は、漂着したポルトガル人の名前の読み方である。『鉄炮記』があげる牟良叔舎・喜利志多侘孟太は何と読むのだろうか。「牟良叔舎」は発音としてはフランシスコに近いようである。したがってこれはガルワンのあげるフランシスコ＝ゼイモトをさすのではないかという説がある。喜利志多侘孟太の、最後の二字「孟太」はモッタと発音が近似しているから、これはガルワンのいうアントニオ＝ダ＝モッタと同一人と考えることができよう。

こうみてくると、『鉄炮記』と外国側文献（ガルワンの他、メンデス＝ピントの『巡国記』など）とのあいだにはちがいもあるが、かなり共通するところもある。種子島に漂着した年代にもズレがあり、乗っていたポルトガル人が二人か三人かという人数とその名前についても完全な一致はない。また漂着した船がポルトガル船なのか中国のジャンクのようなものだったのかも断定しにくいところがある。『鉄炮記』ではポルトガルの大船のように読み取れる。これに対してガルワンやピントではどうもそうでない。とくにガルワンは、「一艘のジャンクで暹羅《シャム》の港を出てシナに行こうとした」途中で漂流したと明記している。来航したポルトガル人がごく少数だったことからすれば、ガルワンの記すとおり、中国のジャンクと見たほうが自然である。『鉄炮記』に見える明の儒生「五峰」が海賊首領王直であろうという説に従えば、王直の掌握するジャンクだったと見るのが自然である。

このように『鉄炮記』の記事については漂着年をはじめいろいろ吟味すべき問題もあるが、その記述が全体として外国側文献の示す事実と、とてつもなくかけはなれていることはほとんどなく、しかも『鉄炮記』は現地の当事者である種子島家そのものの所伝であるから、信頼度は外国側文献にまさるとも劣らない、と見てよいのではなかろうか。

「種子島」以前の鉄砲

ところでもう一つ、日本人はこのときまで、鉄砲と火薬についてまったく無知だったのか、という問題がある。一三世紀後半の『蒙古襲来絵詞《えことば》』のなかには、元《げん》軍が発射して炸裂《さくれつ》している「てつはう」が描かれている。しかし、これはわれわれのいう鉄砲ではなく、描かれたものを見ると火薬をつめた鉄球だったらしい。中国では火薬はよほど古くから知られており、硝石・硫黄《いおう》・木炭の合成による火薬の作製は、すでに唐代に成功しているといわれている。そして、火箭《かせん》・火毬《かきゅう》などとともに、火薬と石弾を鉄の筒から発射する素朴な大砲のようなものも宋《そう》代には使われだし、一四世紀から一五世紀になると神機火槍《しんきかそう》という鏃《やじり》のような一種の弾丸を発射する火器もつくられたようである。

このような、種子島銃以前の中国系火器は、しだいに日本にも知られるようになった。文《ぶん》安《あん》三年（一四四六）につくられた『壒嚢鈔《あいのうしょう》』という室町時代の辞書には、「鉄炮」という言葉が載せられており、『碧山日録《へきざんにちろく》』にも応仁二年（一四六八）、東軍の細川陣営には「飛砲」「火槍」が備えてある、という記事がある。さらに中国系小銃も、一六世紀に入ると伝えら

れたらしい。『北条五代記』のなかには、

我関東より毎年大峰へのぼる、享禄《きょうろく》はじまる年、和泉の堺へ下《くだ》りしに、あらけなく鳴《なり》物《もの》のこゑする、是《これ》は何事ぞやととへば、鉄炮と云物《いうもの》、唐国《からのくに》より永正《えいしょう》七年に初て渡りたると云《いう》て、目当とてうつ、我是を見、扨《さて》も不思議きとくなる物かなとおもひ、此鉄炮を一挺《ちょう》かひて関東へ持て下り、屋《や》形氏綱《かたうじつな》公に進上す、

という記事がある。鉄砲が永正七年（一五一〇）に伝わったということは、このほか『重編応仁記』や『甲陽軍鑑《こうようぐんかん》』にも記されている。これらの書物は、同時代の日記などとは性質がちがって後のものだから、そのままうのみにはしにくいが、中国で鉄砲が使われていたことからすれば、中国系の鉄砲が「種子島」以前に日本に伝えられていないと考えるほうがむしろ不自然である。『李朝実録』中宗三年（日本永正五年＝一五〇八）四月九日の条には「倭船所有銃筒及長箭」とあるから、そのころ日本側もすでに、中国系の銃器をもっていたことは十分考えられよう。

すると、ではなぜ中国系の鉄砲が日本では普及しなかったのか、という疑問が出てくる。これについては論証をともなった答えをだしにくい。しかし、この中国系小銃は性質からいうと大砲を小型にして携帯用にしたもので、性能が低かったようである。そこでこれが武器として日本でひろまる以前に、種子島銃が伝えられ、これが急速に普及したために、中国系のものはそれきりになってしまったとも考えられる。西洋の火薬・鉄砲の使用は、中国に比

べるとおそく始まったが、一六世紀に入ったころのムスケット銃は、命中率・飛弾距離・破壊力など、どの点をとっても中国系のものより優秀だったようである。

火薬の問題

では鉄砲と切りはなすことのできない火薬の問題は、どう解決されたのか。『鉄炮記』は、種子島時堯が、火薬調合の技術を篠川小四郎に学ばせたと記しているが、これはどこまで信じられるだろうか。この点については「種子島家譜」の天文一八年（一五四九）のところにのせている次の文書が有力な手がかりとなる。

> 思ひ寄らざる儀に候と雖《いえど》も、鉄放薬事、南蛮人直《じき》に相伝せしめ、調合比類無きの由、御耳に触れらる、武家御内書《ごないしょかく》此の如く候、相違無きに於ては、御祝着《しゅうちゃく》為るべきの旨候、聊《いささか》以て御他言有る可《べ》からざるの由候、猶《なお》嶋津匠作《しょうさく》（貴久《たかひさ》）より伝達有る可く候也、状件の如し、
>
> 三月五日　　植家（近衛）（花押）
>
> 種子島弾正忠（時堯）殿
>
> （原漢文）

これによれば、時堯が火薬調合の技術を伝授されるのをきいた将軍足利義輝《よしてる》が、時堯に、南蛮人直伝《じきでん》の火薬調合の秘伝を伝えてくれるよう、近衛植家《たねいえ》を介して頼みこみ、時堯も他に漏らさないという約束で義輝に伝えることとした。『鉄炮記』のいうとおり、時堯はポルト

ガル人から火薬製法の知識も入手していたのである。

それでは、火薬の知識は、日本にはこれ以前まったくなかったのだろうか。中国の火薬の歴史は古いし、一三五六年、倭寇鎮圧のため火器と火薬を中国に求めたという記事が、朝鮮側の史料に見えるくらいだから、日本人も火薬の知識がまったくなかったと見ることはできない。けれども、火薬の主要な成分の一つである硝石が、日本の国内ではほとんど産出しなかったため、たといその知識があったとしても、火薬の調合使用がひろまらなかったことは十分考えられるところである。天然硝石によらずに塩硝をつくる技術は、むしろ鉄砲の普及以後にひろまっていったのであって、鉄砲が実用されだした初期では、中国・インド産の輸入硝石に依存していた可能性が高い。

戦術革命

鉄砲製造技術の伝播

優秀な性能をそなえたムスケット銃と火薬製法が種子島に伝えられたのち、日本人はどのようにして、これをひろくわがものとしていったのだろうか。

『鉄炮記』によると、種子島の鍛冶《かじ》職人も、伝来の翌年、はやくも数十挺の製造に成功したということだが、種子島から本土に伝えられた最初の鉄砲は、時堯から貴重な一挺をゆずりうけた根来の杉坊のものということになろう。その際、杉坊の懇望に応じて時堯が鉄砲を根来にもたせてやった津田監物という人物を時堯の家臣とする『鉄炮記』の記述は正しくなく、元来杉坊の院主をだす家筋の人物だったと見る説が有力である。しかしそれはともあれ、強力な武力を誇っていた根来に伝えられた鉄砲が、新鋭武器として軍事集団に採用されたことは不思議でなく、根来の鉄砲技術の評判はたちまち関東にまでとどろきわたるほどになった。

一方、『鉄炮記』は、和泉の堺からきた商人橘屋又三郎が、種子島で鉄砲製造技術を習得して帰り、堺で鉄砲又とよばれるほどの製造業者になったことも伝えている。当時の国際貿易港であった堺の商人が、中国系の鉄砲に関する知識をもっていたことは自然であろうから、橘屋が示したような鉄砲への鋭敏な反応は十分理解できるところである。そのうえ、堺は商人だけの町でなく、周辺をふくめ中世以来の河内鋳物師《いもじ》の集住地ともなっていたから、鉄砲製造の技術的基盤も十分そなわっていたのである。現に、根来の鉄砲製造の中心であった鍛工芝辻《しばつじ》清右衛門も堺の出身であった。また鉄砲製造地としてもっとも有名な近江の国友《くにとも》村（長浜市）にしても、堺から技術が伝えられたと思われる。『国友鉄炮記』には時堯から将軍義晴に献上された鉄砲が、国友の鍛冶に貸しさげられ、それを手本として模造品をつくりだしたという記述がある。しかしその点は、他の信頼できる史料で裏づけることができない。むしろ堺→国友の経路をあわせて考える必要があると思われる。

こうして、鉄砲は堺・根来・国友などを中心に製造されだしたが、同時に種子島にはもっとも近い九州などでも早くからつくられるようになった。鄭舜功の『日本一鑑』には、

初め仏郎機国に出づ、国の商人始めて種島の夷《えびす》に教へ作る所也、次に則《すなわ》ち棒津《（坊ノ津）》平戸豊

後和泉等の処通じて之を作る、其鉄既に脆《もろ》く作る可《べ》からず、多く暹羅《シャム》鉄を市して作る也（下略）、

という記事がある。鄭舜功の日本滞在は、鉄砲伝来のときから一〇年ほどしかたたないころのことであるから、この記述の信頼度は高いと考えられるし、『鉄炮記』との関連も理解しやすい。これによって、鉄砲の波紋がたちまちのうちに各地にひろがっていった状況がうかがわれる。

合戦での実用例

では、鉄砲はいつごろから日本国内で実戦に使われるようになったか。常識的には、信長・家康《いえやす》の連合軍が武田勝頼《かつより》の軍を破った長篠《ながしの》合戦が、鉄砲の偉力を発揮した最初の事例として知られている。けれども、この合戦は天正三年（一五七五）のことであり、鉄砲伝来の年からすれば、三〇年余りのちになる。実際には、もっと早くから実用化していたと考えねばならず、それについては十分証拠もある。確認できる実用例は次ページの表のように想像以上に多い。

最初の例である信長の国友鉄砲鍛冶への注文の史料は『国友鉄炮記』だからその性質上、多少検討の余地があろうが、他はみな良質の史料によっている。それからすれば、天文末年、すなわち、種子島伝来から一〇年前後のころ、すでに各地の実戦に使われていることはほとんど疑いない。九州・畿内などから製造のはじまった鉄砲がたちまちのうちに各地に伝

鉄砲の実用例（長篠合戦以前）

1549（天文18）	織田信長、6匁玉鉄砲500挺を国友鉄砲鍛冶に発注。
1555（天文24 弘治元）	武田信玄、信濃旭山城の合戦に300挺を用いる。
1557（弘治3）	武田信玄、武蔵国児玉郡金屋村鋳物師に砲丸・薬研を発注。 また塩硝輸入のため、彦十郎に対し馬三疋分の関銭免除。
1557（弘治3）	毛利元就、周防国都濃郡須々万の沼城攻撃に鉄砲を用いようとし、小早川隆景に命じ、その家臣乃美万寿所持の鉛を提供させる。
1562（永禄5）	和泉国久米田寺合戦で三好実休、根来衆の鉄砲に撃たれ戦死。
1563（永禄6）	出雲国白鹿要害・熊野表合戦で、吉川元春の手兵多く鉄砲に撃たれ、戦死・負傷する。
1565（永禄8）	尼子義久の臣、鉢屋掃部等毛利軍を鉄砲で撃つ。
1570（元亀元）	織田信長、姉川合戦の時、殿軍に鉄砲500挺を備え、退却する。

わるとともに、実用されだしたことは明らかであり、これを実用化した日本の技術もさることながら、鉄砲のもたらした衝撃がいかに大きかったかがよく窺《うかが》われる。

「鉄放薬之方并調合次第」

では火薬の普及はどんな道筋をたどったのか。火薬の主要成分である硝石は日本には産出しないが、中国はその多産国であった。したがってインドなどから南蛮貿易によってもたらされるもののほか、中国の硝石も多く輸入されたに相違ない。しかし、各地の大名たちの実戦用火薬がすべて輸入品だったと考えるのも無理がある。やはり国内原料での製法が急速にひろまったとみるほうが自然であろう。その点で興味深いのは『上杉家文書』のなかに伝わる「鉄放薬之方 并《ならびに》 調合次第」という永禄二年（一五五九）六月二九日付の火薬調合法を記した覚書である。冒頭の部分に、

一、ゑんせう　二両二分
一、すみ　一分二朱
一、いわう　一分
又
一、ゑんせう　一両二分
一、すみ　一分
一、いわう　三朱
いつれも上々

という記載があって、塩硝・炭・硫黄の混合率が示されている。そしてそれにつづき、灰・炭の製法、塩硝の「煎様《いりよう》」、硫黄の素材の良否、さらに火薬調合のさいに爆発をおこすから火気は厳禁とか、調合は文章に書くとむつかしそうだが、慣れれば容易だとか、こまごまと記している。

このメモ風の秘伝書は、『上杉家文書』のなかに保存されており、年代からみて上杉謙信が入手したものであることはまちがいない。では謙信はどこからこれを手に入れたのだろう

か。この書類の冒頭の部分は、右のように、すぐ、調合知識から始まっているから一種のメモである。けれども末尾の部分は「猶口伝《くでん》籾井《もみい》に申含候也、以上」とある。してみると、この秘書を謙信にとどけ、さらに精細な説明をしたのは「籾井」という人物であろう。「籾井」とはだれか。ここで想起されるのは室町中期以来、京都の土倉《どそう》のなかでもその名も高かった公方《くぼう》御倉《みくら》の籾井氏である。この籾井のことは、幕府の政所執事代であった斎藤基恒《もとつね》の日記にも出てくるが、足利将軍家の御倉＝土倉のなかでただ一人俗体で奉行的性質をもった人物であったことがはっきりとしている。これから推理すれば、右の秘伝書にみえる籾井は、足利将軍の使者であり、文書の発信者は将軍義輝その人であると考えられる。

　さきに示したように義輝の意をうけた近衛稙家が種子島時堯に鉄砲薬の調合秘伝の伝授を申し込んだのは天文一八年（一五四九）であった。そして、義輝はこの調合法を秘法にする約束で、時堯から伝授してもらった。永禄二年（一五五九）は、天文一八年から一〇年後のことであるが、義輝はこのとき約束を破ってこれを謙信に伝えたのか、あるいは近衛稙家の子前久《さきひさ》が仲介したものと思われる。近衛前久は関白でありながら永禄三年九月に謙信を頼って越後に下り、長期滞在、一時期両者はきわめて親密であった。右の「調合次第」のつくられた翌年であるから、謙信への伝授は近衛前久の越後下向を推進するための事前みやげとも見られる。

　この一〇年間に、鉄砲・火薬は急速に普及しはじめてはいたが、謙信にとってはまだ、もっとも先進的な技術による火薬調合法はたいへんに魅力ある秘法であったにちがいなく、義輝・稙家・前久はそれを見すかして、謙信の支持をとりつけるためにこれを与えたのであろう。しかもこの推測をいっそう確信させる事実は、この永禄二年六月二九日という秘伝書作成の直前である同年四月、上杉謙信（長尾景虎《かげとら》）は上洛して義輝に謁していることである。このとき謙信は義輝に謁して、上杉家を継ぎ関東管領となるという念願を申し出、義輝から内諾を得たらしい。そこで義輝は、謙信を味方として関東の秩序を回復させ、将軍家再興の夢を実現する手段として、この秘伝書をあたえるとともに、親しい近衛前久の越後下向を仲介したと解せられる。こう見ると、この文書の背後に秘められた義輝の野心と前久らのおもわくが浮きあがってきておもしろいばかりか、鉄砲・火薬がいかに戦略兵器として重視されていたかもはっきりとする。

木綿の国産始まる

軍需品としての木綿

鉄砲とならんで、戦国の社会に静かではあるが、巨大な影響をもたらしたもう一つの外来品は木綿であった。絹を別とすれば苧《からむし》・麻《あさ》を日常衣料の主力とした中世に対し、江戸時代は木綿主力の時代である。苧麻《ちょま》から木綿へという繊維革命が開始されたのが一六世紀の戦国時代であった。鉄砲と木綿の導入・普及はほとんど併行して進行し、軍事・経済・社会など広範な分野に革命的な変化をもたらしている。鉄砲にくらべると木綿はあまりにも日常的であるために、従来ほとんど注目されていない。しかしじつはこれもはじめは軍需品として活用されだしたらしい。

木綿の軍事的用途は大別すると三つあった。その第一は兵衣である。天正二年（一五七四）、武蔵鉢形城《むさしはちがた》（埼玉県寄居町《よりい》）を守る北条氏邦《うじくに》は、「一騎合衆」に対して「永代法度《えいたいはっと》」を定め、軍役勤務の心得を示したが、そのなかには、

朝夕も又正月も一騎合衆は白衣にてもくるしからす候、冬はかみこ（紙衣）・木綿こそて（小袖）然《しか》るへし、夏は布かたひら（帷子）又ハたふかたひら（胴帷子）もくるしからす候（下略）

という一条がある。この法度の末尾には「右法度書は陣番普請《ふしん》しげく候間、此《かく》の如く仰出《おおせいだ》され」とあるから、陣番・普請役などをつとめるおりの服装を規定したものであろう。これによれば「一騎合衆」という軽輩《けいはい》たちの衣服は、冬は紙衣または木綿小袖、夏は麻の布帷衣《かたびら》という定めであった。これによって、このころの紙衣が保温性の高い冬の着衣としてひろく用いられていたと同時に、木綿がそれとならんで普及してきた様子が知られる。保温・吸湿性が強いうえ、紙衣とちがって洗濯に強い木綿は、はげしい合戦のときの着衣にはもってこいであったから、ひとたび木綿がひろまりだせば、その普及は鉄砲と同じように急速であったにちがいない。弘治《こうじ》二年（一五五六）の「結城氏《ゆうきし》新法度《しんはっと》」の第六三条では「もめんはかま可然候……もめん肩衣……なかく〱見わるく候、やめられへく候」とあり、袴《はかま》にはよいが肩衣には不可と定めている。

　木綿に関してもう一つ見逃せない事例としては文禄二年（一五九三）加藤清正《きよまさ》が朝鮮から国許の下川又左衛門に宛てた書状がある（下川文書）。戦陣用の木綿幕一〇張、木綿ぬのこ

（布子＝袷《あわせ》）二〇〇〇を急ぎ領内で織らせて送れというのである。木綿生産は朝鮮のほうが先進国だが、おそらく抵抗が強く入手できないので肥後《ひご》の国許で織製させてとり寄せようとしたのである。このころになると肥後でも木綿はすでにひろく織られていたことが確認できる。

　第二の用途としては帆布《はんぷ》があげられる。帆船といえば白帆《しらほ》というふうに考えやすい。けれどもそれは木綿帆布が普及して以後のことであって、中世では主に藁《わら》草を編んでつくった帆が用いられた。その一つの証拠としては、

　　唐倭船、皆な藁草を織りて帆と為《な》す

という『李朝実録』世宗《せいそう》二八年（一四四六）の記事があげられる。藁むしろや草（藺《い》や蒲などむしろ帆などというと、小型のジャンクや海賊船といったイメージだが、大永《たいえい》四年（一五二四）の『真如堂《しんにょどう》縁起絵巻』に描かれた大型の遣明《けんみん》船の帆もやはりむしろである。当時としてはもっとも大型だった遣明船にもむしろ帆を使ったことは、強風をはらんでも、当時としてはそれがもっとも丈夫だったうえ、速力もあがったからにちがいない。これに対して慶長一六年（一六一一）の毛利輝元《てるもと》の定書《さだめがき》には「はや船はもめん帆」とある。

　ところが、永禄七年（一五六四）、赤間関《あかまがせき》などの港津の関に宛ててだされた市川経好《つねよし》・恵《え》心《しん》の連署状には「諸関勘過《しょせきかんか》拾弐端帆《たんほ》三艘《そう》事」などという表現が見える。そのころから、とくに西国方面では、四、六、七、八端帆など、かなり多くの「端」という表示法が使われてい

る。この「端」は織物の長さの「反」と同義だから、おそくも永禄年間の西国方面では、帆布の材料が藁草などから木綿布に転換しだしたと見ることができよう。このことはかならずしも軍事的な問題ではなく、船舶一般のことであるには相違ないが、諸大名の軍事行動が大規模となり、兵糧・兵器の輸送などとともに、水上戦用の兵船が発達してくると、木綿帆布はとりわけ威力を発揮するようになった。

第三の用途は鉄砲の火縄の材料である。火縄は檜皮《ひわだ》・竹繊維などでつくられたらしいが、綿糸がもっとも性能のよいものとされた。火縄に木綿を用いるのはもう少し後のことと見る意見もあり、今後の研究も必要だが、ひとまず念頭におくこととしたい。またこのほかにも戦陣用の胴着の材料、馬具の部品などに木綿が珍重されたことも史料によって確かめられる。

朝鮮木綿と唐木綿

ところが、そのように用途のひろい木綿も、戦国のはじめごろまでは、朝鮮からの輸入品に依存するほかはなかった。日本国内で木綿栽培がひろまるのは、一六世紀に入るころからのことである。

日本で木綿が兵衣としてすぐれた性能をもつことが知られるようになるのは応仁の乱前後であり、そのころから、朝鮮木綿の輸入が盛んになった。朝鮮では当時綿布が交換手段に用いられていたため、日本にもそれが流入するようになったのであって、性能の認識はその結果だったらしい。というのは、朝鮮の木綿栽培・生産は一五世紀はじめごろからであるが、中国では、それに先んじて唐末・宋代には自然種とは異なる木綿の栽培種の確保に成功し、それが朝鮮に導入されたらしい。日本側の記録では平安時代に中国から木綿がもたらされたが、普及に成功しないまま消滅したと伝えられる。栽培種の木綿は中国↓朝鮮↓日本とかなりのタイム・ラグをもちながら伝播《でんぱ》してきたわけである。

しかし、応仁の乱以後、朝鮮木綿の輸入がはじまると、需要は爆発的に高まった。西国方面の大名・国人は活発に朝鮮貿易に乗りだし、当時国内生産が高まっていた銅をもっていって、木綿を輸入した。一六世紀のはじめごろになると、朝鮮木綿の対日輸出量は年間一〇万疋《ぴき》に達するほどの巨額となり、朝鮮はやむなく貿易を制限しなければならないほどになった。銅と木綿の交換率が朝鮮側に不利となったためらしい。しかし、日本側では銅に代えて銀をもちこみ、木綿買い付けに狂奔した。日本で、石見の大森銀山をはじめとする銀山開発と銀鉱石の輸出が天文年間から盛んになる理由のひとつも、中国銅銭の信用低下とならんでこの木綿輸入とも密接に関係していると思われる。

こうして日本の木綿需要が朝鮮の国内経済をゆり動かすほどになり、朝鮮側に制限の動きが出だしたころから、日本では中国木綿の輸入にも乗りだした。当時、明側は海禁政策をとっていたから、中国木綿の輸入は主として密貿易によった。けれども、天文年間以降、日本の支配層のあいだの贈答品のなかに「唐木綿」が目立って多くなることは、公家や僧侶の日記などによっても確かめられる。また天文一六年（一五四七）、筑後《ちくご》の国人で、大友氏に服属していた田尻親種《たじりちかたね》は、豊後府内に参府《さんぷ》したが、このときの「参府日記」によると、親種一行は、旅の途中の要所および主君大友義鑑《よしあき》とその家中の人々に対して、太刀とともに大量の

「木綿」および「嶋織《しまおり》」を贈っており、その数は「木綿」だけでも百数十反におよんだ。田尻氏の勢力圏は今日の大牟田《おおむた》市をふくむ有明《ありあけ》海に面した地域であるから、この木綿は朝鮮もしくは中国からの直接的な輸入品とも考えられようが、前記の清正の文書からしてもすでに国内生産が行われていることはたしかだから、これも国産と見たほうがよい。田尻親種の持参した木綿織物は配付先を見ると概して上級者でなく下位の人々への挨拶《あいさつ》用にあてられているこどもそれを暗示している。

国内生産のはじまり

では、国内木綿の主な生産地はどこだったのか。北九州では肥後のほか、豊後などでも天正期の栽培が確認できる。しかしそれらに先立ち興福寺領関係の記事を盛った『永正年中記』という書物のなかに、

永正七年庚午 年貢 四月中
二百五十文両度沙汰、百八十文三川木綿トル

という記事がある。この「三川木綿」は江戸時代に入って木綿の主産地の一つとなる三河の木綿と解するのが穏当であろう。この史料からでは、どこの所領に関するものか断定できないが、一八〇文分を三河木綿で取ったということはたしかである。とすれば永正七年（一五一〇）のころ、すでに三河が木綿の産地となり、「三河木綿」の通称ができていたと考えら

れる。その後、永禄三年（一五六〇）になると、三河の商人が木綿荷をはこんで伊勢・近江境の千草《ちぐさ》街道を通るとき、近江商人の四本衆《しほんしゅう》と衝突した事件も知られているから、そのころには、三河木綿はすでに中央向けの有力商品にまで成長していたわけである。

三河のほかでは、遠江・駿河・甲斐・武蔵・下総などでも栽培された徴跡がある。なかでも武蔵については、天正八年（一五八〇）、成田氏長が熊谷《くまがや》の町における「木綿売買之宿」として長野喜三という者を指名した文書も残っている。この場合、他所の木綿製品のたんなる販売問屋とも見られるが、「売買之宿」というからには、周辺の産地からの買い付け、他所商人への売りさばきの両方の機能をいとなむものであろう。とすれば、すでに武蔵でも木綿生産が進んでいたと見られる。同国越生《おごせ》郷の上野村聖天宮の文亀二年（一五〇二）の棟札《むなふだ》には木綿各一反を奉納した百姓二名の名が見られる。

今日の感覚では、木綿は中国・インドなど概して温暖地帯の産品のように思われがちである。けれども実際の栽培適地はもっとひろい。日本でも木綿栽培の全盛期であった江戸時代では、三河・畿内・瀬戸《せと》内《うち》などの温暖地帯のほか、甲斐・武蔵・常陸《ひたち》などでもかなりさかんに作られている。ただし江戸時代の「会津《あいづ》農書」には木綿に関する記事が見られるが、記述内容から見ると技術・生産性は低く、このあたりが北限らしい。西国方面の木綿関係史料は意外に乏しいが、豊後の国東《くにさき》半島北部にある香々地《かがち》荘の天正年間の史料では畠に木綿を植えている事実が確認できるし、前記大牟田の田尻氏、文禄の加藤清正の文書も国内木綿栽培・木綿織物の生産がすでに軌道にのっていたことを十分に物語っている。

このような木綿の導入・国内生産のひろまりが、繊維革命をもたらしたことはまちがいない。実綿の繊維を整える弓が開発される江戸中期以前の木綿紡績については疑問視する考えもあるが、それはここに示したような戦国時代の史料を探索しなかったころの古い理解というべきである。

木綿の影響は、これまで述べてきたような軍事面ばかりでなく、さらに別のことも考えられる。人口史の面では、江戸時代初頭の時期に日本人の寿命がのびていることが確認されているが、その主因が平和到来による社会経済の安定にあるとしても、原因の一つとして木綿衣料の普及による衛生条件の改善を考慮することも必要であろう。また、木綿は多肥集約管理を必要とするから、木綿栽培の拡大は、中世的な粗放大経営を克服し、集約的小経営の発展をうながすことにもなるだろう。そこまで考えれば、木綿のもたらす波紋はさらに大きいといわねばならず、鉄砲とならんで木綿の導入は一六世紀日本の技術革命、素材革命を代表するものであったということができる。

関東・東北の争覇戦

東国の三強

東国の情勢

ここで〝鉄砲以後〟、すなわち戦国後期に目を移してゆこう。東日本の戦国時代は、すでに見てきたように北条早雲の登場によって、一五世紀の九〇年代、その幕が切って落とされた。早雲と子氏綱の時代に、関東で室町幕府の権力をになっていた公方足利氏も管領上杉氏もともに分裂し、その凋落《ちょうらく》ぶりは目をおおうばかりとなった。じつは、これに先立ち鎌倉公方足利成氏《しげうじ》が享徳三年（一四五四）上杉憲忠《のりただ》を殺したのを発端に、関東は応仁の乱に先立って大動乱の時代に突入していた。成氏は京都の幕府に叛《そむ》き古河《こが》に走り（古河公方）、幕府はこれに対抗するため義政の弟政知を東下させた（長禄元年＝一四五七）。しかし、政知は無力で鎌倉に入れず伊豆韮山の堀越《ほりごえ》に留っていた（堀越公方）。

他方、新興勢力として北条氏のほかにも安房では里見氏が台頭し、下総の北部ではながく衰えていた結城《ゆうき》氏がふたたび力を得、常陸北部では佐竹氏が勢力をひろげた。上野《こうずけ》では上杉の力がなお残っていたが、同じ上杉の分国であった越後では守護代長尾為景《ためかげ》が本格的な戦国大名への道を歩みだした。

東北地方では、室町時代を通じて鎌倉公方に終始反抗しつづけていた伊達氏が強大となった。伊達氏は鎌倉時代に陸奥国伊達郡に地頭職を得た国人領主であるが、このころになると、伊達・信夫《しのぶ》の二郡はもとより、刈田《かつた》・柴田《しばた》・伊具《いぐ》などの諸郡、さらには出羽《でわ》の置賜《おきたま》盆地にまで力をのばした。当主稙宗は中央の動向にも目を配りつつ、北方の奥州探題大崎氏や鎌倉以来の陸奥留守《るす》職《しき》の伝統をもつ留守氏を圧倒し、大永《たいえい》二年（一五二二）には将軍義晴から前例のない「陸奥国守護職」の補任《ぶにん》を受けた。

こうして東日本全体にわたって、政治地図は急速に塗りかえられつつあった。しかしそのなかにあって、新時代の先頭に立つものは、なんといっても新興の気運あふれる小田原の北条、主家に代わって越後の実権をにぎりつつあった長尾（のち上杉）、伝統的な守護職をふまえて着実に戦国大名への道を歩む甲斐《かい》の武田であった。強大さからいえば、これに伊達を加えるべきであろうが、その地理的条件からして、どちらかといえば北進策をとった同氏はひとまず別とし、東北の動きは後で述べよう。

しかも奇《く》しくも、鉄砲伝来前後の時期に、北条では氏康（氏綱の子）、長尾では謙信（為景の子、はじめ景虎、のち政虎、さらに輝虎と改める。入道して謙信）、武田では信玄（信《のぶ》虎《とら》の子、名は晴信《はるのぶ》、入道して信玄）という、戦国群雄を代表する傑物が、あいついでその家をつぎ、三者は、広大な関東とその周辺の国々を舞台として激烈な抗争をくりひろげた。

氏康、家をつぐ

この東国の三強のうちでは、北条氏康が年長だった。氏康は天文一〇年（一五四一）父の死とともに家をついだ。父氏綱は江戸・川越をおさえたうえ、東方の強敵里見を破り、小弓《おゆみ》御所《ごしょ》足利義明を倒して（天文七年＝一五三八）武蔵一円を領国とした。氏康は、この父祖二代の奮闘によって築きあげられた豆・相・武三ヵ国にわたる領国をその遺産として順調にひきついだのであり、波瀾《はらん》のない相続は三強のなかではただ一人であった。その年、氏康はすでに二七歳、自立するには十分の年齢であった。

しかし、氏康にとっても困難がないわけではなかった。下総の古河に拠《よ》る足利晴氏は、みずから実力をもつものではないが、伝統ある鎌倉公方の余光を背負っていたので、諸将はこれをいただくことによって、自分の行動に名分と支えを得ようとした。その意味で氏康にとって、この晴氏にどう対処するかが第一の問題である。

第二はこれと密接に絡むが、衰えたとはいえ、なお逆襲の機会をうかがう上野の山内上杉憲政の問題である。憲政は駿河の今川と気脈を通じ、さらには晴氏をも抱きこんで、氏康を挟撃《きょうげき》しようとしており、氏康相続の翌年には早くもその動きをとりはじめた。氏康は当面、晴氏と憲政の結びつきをたち切り、晴氏との衝突を避け、憲政と対決しようとした。

さらに、氏康が抱えていた第三の課題は、膨脹した版図《はんと》をいかに安定させるかという問題である。これはある意味では第一、第二の問題よりもはるかにむつかしい。しかし、北条には父祖以来のすぐれた施策の積み重ねがあり、土地支配・税制などについても、ある程度のレールが敷かれていた。氏康は家督をついだ翌年、父氏綱の例にならって、相模で代替わり検地を開始し、この課題への取り組みに着手した。

信玄、父を追って自立す

氏康が家をついだのと同じ天文一〇年、甲斐では武田信玄（晴信）が父信虎を駿河に追放して自立した。氏康より六歳若く二一歳であった。

　この信虎追放の事情を探る前に、ひととおり信虎時代の歴史をかえりみておこう。信虎は永正四年（一五〇七）、弱冠一四歳で甲斐国守護職武田氏の家督をついだ。当時この国でも小山田《おやまだ》・大井・穴山・逸見《へんみ》など、強力な国人が各地に割拠し、武田一族のなかにも反乱を企てる者がつづいた。信虎はこれらに対して積極策をとり、つぎつぎにその討伐を進め、永正一六年には年来の石和《いさわ》館から躑躅崎《つつじがさき》（甲府市）に居館を移した。躑躅崎館は現在武田神社となってその遺構を残しているが、甲府駅の北側二キロメートルほどのところにあり、背後に要害山《ようがいさん》（城山《しろやま》）の嶮《けん》をひかえ、前面は甲府盆地を一望に収める地形にめぐまれ、領国統治のための新たな拠点にふさわしかった。

　信虎は、甲斐の統一に甘んぜず、大永五年（一五二五）には相模に進出し、津久井《つくい》城（神奈川県相模原市緑区）をかこんで氏綱を脅かし、同七年今川氏と和平を結ぶと、翌享禄元年（一五二八）には信濃への進出をはかって諏訪頼満《すわよりみつ》と戦った。四周を峻嶮《しゅんけん》な山々に囲まれ海に面しない甲斐は、外敵の侵入しにくい地形であったが、ひとたび交通路を封鎖されれば、たちまち窮地におちいる。信虎の他領進出は、その壁を破らねばならぬという特殊な条件にうながされていた。けれども頼満は強力に抵抗し、諏訪氏との抗争は長びいた。信虎はやむなく天文九年（一五四

武田氏の系図

信義……信虎──晴信（信玄）──義信
　　　　　　　　　　　　　　└勝頼──信勝

〇）諏訪氏と和し、矛先《ほこさき》を転じて佐久《さく》に向かった。この佐久進攻は成功し、海之口《うみのくち》城をおとしいれ、翌一〇年六月、信虎はいったん本国に帰った。

信虎追放事件はそのときに起こった。信玄の近臣駒井高白斎《こうはくさい》の日記『高白斎記』には、この間の事情を、

六月小、丙辰《ひのえたつ》、十四日、己巳《つちのとみ》、信虎公甲府御立《おたち》、駿府《すんぷ》へ御越《おこし》、甲府に於て十六日、各《おのおの》存じ候、

と記している。「追放」とはいえ、信虎はひそかに駿河に向かったのであり、そのことは一六日になってはじめて家中に知れわたった。どうして信虎が静かに駿府行きに応じたか、その経緯は分からない。しかしこれを「追放」といわねばならないのは、これ以後信虎はながらく今川家に身を寄せ、娘の婿である義元の死後は高野山《こうやさん》に移り、永禄八年（一五六五）以後、信濃高遠《たかとお》に隠棲《いんせい》して死を迎えるという運命をたどり、ついに甲斐にはもどれなかったからである。

四八歳の働き盛りであった実の父を、信玄はなぜ追放したのか。『妙法寺記』には、

此年六月十四日ニ武田大夫殿様、親フ(父)信虎ヲ駿河国へ押越《おしこし》申候、余リニ悪行ヲ成ラセラレ候間、加様ニメサレ候、去程《さるほど》ニ地下《じげ》・侍《さむらい》、出家・男女共ニ喜ビ、満足致シ候事限リナシ、信虎出家ナラセラレ候テ駿河ニオワシ候、

とある。「悪行」の内容は、後世の俗書では「妊婦の腹を割《さ》いた」などとさまざまである。確実なことは分からないが、信虎の行動に家中・国人、さらには一般民衆の信頼と支持を失うものが少なくなかったのであろう。その意味で、信玄の信虎追放のかげには家中・国人の意向があったと見ねばならず、そこに信玄が自立の日から、外征と同時に領国の安定に全力を投入しなければならない事情があった。

謙信、兄を追って春日山城に入る

謙信の自立は、氏康・信玄におくれること七年の天文一七年（一五四八）である。時に謙信一九歳。しかも兄晴景《はるかげ》を追って家督をにぎるという点では、父を追った信玄に通じ、動乱の世にふさわしい登場の仕方というべきであろう。

謙信の家も、武田と同様にその父長尾為景の時代に、戦国大名としての道をふみだした。為景は越後守護代であったが、主家の越後守護上杉氏を倒して、下剋上の典型的コースをたどった。永正四年（一五〇七）、為景は、守護権力の挽回《ばんかい》をめざす上杉房能《ふさよし》に背き、房能の養子定実《さだざね》を形ばかりの守護に立てて房能を攻撃した。房能は敗走して、実の兄にあたる関東管領上杉顕定を頼ったが、途中でむなしく敗死した。二年ののち、顕定は弟の仇《かたき》為景を討とうとして大軍を率いて越後に入った。為景は一時越中に走ったが、翌年にはもりかえして顕定を越後の長森で敗死さ

上杉（長尾）氏の系図

能景――為景――晴景
　　　　　　└景虎（謙信）＝景勝

せた。そして永正一〇年、為景はさきにかついだ上杉定実を幽閉し、越後守護家にとどめをさした。

為景の主家打倒は、こうして成功したが、越後の情勢は、甲斐の場合よりもはるかに複雑であり、国内各地には国衆の割拠がはげしかった。そもそも長尾の家にしても、為景は三条長尾とよばれて頸城《くびき》地方に勢力をもっていたが、他に古志《こし》長尾・上田長尾など同族分立して互いに争うというありさまだった。また下越《かえつ》地方にいたっては、ひとしく越後とはいえ、頸城を中心とする上越《じょうえつ》とはほとんど別世界といったほうがよかった。ここでは本庄、色部・中条・黒川・羽黒・新発田《しばた》など、揚北衆《あがきたしゅう》（阿賀野《あがの》川以北）とよばれる有力な国人たちがそれぞれほとんど独立の状態を保っていた。かれらの多くは鎌倉時代の有力御家人《ごけにん》秩父《ちちぶ》氏・和田氏などから分かれて当地に地頭職を得たものの流れに属し、地域領主として多年蓄積したそれらの実力は侮《あなど》りがたいものがあった。さらに、中越《ちゅうえつ》地方にも本庄《ほんじょう》（栃尾《とちお》）・直江（与板《よいた》）・山吉《やまよし》（三条）らの国人があり、そのいずれもが簡単に為景に従うものではなかった。

享禄三年（一五三〇）、さきに幽閉されていた上杉定実は揚北衆を動かして挙兵し、為景を圧迫した。為景はこの難局を収拾できないまま死去し、子の晴景が家督をついだ。晴景は打開策として寺に入っていた一四歳の弟景虎（のちの謙信）を還俗《げんぞく》させて栃尾城に入らせた。

だが、これが晴景にとっては決定的な失敗であった。互いに抗争する国衆は、つねにシンボルを必要とする。景虎はたちまち反晴景派の国衆にかつぎあげられた。天文一七年両派は戦い、景虎派が勝利をにぎった。ここで晴景は隠居させられ、景虎が家督をつぎ、同年一二月の晦日《みそか》、本拠春日山城《かすがやま》（新潟県上越市）に入った。

このときようやく一九歳の青年景虎に寄せる家臣・国人の期待は大きかったが、領国内部の状況は、氏康・信玄に比べてもはるかにきびしかった。

三強の課題

こうして氏康・信玄・謙信という東国の三強は、相前後して歴史の舞台に登場したが、かれらをとりまく環境や条件はそれぞれに異なっていた。しかし大観していえることは、かれらが父祖から引き継いだ領国では、程度の差はあれ、いずれも領内国人の分立によっていつ反乱がおこるかもしれない危険をふくんでいたことである。それを防ぎとめるためには、まず国人を忠実な家臣に編成しなおす必要があった。国人割拠のもっともきびしかった越後の場合、謙信は弘治二年（一五五六）長慶寺の天室禅師に送った書状のなかで、

父長尾為景は奮闘して国内を平定し、一家・外様《とざま》の人々にも所領をあたえたが、国人らは同心して謀反《むほん》をくわだて、為景の死去のおりには春日山城下まで迫った。そのため自分は甲冑《かっちゅう》をつけて葬列に加わらねばならないありさまであり、兄も病弱のためか、奥郡下越の国人らはわがままをきわめ、春日山に参勤することもなかった。

という主旨を述べている。為景一代の奮闘がたちまち無に帰すかもしれぬほどに危険な状況は、国人統制の困難さを語ってあまりがある。

それゆえ、戦国大名は国人たちに対抗し、かれらの家臣化を推進するために、大名自身が、強力に組織した軍事力をつくりださねばならなかった。その際、大名にとって、ある意味では一族こそもっとも危険な存在だった。一族はいつでも反対派国人のシンボルにかつがれる。だから家督をついだ大名はかれらをほんとうに信頼できる「御一門」に位置づけるか同族の地位から家臣の地位へ突き落とすかしなければならない。またそれと同時に国人に対抗できる強力な直属軍事力を組織しなければならない。家中の寝返り防止と直属軍事力を強めることが対外戦争に勝ち抜く条件であるばかりか、国人を家臣化するための欠かせない条件でもあった。

第三は、そうした強兵策に照応する富国策の必要である。国人の反乱はえてして地侍・農民の不満とむすびついている。かれらの不満の爆発を未然におさえながら不断に増加する軍事費負担に耐えうる農民の経済力を高め、安定させる方法は何か。さらに領国限りでは完結できない物流・交通などをどのように組織するか、という問題である。ここに領国支配の課題があった。

こうして、三強のいずれにとっても、(1)国人統制、(2)直属軍事力の強化、(3)領国支配体制、という三つの課題は相互に切りはなすことのできない問題であり、三強の激突もすべて、この三つの課題とかかわりつつ展開してゆくのである。

信玄、信濃に進出

諏訪を制す

信玄の父信虎は、甲斐から他領への積極的進出を策したが、信玄もまたその点では父の政策を継承した。しかし信虎は、地理的にもっとも近い諏訪氏に対しては慎重な態度をとり、娘（信玄の妹）を諏訪頼重《よりしげ》に嫁がせて連携をはかり、あえて強攻策をとらなかった。これに対して信玄は、自立の翌年、これまでの同盟策をすてて諏訪領を攻撃した。

しかし諏訪頼重の拠点は、甲斐から西北に進んで諏訪平《すわだいら》に入ろうとするとき、ちょうどその咽喉《のど》もとに位置する上原城（長野県茅野《ちの》市）・桑原城（同県諏訪市）にあった。そのため、甲府盆地から八ヶ岳《やつがたけ》の山麓を巻いて、ひたすらのぼり坂の強行進軍を強いられる武田軍は、直進すれば疲れをいやす暇もなく、諏訪氏の拠点に激突することになる。これではいかに勇猛な武田軍といえども戦略的な不利を免かれない。

そこで信玄は秘密裏に、諏訪勢力の分裂を策した。茅野から南方の杖突《つえつき》峠をこえると伊那《いな》の高遠《たかとお》であるが、そこには諏訪一族の高遠頼継《よりつぐ》がいた。頼継は、はるか以前の南北朝のころ、自分の祖先が諏訪家の惣領であったにもかかわらず、その後、高遠家として諏訪庶流に甘んじねばならないことに不満をもっていた。信玄はこれに目をつけて頼継を味方に誘った。さらに諏訪上社の禰宜《ねぎや》矢島満清《じまみつきよ》、下社の大祝《おおほうり》金刺《かねざし》氏にもはたらきかけ、頼重を包囲する態勢をととのえた。

信玄の諏訪侵入は、このような準備を重ねてのうえのことだった。天文一一年（一五四二）六月二四日、武田軍は諏訪領に突入したが、頼重は昨日までの同盟者をすぐには敵と見定めることさえできぬ状態であった。しかも、ほとんど同時に、高遠頼継の軍が、杖突峠を越えて殺到した。頼重は一戦をまじえることもできず上原城を棄て桑原城に退いたが、これもたちまち武田軍に包囲され、あえなく降伏した。頼重は甲府に送られ、東光寺に幽閉されたのち、切腹を命ぜられ、名門諏訪氏は滅亡した。

頼重の遺領の一部は高遠頼継に与えられたが、他は武田方の直接支配するところとなった。すると、こんどは一転して頼継や矢島満清らが信玄排斥の動きをあらわにした。一つの敵を倒すと、次の不満が味方の内部からわきおこるのは戦国の常であった。信玄は予期していたかのように、まだ四月に生まれたばかりの頼重の遺児寅王《とらおう》を擁して人心の収攬《しゅうらん》をはかりながら、ふたたび諏訪に入り、たちまち頼継を高遠に走らせ、諏訪平を制圧した。その後、天文一三年、信玄は伊那に進入、翌一四年には高遠城を攻めて、これも難なく手に入れ、諏訪・上伊那地方をその支配下にくりこんだ。信玄の諏訪攻略は当時いうところの「行《てだて》」(軍事行動)と、「調略《ちょうりゃく》」(軍略的駆け引き・工作)の巧みな組み合わせの成功であった。

甲州法度

諏訪・伊那進出が一段落した天文一六年(一五四七)、信玄は「甲州法度之次第」を制定した。「信玄家法」の名で世に知られているこの領国統治の基本法は、現存するものに二六ヵ条本と五五ヵ条本(これにも厳密には二種ある)の二つがあるが、このときつくられたのは二六ヵ条本である。五五ヵ条本はこれをもとにのちに増補されたものである。

信玄が家督相続以来なお数年にすぎないこの時点で、はやくも「法度」の制定にふみきったことについては、やはり相応の事情があった。そのもっとも有力な契機は、隣国駿河で、やはり守護家から出て戦国大名への道を歩んでいた今川氏が、すでに二〇年をさかのぼる大永六年（一五二六）、「今川仮名《かな》目録《もくろく》」を制定し、領国統治の体制を着々ととのえていたことである。「甲州法度」と「仮名目録」とを対比してみると、たとえば前者二六ヵ条本の第九条は、恩地《おんち》の自由売買を禁止した条項であるが、後者の第一三条は字句に多少のちがいはあっても、主旨はまったく同じであって、「やむないときは子細を言上《ごんじょう》して年記（紀）売にせよ」といった点までまったく一致している。

同様の類似関係は二六ヵ条のうちに多く見いだされるから、「甲州法度之次第」が、先行する「今川仮名目録」を典拠として制定されたことは明らかである。このことは、甲斐でも、駿河で今川氏が直面していたのと共通する領国統治の課題が存在していたことを意味するし、信玄は当時なお二七歳の若さにもかかわらず、はやくも領国統治に積極的な意欲を燃やしていたことを示すものである。「法度」は、

一、国中の地頭人、子細を申さずして、恣《ほしいまま》に罪科跡と称し、私に没収せしむるの条、甚《はなは》だ自由の至りなり（下略）（原漢文）

という第一条から始まっている。領国内の国人や家臣となった知行人が、罪科人の所領跡という名目で、かってに土地を処分することを厳禁し、領国全域にわたる武田の領有権を主張しているのである。また第六条では、

一、名田《みようでんち》地意趣なく取り放つこと非法の至りなり、去りながら年貢過分の無沙汰に於ては是非に及ばず

といっている。これも国人や知行人が農民から理由なく名田を取りあげるような不法行為を禁止し、農民保護を意図しているが、同時に、年貢滞納についてはきびしい姿勢を示したものである。

しかし、なかでも興味深いのは、第二五条および二六条の、信玄自身によるこの法度の位置づけであろう。

一、分国諸法度の事、違犯せしむべからず、細事の儀たりと雖《いえど》も、披露致さず、恣《ほしいまま》に之を行ふ事有らば早く彼の職を改易《かいえき》せしむべし

一、晴信、行儀其の外の法度以下に於て、旨趣相違の事あらば、貴賤《きせん》を撰ばず、目安を以て申すべし、時宜に依り、其の覚悟を成すべし

第二五条では、「分国諸法度」は分国内のいかなる「細事」をも拘束する効力をもつことを述べ、それに背くものはただちに「改易」するといっている。第二六条は逆に、信玄自身の行動やその定める諸法度が、もしこの基本法と矛盾し齟齬《そご》するならば、貴賤をえらばず上申せよ、といい、信玄自身もまたこの基本法に拘束されるものであることをひろく誓っている。信玄の領国は、もはやかつての荘園・国衙領などという区別なく、一円にこの法によっ

て統治される独自の公的世界であった。

北信に進む

しかしもとより、信玄の目ざすところは、甲斐ならびに諏訪・伊那をふくむ領国の安定だけで終わるものではない。「法度」の第一五条で、信玄は「天下戦国の上は、諸事抛《なげう》ち、武具用意肝要たるべき事」といっている。「天下戦国」という、するどい時代認識は、領国統治と同時に、とどまるところを知らない版図拡大に向かって、かれを駆りたてる。

諏訪と同時に、佐久・北信方面への進出も、父信虎以来の懸案であった。信玄は諏訪頼重を滅した翌年から佐久方面に兵を動かし、大井・笠原などその方面の国人を制圧した。しかし中・北信には松本平《まつもとだいら》を本拠とする小笠原氏とならんで、信濃最大の国人村上氏があった。信濃源氏から出た村上は、埴科《はにしな》・更級《さらしな》・高井・小県《ちいさがた》・水内《みのち》・佐久など、数郡にわたって同族を分布させ、北進する信玄の前面に立ちはだかっていた。

天文一七年（一五四八）二月一日、早春の肌寒さをおして、信玄は村上義清《よしきよ》攻撃の軍をおこした。こんどは茅野から雪深い大門《だいもん》峠を越えて小県に入り、上田原に進んだ。いまの上田市街につづく西方の地域である。上田の西北方の坂木（埴科郡坂城《さかき》町）に本拠をおく義清は、城を出て、武田軍を迎え討った。一四日、上田原の合戦は壮烈をきわめたが、地元の村上方が、遠征に疲れた武田方をうち破った。武田方では、諏訪のおさえとなっていた重臣板《いた》垣信方《がきのぶかた》以下有力な部将たちを多く失い、信玄自身も手傷を負うというさんざんの結果であった。

侵入者信玄の敗北の報が伝わると、信濃はたちまち動揺の渦に巻きこまれた。佐久はおろか、諏訪地方でさえも、反武田の動きをとるものがあらわれた。松本平の小笠原長時《ながとき》もこの機をとらえて、諏訪への進入をはかった。急報により信玄はまた甲府を発し、八ヶ岳中腹を諏訪に向かって一直線にひらかれた軍事道路〝信玄棒道《ぼうみち》〟を直進し、小笠原長時の二〇〇〇の軍と塩尻峠《しおじり》で激突した。この戦いは上田原合戦とちがって、武田方は守りの立場にあった。上原城から休む間もなく塩尻峠に進んだ武田方は、一歩先んじて到着、優位に立ち、こんどは勝利を握った。

情勢はここで一転して、武田方に有利となった。信玄はふたたび佐久に出兵、村上の支城を攻略し、義清に圧力を加えた。翌天文一八年（一五四九）、塩尻峠の敗戦で力を失った小笠原長時は、本拠の深志《ふかし》城（松本市）を棄《す》て、村上義清を頼った。そして天文二二年、長時がさらに越後に走ると、そのあとを追うかのように、義清も塩田《しおだ》の要害を棄てゆくえをくらまし、結局、これも謙信を頼った。

こうして北信を制した信玄は、その瞬間から、上杉謙信との宿命的な対決を避けられなくなった。

謙信との対決

村上義清の没落にともない、信玄は、その遺領を諸将に配分し、北信の戦後処理にあたっていたが、謙信は間髪をいれず信濃に侵入した。謙信を頼った村上義清のほか、北信の国人井上昌満《まさみつ》・須田満国《みつくに》・島津忠直《ただなお》・高梨政頼《まさより》なども、かねて謙信と連絡をとり、この日に備えていたらしい。とくに旧下高井・下水内《しもみのち》および上高井郡の北部あたりに勢力をはった有力な国人高梨氏は、謙信の父為景の代から長尾と姻戚関係を通じての深い結びつきがあった。

謙信は更級郡布施《ふせ》郷で信玄方と戦い、さらに九月にはいって同郡八幡、筑摩《ちくま》郡青柳城などを攻めた。この更級郡布施郷は、いわゆる川中島《かわなかじま》とよばれる地帯にある。川中島とは、ひろく高井・水内・埴科・更級の四郡をあわせ、川中島四郡とよぶが、とりわけ千曲《ちくま》川と犀《さい》川が合流点に近づいて形づくる三角形の地域、旧更級郡更北《こうほく》村および川中島町、いまの長野市に属する一帯が、その中心であった。布施郷はまさにそこに位置するから、この合戦は、第一次の川中島合戦とよぶべきものであった。

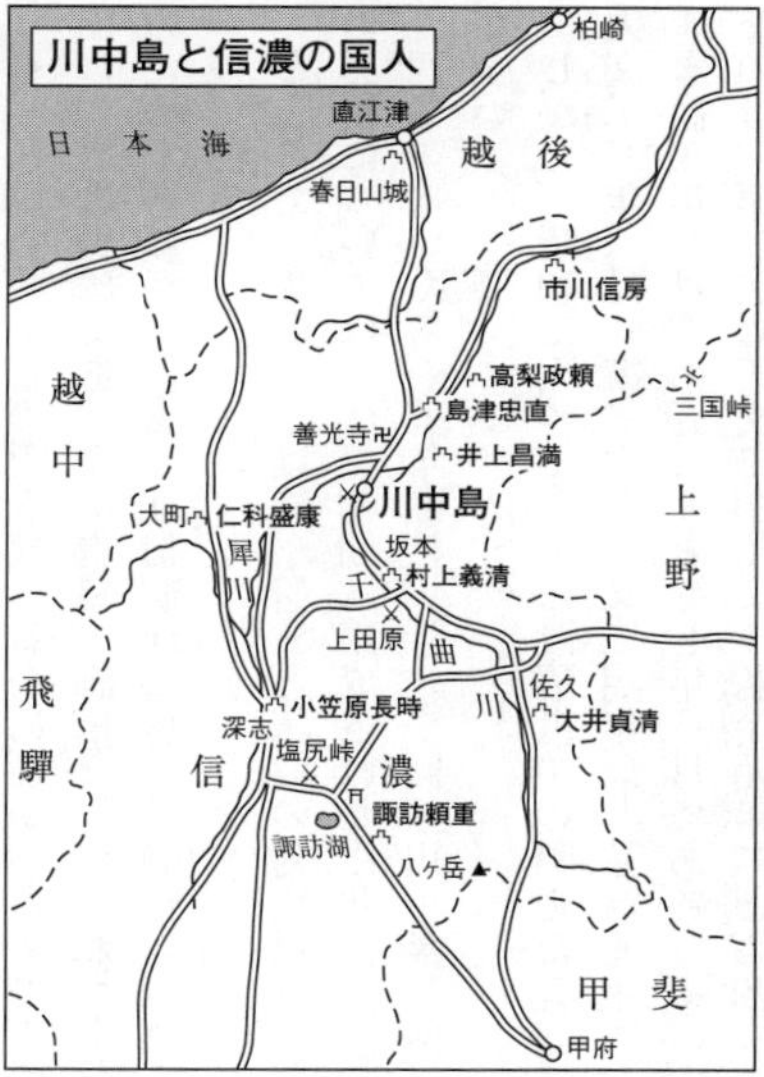

川中島四郡は、信濃のうちでは善光寺平《ぜんこうじだいら》に属するもっとも肥沃《ひよく》広《こう》潤《かつ》な地域であるとともに、北はわずか数十キロで謙信の本拠春日山城に通じ、東は上田原を経て西上野に、また南は松本平・諏訪平に通じており、軍事・経済・交通上きわめて重要な位置を占めていた。

とくに、信玄の本拠甲府からよ

りも、春日山城からの距離ははるかに短かったので、謙信にとって、信玄の善光寺平への進出は大きな脅威であった。為景・謙信父子がかねて北信の国人高梨氏を支援していたのもそのためであるが、信玄の北信制圧に対する謙信の敏感な反応もまたそのような事情にもとづくのである。

ところで、このとき以後、信玄と謙信の対決場となり、戦国争乱の花とされた川中島合戦の真相については、江戸初期に集成された甲州流軍学の書『甲陽軍鑑』が、天文一六年（一五四七）にいたる一五年間に、計一二回の川中島対陣・合戦があった、とするもの以下異説が多い。

しかし、昭和に入ってからは渡辺世祐《よすけ》の唱えた五回説が有力である。五回説とは第一次＝天文二二年八月、第二次＝天文二四年（＝弘治元年）七月、第三次＝弘治三年八月、第四次＝永禄四年九月、第五次＝永禄七年八月である。そのうちとくにはげしく正面から戦い合ったのは、第二次の天文二四年（＝弘治元年）と第四次の永禄四年である。

信玄の政略

こうして天文二二年以降、川中島をめぐる信玄・謙信の激突が始まるが、それに先立ち、信玄は駿河の今川、相模の北条とのあいだに、甲駿相三国同盟を結んで、背後の憂いを断つ、というスケールの大きな外交戦略を展開した。

もともと武田と今川との間は、天文六年（一五三七）信虎の娘（信玄の姉）が今川義元に嫁ぐというかたちで結ばれていたが、この義元の夫人が天文一九年に死んだため、両国間のきずなが断ち切られた。そこでこれに代わり、天文二一年義元の娘が信玄の嫡男義信に嫁ぐというかたちで、同盟関係を補強することとなり、同年一一月、これが実現した。

　他方、今川と北条とのあいだは、元来早雲が今川の客将という深い関係をもっていたことから、決定的な対立はなかったが、義元は北条が敵とする上杉と手を結んだため、今川と北条の関係はにわかにきびしさを増した。そして、天文二三年（一五五四）には、義元が駿河東部に進んで北条氏康の軍と戦うという事態となり、信玄も、義元との盟約によって駿河に出兵して義元を援《たす》けた。

甲・駿・相の政略結婚

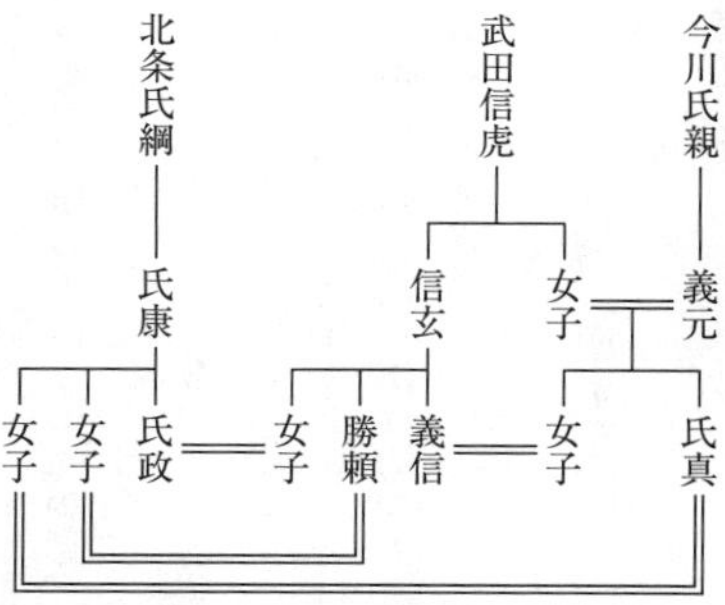

　だが、このころ、謙信は後で述べるように、関東南下・鎌倉入りを基本戦略と定めて動きだしていたから、氏康は今川・武田と戦うことを不利とする情勢に迫られていた。また、信玄にしても甲駿同盟のよしみから氏康を敵として出兵したものの、北信の緊迫を考えれば、かれと長く戦うことの不利は目にみえていた。

　こうしたことから信玄は、甲・駿・相が同盟して上杉にあたることを最上の策とし、義元を説いて、三者講和を実現したのである。『北条五代記』『甲陽軍鑑』などの史書は、今川義元の知恵袋であった禅僧太原崇《たいげんすう》孚《ふ》らが奔走し、天文二三年、善徳《ぜんとく》寺（静岡県富士市）

で、信玄・義元・氏康の三者会盟を実現した(「善徳寺の会盟」)と伝えており、このとき信玄の娘を氏康の子氏政に嫁がせ、氏康の娘を義元の子氏真《うじざね》に嫁がせるという、二重の政略婚も成立したということである。

しかし、武田側のもっとも信頼できる史料『高白斎記』は、すでにその前年、北条と武田の講和が成立し、両家の婚儀も二月に実現したと記しているから、これをそのまま事実として信ずるわけにはゆくまい。とはいえ、信玄は背後の不安を解消することによって北信に進出、謙信との対決にふみ切っており、そこに外交と政略に抜群の手腕をもつ信玄の真面目《しんめんもく》を見ることができる。

謙信、南下を図る

謙信上洛

信玄の敵手謙信は、天文一七年(一五四八)家をついで春日山城に入ったが、国内では、謙信の家督相続に反対だった上田(南魚沼郡)の長尾政景が反抗的態度をとりつづけた。上田は関東への交通路をのぞむ政治的にも軍事的にも重要地点であった。政景は府内への参勤を拒否したため、天文一八年に入るころから越後は緊迫した空気につつまれた。しかし、翌一九年、越後守護上杉定実が、越後上杉家の継嗣を謙信に委《ゆだ》ねて死んだため、謙信は上杉姓を名乗り、守護職を獲得して立場を有利にし、翌二〇年、政治工作と軍事圧力をもって政景を屈服させた。

こうしてようやく国内の危機を切りぬけたころ、謙信の一生の方向を決するような大きな事件がおこった。天文二一年一月、北条氏康に追われた関東管領上杉憲政《のりまさ》が、越後にのがれて謙信を頼ってきたのである。憲政の越後亡命は、謙信をいやおうなしに、いちだんとスケールの大きな争乱の渦中に巻きこみ、北条氏康との対決を運命づけた。しかし他面から見れば、それは謙信の政治的立場をいっそう有利にみちびくものでもあった。この年四月、二三歳の謙信は中央に働きかけて、伝統的な越後守護職の地位にふさわしい位官として従五位下・弾正少弼《だんじょうしょうひつ》に叙任された。

翌天文二二年は、最初の川中島合戦が行われた年であるが、その直後のおそらくは秋のころ、謙信は、京都にのぼり、天皇・将軍に拝謁した。守護職・官途授与に対する将軍・天皇への御礼言上を目的とするものであった。希望する所職《しょしき》・官途をあたえられた場合、遠隔地の大名たちが御礼言上に上京、もしくは使者を送って、朝廷や仲介の公卿・幕府要路の人々に巨額の礼物を贈る風習は、室町時代を通じて行われており、謙信の上京も、表向きにはその例にならうものであった。その意味では、この上洛《じょうらく》に謙信の中央権威指向性や、伝統に対する律義さをよみとることができる。

しかし、それにしても、途次の危険、留守中の不安をおかして上京するには、それ相応の現実的なねらいがなくてはなるまい。それは何であったのか。おそらく目的は二つあったであろう。一つは関東管領職の問題、もう一つは一向一揆の問題と思われる。第一の問題は亡命してきた上杉憲政の処遇というより、憲政を擁した謙信が、関東に進出して、関東管領の地位に就き、その権威を復活させる軍事・政治行動をとることについて、幕府・朝廷の了承をとりつけようとしたことである。この点は、それ以後の謙信の行動が、一貫して関東進出・鎌倉入りを目標としている事実によって裏づけられる。また第二の問題は、かれが南下政策をとろうとするとき、腹背の脅威となるのは明らかに越中の一向一揆であったから、その宥和《ゆうわ》策にかかわることであったと考えられる。この点は、上洛した謙信が、堺におもむき、その途中、本願寺に使者を送り太刀・馬・銭を贈っていることからもうかがうことができる。謙信の家は父為景の代以来一向宗禁制の方針を堅持していたが、謙信は京都に向かって出発するまえに、越中・加賀・越前という一向一揆の本拠地を通過するためにも、事前にそれらに対する宥和策を講じ、本願寺とも連絡をとっていたと推定される。この途次安全保障については、当時越前吉崎《よしざき》に滞在していた法主証如《ほっすしょうにょ》に説得を依頼したものと思われる。

謙信の上洛については、かれが堺におもむいた意味などなお考えるべきことも少なくないが、単純な「御礼言上」にとどまらなかったことだけは明白であり、それが、以後の謙信南下政策の出発点となっていることは結果からみてもまちがいない。

関東進入

謙信上洛のころ、関東では北条氏康が着々と力を強め、天文二三年（一五五四）には、古河公方足利晴氏を捕えて相模波多野《はたの》（神奈川県秦野《はだの》市）に幽閉し、関東の盟主としての地歩を築きつつあった。謙信としては、氏康をおさえて関東管領に就任するために、まず信玄の北信進出を阻止しなくてはならない。天文二四年（＝弘治元年）の第二次川中島合戦、弘治三年（一五五七）の第三次川中島合戦は、その目的のもとに戦われたが、謙信は決定的な勝利を得ることができなかった。しかもこのころ、諸国の形勢は急速に動きつつあった。弘治二年、美濃では斎藤道三が子義竜に攻められて敗死した。永禄元年（一五五八）には、将軍足利義輝が三好長慶と和睦して入京し、謙信に対し、信玄と和平をむすぶようにと呼びかけてきた。また翌永禄二年二月、織田信長も内々に入京し、義輝に謁した。

　この間、謙信も信長につづいて永禄二年四月、越後を発し、ふたたび上洛した。今回の上洛計画も、すでに前年から準備をすすめていたが、通路にあたる越前の朝倉義景、近江の六角義賢の支援を得て、実現された。こんどは『細川家記』によると「扈従ノ輩五千余人……其行粧目ヲ驚カセリ」というものであった。五〇〇〇という兵力は検討の余地がある。しかし再度上洛の目的は、かねて亡命していた関東管領上杉憲政の養子となった事実を前提に、管領就任をさらに有利に運ぼうとして事前の承認を義輝からとりつけることであった。また義輝のほうも、謙信を味方にひきいれる利益は大きかったから、この謙信の希望をそのまま認めたらしい。さきに紹介した、義輝から謙信への火薬調合秘伝書の授与も、このおりの両者および関白近衛前久の緊密な結びつきを示すものである。

　年があらたまって永禄三年になると、五月、東海では、今川義元が桶狭間《おけはざま》で敗死するという予期しない事態がおこり、同じ月、関東では公方足利晴氏が死に、そのあとをめぐって、混乱が深まった。北条氏康は晴氏の末子義氏《よしうじ》を擁立しようとしたが、氏康に対立する簗田《やなだ》政信らは長子藤氏《ふじうじ》を推し、さらに下野の小山《おやま》秀綱は次子藤政をかついで紛糾した。謙信としては、氏康が義氏を擁立して名分をにぎることをまず阻止せねばならない。そのためにはもはや躊躇《ちゅうちょ》すべきではなく、実力で氏康を圧倒するほかはなかった。しかも、安房を本拠として北条勢力と対立する里見義堯からも、謙信の南下をもとめる催促が急であった。

八月、謙信はいよいよ関東進入を決意した。同月二四日、進入路に位置する上州館林《たてばやし》の城将長尾顕長《あきなが》に対し、

態《わざと》筆を馳《は》せ候、抑も東国鉾楯《むじゅん》際限無き事、且《かつ》は味方中労苦と云ひ、且は万民安堵《あんど》の思ひ無しと云ひ、旁《かたがた》以て今年関東討つべき是非議定《ぜひぎじょうし》候《そうろう》、当月の事は漸《ようや》く余日無く候、何様来月は必ず越山すべく候（下略）

と告げ、兵をあつめて着陣するように命じた。

翌八月二五日、謙信は桃井《もものい》右馬助・長尾小四郎・黒川実氏・柿崎景家・長尾源五を留守役に命じ、在陣中の府内勤務などに関する「在陣留守中掟《おきて》」も定めた。そして八月二九日出陣、九月初旬上越国境をこえ、上野に進入、沼田《ぬまた》を経て厩橋《まやばし》（前橋市）の城に入った。それと前後して近衛前久（稙家の子）が謙信を頼って越後に下ってきた。

小田原城攻囲

一方、北条氏康は謙信の軍を迎え討つため、九月の下旬、武蔵川越に出陣した。しかし、すでに上州の諸城は上杉方の手に落ち、国衆・地侍の多くも謙信の勢いをおそれ、これに従っていたため、氏康が利根《とね》川の線で越後勢をくいとめる見込みは失われていた。甲相同盟を結んでいた信玄は、この危機打開の手段として、本願寺に使者を送り、加賀・越中の一向一

揆が背後から越後を衝《つ》くよう、法主から一揆に指令をだしてくれと依頼した。いかにも信玄らしい政略であったが、これもすでにおそきに失した感があった。

謙信は、上野に在陣して、下野・常陸の諸将に参陣をうながし、勢力をたくわえながら年をこした。そして永禄四年二月、寒さがゆるむとともに氏康の本拠小田原をめざした。北条方では氏康の子氏照が武蔵滝山《たきやま》城に拠って防衛の態勢をととのえたが、謙信の軍は一挙に南下して鎌倉に入り、三月一三日、ついに、小田原攻撃にとりかかった。関東随一の繁栄を誇っていた小田原の城下町はたちまち「在々所々の屋舎一宇も無く焼失」といわれるように灰燼《かいじん》に帰した。しかし氏康は、武田信玄・今川氏真に援兵をもとめるとともに、籠城《ろうじょう》して、夜陰はゲリラ戦法をとって敵方の小荷駄《こにだ》をうばうなど上杉陣を攪乱し、持久の策をとった。

謙信の小田原城攻囲は一ヵ月近くにわたったが、上杉軍ではしだいに兵糧が欠乏し、将兵の疲労がつよまった。北条側は伊勢大湊《おおみなと》（伊勢市）の廻船《かいせん》と連絡をとり、商品米を急遽伊豆半島東海岸の伊東に廻漕《かいそう》させて兵糧確保を計った。おりもおり、信玄の援軍が笛吹《ふえふき》峠に到達したとの情報が流れた。謙信もこれ以上の無理押しは危険とみて、囲みを解《と》き兵を鎌倉に引きあげた。

北条打倒をめざした謙信の小田原城攻略は不成功に終わったが、もう一つの政治的目標であった関東管領就任の儀式は、このおりに形をととのえて実現した。閏《うるう》三月一六日、謙信は、つれてきた上杉憲政から関東管領の地位をゆずられ、「政」の一字をうけて景虎を政虎とあらため、威儀をととのえて鶴岡《つるがおか》八幡宮に参詣、これを神前に報告した。おそらく先の上洛で管領就任の諒解《りょうかい》を得ていたものと思われる。

すでに、事実上は死物となっている関東管領の職名と形式に、これほどに執着した謙信は、たぶんに旧型の人物であったらしい。しかし戦国動乱の激化と大名領国が地域国家としての公的性格を強めるにつれて、どの大名もが権力を裏付ける名分・形式を欲したことは当然であった。大切なのはむしろ、謙信の関東に対する政策・姿勢の問題である。謙信は、この管領就任ののち、厩橋に引きあげ、六月二八日、さらに本拠越後に帰るが、そのとき、関東にかれがのこしたものは何であったか。上野・下野・常陸など反北条方の国人の多くはたしかに謙信になびいた。要衝武蔵松山の城も確保した。しかし謙信は、腰をすえて関東に領国と家臣団とよびうるほどの組織や体制をつくろうとしなかったし、一時的にも占領地に対する本格的な統治政策らしいものを示したわけでもない。その点からすると、謙信の関東進入は、台風にも似て、一挙に襲いきたって一挙に去る、というふうのものであった。そのような行動形態こそかれの本質的な古さではないだろうか。戦国の世は一見戦争に明け暮れたかのようであるが、国人対策と民政なき領国支配はすでにほとんど考えられなくなっている。このことは北条領国をみるときただちに気づくことであるが、謙信に欠けていたのは、まさしくそうした新しい意味での「政治」であった。

川中島合戦

謙信は、越後に帰ると、ほとんど兵馬を休めることもなく、その年八月末、信濃に向けてまた出陣した。かれが小田原側の反撃をうけないうちに、鎌倉をひきはらい厩橋から急遽帰国したのは、おそらく信玄の動きによって、またもや北信の不安が高まっていたからであろ

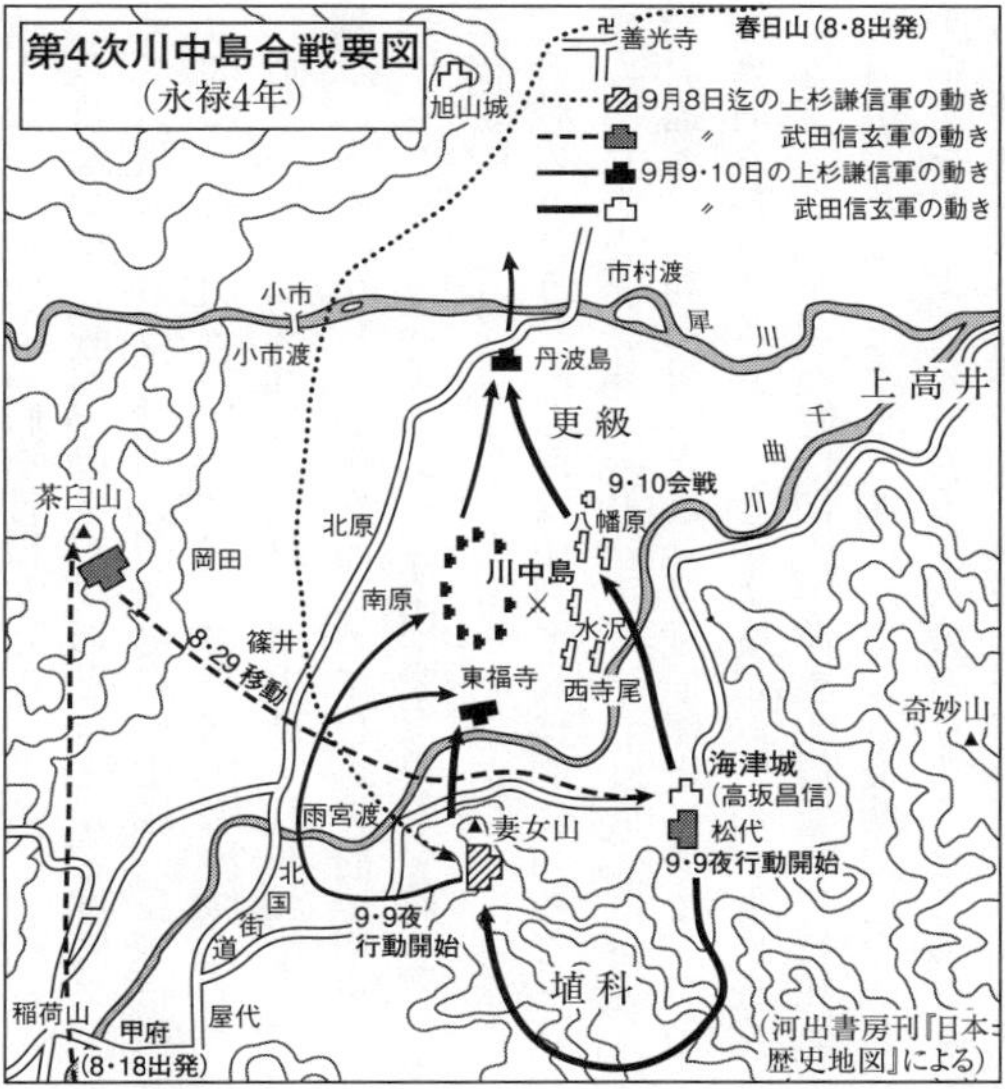

う。永禄四年（一五六一）は謙信の生涯のうちでも、もっとも緊迫した年であったが、三二歳という壮年にふさわしく精力的な活動をつづけた。信濃進発にさいしては、会津の芦名《あしな》、羽前《うぜん》の大宝寺《だいほうじ》氏など北方の国衆の来援をもとめ、これらを越中一向一揆にそなえて西方に配し、長尾政景を府内の留守役とし、みずからは攻撃軍の指揮をとった。

一方信玄は、謙信の関東進入中に、北信のそなえを固め、善光寺平を制圧する拠点として、海津城《かいづ》（長野市）を千曲川にのぞむ地に築き、高坂弾正昌信をその守将とした。しかも、かれにとって有利だったのは、これにさきだつ永禄元年、将軍義輝から信濃守護職を認められていたことである。義輝は、同年、謙信の入京をうながすために、信玄にも甲越和平を求めたが、機敏な信玄はその好機をとらえて、小笠原長時の没落以来空位となっていたこの職を獲得したのである。

八月なかば、謙信が動きだすのとほとんど同時に、信玄も甲府を発した。謙信が国境をこえて信濃に入ると、武田の防衛拠点旭山《あさひやま》城（長野市西方）の城将も、これに寝返った。越軍は進んで妻女山《さいじょさん》をおさえ、武田方の本拠海津城に迫った。

両軍の決戦は、九月一〇日、川中島で行われた。善光寺・旭山から犀川をわたってせまる越軍、海津城から千曲川をわたってむかえ討つ甲軍。その決戦場が川中島となることは、地形からして必至であった。頼山陽《らいさんよう》の著名な詩「鞭声粛々《べんせいしゅくしゅく》夜過レ河《かわをわたる》」は、このときの合戦（第四次）をさすといわれる。

合戦のもようをたしかな史料で具体的に知ることはむつかしいが、戦いの直後、謙信が武将たちにあたえた軍功感状のたぐいは少なからず残っている。それらによれば、「凶徒数千騎討捕《うちとら》へ、大利を得《う》」とか「今度《このたび》信州表に於て、晴信に対し一戦を遂げ、大利を得られ、八千余討ち捕へられ候事、珍重大慶に候」などという文言《もんごん》がみられる。また武田側の史料『妙法寺記』も「甲州ハ晴信御舎弟典厩《てんきゅう》（信繁）ノ打死《うちじに》ニテ御座候」といっているし、嫡子義信も負傷したほどだから、すくなくとも最初の局面における上杉方の優勢はまちがいない。古来喧伝《けんでん》された謙信の信玄本営への斬りこみはこのときのことである。

合戦は越軍の優勢ではじまったが、やがて甲軍では小山田《おやまだ》弥三郎の軍勢が越軍の側面に攻撃をかけたため、越軍も手痛い打撃をうけ、結局勝敗決しないままに戦いは終わった。しかも謙信にとって決定的に不利な状況は、この隙《すき》をついて、北条氏康が北武蔵から上州にむけて行動を開始したことである。謙信は、またもや北信濃に戦の成果を定着させることなしに本国に引きあげ、一一月には関東にとってかえし、ここで越年することを強いられた。

謙信の「筋目」意識

謙信にとって、北信濃は領土拡張というより、事実上、本城春日山の防衛問題であり、またかれを頼っている北信国衆に対するかれなりの誠実義務の問題であった。また関東制圧は、「関東管領」の名分と誇りにかけて確保しなければならない宿命的課題であった。謙信の悲劇はたえずこの北信・関東両面作戦を強いられているところにあったが、実際にはもう一つ西方の越中から一向一揆に脅かされるという危険もつけ加わっていた。第四次川中島合戦以後の謙信の動きを年表ふうにたどってみよう。

永禄四年一一月　関東出陣、越年。
永禄五年一二月　関東に出陣。
永禄六年閏一二月　関東出陣、上野和田城を攻める。翌年にかけ、下野方面に軍事行動。
永禄七年八月　川中島に出陣。
永禄八年七月　信濃出陣。
　　一一月　関東出陣、翌年にかけ常陸・下総方面に軍事行動。永禄九年五月関東より帰る。
永禄一〇年三月　下野佐野を攻め、陥落させる。
　　一〇月　北条・武田軍と上州厩橋で戦う。

永禄一二年一一月　関東出陣、下野佐野城を攻める。
元亀元年一〇月　関東出陣。
元亀二年　関東で越年。
元亀三年一月　北条・武田軍と利根川で戦う。
天正元年一一月　関東出陣、上野方面で軍事行動。
　一二月帰国。
天正二年二月　関東出陣。四月、北条と利根川で戦う。五月帰国。
　九月　関東出陣、閏一一月帰国。

なんとおそるべき執念ではないか。謙信は文字通り毎年、秋から冬にかけて越後から上野に出陣、北関東で軍事行動をとっている。実際には沼田・厩橋を中心に上野の交通路を維持するのがやっとであり、信濃の上田方面から東進する武田勢力に西上州はおさえられてしまっている。それゆえ謙信にとって関東に進出することは領国を拡大し、家臣団と財政力を増強するという意味をほとんどもちえない。むしろ連年の軍事行動による消耗のほうがはるかに大きい。秋から冬にかけて関東に出陣し、春から初夏にかけて帰国するという行動パターンは、かれのひきいる軍隊がまだ兵農分離していないため、秋の収穫後に軍事行動し、春の農繁期には帰村することを強いられていたためだろう。

永禄七年（一五六四）六月二四日、謙信は、第五次の川中島合戦出陣に先立って、越後弥《や》彦《ひこ》神社に願文《がんもん》をささげた。一つは「輝虎（謙信）筋目を守り非分を致さざる事」と題しており、他は

「武田晴信悪行之事」と題している。前者の第一、二項では、

一、関東え年々動《はたら》きを成し、静謐《せいひつ》を致す事も、上杉憲政東管領与奪、之に依つて相動きその稼《かせぎ》に及ぶ事、

一、信州え行《てだて》を成す事、第一小笠原（長時）・村上（義清）・高梨（政頼）・須田（満親）・井上（昌満）・嶋津（忠直）、其の外《ほか》信国の諸士牢道《ろうどう》、又は輝虎分国西上州え武田晴信妨《さまたげ》を成し候、河中嶋に於ても、手飼の者数多討死させ候、この所存を以て、武田晴信退治の稼、是《これ》又非道これ有るまじき事、

（原漢文）

と述べている。ここには、謙信の関東での行動が、関東管領の復権をめざすものであり、上野は謙信の「分国」であるということ（もともと上野は上杉の守護国だった）、また北信への作戦は、同地国衆の「牢道」＝衰亡を救い、信玄の「悪行」を討つものである、という考えかたが鮮明に認められている。

要するに謙信は、「名分」と「筋目」のためにひたすら倦《う》むことなく、越後と関東を往復して戦ったのであり、その行動は単純に領土欲といえるものではない。かれみずからのいう「筋目を守る」という言葉は、まことによく、かれの身の処し方を示している。謙信の魅力も、同時にかれの悲劇も、すべてこの「筋目」意識から発している。

氏康、領国を固める

武・相支配の強化

信玄・謙信とならぶもう一つの存在としての北条氏康は、天文一〇年（一五四一）、家をついで以来、父祖からひきついだ伊豆・相模・武蔵の領国を、さらに外にむかって拡大することよりも、まずその内部をがっちりとかためることに力をそそいだ。そのための主要な課題は二つあった。一つは上杉の残存勢力を武蔵から駆逐し、同国内の国人・地侍を確実に掌握、家臣団に編成することである。もう一つは、領内にのこる荘園制以来の複雑な土地領有・年貢収取関係を整理し、統一的な土地制度と税制をつくりあげることである。

第一の課題は、天文二一年、管領上杉憲政を越後に追うことによって政治的には数歩を進め、さらに永禄二年（一五五九）、それまでくりかえし行ってきた検地の成果をふまえ「小《お》田《だ》原衆《わらしゅう》所領役帳《しょりょうやくちょう》」を作成して貫高知行制にもとづく家臣団組織を確立する、というかたちで推進されていった。「所領役帳」は、一門・家臣以下合計五五八名を、小田原衆・御馬廻《おうままわり》衆・玉縄《たまなわ》衆・江戸衆・松山衆・伊豆衆・津久井衆・諸足軽衆・職人衆などといったかたちで、機能別・地域別に編成し、統一的な貫高を基準としてそれぞれの軍役・知行役などを量的に確定した帳簿である。貫高と軍役の制度については、のちにまたくわしく見るが、氏康がこれによって、統一的な家臣団体制をつくりあげようとしたことは明らかであり、それは他のどの戦国大名の場合よりも組織だっていた。

しかもそればかりではなく、氏康は、豆・相・武三国の、重要な支城に一族を配置し、小田原本城と支城とのあいだの連係をみごとにつくりあげてゆく。左の系図で分かるように氏康には有能な多くの息子たちがあった。それらを中核的支城主として配置し、おのおの独自の家臣をもたせた。その際氏照には滝山城の大石氏、氏邦には天神城（のち鉢形《はちがた》城）の藤田氏を継がせるというような形で有力国人領を吸収した。

今日残存するかれらの発給文書を調べてみると、氏照が滝山城（のち八王子城に移る）に入ったのは、謙信の小田原攻囲のあった永禄四年（一五六一）であり、氏邦が鉢形城主となったのは、永禄七年（もしくはそれ以前）と判断される。北条領国のもとで、これら支城主の管轄領域は「鉢形領」などというように「領」とよばれた。

北条氏康とその子たち

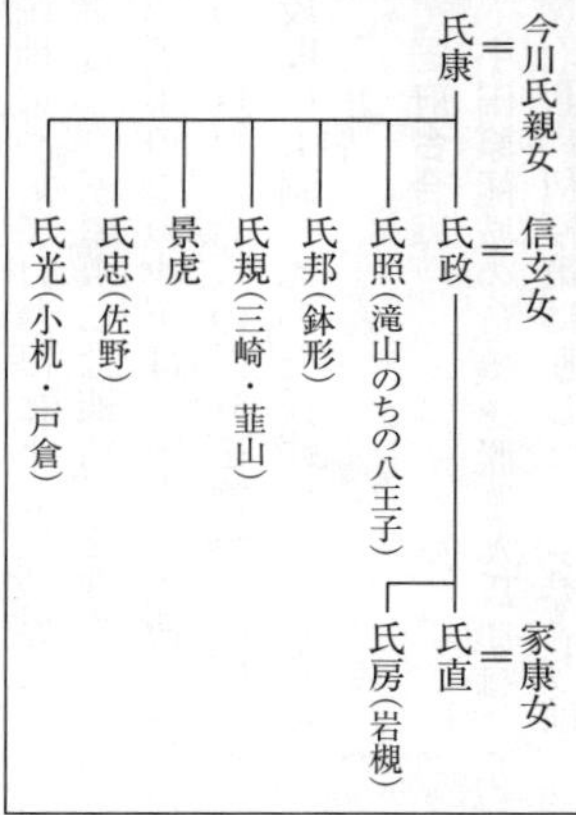

第二の課題は、ややはやく天文一九年（一五五〇）の諸公事《くじ》整理令によって、その基礎づくりが行われた。「国中諸郡退転に就き、庚戌《かのえいぬ》四月、諸郷公事赦免の様躰《ようてい》の事」という見出しが示すように、改革は百姓の困窮を救うということで開始された。その骨子は、(イ)従来、諸点《てん》役《やく》・諸公事という名で賦課されていた各種雑多な付加税を整理して、村々の基本年貢高である貫高一〇〇分の六を「役銭《やくせん》」と定める。(ロ)また

田地については貫高に応じて段銭を、知行地・直轄地の別なく賦課し、すべて本城主が収納する。(ハ)家屋敷には棟別銭を課す、というものであった。

氏康のこの改革は、国人・地侍・寺社などによる錯雑した旧来の収取関係を規制し、百姓の諸負担と給人《きゅうにん》の得分《とくぶん》を統一的制度のもとに安定させようとしたものである。謙信の小田原攻囲にも耐えぬいた氏康の力の背景には、こうした地道な努力があった。

国府台合戦

小田原籠城の危機を脱した氏康は、永禄六年(一五六三)、上杉方の武蔵の拠点松山城を奪取し、積極策に転じた。これより前、関東では、常陸の佐竹、房総の里見が、謙信と結んで氏康を包囲する態勢をとり、古河公方の末流足利藤氏も里見義堯を頼っていた。しかし第一次国府台《こうのだい》合戦(一五三八)は里見方の惨澹《さんたん》たる敗北となり、小弓御所足利義明は戦死し、義堯はかろうじて本拠安房に逃れ、里見の下総進出の野望は挫折した。以来、両者は国境を接し、たがいに遠交近攻の関係をつづけ、里見方は勢力回復をはかって時を待った。

永禄六年閏一二月、上杉謙信はまた上州厩橋まで進み、里見義弘(義堯の子)に出陣をもとめた。義弘もこれに応じ、安房・上総の軍を動かして下総に侵入した。氏康は下総小金《こがね》・武蔵江戸などの前線からこの知らせが届くと、領国にひろく動員令をだし、みずからも子氏政をともなって出陣した。今回の里見対北条の第二次決戦も江戸川東岸の国府台をはさんで戦われた。正月七日、台地上の地の利を占める里見方がはじめ優勢で遠山直景・富永直勝など、北条方の重臣を戦死させた。しかし、北条軍は翌朝、虚をついて里見陣営を攻撃し、一挙に形勢を逆転した。『国府台戦記』『房総軍記』『関八州古戦録』などをはじめ、多くの戦記物が詳述しているように、これは北条対里見という関東の二大勢力の決戦であり、もし北条方が敗れれば、謙信は一挙に北条領国を解体させる可能性が高かった。

氏康はこうして第二次国府台合戦を敏速な軍事行動によって切りぬけた。その後も北条対里見の抗争はつづき、永禄九年（一五六六）には謙信が南下して下総臼井《うすい》城を攻めて、里見との連係強化をはかる動きもあった。しかし、北条側は大規模な衝突を避け、むしろ里見との融和をもとめる道をえらんだ。

越相同盟

氏康の自重の背景には、天文二三年（一五五四）以来つづいてきた甲・駿・相の三国同盟関係に暗い影がさしだしていたことがある。信玄はこの同盟のよしみで、謙信の南下に対してはつねに氏康をバックアップする動きをとってきたが、その名分のもとに、信玄が西上州に侵入してきたことは、氏康の不安を大きくさせた。また義元の桶狭間での敗死によって、今川の勢力が後退し、かわって三河の松平氏の力が大きくなりだしたのに応じて、信玄は駿河にも圧迫を加えはじめた。いったん均衡関係がくずれだすと動揺が一挙に大きくなる力学の法則に似て、多年にわたった三国同盟関係はにわかにゆれうごき、永禄一〇年には、ついに解体した。

今川が甲斐への塩の荷送りを止めると、武田は翌一一年、松平と連係して南下、一挙に駿府を占領、氏真を遠江に追った。この局面で氏康はこれまで宿敵として対決してきた上杉謙

深沢城矢文
今度信玄、此の表に向って出張り、深沢の地に当って取り詰めらるる儀、強《あなが》ち当城を競望するに非ず、藩籬《はんり》の内の要害取巻くに就ては、定めて氏政（康）後詰の行《てだて》に及ばるべきか、然らばすなはち雌雄を決し、望に依り興亡に付すべし、爰許《ここもと》在陣、□（そもそもカ）甲相骨肉の好みを結ばるる儀は、多年隣邦その隠れなし（中略、以下甲相同盟により、信玄が氏康を援助してきたこと、今川氏真が信玄に対する敵対行動をとり、氏康が不当にも氏真を援けるに至ったこと、しかし信玄はいたるところの合戦に勝利を重ねてきたことが述べられている）。毎度かくの如く大捷を得らるる儀、且は武勇の甚しきに非ず、且は武略の威に非ず、只天の冥感に依る所なり、倩《つらつら》これを案ずるに、駿国を始めとして関八州、天より信玄に与へらるるのところ、何ぞ氏康、なまじひに障害の企をなすべけんや。自滅の基たるか（下略、城将に対する降伏勧告が述べられている）。
正（三カ）月三日　　　寄衆

信に、一転して同盟を申し入れた。永禄一一年一二月である。当時氏康は信玄を敵とするうえに、謙信およびそれと気脈を通ずる北関東の佐竹・宇都宮・由良《ゆら》氏やさらには房総の里見までを相手として戦うことは不可能であった。信玄の西上州侵入は、謙信と手をにぎるためには大きな名分となる。氏康は思い切って譲歩し、利根川以北については謙信の宗主権と「関東管領」を認め、事実上の人質として三郎（のち謙信の養子となり景虎という。氏政の弟）を上杉に入嗣させる等の条件を出し、謙信に懇望する形で、越相同盟成立にこぎつけた。氏康の謙信への最大の期待は、信玄が北条領を脅かすときは出兵して背後からこれを牽制《けんせい》する、ということであった。

氏康の外交戦略はひとまず成功、永

禄一二年六月には相互に誓詞を交換した。しかし信玄はこの間にも将軍義昭と連絡して謙信との和平を画策、また常陸の佐竹との連係強化を計ったうえ、北条勢力下の伊豆・駿河東部を侵し、駿東《すんとう》郡古沢《ふるさわ》（静岡県御殿場《ごてんば》市）方面にまで進んだ。さらに一〇月には一転して上野西部・武蔵から相模に南下、一挙に小田原城下に火を放つという大胆な行動に出た。氏康は小田原に籠城してこの猛攻に耐え、北条方も諸城の兵を動かして信玄を急追し、相・甲国境に近い津久井の三増《みませ》峠で激戦した。

このころになると東国争覇戦の流れは変わっていた。信玄の北進、謙信の南下、というこれまでの動きは終わり、信玄の南下が戦局の新しい中心となってきた。元亀元年（一五七〇）、同二年と、信玄は引きつづき駿河東部に侵入した。とくに二年には、北条方の前線基地深沢《ふかさわ》城（御殿場市）を囲み、これを奪取した。このとき城将北条綱成《つなしげ》に対し、「深沢城矢文」を打ちこみ、降伏を勧告した。「矢文」（前ページの資料）は戦いの空気をなまなましく伝えている。

信玄の南下は、西進→上洛というコースをすでにふみだしたのであろうか。その真意はまだ十分に分かっていない。しかし、深沢城包囲戦のあった元亀二年の暮れ、信玄は氏政と誓紙を交換し、甲相同盟を復活させた。それは当然西進に際し、北条が背後の敵となるのをさけるためであろう。他方、この年、謙信も氏康の要求どおりの信玄背後への出兵を行わず、西方、越中に向けて出陣している。以後両者の動きはしだいに西方にしばられてゆく。翌元亀三年の暮れ、信玄は三方ヶ原《みかたがはら》で徳川・織田連合軍を撃破するが、越中一向一揆はその側面援護として謙信に戦いをいどんでいる。

元亀二年（一五七一）に入ると上杉北条間の不信は高まり、「甲相一和」が口に上るようになり、同年一〇月氏康の死とともに、越相同盟は大きな成果を見ることなく解消された。

奥羽の戦国

伊達氏と最上氏

ここで奥羽の戦国をいちべつしておこう。陸奥南部で伊達氏が力を伸ばしていたことはこの章の初めでふれた。稙宗は「陸奥守護職」というこれまでになかった地位を幕府に認めてもらい（一五二二）、本拠を伊達郡から米沢《よねざわ》に移した。しかし天文一一年（一五四二）には嫡子晴宗と内紛をおこし（「伊達氏天文の乱」）、晴宗が勝利すると、こんどは幕府から「奥州探題」に任命された。

伊達氏は室町時代以来幕府と結んで、鎌倉公方に対抗するという外交・軍事方針をとり、幕府からも重用されていたが、戦国期に入ってもその路線を踏襲していたのである。稙宗の「稙」、晴宗の「晴」は足利将軍義稙・義晴の一字を受けたものである。伊達氏では稙宗が天文五年（一五三六）「塵芥集《じんかいしゅう》」と名付けられた領国法典を制定し、戦国大名としての道をふみ出していたが、晴宗を経て政宗の代に入ると、北は葛西《かさい》・大崎領、南は白河・会津領（芦名氏）を併せ、陸奥南半を掌握した。

中央部では、南北朝期に東北の抑えとして派遣された足利一門の斯波家兼が奥州管領（のち奥州探題）として玉造《たまつくり》郡に入り、やがて葛西、留守《るす》氏などの旧族を従え、一五世紀に全盛期を迎えたが、戦国時代には南から強大化した伊達氏に圧倒され力を失った。

　これに対し斯波家兼の次男兼頼は羽州探題となって出羽に入り、最上《もがみ》氏を称した。戦国後期の最上義光《よしあき》は山形を本拠に伊達氏と争ったが勢力を維持して、秀吉の「奥州仕置《しおき》」（一五九〇）では最上郡を安堵《あんど》された。

北方の変動と夷島

　これに対し、奥羽の北半では夷島《えびすじま》（北海道）のアイヌの動向ともかかわりながら独自の動きが見られた。出羽北部から津軽《つがる》にかけては安倍貞任《あべのさだとう》の末流といわれる安藤氏が鎌倉時代以来根をおろし、「蝦夷《えぞ》管領」とよばれた。戦国時代には上之国《かみのくに》、下之国家《しものくにけ》に分かれ抗争した。そのなかで下之国家の檜山《ひやま》（能代《のしろ》）安藤愛季《ちかすえ》が上之国家湊《みなと》安藤氏を併せて出羽をおさえるようになり、秋田氏を称した。その歴史が物語るように、安藤氏は北海道、アイヌとの交易に深くかかわりをもち、独自の立場を誇っていた。

　一方、アイヌ社会もこのころ変動期に入っていた。北海道の道東部から日高《ひだか》地方にかけて、一六～一七世紀を中心に多数のチャシとよぶアイヌの城塞《じょうさい》が築かれた。今日でも、丘陵の頂部などに残るチャシの遺跡は、およそ五〇〇に及んでいる。それはアイヌの集団相互の争いに備えるとともに和人の侵攻に対する防御施設であり、アイヌ集団の側の自己主張のシンボルといってよい。

　この間、下北《しもきた》半島の蠣崎《かきざき》から出た蠣崎氏は一五世紀中葉、夷島に渡り、安藤氏の勢力下で上之国に花沢館を築き、戦国期には蠣崎光広が大館（松前《まつまえ》）に移って、檜山安藤氏の代官として、活動、天文二〇年（一五五一）には季広が、それまで摩擦と対立が絶えなかったアイヌ族と和解し、アイヌ商船往来の法を定めた。割拠と争いの時代と見られやすい戦国時代は、じつは交通・交易を介して広域・異域との結びつきが進んだ時代であったが、その動きはここにも認められる。蠣崎氏はのち松前氏を称し、近世松前藩主への道を歩む。

この他、北部の雄族には南部《なんぶ》氏もいた。その祖は甲斐国南部を名字の地とし、鎌倉初期陸奥国糠部《ぬかのぶ》の地頭職を得て当地方に入り、子孫は八戸《はちのへ》の根城《ねじょう》を本拠とした。戦国期には三戸《さんのへ》の南部氏が力をのばし、信直が南部一円を勢力圏とする大名に成長、秀吉の「奥州仕置」で南部七郡を安堵された。また南部氏の一族大浦為信《おおうらためのぶ》は津軽地方の統一に成功し、津軽氏を名乗った。

こう見ると、北方の戦国史は、南部の伊達氏が関東や中央の動きと連動していたのに対し、それ以北では、鎌倉・室町以来の歴史をもつ旧族が、夷島との交易をも射程に入れながら独自の歩みをとっていたことがはっきりする。従来切り捨てられがちの東北戦国史は、その意味で、今後、新たな検討を加える必要がある。

中国・四国の戦い

毛利元就

国人毛利氏

東国で信玄・謙信・氏康らのはげしい戦いがつづけられているころ、中国地方では、尼子・大内・毛利を中心とする死闘がくりひろげられていた。

この三者は、家柄においても、実力伸張の時期においても、はっきりしたちがいがある。尼子氏はすでに述べたように、守護代の家柄でありながら、経久が文明一八年（一四八六）守護家を廃して、独立の大名としての一歩をふみだし、めぐまれた出雲山地の砂鉄資源を背景としながら急速に山陰の大勢力となった。大内氏は南北朝内乱期以来、周防・長門《ながと》守護の家柄であり、応永の乱（当時和泉守護職も兼ねて堺をおさえ強大化していた大内義弘を足利義満が討った事件）による打撃にもかかわらず、朝鮮・中国貿易で優位に立って幕政に重きをなし、応仁以後、全国屈指の大勢力となった。

これに対して毛利氏は、安芸国高田郡吉田荘の地頭から出発した一国人領主にすぎなかった。毛利の先祖は頼朝《よりとも》の政治的ブレーン大江広元《おおえのひろもと》の流れから出て、相模の毛利荘を本領とする鎌倉御家人であったが、季光《すえみつ》が三浦泰村《やすむら》の乱に連坐して勢力を失い、事件に関係のなかっ

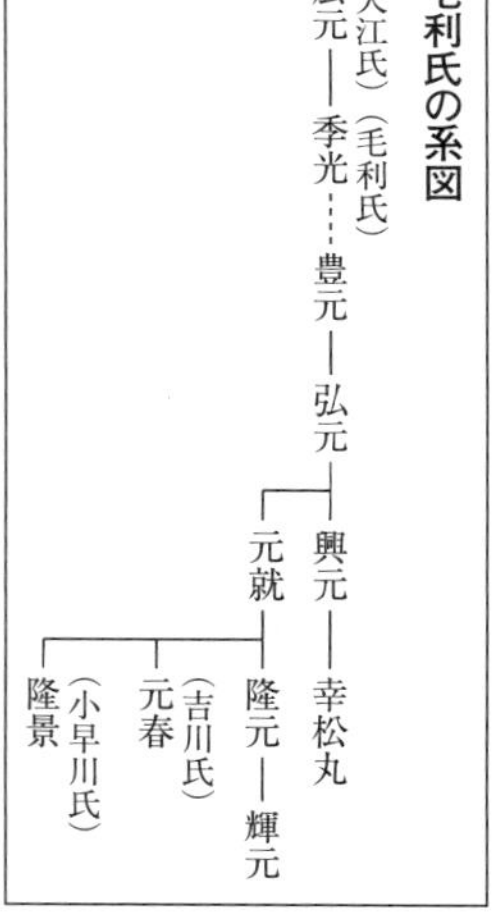

毛利氏の系図

た四男経光《つねみつ》が、越後佐橋荘・安芸吉田荘の地頭職を安堵され、からくもその家を保った。しかし毛利氏が、実際に吉田荘に入部したのは建武《けんむ》・南北朝初期であったようである。その点では、のちに元就の子隆景《たかかげ》が継いだ小早川《こばやかわ》氏が、同じ関東御家人土肥《どい》氏の出自でありながら、すでに鎌倉時代のうちに安芸沼田《ぬた》荘に入部して、着々と所領支配の体制をととのえていたのにくらべても、出発はむしろおくれていた。

けれども、南北朝の動乱は、地頭が荘園制の「職」秩序の制約をのりこえて、事実上地域の独立領主に成長する絶好の機会であった。毛利もその例外でなく、この間に吉田荘の本家祇園社・領家花山院《かざんいん》の支配力を後退させ、着実に国人領主への道を歩んだ。内乱が終わってまもない応永一一年（一四〇四）九月、安芸国では小河内《おごうち》・窪角《くぼすみ》・横山・山県《やまがた》・完《しし》（宍）戸《ど》・熊谷《くまがい》・温科《ぬくしな》・天野などの国人領主たちが、新守護山名《やまな》満氏の入部に対し、「故なく本領を召し放たれた場合は、一同で請願をしよう」という主旨の「国人同心条々」（国人一揆《いっき》の盟約）を作成しているが、毛利もこれに加わっている。そしてこのころから坂・有富・麻《お》原《はら》・中馬《ちゅうま》・福原（いずれも吉田周辺の地名を名字とした）などの庶流を分立させ、隣接する主殿寮入江保《とのもりょういりえのほ》などをもその勢力圏にくりこんでいった。

さらに、応仁の乱が始まると、山陰から備後にかけて力をのばしてきた山名勢力に結びつき、それによって毛利一族の所領も急速に増加した。文明七年（一四七五）の毛利豊元の譲状《ゆずりじょう》では、吉田荘以下高田郡を中心に内部《うちべ》・豊島郷《としま》・竹原・麻原・坂郷・有富郷・保垣・上竹仁・佐々井・苅田《かんだ》・長屋・高屋・土司・西浦・入江保が所領としてあげられており、子弘元（元就の父）の代には、いっそう数を増している。その意味で、毛利の地域領主的成長は順調であったというべきであろう。安芸国の守護武田氏の実力が、他の国々の守護にくらべて、いちじるしく弱体であり、守護領国体制はおろか、国人統制も満足にできなかったという事情が幸いしたということもある。さらにまた、中国山地を北に背負った吉田荘とその周辺の地域が、豊かな自然と防衛の条件にめぐまれていたことによって、国人領主としての成長が有利な環境におかれていたことも無視できない。

こうして毛利氏は、弘元の子で元就の兄にあたる興元《おきもと》のころには、安芸の国でもトップクラスの国人領主に成長した。しかしひろく中国地方の形勢をみわたせば、毛利はなお尼子・大内とは比肩すべくもない小勢力であった。

元就の登場

弘元は、永正三年（一五〇六）三九歳で死に、そのあとは、長子幸千代丸《こうちよまる》がついだ。翌年一五歳になった幸千代丸は、大内義興から偏諱《へんき》をうけて興元と名乗った。ところが、この興元も、永正一三年、二四歳の若さで死んだ。しかも興元の子幸松丸《こうまつまる》は、その前年生まれたばかりで家督をつぐこととなったが、これもまたどうしたことか、大永《たいえい》三年（一五二三）わずか九歳で病死した。

これによって毛利の嫡流が絶えてしまったため、老臣らは評議のすえ、興元の弟で二七歳になっていた元就を迎えて、これを擁立した。当時元就は、本城郡山《こおりやま》城（吉田町）の西方三キロメートルほどのところの多治比《たじひ》にある猿掛《さるかけ》城にいた。父弘元が郡山城を興元にゆずって猿掛城に隠退したおり、四歳の元就は父にともなわれてこの城に移り、父の死後も、その小城ですごしてきた。後年の元就の回想によれば、この城に移った翌年、五歳で母に死別し、一〇歳で父を失って孤児となり、兄興元は、永正四年から八年まで、将軍義稙に従って京都にのぼっていたため、そのさびしさと不安は言葉にいいあらわせないものがあった、という。事実、郡山城からわずか四〜五キロメートル北方の五竜《ごりゅう》城にあった宍戸《ししど》氏は、毛利をおびやかすだけの実力をもった国人であったから、その幼時の不安は、甲冑《かっちゅう》を着て父の葬儀に参列したという謙信のそれに似ていたわけである。元就の生涯をつらぬく細心さは、こうした境遇のなかでつちかわれたにちがいない。

元就は大永三年八月、猿掛を出て郡山城に入った。『毛利家文書』のなかに収められている

毛利乃家わし（鷲）のはを次《つぐ》脇柱　　元就

という自筆の発句《ほっく》は、はからずも本家をつぐことになった元就の責任と意気込みを短い一七文字のなかに示している。「鷲《わし》の羽《は》」は毛利の家紋である。しかし、元就が本家をつぐことになったのは、もとより本人の力によるものではない。元就の家督継承に際しては、福原

左近丞《さこんのじょう》広俊以下一五名の老臣が、元就を主君と仰ぐからには「大小の事無沙汰別儀を存ずべからず」という連署状をささげている。それは元就を擁立した家臣の中にも種々の考えがあったが、擁立したからには一致しようというものである。主君は家臣たちの共通の意思によって定められるというのが戦国のならわしであった。

こうして元就は、重臣たちの擁立により毛利の家督をつぎ、主君の地位についたが、これをとりまく四囲の状況は緊迫をきわめていた。このころ、毛利は安芸の国人とはいえ、完全に自立した立場を保ちえていたわけではなく、大永三年（一五二三）以来、北方から侵入してきた山陰の雄尼子に従属しており、元就の家督相続に際しても、事情を尼子方に報じ、その了解をとりつけねばならぬほどの不安定な状態にあった。しかも、元就に不満をもち、異母弟の元綱を擁立しようとした坂・渡辺などの老臣は、ひそかに尼子と結んで隙《すき》をうかがい反乱を企てた。元就はこれに対しては果断な態度をとり、相続の翌年、元綱を殺した。そうしたことから大永五年、元就は尼子との関係を断ったが、それは同時に、防長をおさえる大内氏への従属を避けられないものとした。いずれにせよ、毛利は尼子と大内という二大勢力の谷間で、一国人としての屈辱と悲哀を思い知らされ、時々にそのいずれかになびきながらおのれの存立をはかるほかはなかったのである。天文六年（一五三七）、元就は一五歳に達した長子隆元を事実上の人質として周防の山口に送り、大内義隆への結びつきを強めた。

郡山城の危機

毛利が大内になびくと、尼子は天文九年（一五四〇）毛利の本拠郡山城に攻撃をかけてきた。このころ、戦国大名のさきがけとして山陰に勇名をとどろかせていた経久は、すでに八三歳のため（天文一〇＝一五四一年死去）、孫詮久《あきひさ》（のちの晴久）が家をついでいた。詮久は備後をはじめ備中・備前・美作・播磨方面に出兵して各地を攻略するとともに、石見にも進出して山陰・山陽にわたる大勢力を形成していたから、その勢いをもってすれば、毛利の制圧などはものの数でもないと考えたのであろう。老練の経久は、それまでの元就の戦いぶりや、背後にある大内勢力のことを考えて出兵には慎重だったらしいが、少壮気鋭の詮久はこれに耳を傾けなかった。

その年（天文九年）六月、尼子軍の先鋒《せんぽう》は、詮久の叔父（経久の次男）国久《くにひさ》に率いられて月山城を発し、熊野《くまの》・三刀屋《みとや》・掛合《かけあい》・頓原《とんばら》・赤穴《あかな》を経て備後路を進み、三次《みよし》から郡山城を目指した。かねてから尼子の攻撃を予期していた元就は、郡山の北方の五竜城に拠る宍戸元源の孫隆家に娘を嫁《とつ》がせて、これとの連係を強めていた。元就はこの元源とはかり、その弟が守る祝屋《いわや》城を抵抗線として、頑強に戦った。そのため国久の先鋒隊は手痛い打撃をうけていったん富田に引き上げた。

同年八月、詮久は面目を回復すべく、みずから大軍をひきいて富田を発し、今回は、赤穴から都賀《つが》・口羽《くちば》・川根・川井と、石見路を経て吉田に向かった。出雲・伯耆・因幡・石見・備前・美作・備中・備後などから集められた兵力は三万におよぶと伝えられた。尼子軍は九月に入ると、かつて元就の居城のあった多治比の風越《かざこし》山に到着、五日には先手が吉田に潜入して民屋に火を放った。郡山籠城の兵力は三〇〇〇にみたなかったが、くりかえし反撃してよく戦った。元就は本城をもちこたえて大内の援軍を待つ作戦をえらんだ。兵力には圧倒的な差があって、元就は劣勢であったが、郡山の丘陵をたくみに利用した城は要害として堅固であったうえ、吉田の地形は三万の大軍を一挙に動かすにはあまりに狭すぎたし、兵糧の調達も無理であった。

はたして城は落ちず時は移った。一二月に入ると、大内の救援隊一万が重臣陶隆房に率いられて吉田に到着した。これによって攻守の立場は一変した。遠征に疲れた尼子軍は随所で敗れ、年がかわった天文一〇年の一月、寒気のきびしい中国山地を敗走し、さんざんのありさまで富田に帰りついた。戦いの終わった直後の二月一六日に作成された「毛利元就郡山籠城日記」には、

一、同（天文一〇年一月）十三日夜、其まゝ尼子陣退散、敵却口《のきくち》を送り候、犬ふし山の雪に漕草臥《こぎくたびれ》、石州江乃川《ごうのかわ》にて、或は船を乗り沈め、或は渡りへ追ひだされ、死候者更に其数を知らず候、（中略）
一、近日大内義隆渡海有りて、雲州に乱入あるべき催《もよおし》半《なかば》に候、
一、玆《これ》に因《よ》つて、備中・備後・安芸・石見、多分防州一味候、

とある。尼子軍の惨澹《さんたん》たる敗走のようす、情勢一変して備中・備後・安芸・石見の国人の多くが「防州一味」＝大内方になびき、大内は勢いづいて出雲に進撃しようとはやっているありさまが鮮明に語られている。

富田城下の敗北

天文一一年（一五四二）一月、大内義隆は、好機到来として出雲遠征の軍をおこした。義隆は周防・長門の軍を率いて石見に入り、西部の国人益田藤兼《ますだふじかね》らを味方につけた。藤兼は将軍足利義藤《よしふじ》（のち義輝）から「藤」の一字を受けていることでも明らかなように、将軍家の奉公衆（守護から独立的な将軍の直属家人）となっていた石見西部の有力国人であった。

元就は他の安芸国人らとともに北進し、七月、富田への通路をはばむ出雲西南端の赤穴城を攻撃、城将赤穴光清を血祭りにあげた。大内軍は、さきの尼子方の強攻による失敗をくりかえさないために、途中十分の補給・休養をとり、消耗を避けて越冬したのち、天文一二年二月、富田に突入した。月山城は、海抜こそ一九〇メートルほどにすぎないが、急峻《きゅうしゅん》な山上にあり、菅谷口《すがたにぐち》・塩谷口《しおたにぐち》・御子守口《おこもりぐち》などいずれののぼり口をえらんでも、攻撃は至難の山城《やまじろ》であった。しかも山頂は意外にゆるやかな尾根がつづき、城は山腹から山頂にかけて大きく築かれている。城下を流れる飯梨川の上流が有力な砂鉄産地であることを念頭におくと、その要衝としての位置がよく分かる（今日、月山城は国の指定史跡として整備されている）。

大内・毛利の軍は、三月から四月にかけてこれを包囲、いくたびか攻撃をかけた。しかしさきの郡山城合戦に似て、こんども守る側が有利であった。そうするうちに、四月末、いったん大内方について攻撃に加わっていた三沢為清《ためきよ》・三刀屋久扶《ひさすけ》・吉川興経《きっかわおきつね》らが寝返り、突如城に入った。このため大内軍にはおしとどめがたい動揺がおこり、義隆も軍議のすえ、五月七日、全軍引きあげを決定した。いったん劣勢におちいると、軍の統制力はたちまち失われ、征服地の国衆・地侍は敵方となるというのが戦国の世のならいであった。義隆の子義房

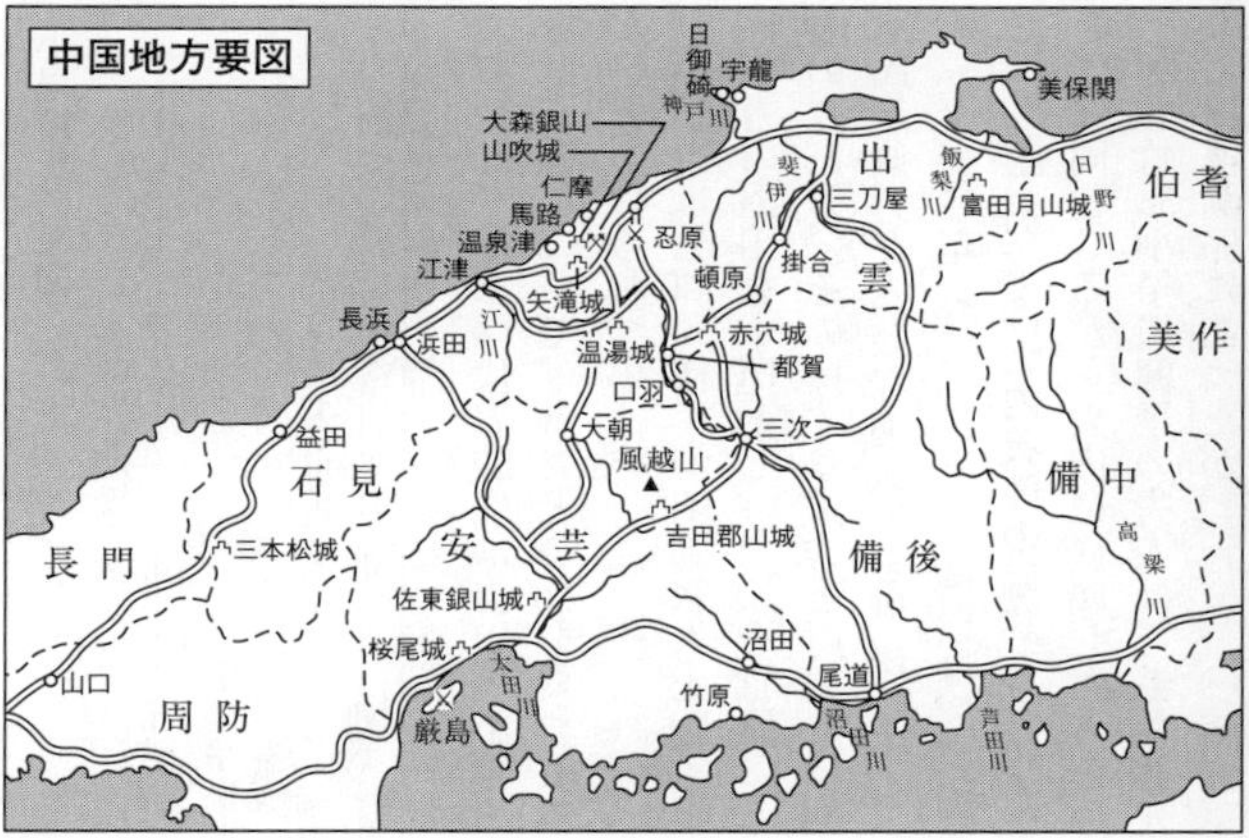

は海路帰還をはかったが、離岸直後に船が転覆して溺死《できし》した。元就も尼子軍の急追をうけ、多くの宿将を失ったが、渡辺太郎左衛門が身代わりとなって戦うあいだに、九死に一生を得て帰還した。

この敗戦は、さきの尼子の郡山侵攻とともに、戦国大名の軍隊が、まだ長期の遠征を有利に戦いぬくだけの条件を確保しえていないもろさをはっきりと示した。兵糧・武器調達のむつかしさもさることながら、兵農分離の未熟がなによりもその要因であろう。本拠地をはなれ、越年して戦うという長期戦に耐えうる訓練・装備・兵糧の確保、あるいはその間の国許・征服地の動揺をおさえるに足る体制の整備、いずれをとってもなお不安が大きかった。これ以後、元就はそのひざもとである芸備《げいび》地域の国人諸豪族と対決し、これを国人同盟から臣従の関係へと転化させ、領国支配の足もとを固めることに専念せざるをえなかった。

毛利両川

元就の芸備統合方式は、たんなる軍事政策のみではなかった。むしろ巧妙な「調略」によって、国人たちをとりこむことこそかれの得意とするところであった。それは代表的には吉川・小早川という安芸の有力国人の家に、自分の子供元春・隆景を送りこんで、事実上これを乗っ取るというかたちで推進され、いわゆる毛利両川《りょうせん》体制が築きあげられていく。

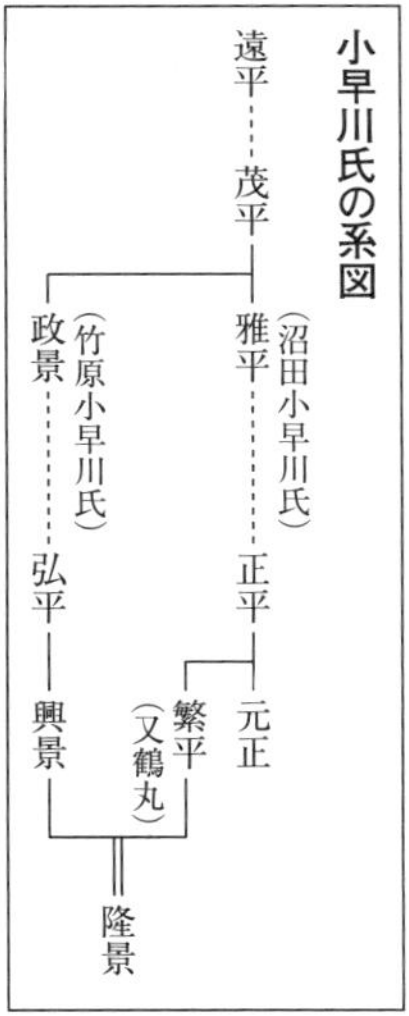

小早川氏の系図

小早川は毛利同様、頼朝御家人土肥実平《さねひら》から出た関東御家人で地頭の家筋であるが、安芸東南方の沼田を本拠とし、一族を竹原にも分出させた。有力な水軍を編成して、朝鮮貿易にものりだし、その擁する武力と財力とは他にぬきんでるものがあった。この小早川の庶流竹原氏が無力な安芸守護武田を無視して大内と結びついたのがいつごろかははっきりしないが、天文二年（一五三三）、興景《おきかげ》は、大内義隆の命によって九州に入り、少弐《しょうに》と戦っているし、「興」の字は大内義興の偏諱をうけたものとみられるから、竹原小早川の場合は、毛利とほぼ同じころから大内に従属したらしい。

その竹原小早川興景の夫人は、毛利興元の娘であったことからみて、かねて両家は通婚による提携関係にあったが、天文一〇年佐東銀山城《さとうかなやま》を攻撃の最中、興景が病死すると、元就は第三子徳寿丸（隆景）をその継嗣《けいし》とし、天文一三年、竹原城に入らせた。そしてさらに、本家の沼田《ぬた》小早川正平《まさひら》が天文一二年の尼子攻めに従軍して敗死、ついでその子繁平《しげひら》が盲目となったのを機会に、天文一九年、隆景は本家の沼田に入り、沼田・竹原両小早川家を併せ継ぐこととなった。この経過は、表面的には平穏に、小早川家臣たちの隆景擁立というかたちをとっている。しかしそこにいたる過程には、元就による小早川老臣乃美景興《のみかげおき》らの抱きこみ工作がなかったとは断じがたい。もう一つの吉川家乗っ取りの過程を併せみれば、むしろそれがあったとみるほうが自然であろう。

元就の二男元春が入って事実上その家を乗っ取った吉川氏の本拠は、石見国境に近い大朝《おおあさ》であるが、この家もまた大朝荘の地頭に発する安芸有数の国人であった。吉川はその地理的位置からして歴史的には尼子に近く、毛利弘元の娘（元就の妹）が吉川元経に嫁していたとはいえ、元就が大内に組みして以後も尼子方として毛利と敵対しあっていた。しかしこの吉川も、尼子・大内の谷間にあって動揺をつづけたことは毛利と同じで、尼子の郡山城攻囲が失敗に終わって以後、大内方に転じ、ついで大内の月山城攻撃の最中には、興経（元経の子）が尼子に通じた。したがって、元就にとって、この吉川を確実に味方とすることは戦略上きわめて重要な意味をもった。

吉川氏の系図

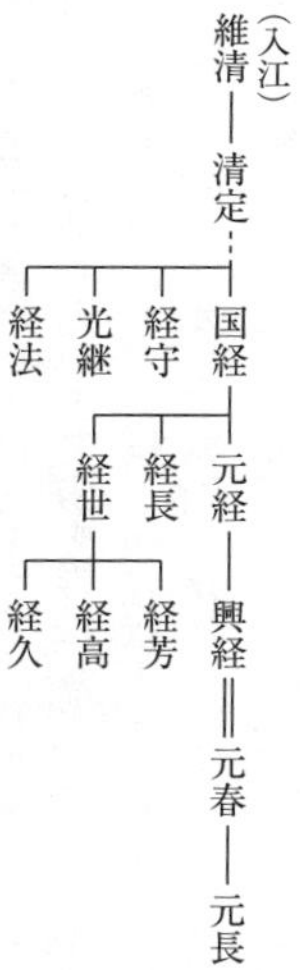

そうした状況のもとで、元就は「調

略」を進め、興経に不満をもつ吉川経世《つねよ》（興経の叔父）や重臣森脇祐有《すけあり》を動かして、興経の隠退、元春迎立《げいりつ》という筋書を推進した。これは小早川の場合よりはるかに明確に元就の画策によるものであり、結局、興経は天文一六年（一五四七）、居城火の山城（広島県山県郡北広島町）を明け渡し、翌年元春がこれに入城した。しかしこの強引な乗っ取りには不満をもつ者も多かったため、元就は天文一九年九月、兵を送って興経を急襲、難なくこれを殺してしまった。政略家元就の一面がうかがわれるが、これによって、北辺が固まり、吉川・小早川「両川」を羽翼《うよく》とした毛利氏飛躍の態勢がととのえられた。

老臣井上一族誅伐

この吉川興経襲撃にさきだつこと二ヵ月、元就はもう一つ、思いきった権力掌握策を断行していた。老臣井上元兼一族の誅伐《ちゅうばつ》である。

元兼はさきに元就を多治比から郡山に迎えて本家をつがせた一五人の老臣の一人であり、一族も多く毛利家中で重きをなす存在であった。しかし、元就が多治比にあったころ、後見人であった井上一族の元盛《もともり》が多治比三〇〇貫の地の押領《おうりょう》をたくらむなど、かねて主家をないがしろにすることがあり、元就はその後もいくたびとなく煮え湯を飲まされる思いをかさねてきた。誅伐の直後、元就自身が書きあげて家中に示した井上一族の「罪状」は、

(1) 評定《ひょうじょう》や恒例の儀式に出仕しない。また、勝手に隠居と号して奉公しない。城普請《ふしん》役にも応じない。

(2) 段銭・段別をすこしも納めようとしない。
(3) 公領や傍輩《ほうばい》の所領を横領する。
(4) 着座の序列を勝手に乱した。
(5) 元兼の子成兼《なりかね》は、隆元の領所に属する河原者《かわらもの》を、理由も示さずに殺害した。

など、はなはだ多方面にわたっている。城普請は家臣の大名に対する奉公のもっとも重要なものであるし、段銭の徴収は大名の公権のシンボルであるから、井上一族の行為は主君に対する露骨な叛意《はんい》を示すものといってよい。しかも、家中は「我等親類其外他名之者共」まで井上に迎合するありさまだったというから、家臣とは名のみの危険な存在だったのである。

元就はこの井上一族誅伐を決意し、七月一二日、井上元有を竹原に誘って、隆景に殺させ、翌一三日、井上就兼を郡山城中に招いて暗殺、つづいて元兼・就澄《なりすみ》父子をその館に襲って殺した。このほかにも井上一族で殺されたものは多く、その数は合わせて三〇人をこえた。元就としては、井上方の反撃や家中の離反を避けるために、このような闇討《やみう》ちに近い手段をあえてえらんだのであろう。

この直後の七月二〇日、元就は福原貞俊・志道《しじ》元保《もとやす》以下合計二三九名の家臣から、「井上の者共、連々上意を軽んじ、大小の事 恣《ほしいまま》に振舞い候に付、誅伐を遂げられ候。尤《もっとも》に存奉り候。之に依て 各《おのおの》に於て 聊《いささか》も表裏別心を存ずべからず候」という第一条にはじまる一八ヵ条の起請文《きしょうもん》をとった。第二条では「自今以後は、御家中之儀は、有様《ありよう》の御成敗《ごせいばい》たるべし」と、元就の主君権を全面的に承認させ、以下家中の勤務・所領問題・軍法などについてくわしく定めている。なかでも注目されるのは、主君としての元就の立場がここではじめて「公儀」として規定されており、君臣の間柄は、はっきりと「公」「私」の関係として区別された。毛利権力はもはや国人同盟の一員ではなく、国人級をもふくむ多数の家臣のうえに聳立《しょうりつ》する戦国大名によって組織された地域国家としての公的権力であった。

こうみてくると天文一九年（一五五〇）は、元就にとってもっとも危険にみちた年であるとともに、記念すべき飛躍の年でもあった。この年、元就はすでに五四歳という年齢に達しており、これを境にして、かれの生涯の事業は地固めから飛躍の時期へと展開してゆく。なおこの天文一九年は、東ではさきに見たように、北条氏康が諸公事改革の断行によって領国支配の体制の基礎を固めた年でもあり、戦国史上忘れられない年といえる。

大内滅亡

小京都山口

元就が権力確立に向けて奮闘しているころ、周防の大内義隆は、富田月山城攻撃の失敗（一五四三）のせいか、すっかり合戦ぎらいとなった。そのとき義隆はまだ三七歳にすぎなかったが、戦国争覇への気力を失い、いわば文化人・貴族化の道をもとめるようになった。尼子攻撃の挫折感のきびしさがそうさせたのであろうが、半面、大内が歴代にわたって追求してきた同家の京風文化の伝統もその有力な要因であったと思われる。

大内氏は古くは周防権介《すおうごんのすけ》といわれるように、周防国国衙に強く結びついた豪族であった。

このことはいまも周防国衙の西門に接してのこる介殿《すけどの》屋敷の地名からも確かめることができる。その大内が京都の地形・自然によく似た山口をえらんで都市建設に力を入れたのは、南北朝内乱期に周防守護職を得た大内弘世がここを守護所と定めて以来のことである。それ以後、大内の歴史にも応永の乱をはじめとするいくたの波瀾《はらん》があったが、それを乗り切り、義隆の父義興の代には全盛期を迎えた。

義興は管領細川政元に追われて山口にくだってきた将軍足利義稙を擁して入京、永正五年（一五〇八）から同一五年までの一〇年間、管領代として、京都にとどまり、勘合貿易の実権を独占した。義隆もこれをうけて天文八年（一五三九）・天文一六年の二度にわたって貿易船を明に送った。大内氏はまたその地の利によって朝鮮貿易においても有利な立場にあったから、それらから得た巨利ははかりしれないものがある。

義隆はこうした富と経歴を背景として、朝廷にも接近した。応仁の乱以来、京都を逃れ山口にくだってくる貴族・文化人も少なくなく、それらの人の縁を頼って、公家から側室を迎えたり、大森銀山《おおもりぎんざん》の生みだす巨額の銀を朝廷に献じたりした。それによって、義隆は天文一六年兵部卿《ひょうぶきょう》、一七年には従二位と、超一流の公卿なみの地位にのぼった。守護級地方大名のこの官位は異例中の異例であるが、在京以来都で見せつけてきた権勢ととびぬけた財力に物をいわせたものであった。

元就が井上一族を討った年でもある天文一九年、ここを訪れた宣教師ザビエルは、山口の町は戸口一万以上におよぶといっており、実際京都・堺・博多などの商人が足しげく訪れるとともに、唐物《からもの》や漢籍を売る専門店なども軒をつらねた。今日山口を訪れる旅行者の、まず心をとらえる瑠璃光寺《るりこう》の華麗な五重塔は、応仁以前の建造にかかるが（もと香積《こうしゃく》寺に建てられた）、美術・工芸・文学・出版など、文化万般にわたって〝小京都〟〝西の京〟というにふさわしく、この町はたしかに日本の一つの文化的中心であった。

山口版の書籍には『論語』『十八史略』などがあり、義隆みずからも『三韻一覧《さんいんいちらん》』という詩書を公刊した。また大内氏の築山館《つきやま》に設けられた文庫（大内文庫）には、『源氏物語』をはじめとする古典、能阿弥《のうあみ》自筆の『君台観左右帳記《くんだいかんそうちょうき》』（室町将軍邸に飾る文物を列記した秘書）なども収められ、中央文化界との交流もさかんであった。

陶隆房（晴賢）の反乱

ところが、この繁栄を誇った山口にも、意外に早く不安の影がしのびよった。元就が井上一族を討滅した一ヵ月後、大内義隆の第一の重臣陶隆房から、元就に対して恐るべき申し入れがあった。杉・内藤などの老臣と諮《はか》って、義隆を廃し、子の義尊《よしたか》を擁立するから支援を得たい、という主旨である。それは明らかに謀反の計画にほかならなかった。

もともと大内の一族から発し、周防守護代として大内家中随一の地位を占めるようになっていた隆房が、なぜこのように思い切った道をえらんだのか、それにはかなり長いいきさつがあるが、詮《せん》じつめれば、義隆の右筆《ゆうひつ》で側近筆頭であり文化人でもあった相良《さがら》武任《たけとう》と武断派の隆房との対立に発した。天文一四年（一五四五）ごろから両者はしだいに与党をつくって抗争・讒言《ざんげん》などをくりかえし、結局、武任を信任する義隆に対して隆房が謀反を企てることになった。天文二〇年正月五日、相良武任は杉豊後守興運《おきかず》にあてて「武任申条々」という詳細な弁明書を書いているが、これによれば隆房は「御家競望之企《おいえけいもうのくわだて》」をいだいていたという。ひとくちにいえば、義隆の好みに合った文人派の武任に対する隆房の怒りが、やがて主人その人に向けられるようになったのである。

隆房ははじめ強引に武任を追放しようとした。しかし、義隆の信任は厚く、いったん肥後に走った武任は再度召還された。そこで隆房は豊前《ぶぜん》守護代の杉重矩《しげのり》・長門守護代内藤興盛を味方に引き入れ、さらに毛利元就をもその陣営にとりこもうとした。降房が元就に密書を送ったころから、「御家競望」（のっとり）の動きはしだいに露骨となり、天文二〇年正月二七日、元就に書状を送って「家中の事、若《も》し錯乱に及ぶに於ては、国の面々合力あるべきの由、申し遣《つかわ》し候」と援助を依頼した。

これに対し、隆房は豊後に使者を送って、大友義鎮《よししげ》の弟で母が義隆の姉であった八郎晴英《はるふさ》を義隆打倒後の大内家の主人公に迎える工作を進め、反乱後の計画をととのえた。そして、天文二〇年八月二九日、隆房は、ついに杉・内藤らの兵とともに山口に乱入した。すでに隆房の謀反は予期されていたが、義隆は老臣杉・内藤までが隆房に与《くみ》するとは考えていなかったらしい。義隆は反撃のすべもなく大内館を棄て、法泉寺にこもったが、これも守りきれず、長門美禰《みね》の岩永に落ち、日本海に面する仙崎《せんざき》（山口県長門市）から海上を石見に渡ろうとした。ところがにわかに逆風にあってもとの浜に吹き返されてしまったため、進退きわまり、九月一日、長門深川《ふかがわ》の大寧寺《だいねい》に入って自刃した。四五歳であった。近臣の多くもこれに殉じ、子義尊も翌日殺された。戦国の世に闘志を失って貴族化した名門の悲劇的最期である。

勝利者となった陶隆房は、主君殺害の悪名を免れるため、予定どおり大友晴英を迎え、これを大内家の当主とし、自分も「晴」の字を受けて晴賢《はるかた》と改めた。晴英はそののち義隆の「義」の字を取って義長と名乗った。

厳島合戦

この晴賢（隆房）の謀反に対して、元就はすぐに行動しなかった。大内家中第一の重臣晴賢の実力に対して、いかに力を蓄えたとはいえ、元就は正面から戦いをいどむには慎重にならざるをえなかった。しかし、元就の長子隆元が天文二二年（一五五三）一二月二四日付で、重臣桂元澄《もとずみ》にあてた書簡のなかで「晴賢の儀は、是非先屋形（義隆）の報ひ有るべく候間、なにに付てなりとも、其身をも果され候悪心出来《しゅったい》すべく候」といっているところからみて、毛利方はしだいに晴賢に対する敵対心を燃えあがらせていた。そのころ石見三本松城（島根県津和野《つわの》町）に拠る吉見正頼《よしみまさより》が、陶晴賢追討の旗をあげた。吉見のライバルで東に隣接する益田藤兼はかねてから陶氏と親しい間柄にあったから、戦乱は石見に拡大するおそれがあった。晴賢は吉見正頼の攻撃に向かい、吉見は元就に救援を求めた。ここで元就も天文二三年五月、大内義長および晴賢と縁を絶つ決意を固めた。

当時毛利の勢力は、元就が天文二一年、大内義長にさしだして承認を得た所領目録によってみると、安芸北方は山県郡、南方は佐東・緑井《みどりい》・深川などから安芸府中《ふちゅう》にまでおよび、さらに東方は備後にもひろくのびていた。したがって安芸国西方の佐伯《さえき》郡など、大内義長＝陶の支配下にある地域を略取することは、毛利の安芸・備後領国体制の前進のためにも意味がある。

決断をくだした元就は、西進して廿日市《はつかいち》の桜尾城《さくらお》を取り、草津（広島市）・宮島《みやじま》・仁保島《にほじま》の諸城を陥《おと》し、安芸一国を制圧するとともに、九月、折敷畑《おしきばた》で陶軍の先鋒を破り、さらに周防の一角をおびやかした。晴賢は三本松城の吉見正頼攻撃中であったが、この情勢に驚き、いそいで正頼と和を結び、安芸進攻の態勢をととのえた。元就は劣勢をもって防・長・豊・筑の圧倒的な兵力をもつ敵軍と戦うには、平野よりも狭い地形のほうが有利と考え、厳島《いつくしま》を決戦場とする方針をとった。このとき、陶＝大内軍が陸路を進むか厳島に渡るかは、毛利軍にとっては運命的な賭《かけ》であった。しかし、水軍にすぐれた敵方は、天文二四年（＝弘治元年、一五五五）九月二一日、元就の期待どおり岩国《いわくに》から海を渡って厳島に上陸した。元就はこのとき佐東銀山城にあって、敵の動静を凝視していたが、厳島渡海の報を得ると、ただちにこれに応じて厳島をめざした。『陰徳太平記』などの記すところでは、陶＝大内軍は約二万のうえに鉄砲も装備していたのに対し、毛利軍は四〇〇〇ほどにすぎなかったという。毛利方にも太田《おおた》川河口を本拠とする佐東川内警固衆《かわうちけごしゅう》（水軍）や、乃美宗勝《のみむねかつ》らのひきいる小早川水軍があったが、これも陶＝大内の水軍五〇〇艘《そう》にくらべれば四分の一程度のものであったらしい。元就は、瀬戸内水軍の代表ともいうべき能島《のしま》・来島《くるしま》の村上水軍に援助をもとめた。

九月二七日、元就は小早川隆景に宛て、いそぎ草津に結集することを命ずるとともに、さしせまった戦況について次のように報じている。

> 宮之城（毛利方が陶方を誘うため厳島に築いた城）はや殊外《ことのほか》によはり（弱）候て見え候よし申候、尾頸《びけい》之堀ハはや〳〵悉《ことごとく》うめ候よし申候、心遣《こころづかい》此事候〳〵、中々申《もうす》もおろかにて候、然間於于今《しかるあいだいまにおいて》は来島も何も不レ入候、

すなわち、二七日現在、来島の村上水軍はまだあらわれず、宮之城の危機はさしせまっているのである。元就は絶望感におそわれていた。しかし九月二八日、二百余艘の村上水軍が毛利方に参着した。

　九月晦日《みそか》、夜陰に乗じ、全軍渡海。おりからの暴風が、毛利方の隠密行動を援護した。鼓《つづみ》ケ《が》浦《うら》から上陸した毛利軍は、一〇月一日、山を越えて晴賢の本営を急襲、狭いところに結集していた大軍は大混乱におちいって敗走、海上に脱出したところをつぎつぎに討ち取られた。晴賢はその場をのがれたが、結局脱出できず自刃。ここに山陽・山陰の戦国争乱の天王山ともいえる厳島合戦は、瞬時のうちに毛利方の完勝となった。

　こののち、周防の各地では元就の侵入に抵抗する国人・土豪の蜂起《ほうき》がつづいたが、弘治三年（一五五七）にはいって元就は、晴賢の本拠であった富田（山口県周南市）を占領、つづいて大内義長を山口から追った。晴賢を失った義長はまったく無力で長府《ちょうふ》の長福院で自刃、ここに、義隆以後なお形だけはつづいていた大内氏は完全に亡び去り、防長二国も元就の支配下に入った。

銀山をめぐる死闘

大森銀山の争奪戦

厳島合戦の翌弘治二年（一五五六）、元就は吉川元春を石見に侵入させた。目的は、この地方に残存する大内＝陶勢力を一掃し、尼子方に重圧を加えることであったが、第一の目標は、大森銀山（石見銀山。島根県大田市域）とその拠点山吹城《やまぶき》（銀山城）の奪取であった。

大森銀山をめぐる争奪戦は、すでにこれ以前から大内、尼子および石見の国人小笠原などのあいだで、いくたびとなくくりかえされていた。銀山の開発が本格化した初めのころ、ここをまず制したのは大内義興である。義興は銀山を目の下に見下ろす山吹山に城を築くとともに、享禄元年（一五二八）、その南方四キロメートルほどの峻嶮《しゅんけん》な矢滝山《やたき》にも城郭をかまえて守りを固めた。

しかし、享禄四年、銀山は石見邑智《おおち》郡温湯《ぬくゆ》城に拠る国人小笠原長隆に奪われた。長隆は尼子・大内の両勢力にはさまれつつも、当時相当の力をたくわえて独立を守っていた国人で、銀山は北方に接しており、遠くへだたった山口の大内に比べれば、はるかに地の利を得ていた。だが、大内義隆はいくばくもなく巻きかえしをはかり、二年後の天文二年（一五三三）、大規模な進攻作戦によって、ふたたびこれを長隆の手から奪いかえした。『銀山旧記』によれば、義隆は毎年一〇〇枚（一枚＝四三匁）を上納させたという。

ところが、天文六年になると、こんどは尼子晴久の軍が侵入し、山吹城を守る吉田興種《おきたね》・

飯田興秀《おきひで》は敗北。同八年には、また大内が兵を送ってこれを奪回、さらに天文一〇年、尼子の郡山攻撃を援護する大内の隙をついて、小笠原長隆がまたもや銀山を奪取と、めまぐるしい争奪戦がくりひろげられた。長隆はこれ以後、尼子と結び、銀山をその支配下においた。しかし、天文末年ごろ、大内はまた銀山を奪いかえし、刺賀長信を山吹の城将にあてたらしく、大内義長の長信あての知行安堵状が残されている。

元就・元春による弘治二年の石見侵攻は、刺賀長信が銀山を支配している時点で敢行された。このときすでに陶氏は滅び去っていたから、情勢は圧倒的に毛利方に有利であった。長信は戦わずして毛利の降伏勧告に応じ、銀山ははじめて毛利の手に移った。

銀山の魅力

このような血みどろの争奪戦の対象となった大森銀山の開発の歴史はどんなものであったのか。同銀山は、現在島根県大田市（もと邇摩《にま》郡大森町）に属し、山陰本線の大田市駅あるいは仁万《にま》駅の南方数キロメートルほどのところにある。銀山川に沿って銀山地区の入口に達すると、江戸時代の鉱山町の繁栄をしのばせる代官所の遺構がまず目前にせまってくる。ここから上手が銀山川をはさんで山吹山・仙山《せんのやま》の銀山地区であり、かつて江戸時代には「銀山七谷家数一万三千軒」といわれたほどの活況を誇ったところである。いまも谷々には往時の間歩《まぶ》（坑道）がいくつも残っている。

この大森銀山の起源について『銀山旧記』の伝えるところでは、鎌倉末期花園《はなぞの》天皇のとき、大内弘幸《ひろゆき》が神託によって銀山を知ったといい、さらに足利尊氏の庶子直冬《ただふゆ》がここをおさえて銀鉱をとったが、間歩をひらくことを知らず、「上鉱《うわつる》の鏈《くさり》」（地表露出の銀鉱脈）ばかりをとりつくしたという。しかし本格的な採掘がはじまったのは、戦国時代に入った大永年中（一五二一～二八）だというのは確からしい。

当時、大内氏の支配下にあった博多商人神谷寿禎《かみやじゅてい》は、出雲鷺浦《さぎのうら》の銅山に鉱石買いつけにおもむく途中、沖合から大森の仙山が銀色に輝くのを発見し、鷺浦の銅山を経営する三嶋清右衛門と協力して、大永六年（一五二六）掘工をともなって入山し、採掘を開始した。はじめのうちは採掘した鉱石を博多に運んで精錬したらしいが、銀山のことが知れわたると、銀山西方の海に面した馬路《まじ》の港には商船が多く訪れるようになり、朝鮮からも買付船がしきりに来港した。『大内義隆記』は「石見の国大田の郡には銀山の出来つつ宝の山となりければ、異朝よりは是《これ》を聞、天竺《てんじく》・高麗《こうらい》の船を数々渡しつつ」とその間の様子を伝えている。このころ明《みん》を中心とするアジア国際貿易の決済手段には銀が用いられるようになっていたから、銀の需要は飛躍的に高まっていた。

天文二年（一五三三）、神谷寿禎は宗丹《そうたん》・桂寿《けいじゅ》という二人の精錬技術者をともなって入山し、はじめて現地で銀鉱石の精錬に成功した。さきにふれた大内義隆への銀一〇〇枚毎年上納というのはこのときからのことである（その当時よりはやや時代が下るころのものらしいが、山上に精錬場跡が発掘された）。寿禎のこうした成功の背景にはおそらく、かれが博多の貿易商人として朝鮮・明から精錬技術を学んだ事実があるだろうが、『李朝実録』の中宗三七年（一五四二＝天文一一年）の五月甲戌の条には、日本人が朝鮮人から造銀の術を学んだということが記されている。また『明史図書編』には石見の長浜・浜田・温泉津《ゆのつ》・須津《すつ》・

中ノ島などの港があげられているし、朝鮮人申叔舟《しんしゆくしゆう》の著『海東諸国記』にも桜井津・北江津の名があげられているから、博多を経由しない朝鮮・明との直接的な交通も相当にさかんで、そのなかで技術の受容が進んだものと思われる。

このような歴史をたどって本格的な軌道にのった大森銀山は、このころどの程度の産出量に及んでいたか。天文八年（一五三九）、大内が尼子から奪回したときには、銀五〇〇枚を納めたと『銀山旧記』は記している。また元就が弘治二年（一五五六）はじめてここを掌握したとき、老臣志道広良が、⑴銀山に出入りする上下商人どもに対して、「駒之足」（駒足銭）を賦課する、⑵銀山には高荷米銭《たかにべいせん》などが出入りするから奉行衆をおく、⑶駒足銭の徴収は三日市《みつかいち》など三ヵ所とし、高荷は一二〇文、以下は六四文、三二文ずつとする、などの内容をふくむ意見を提出しているところから見ても、すでに相当な産出量に達していたことは疑いない。

やや時代が下るが、元亀元年（一五七〇）、元就は将軍義昭に銀一〇〇枚を進上している。また、『毛利家文書』にのこされている天正九年（一五八一）七月五日付の「石見銀山納所高注文《なつしよだかちゆうもん》」には「前々ヨリ御公用《くよう》分」とあるものだけでも月二五〇〇貫、その他合わせて毎月二七五六貫、「年中合三三〇七二貫（銭）、此銀一一五貫七五二匁、板ニシテ二六九二枚、又九六〇枚山役年中分、合三六五二枚」という数字があげられている。この銀一一五貫七五二匁という数字は、銀一枚四三匁という当時の基準値で割るとちょうど二六九二枚となる。大内時代の五〇〇枚に比べれば、天文と天正のあいだに上納高だけでも五倍以上に増大したわけである。

毛利・尼子の争い

こうして銀山の価値がますます高まってくると、尼子側が、毛利の銀山支配を黙過するはずはなかった。永禄元年（一五五八）、尼子晴久は兵を送って山吹城を攻囲し、その糧道を断った。守将刺賀長信は毛利の救援を求めて抗戦したが、晴久みずから石見大田まで進んで毛利軍を邇摩郡忍原《しのはら》で破った。「忍原崩れ」とよばれるこの毛利の敗北によって銀山城はまたもや尼子方の手に落ち、刺賀長信は自刃した。

毛利方の銀山救援が思うようにゆかなかったのは、温湯《ぬくゆ》城による小笠原長雄に牽制《けんせい》されたからであった。温湯城は山吹城の南方一二〜一三キロメートルのところにあり、毛利がこれを無視して銀山に進めば、背後から攻撃をうける危険があった。そのため元就は、永禄二年、まずこの長雄を服属させ、翌三年、長雄を先鋒として山吹城を攻めた。しかし城将本《ほん》城《じょう》常光《つねみつ》は天嶮を利用してよく守り、かえって毛利軍に損害をあたえた。一方、尼子は遠く九州の大友と連絡をとり、後方をおびやかしたから、毛利の銀山奪回はひとまず失敗に終わった。

政略にすぐれた元就は、ここで作戦を変え、本城常光の懐柔をはかった。元就得意の「調略」である。このころ、尼子では、晴久が死去し、義久の代になっており、力関係は毛利に有利となっていた。元就はその情勢を巧みに利用し、尼子と和議を結んで常光を孤立させ、そのうえで所領加給をもって服属をすすめた。これに動揺した常光は城を毛利に明け渡したが、いくばくもなく、元就は常光を殺してしまった。こうして、元就の狡猾《こうかつ》な謀略によって、銀山はふたたび尼子から毛利の手に移った。

元就はここでさらに一策をめぐらす。「勧修寺家文書《かじゅうじけ》」に収められている元就の書状（永禄五年と推定）によると、かれは日乗《にちじょう》を使者として、公家の勧修寺尹豊《ただとよ》に、銀山を皇室御料所とし、自分をその代官に仰せつけられるようにとりはからってくれ、と依頼したのである。このいささか突飛とさえ感ぜられる正親町《おおぎまち》天皇への銀山献上は、実際に実現された。元就のねらいは、これによって、ほんらい自分の領国に所在するのでない大森銀山の毛利による支配に正当性を獲得し、周辺からの侵略を阻止しようとしたのである。これ以後関ヶ原合戦にいたるまで毛利は、長期間にわたって銀山を確保し、これを巨大な財源とすることになった。

なお、この銀山献上ののち、永禄九年（一五六六）、毛利軍は尼子の本拠富田月山城を囲んでこれをおとしいれ、尼子義久を降伏させた。経久の月山城奪取以来、山陰に勢威を振るった尼子氏はここに滅び去った。ときに元就七〇歳。毛利家ではその三年前、元就の長子隆元が死去し、すでに孫輝元が家督をついでいた。元就はこれからなお五年のあいだ輝元を補佐して領国の発展に力をつくしたのち、そのながい生涯を閉じた。

四国の動向

細川氏の後退と長宗我部氏の台頭

ここで四国の動向も見ておこう。戦国前期では室町以来、淡路・阿波・讃岐・土佐などの守護家であった細川氏が四国最大の勢力であったが、それら細川一族の守護職を確認できるのはおおむね永正〜天文ごろまでである。それ以後はすでに「守護職」に象徴されるような室町時代的秩序は生命を失ったらしい。細川一族の勢力は当時、四国から丹波・播磨・淡路にわたり、広大な勢力圏を保持していたが、天文一八年（一五四九）管領細川晴元の重臣三好長慶が晴元と足利義晴を京都から追い、旧細川領国と摂津・河内・大和などを加える勢力圏をつくった。ちょうどザビエルが鹿児島に来たころである。

しかし、三好の中央進出は、四国におけるその大名領国体制の構築におくれを生じさせる結果となった。土佐の長岡郡宗部《そがべ》郷を本拠とした長宗我部《ちょうそがべ》氏は室町時代には細川氏の傘下にあったが、戦国時代に入り国親《くにちか》の代からしだいに勢力を伸ばし、その子元親《もとちか》は土佐一国の統合に成功するとともに、細川・三好後退の隙をついて、戦国末期には讃岐・阿波にも進出するようになった。また土佐の西方、幡多《はた》荘中村を中心に戦国大名化しつつあった一条兼定《かねさだ》を天正二年（一五七四）豊後に追った。一条氏は一条兼良《かねよし》の子前関白教房《のりふさ》が、応仁の乱のとき、所領幡多荘を確保するためみずから下向し、土佐国司の地位に任命された名門であったが、新興勢力長宗我部氏に対抗することはできなかった。

伊予《いよ》河野氏のあゆみ

伊予では平安、鎌倉以来の豪族河野《こうの》氏が、南北朝以降、本拠を河野郷（愛媛県松山市）から湯築《ゆづき》城（松山市）に移し、水軍を擁して中予地域を中心にその国の守護職も獲得した。しかし同族の分裂抗争と、東方からの細川勢力の侵入、南予方面からの西園寺《さいおんじ》・宇都宮、さらに土佐一条氏等の圧力によって、衰退にむかった。戦国末期、河野通直《みちなお》は毛利の支援を頼んで、宇都宮・一条、また東予に侵入してきた長宗我部と対抗しようとした。しかしこれも成功せず、瀬戸内来島の水軍村上通総《みちふさ》も河野氏から離れ、天正一三年（一五八五）の秀吉の四国征討時、毛利は秀吉に従ったため、通直はゆきづまって湯築城を開いて降《くだ》り、中世を通じて生きつづけてきた名門河野氏の歴史が終わった。秀吉の四国征討によって、伊予は小早川氏に与えられ、長宗我部元親は、讃岐・阿波等を召し上げられ土佐一国だけが安堵されることになる。

軍事力の構成

国衆連合の不安

大名と国衆

これまで北条・武田・上杉を中心とする東方の戦い、大内・尼子・毛利をめぐる西方の争いのあとをたずねてきた。もとより東の三者、西の三者だけが戦ったのではない。それらの地域に大国の谷間で生き残りを賭《かけ》て存在した多数の国人領主もそれぞれに戦い、また離合集散した。それればかりか東と西、北と南の大名はたがいに連係し戦国動乱はもはや地域の孤立した戦いにとどまらなくなっていた。

戦いの規模が大きくなるにつれて、動員される兵員数はふくれあがり、その組織と統制・軍紀の維持が重要な課題となってくる。戦国の動乱を勝ちぬくためには、一方では外交的かけひき＝「調略」を縦横にめぐらすことが不可欠であるとともに、いかにして組織された軍隊をつくりだすかが焦眉《しょうび》の問題となっていた。

大名の動かす軍団は、大別すると譜代家臣の兵力と、同盟もしくは従属させた国衆（国人たち）の兵力とに二分される。前者は「家中《かちゅう》」とされるが、これも大名の直属旗本的な部分と有力な譜代家臣の率いる兵団とに分かれ、一枚岩とはいえない。後者はとくに国衆の独立性の強い単位軍団をそれぞれに形成していた。こうした国衆の軍事力をいかに確実に掌握するかがもっとも切実な課題である。

弘治三年（一五五七）一二月二日、毛利元就は、一一名の安芸の国衆と軍事についての盟約を結んだ。その「申合条条《もうしあわせ》」は、

(1)軍勢狼藉《ろうぜき》の儀、堅く制止を加ふと雖《いえど》も、更に停止《ちょうじ》無きの条、向後に於ては、此申合せの衆中家人等、少《すこし》も狼藉有るに於ては、則《すなわ》ち討ち果すべき事、

(2)向後陣払ひ仕《つかまつ》る間《まじ》敷く候、此の旨に背く輩《ともがら》に於ては、是《これ》又右同前討ち果すべき事、

(3)在所に依り狼藉苦しからざる儀有る可く候、其儀は衆儀を以て免ず可き事、

という三条からなっている。この盟約に加わったのは毛利元就・吉川元春・阿曾沼《あそぬま》広秀・毛利隆元・宍戸隆家・天野元定・天野隆誠・出羽《いずは》元祐《もとすけ》・天野隆重・小早川隆景・平賀《ひらが》広相《ひろすけ》・熊谷信直の計一二名である。元就・隆元・元春・隆景の父子四名と、石見の出羽元祐をのぞけば、他はみな安芸の有力国人である。元春・隆景にしても、それぞれ国人吉川・小早川の家をついでいるから、出羽をのぞきこれが全体として安芸国人と毛利氏の盟約であることは疑いない。かれらは一面ではすでに毛利の傘下に服属していたが、毛利はこれらを主従の上下関係として規律できず、平等の盟約の形をとって、国衆連合軍団をなんとか統御しようとしているのである。名前に「隆」の字を使う人が多いが、みな大内義隆から一字をもらったも

のであろう。

申し合わせた三ヵ条は、戦争時の動員に際し、軍勢の狼藉を制止すること、「陣払い」(撤兵)の禁止、とくべつの場合の「狼藉」行為の許可は「衆儀」による、ということである。それぞれの国衆軍団の中で兵糧・財物、女・子どもの略奪などを行うものがあれば国人たちの「衆儀」でさしとめようということで、事実上毛利が連合する国衆軍団の内部の不法をも統制するということである。また陣払いの禁止は、個々の国衆軍団が毛利の意思を無視して勝手な進退をすることを禁じたものである。

弘治三年一二月といえば、元就が大内義長を倒して、防長二国を併合し、芸備二国からその領国を倍増させた直後である。史料的に確認できる熊谷信直の場合について見ても、信直はすでに天文二三年(一五五四)に元就から知行の宛行《あてがい》をうけているから、独立的な国人とはいえすでに毛利氏に従属し、その家臣化した立場にあった。平賀広相も同じ天文二三年、元就から知行宛行をうけている。それにもかかわらず、元就が、上記の問題についてなおこれら国衆と対等形式の盟約をむすばねばならなかったことは重要である。

それはおそらく、安芸の有力国衆の多くも知行の面で部分的にはすでに毛利からの給恩関係(御恩として所領等を与えられる)に入っているが、軍事組織の面ではなおほとんど自立した軍団としての性格を保持し、元就の統一的な軍事指揮権下におかれていなかったからであろう。合戦に出陣しながら勝手に「陣払い」することなど、統一軍隊ならば考えられないところであるが、それすら申し合わせを行わなければ抑止できない現実が、安芸という毛利の本国においてさえあったのである。

この盟約はその成立の時期を考慮すれば、もはや実質的には対等のものでなかった。それをなお、対等平等の傘型連判方式でしか主張＝強制できなかったところに、大名と国衆のあいだの結びつきの特徴、大名の抱えた不安の根深さがある。

長尾為景の場合

同じような問題は上杉の場合にも認められる。謙信の父為景のときのことであるが、享禄四年（一五三一）、山浦・桃井《もものい》義孝・中条藤資《なかじょうふじすけ》・黒川清実・斎藤定信・毛利松若丸・毛利祖栄・加地《かじ》春綱・竹俣《たけのまた》昌綱・水原《すいばら》政家・安田長秀・五十公野《いじみの》景家・新発田《しばた》綱貞・鮎川清長・色部《いろべ》憲長・本庄房長・又四郎（山本寺）定種・十郎（長尾景信）という一八名の人々が連署して壁書《かべがき》を定めている。「陣取《じんどり》の時、或は陣場相論《そうろん》、或は陣具奪合、喧嘩に及ぶ可からざる事」「陣払ひすべからず、若し之を致すと雖も、軍勢悉く備を出すの上、左右に及ぶ可き事」など七ヵ条からなるこの壁書は「陣掟」とよぶべき性質のものであって、内容は毛利のものと酷似している。有力家臣はそれぞれ自分の軍団を率い、しばしば味方の他軍団と衝突したことがよく分かる。

この壁書が作成されたのは、越後全土を混乱に巻きこんだ享禄・天文の乱がはじまり、為景にとってこれら国衆を確実に掌握することが火急の課題となっていたときである。署名者は揚北衆《あがきたしゅう》とよばれる阿賀野《あがの》川以北の国衆および長尾一族をふくむ中越《ちゅうえつ》の国人であり、形式はかれらの自主的な申し合わせのように見られる。しかしこの文書の裏側上部に長尾為景自身の花押《かおう》が署されている。とすると、これも、国衆に自主的に申し合わさせたかたちをとりながら、実際には為景が国衆に承認させたものと見るべきであろう。そのような形式も毛利の場合とそっくりである。この国では、揚北とよばれる下越地方は謙信の時代になっても、国衆の独立性がとりわけ強く、謙信はその離反にたえずなやまされていた。

それくらいだから、長尾為景は国衆統制には細心の注意をはらっていた。たとえば中条藤資が為景と盟約を結んでその麾下《きか》に入ると、藤資から血判の起請文をとった。それは大永六年（一五二六）九月五日付で、

⑴長尾の「御縁家《ごえんけ》」となったうえは、為景およびその子孫に対し絶対に弓を引かない。

⑵本庄・色部・黒川など、自分の親類の動静をうかがって右顧左眄《うこさべん》せず、国役を絶対無沙汰しない。

⑶為景の御出陣のときは、他のものが番替出陣であっても、自分のところは父子いずれか一人がかならず参陣する。

⑷万一為景の御親類などに心がわりの者があらわれても、かならず夜を日についで出府し忠勤をはげむ。

など計五ヵ条である。長尾の「御縁家」となったという表現は大名に従った国人の微妙な立場をいかにもよくあらわしている。主君たる大名は、新たに従った国人に対して、このようなきびしく露骨な起請文をとったわけである。それをもってしても国衆掌握がいかにむつかしかったかが分かるであろう。戦国時代の主従制は、江戸時代の大名の家中のような主君絶

対の一枚岩ではなかった。国衆の大名に対する離反は江戸時代の反逆のようにぜったいに許されないものとも思われていなかったのである。

元就の心配り

毛利元就は、戦国群雄のなかでもとくべつに細心で、ものごとのすみずみまで自分自身が心を配らずにはいられないタイプの人物だった。日本の武将で、かれは他にまったく類例がないほど多くの書状・置文《おきぶみ》を子どもたちに与え、自分の体験してきた危険や苦労、これから心すべきことどもについてこまごま書き記している。かれには、その画像が伝えるように、戦国武将らしい豪快さがない。しかしそのかわりに、だれも真似ることのできないほどの用心深さ、人の心を読む力があった。

元就は、とりわけ晩年に多くの書状を残しているが、そのなかからいくつか、国衆に関する部分をぬきだしてみよう。

一、何方《いずかた》なりとも、一所悪事出来《しゅったい》候はば、四方八方の悪事たるべく候哉《そうろうや》と見え候間、大事申す能《あた》はず候〳〵、

一、（前略）今に雲州強敵に候、又豊後の事も知れず候、来嶋《くるしま》の儀（水軍の村上氏）是《これ》又知れず候、此等《これら》をかしらとして、備芸衆も当家をよかれと内心共に存じ候衆ハ更に覚えず候〳〵、

（年月日未詳。隆元宛。送りがな等付す、以下同じ）

これは毛利の勢力圏が安芸・備後・周防・長門・石見・出雲・備中とひろがって、軍事的には勝利を握ったが、統治態勢としてはきわめて不安定であり、備後・安芸の国衆で毛利をよかれと思うものはまったくなく、一ヵ所に動揺がおこれば、たちまち四方八方に波及するだろう情勢を語ったものである。

一、当家をよかれと存じ候者ハ、他国の事ハ申す能はず、当国にも一人もあるまじく候〳〵、

一、当家中《かちゆう》にも、人により時々により候て、さのみよくは存じ候はぬ者のみあるべく候、

（弘治三年と推定。隆元宛）

これは大内義長を倒して防長を制圧した年であるが、ここでも元就は、安芸でさえ毛利をよかれと思う国衆は一人もおらず、「家中」の者すら人により時により不満をもっている、と感じとっているのである。

古来有名な元就の三子結束の教えも、この年に書かれた。次はその一節である。

一、隆元の事は、隆景元春をちからにして、内外様《うちとざま》ニ申し付けらるべく候。然るにおいては、何の子細あるべく候や、又隆元元春の事は、当家だに堅固に候はゞ、其の力

を以て家中〳〵は存分の如く申付けらるべく候〳〵、唯今いかに〳〵我〳〵が家中〳〵存分の如く申付け候と存ぜられ候共、当家よは（弱）く成り行き候はば、人の心持相《あ》ひ替《かわ》るべく候条、此両人におゐても此御心もち肝要候〳〵、

（弘治三年霜月二五日。隆元・隆景・元春宛）

この元就の言葉には切迫感がにじみ出ている。毛利の力が少しでも衰えれば、たちまち国衆のなかに心変わりする者があらわれ、家中さえも動揺を免かれえないという、戦国のきびしい状況を、骨の髄から感じとっているのである。またそればかりか、後世「毛利両川」といわれる三子の結束さえ、じつはそれぞれの家中の動向や、三者のおかれた周辺の軍事情勢によって、つねに安定していたとはいえなかったからである。

これら一連の元就の言葉は、それだけを引きだしてみると、いま防長をも制圧しおえて輝かしい勝者となった人のものとはとうてい思われないほどに小心翼々たるものであるが、そうした不安・危機意識はおそらくどの戦国大名の心の底にもつねに潜在していたにちがいない。

家臣団の構成

毛利家臣団

大名と国衆とのあいだの不安定な関係を解決するためには、なんといっても秩序だった家

臣団組織をつくりだすことが急務だった。毛利家臣団は次のようなグループに類別編成されている。

(イ)**御親類衆**　毛利家臣団の最上位にあったのは庶家《しょけ》である。系図が示すように、元就からは数代以前に分立した庶流《しょりゅう》の坂・有富・麻原《おはら》・中馬《ちゅうま》・福原氏などがその代表的なものである。まえにふれた、元就の家督相続のときの老臣らの起請文にも、福原広俊が筆頭に署名し、そのほか坂広秀の名も見える。また元就が天文一九年（一五五〇）、井上一族を誅伐したおり、家臣団が提出した起請文の上位には、福原貞俊・坂広昌・兼重元宣《もとのぶ》などの名が見える。これら庶流の上位者は「御親類衆」とよばれていた。

(ロ)**譜代**　これはこまかく見ると、(a)庶流の又庶流、(b)本拠地吉田周辺の小領主で早くから毛利に従ったもの、(c)惣領家または庶子家の古くからの被官出身のもの、などに分かれる。(a)の一例は、毛利の庶流で坂氏の祖となった匡時《まさとき》の流れである。そこからは、桂・光永・志道《しじ》・口羽《くちは》などの又庶流が生じており、これらははやく譜代化している。(b)に属する小領主出身の者には国司《くにし》・赤川・井上・児玉・中村などがあり、これらはおおかた吉田近辺にその本拠を確かめることができる。(c)に属するものには粟屋・渡辺などがある。これらを通じて、譜代とは毛利勢力がまだ旧吉田荘ないし高田郡の範囲にほぼ限られていたころに編成された家臣と見てよい。この(イ)(ロ)が「御親類衆・御年寄衆・其外諸御家人」とも表現されるもので「御家中」を構成していた（弘治三年一二月二日連署起請文）。譜代は国衆や外様とちがって毛利氏からの知行宛行を受け、合戦には毛利直属軍となり、城普請《ふしん》な

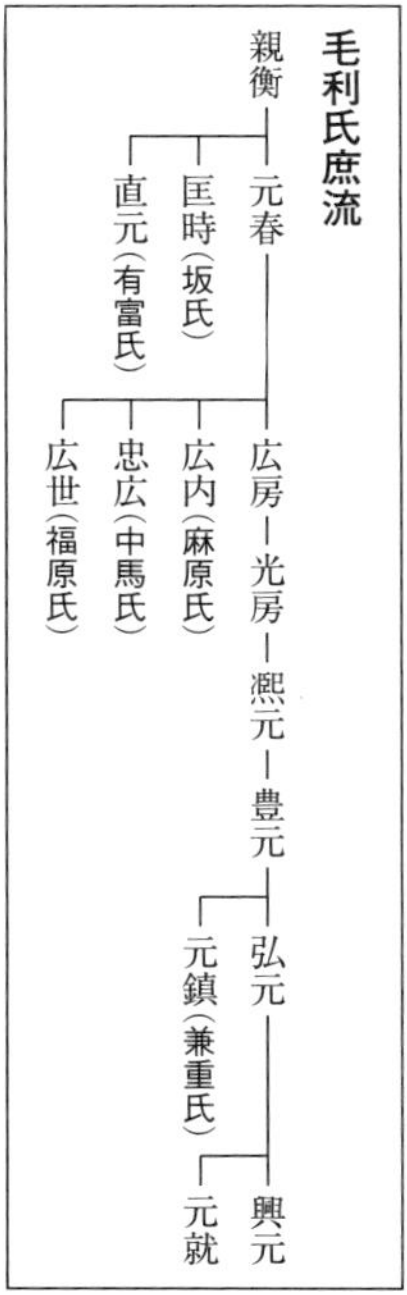

どの公役を負担した。

(ハ)**国衆**　安芸・備後の国人で、本来毛利とは同格といってよく、室町期には国人一揆を結んで同盟関係にあった者が多かったが、逐次毛利の麾下に入ったもの。前にもあげた宍戸・熊谷・平賀や高屋・和智《わち》・田総《たぶさ》・三吉《みよし》以下である。このうち宍戸は郡山城の北隣の五竜《ごりゅう》城に拠《よ》り、かつ元就の娘が嫁し、姻戚関係を結んでいたから、元就は小早川隆景・吉川元春の両家に準じて厚遇した。元就の芸・備統一は、ほぼ天文二三年（一五五四）ごろまでに進行していることからして、これら国衆はだいたいそれまでのあいだに服属したものといえる。

(ニ)**外様**　毛利氏の防長征服は弘治元〜三年（一五五五〜五七）のあいだに進展し、石・雲二国の制圧は弘治三年から永禄九年（一五六六）のころまでに完成するが、この新しい征服地では、くりかえし国人・土豪の反乱に直面した。この地方の国衆は芸備国衆とはまた区別される「外様」であり、毛利の「家中」としてあつかわれなかった。石見西部の代表的国人益田氏は尼子・大内・毛利のはざまで半独立を保ってきたが、永禄八年（一五六五）毛利に服属、同一一年に益田藤兼がはじめて元就の郡山城に参候した。益田氏は近世では長州藩国家老として一万石余の知行を受けたが、この時点では外様の一人であった。

毛利の支配体制では防長・石雲の「外様」の所領がさきに検地施行の対象とされ、外様の給地は交換・没収されることもあった。

以上がいわば毛利家との親疎の度合や服属の時期・地域などを尺度とする家臣団の区分であるが、その総数はどの程度であったろうか。井上誅伐時の起請文連署者は福原貞俊以下総計二三九名となっている。これがこの時点（天文一九年＝一五五〇）での直属家臣＝庶家・譜代を大小まぜてほぼ網羅した「家中」の数と見てよいだろう。

(ホ)一所衆など　しかし毛利家中の直属軍事力を形づくるものには、御中間衆・御小者衆・御馬屋《うまや》衆などもある。これらは元就直属の軽輩・足軽的な性質のもので、職能別に表現された集団であるが、その他に「一所衆《いっしょしゅう》」という地侍的家臣もあった。

これは毛利の直属下級家臣で、軍事編成の面では譜代・国衆などの上級家臣に従うものである。譜代・国衆はそれぞれ、被官（有姓）・中間（無姓）・小者（無姓）、あるいは郎従《ろうじゅう》（有姓）・僕従《ぼくじゅう》（無姓）など、かれら自身の直属家来をもっていたが、それ以外に「一所衆」を軍団編成上、「与力《よりき》」として大名から預けられたのである。農民上層の名主級の人々がしだいに地侍化する場合、それらのすべてが、その地域を知行する譜代や国衆の被官に編成されたわけではなく、まだ完全に武士化しないまま存在しつづけたものも少なくなかった。「与力一所衆」とはそうした名主・地侍を毛利氏が個々に掌握してゆく場合にとった編成方式である。「与力」というよびかたは今川・北条・武田・伊達、あるいは織田など多くの大名にみえるものであって、名主・地侍が、大名に編成され、寄親《よりおや》といわれる上級家臣の兵団に軍事的に配属され、その「指南《しなん》」＝指揮下にはいる寄子《よりこ》的存在をさしている。したがってこれは兵農分離の過渡期に登場した階層であったといえるだろう。

またこれと似たものに「一戸衆《いっこしゅう》」もあった。それは「一所衆」よりさらに地位が低く、戦闘要員でなく、戦時人夫役に動員するためにあらかじめ指定された百姓だったらしい。

小田原衆所領役帳

では他の大名の場合はどうか。前にふれたが、北条については永禄二年（一五五九）、氏康の時代につくられた「小田原衆所領役帳」という家臣団帳簿がある。これは小田原北条氏から知行・給分を与えられるかわりに、軍役の奉仕義務を負う人々の所領の貫高（貫高については次章で述べる）および役負担を書きあげたもので、家臣団の構成を知るには、これにすぎたものはない。

整理すると、次ページの表のような状態となる。すなわち、その知行人は、小田原衆三四名以下、地域・職能別に区分され、合計五五八名となっている。しかしこのなかには職人衆と社領・寺領もはいっているからそれらを除くと四九一名となる。さらに、小規模な知行を受けている地侍集団である津久井《つくい》衆を除いてみると、ほぼ四三〇～四四〇名になる。これより後の時期には滝山《たきやま》城（のち八王子《はちおうじ》城）に拠る氏照、鉢形城に拠る氏邦など、本城主一族の中核的支城主が直接掌握する知行人も少なくないが、それらはまだここには現れていない。

北条氏衆別役高階層表　（杉山博氏による）

衆別＼役高	1000貫文以上	500貫文以上	100貫文以上	50貫文以上	10貫文以上	10貫文以下	計(人)
小田原衆	1	4	16	8	5	0	34
御馬廻衆	0	2	24	22	43	3	94
玉縄衆	1	1	7	5	3	1	18
江戸衆	4	4	28	21	39	7	103
松山衆	1	2	1	7	3	1	15
伊豆衆	0	2	6	4	17	0	29
津久井衆	1	0	1	4	11	40	57
諸足軽衆	0	0	11	3	5	1	20
職人衆	0	0	2	2	13	9	26
他国衆	0	0	6	4	13	3	26
社領	0	0	3	5	5	0	13
寺領	0	0	5	5	11	7	28
御家門衆	1	0	10	4	2	0	17
御家中役之衆	0	0	6	5	6	0	17
(半役)三浦衆	1	1	5	4	21	0	32
小机衆	1	0	5	6	16	1	29
小計	11	16	136	109	213	73	558

それにしても小田原城の本城主が直接掌握する知行人＝軍役衆四三〇～四四〇名という数は、さきの毛利の天文一九年段階の二三九名と対比してみてもかけはなれた傾向の数字ではないといえるのである。

北条の場合には、これらすべての知行人が、統一的な貫高制によって編成されており、上は一〇〇〇貫以上から下は一〇貫以下にいたるまで大きなひらきがあるが、これを基準として統一的な軍役がかけられるようになっていた。

北条の場合、前にもふれたが、武蔵の大石氏（武蔵守護代・滝山）・藤田氏（天神山）など古くからの有力な国衆の家に氏康の子氏照・氏邦を入れ、これを取り込んでいるが、全体として毛利の場合に比べると、豆・相・武の国人・地侍が比較的よく統合されていたようである。

上杉氏軍役帳

上杉の場合も見ておこう。天正三年（一五七五）の「軍役帳」という史料がある。謙信はこの翌年、信長との同盟関係を破棄して越中に出兵しているから、この時期は謙信の軍団編成がもっとも充実したころと見てよい。それによると、「軍役帳」記載の人々は次の四類に区別される。

(イ)上杉一門ないし客分　御中将様（上杉景勝）・山浦殿（村上国清）・十郎殿（長尾景信）・上条政繁（畠山義春）・弥七郎殿（長尾景通）・山本寺殿（山本寺定長）の六氏。
(ロ)下越地方を中心とする独立性の強い国衆である本庄・色部・中条・黒川・新発田・水原など一〇氏。
(ハ)中・上越地方の国衆で上杉の家臣化した時期が比較的早いもの。荒川・菅名・平賀・新津など一二氏。
(ニ)旗本・老臣（譜代）　松本・本庄・吉江・直江など八氏。

以上の合計三六氏が上杉麾下の代表的部将である。このことは、北条のように、本城主・支城主の指揮系統に大小の部将が組織されているのとちがって、上杉軍団は少数の同族およ

上杉謙信家臣団の軍役

	鑓	手明	鉄砲	大小旗	馬上	計
	丁	人	丁	本	騎	
一門・客将　6人	693	110	63	64	99	1,029
国衆（下越）　10	935	155	84	99	133	1,406
国衆（中・上越）　12	819	160	65	77	117	1,238
旗本・老臣　8	962	175	88	108	186	1,519
計　36	3,409	600	300	348	535	5,192

（注）軍役帳末尾の北条下総守・小国刑部少輔・長尾小四郎を除く。

び有力国衆の連合軍的色彩が濃いことを意味していると思われる。

それではこれら部将たちは、主君謙信に対しそれぞれどのくらいの軍役兵員をだすことになっていたのか。この「軍役帳」は、北条氏の「所領役帳」とちがって、貫高の記載がないかわりに、軍役の武器・人数が具体的に記してあり、上の表のようになる。

すなわち、「馬上」といわれる騎馬武者五三五騎、鑓《やり》・鉄砲・旗持・手明《てあき》をふくめ歩兵が四六五七名である。このうちもっとも信頼のおける旗本直臣の兵力は一五一九にとどまり、他は同族・国衆がそれぞれに半独立の軍団を率いる形である。それからすると、上杉の軍事力構成では本城主直属軍の兵力が相対的に低かったのではなかろうか。その点では、上杉の家臣団構成は北条よりも毛利に近い型であり、毛利以上に国衆への依存傾向が強かったと見てよいだろう。

伊達の名懸衆

上杉の場合、これら部将級以外の下級家臣はどのように編成されていたか。おそらく毛利が「一所衆」としてとらえていったような地侍型の下級家臣は、上杉の場合右の軍役人のかたちでいずれかの部将のもとに寄子として編成されていただろう。この点は東北の伊達氏の場合に確かめることができる。同家には天正一七年（一五八九）の「伊達天正日記」とよばれる史料が残っており、そのなかに正月の儀礼として主君政宗に鉄砲の弾丸と矢を献上した家臣たちの名前などを記した記録がある。

天正一七年といえば小田原の北条氏が秀吉によって滅ぼされる前年だから、戦国争乱もすでにゆきつくところまでいった時期である。したがって、ここでは家臣団の整備編成も高度に進行していると見ねばならない。同年正月、主君のもとに拝賀した家臣総数は九一三人、そのうち「所帯持」すなわち知行地の給与をうけたものが四七三人、「所帯なし」四四〇人であった。この後者は、前者が軍役において「馬上」（騎馬）であったのに対し、「徒士《かちざむらい》」であって、「名懸衆《なかけしゆう》」とよばれていた。

この「名懸衆」という大名の直臣の「徒士」たちは、高野壱岐《いき》・宮崎上総など譜代重臣級の五十数名の部将に分属させられ、その「指南《しなん》」（指揮）に従うように編成されていた。たとえば伊達の奉行をつとめた屋代《やしろ》勘解由《かげゆ》の「指南」下には、弓一一人、鉄砲三人の「名懸衆」がつけられているといったぐあいである。毛利の「一所衆」と似て、一般にいう寄親子制度の寄子にあたるといえる。

「名懸衆」たちは、日常は伊達領下の村々に住み、在家《ざいけ》集落（在家とはもとは農家そのものを意味したが、このころでは分出した小百姓たちの家をふくむ小集落となっていることが少なくない）の中心的な住民であった。今日でもとくに米沢《よねざわ》を中心とする置賜《おきたま》盆地には、某々在家とよぶ小集落がたくさんに点在し、そこには環濠《かんごう》屋敷をもつ旧家がおどろくほどよく残っているが、そのような在家農民の一部が、室町時代の伊達氏宗《うじむね》のころ、「名懸衆」として在郷家臣化したと伝えられている。私は一九七二年、この在家集落を実地に踏査したが、濠《ほり》や巨木をめぐらされた在家屋敷は、そのまま戦国土豪の姿をみせつけられる思いであった。

伊達麾下にはこのような「名懸衆」を「指南」した譜代有力部将のほかにも、大条・鬼庭《おにわ》・国分《こくぶ》・桑折《こおり》・大内・本宮《もとみや》・小梁川《こやながわ》・藤田・粟野・鮎貝《あゆがい》・泉田・成田・沼辺・大内・二本松などという、国人級の有力家臣があったが、それらには「名懸衆」はつけられていない。この人々は上杉や毛利の場合とも同じように、相対的に独立性をもった存在であるから、伊達氏は大名自身の直属武力を譜代（寄親）—名懸衆（寄子）の編成によって強めてゆこうとしたのである。

さて以上の毛利・北条・上杉・伊達などの事例的考察を通じて一般化しうる戦国大名の家臣団は、

(1)一門部将
(2)譜代部将（以上二者寄親級）
(3)国衆・外様部将
(4)下級家臣（寄子級）

に区分され、部将たちは、主君から見れば陪臣である独自の被官・郎従などをもつとともに、場合によっては、主君直属の徒士的下級家臣を、「指南」「寄子」のかたちで預けられ、軍事編成していたといえる。「指南」という言葉は、伊達のほか下総の「結城氏新法度」にも見られ、「寄親―寄子」の制度は、前掲諸家のほか、近江の六角、土佐の長宗我部、豊後の大友などをはじめひろく用いられていた。

軍役の形態

貫高基準の軍役

大名の家臣団編成の主なねらいは、一門・譜代・国衆・外様など、かれらを軍事的信頼度の度合や機能・役割を考慮して編成し、譜代部将を中核とする大名の中核的軍事力を強め、それによって、国衆・外様への統制を強めてゆくことにあった。しかし、同時に、対外戦力を大きくするために、家臣団に対して統一基準による軍役をかけ、給地に住む有力百姓クラスの人々をも被官・郎党《ろうとう》に編成し、その兵力数を拡大し、いざというときにはいつでも大規模の軍事発動ができる態勢をととのえておかなければならない。

戦国大名の家臣団に対する軍役が、基本的には家臣たちの給地の規模を基準とするものであることは、「小田原衆所領役帳」の例から明らかである。その基準が貫高によるか米高または町段によるか、あるいは苅《かり》などというローカルな単位によるかは大名領国によって違いがあるが、もっともひろく見られるのは、貫高である。

しかしこの貫高がどのような実態をもつかについては全国一律の答えは出しにくい。従来の通説的理解では、貫高は大名が把握した耕地面積についての銭《ぜに》＝貫文高で表現された年貢高だといわれてきた。貫高とよく対比される江戸時代の石高は、一反あたりの標準生産高であるが、貫高は一反あたりの標準年貢高であり、知行人（直轄地なら大名自身）の収納する年貢を銭高によって表したものという考え方である。しかしこれに対して近年では、農民が直接納めるものは実際には米・銭・その他の物など、さまざまであったと見られており、そのうえで、年貢収納の多様な形態にもかかわらず、貫高という統一的な銭による基準数値で、(イ)これを表示しようとした戦国大名の権力の性格、その志向するところは何か、(ロ)その貫高がどれほど実態（実在の耕地面積）に照応するものか、あるいは大名・給人・農民のあいだの力関係で決められる政治的数字ではないか、という意味での貫高の性格の問題、(ハ)貫高制を可能にした前提条件のひとつとして、「一国平均段銭」の賦課権をもっていた守護職と戦国大名の公権的性格とのかかわり如何など、多くの問題に注意が向けられている。

こうした問題から明らかなように、実際のところ同じ貫高といっても大名ごとにその中身はかならずしも同じではないし、給地をふくめ大名が全領から租税的な意味で取り立てる段銭にしても、その数量や性格は画一的なものでない。要するに個々の大名領国における貫高制の具体的な実態が多様であるため、貫高制をあまり一般化したかたちで説明することには無理が多い。ここではそのような実情を考慮して、若干の具体例について見ておこう。ただそれにしても、戦国大名の場合軍役が、たとえば鎌倉時代の御家人のそれのように、惣領に率いられる同族的軍隊として、その人数・装備などについて共通の基準がなかった状態とくらべれば、はるかに統一性を高めてきていることは、共通に認められるところである。

北条の場合

北条領国の貫高は、原則的には、田地一反あたり五〇〇文、畠地一反あたり一六五文という基準年貢額に検地で確定された面積を掛けて算出した数値である。これは多少の例外もあるが、ほぼ全領に共通する原則といってよい。この田地一反五〇〇文という数値を、北条氏がいつどのようにして定めたか、その沿革ははっきりしない。しかしはるか以前の南北朝から室町時代にかけて、代銭納されることが多くなった関東地方の年貢額を調べてみると、田地一反五〇〇文前後という例が意外に多いから、そうしたものを背景にふまえて、この標準値を定めたことはまちがいないだろう。

それでは、この田地一反五〇〇文という貫高制を採用するとき、耕地面積のほうはどうして確定したのだろうか。北条は、他の戦国大名よりも土地の掌握に力を入れ、早雲のときから検地をはじめ、氏綱以後は「代替わり検地」も恒例となった。天文一〇年（一五四一）の相模国の直轄領「下中村上町分《かみまちぶん》検地帳」は、氏綱から氏康にかわったときの検地の全貌を示す現存唯一の検地帳である。これによると田地は一反五〇〇文あて、畠は一反一六五文あてという基準年貢額によって、耕地一筆ごとに面積と年貢額、年貢納入責任にあたる耕地保有者の名前が記入されている。この形式からも分かるように、氏康の検地はかなりきびしく耕地の面積を確定してゆく性質のものであった。おそらく村から「指出し《さしだ》」をとり立てたうえ、現地に即して「踏出《ふみだ》し」という修正を行い、多くの「増分《ぞうぶん》」をとらえていったようである。たとえば永禄一〇年（一五六七）に実施された検地の結果、武蔵国宮寺《みやてら》郷の志村分というところでは、北条氏照が拠る滝山城に年貢二三貫八八四文を納めることになったが、その内訳は、「拾二貫文　本年貢、拾壱貫八百八十四文　（永禄一〇）卯増」とあるように、今回の検地で従来の年貢（本年貢）とほとんど同じ額の増徴がきめられたのである。

こうした検地のさい直轄地と給地とではやりかたのちがう場合もあったろう。「所領役帳」は軍役以下の役をとるための台帳だから、すべての給地について記したものである。しかし給地がみな「下中村上町分検地帳」ほど徹底した測量にもとづいて貫高の確定が行われたとはいいきれない。給地については、十分な検地ができず、従来の台帳上の面積もしくはそれを手なおししたものが、そのまま認められたこともあったと考えられる。知行地までをすべて一筆毎に徹底的に検地できるほどに大名の力が大きくなれば、大名があれほど国衆に悩まされることもなくなるだろう。その意味では貫高はやはり大名と給人と農民との三者のあいだの力関係によって協定された政治的数字といってよい。田地に太閤検地のように上・中・下の区分がなく一律に五〇〇文とするのも、農民の実際の年貢負担よりもその村、もしくは知行単位の貫高の確定に主目標をおいたからである。

しかし、北条領国での、貫高を基準とする給人の「着到役《ちゃくとう》」（軍事的奉仕役）の算定の仕方は、(1)郷毎に定められた貫高から、寺社免などを差し引き、(2)さらに給人の勲功などによって個々に与えられた免分を差し引き、その残りを「着到役」の賦課基準高として、それに応ずる兵員・装備量を定めるという点では統一されたものであった。「着到状」の実例を示そう。

改定着到之事

六拾五貫三百六十文　大間木（埼玉県さいたま市緑区大牧）
十三貫文　小淵之内中居（未詳）
廿一貫七十文　川口（埼玉県川口市）
十五貫文　沼田内屋敷分（東京都足立区沼田）
六拾貫文　舎人《とねり》本村（足立区舎人町）
弐拾貫文　同所中之村
九十貫文　小机之内菅生《すごう》（神奈川県川崎市）
以上弐百八拾四貫四（ママ）百文

此着到

三本　大小籏持《はたもち》　具足皮笠
一本　指物持《さしものもち》　同　理《ことわり》
一張《はり》　歩弓侍　甲立物　具足　指物
しない（撓）地くろ（黒）にあかき日之丸一ツ
二挺《ちょう》　歩鉄炮侍　同理
十七本　鑓《やり》二間之中柄　具足皮笠
七騎　馬上　具足　甲《かぶと》大立物　手蓋《てがい》

　　　　　　　　指物何《いずれ》にても
一騎　自身　具足　甲大立物　手蓋
　　面肪《ぼう》　馬鎧金
四人　歩者　具足　皮笠　手蓋
　以上　卌六人
右着到、分国中何《いずれ》も等《ひとしく》申付候間、自今以後、此書出之処、聊《いささか》も不レ可レ有二相違一
候、於二違背一者、越度《おつと》者可レ為レ如二法度一者也、仍《よつて》如レ件、

壬申
　正月九日（虎印）
　　宮城四郎兵衛尉《ひょうえのじょう》殿

　この宛先の宮城四郎兵衛尉泰業は、豊島《としま》・石神井《しやくじい》（東京都）あたりを本拠とする国人で、南北朝以来の文書を所蔵する家柄であるが、当時は北条の麾下に入っていた。北条家臣団のなかでも、中位に位置する宮城氏に対し壬申《みずのえさる》の年（元亀三年＝一五七二と推定）、小田原から、「分国中何も等しく」とあるように、統一基準で、このように改訂された軍役の割り当てがあったのである。自身をふくめ、騎馬八、徒士《かち》二九という数字である。装備までが厳格に指定されており、鉄砲は二挺という定めであった。ここでは諸免分の記載がないが、そ

恵林寺領の検地高と身分別納高

身分	名請人	本成(A)	踏出(B)	検地高(A)＋(B)＝(C)	免高(D)	納高(E)	(E)/(C)
	人	貫文	貫文	貫文	貫文	貫文	%
惣百姓	79	47.160	87.142	134.302	61.329	72.973	54.3
勤軍役御家人衆	17	22.470	37.995	60.465	37.995	22.470	37.2
御家人(同心)衆	12	35.294	44.495	79.789	79.789	0	0
計	108	104.924	169.632	274.556	179.113	95.443	

れは着到役のかけられる土地貫高だけを示したためであろう。

同じ日付の着到状は、現在埼玉県比企《ひき》郡川島《かわじま》町の道祖土《さいど》勝三氏の家にも残されている。その先祖にあたる道祖土図書助《ずしょのすけ》は国人というより地侍という程度の本城主直属下級家臣で、知行高は二五貫文、着到役は本人一騎、鑓持《やりもち》徒士一人、指物《さしもの》持徒士一人の計三人であった。宮城四郎兵衛尉の二八四貫文＝三六人に対し、これは二五貫文＝三人であるから、割合はだいたい照応している。北条氏の家臣で給地を受ける者はこのような形で給地総貫高から免分を引いた高についてほぼ一律に「着到役」を負った。家臣の義務にはこの「着到役」の他に「大普請役」（小田原城普請役）と「出《しゅっ》銭《せん》」があった。「出銭」は免引前の総貫高に対する一定の賦銭である。

武田の場合

武田の家臣団も(イ)寄親として寄子同心衆を預ける譜代部将(ロ)国衆(ハ)地域単位に「衆」として編成される

下級家臣、などに分けられるが、知行宛行・軍役賦課の基準は貫高によっていた。永禄六年（一五六三）の甲斐恵《え》林寺《りんじ》領の検地帳を整理してみると、前ページの表のようになる。ここでは、検地によって「本成《ほんなり》」（従来の年貢高）をはるかに上まわる「踏出《ふみだ》し」（今回の検地による年貢増分）がとらえられ、信玄の農村支配のきびしさがうかがわれる。しかし、とくに興味深いのは、村落の住民が、「惣百姓《そうびゃくしょう》」「勤軍役御家人衆」「御家人（同心）衆」という三種に区別されていることである。「惣百姓」は一般農民、「勤軍役御家人衆」はかねて軍役人としての指定をうけている百姓で、それだけに年貢負担の面で一般の「惣百姓」よりゆるめられている。検地高と納高の比率をみると、表の右端の欄の(E)—(C)の数値で分かるように、その点がはっきりしている。またこの「勤軍役御家人衆」のほかに、日ごろから年貢を「御恩給」として免除された「御家人（同心）衆」がいた。これはいわば村に住む有力な百姓がそのまま下級家臣として編成されたものであり、それぞれ寄親をいただく寄子同心衆に組織されていた。かれらはどの身分の者も日ごろは村に住み農業などをいとなんでいたが、これを以上の三つの身分に区分し編成しているのであって、そこに武田の軍事動員力の根強さがあった。

次に武田領の貫高と軍役量との関係については、永禄七年（一五六四）の大井左馬允《さまのじよう》の場合、二二八貫余で三八人という数字が知られる。これを、北条領国の宮城四郎兵衛尉とくらべると、大井のほうがやや軍役量が大きくなっている。しかし、甲斐の例では元亀二年（一五七一）の武田兵庫助は三九七貫三五〇文で二八人、天正三年（一五七五）初鹿野《はじかの》伝左衛門は一三四貫三〇〇文で九人という事例もある。この二例では甲斐の軍役のほうがやや軽い。

長柄(鑓)	弓	持鑓(持道具)	鉄砲	持小旗(小旗持)	甲持	差物持	手明	出　典
本	張	本	挺	本	人	人	人	
30	5	2	1	1	1	1	4	武州文書
31	5	2	1	1				〃
18	4	3	1	1	1	1	5	〃
19	6	6	6	3				浄行寺文書
4	1	2	1	1				大日方文書
1		2	1	1				別本歴代古案17
4	?	?	1	1				嶋津文書
1								勝善寺文書
1								玉井文書
1		1	1	1				新編会津風土記

基準になる貫高の性質が両者でまったく同じとはいえないから、このような数字による単純な比較はだいたいの見当以上の意味はないが、甲斐と信濃との比較で信濃のほうが重いのは、信濃が征服地であったため、とくに重い軍役が強制されたのではないかという見方もあるだろう。

同心網野新五左衛門尉

ここで「恵林寺領検地帳」にのる「御家人衆」の一人網野新五左衛門尉の場合を見よう。JR中央本線の塩山《えんざん》駅で下車し、北に三キロメートル余り行くと恵林寺がある。入口には、織田信長の軍勢が攻めこんだとき、信玄の帰依《きえ》厚かった快川《かいせん》和尚が「心頭を滅却《めつきやく》すれば火もまた涼し」の偈《げ》を残して多くの僧侶とともに焼

武田氏家臣団の軍役

年　月　日	氏　名	所領高	軍役総計	乗馬
		貫文	人	騎
永禄5.10.10	大井左馬允		45	
5.10.19	〃		45	5
7.5.24	大井左馬允入道	（天正4年）228.586	38	4
天正4.2.7	小田切民部少輔		46	6
4.3.27	大日方佐渡守		9	
4.5.25	大滝宮内左衛門		6	1
6.8.23	嶋津左京亮	（天正5年）120.400	21?	1?
〃	勝善寺	（〃）11.400	1	
〃	玉井源右衛門尉	（〃）21.000	2?	1?
〃	原　伝兵衛	（〃）49.700	5?	1?

き殺されたという山門がいま規模を小さくして再建されている。また夢《む》窓国師《そうこくし》の作というみごとな室町ふう庭園もさすが武田氏の本拠地（本拠はのち躑躅崎館に移る）らしい風格を伝えており、信玄の墓がその一隅に残されている。

　その恵林寺の南南西一キロメートルほどのところに武士原《ぶしがはら》（仏師原）という小字《こあざ》があり、その集落の中心に、樹齢三、四百年はゆうにあると思われる老松の生い茂った農家屋敷がある。いまの宅地部分だけで八〇〇坪をこえる堂々たる構えであるが、これが、かつての「御家人衆」であった網野新五左衛門の末裔《まつえい》の居宅である。

「恵林寺領検地帳」の同氏にかかわる部分は、

一、壱貫文　本御恩　　　甘利《あまり》同心網野新五左衛門尉
九百九十五文　踏出《ふみだし》　　同人　御重恩
合壱貫九百九十五文　此外屋敷壱間弐百文

とある。検地にあたっては「本御恩」（旧来の貫高）に匹敵するほどの「踏出し」（新規検出高）があったが、有力家臣甘利氏を寄親とする同心の一人であり、「御家人衆」身分を認められた新五左衛門尉は、旧新貫高両方とも年貢を免除された。すなわち、かれは「軍役衆」というグループの人々が踏出し部分の年貢だけを免除されているのに対し、いちだんと優遇されているわけである。

しかし、半面、このような特権はダテに認められたものではなかった。私は、一九七三年の秋ここを訪ねる機会をもったが、同家に残された寛文《かんぶん》五年（一六六五）成立の「由緒書《ゆいしょがき》」によると、新五左衛門尉舒連《のぶつら》は、永禄一三年（一五七〇＝元亀元年）駿河花沢で戦傷死、その子志摩守殷舒は天正三年（一五七五）長篠合戦で戦傷、さらにその子新右衛門尉殷俊は天正一三年、信濃上田城で戦死している。「御家人」身分の家とはいえ、現実には村の豪農にほかならないこの家の主人たちが、三代にわたって戦争の犠牲となっているきびしい現実に驚かされた。

鉄砲装備の程度

ところで、こうした軍役編成のなかで、鉄砲の装備は各大名でどのくらいの比重をもっていただろうか。

前に示した天正三年（一五七五）の上杉「軍役帳」では、軍役総兵力数五一九二人のうち、鉄砲は三〇〇挺にすぎず、全体の三分の二にあたる三四〇九までが鑓であった。鉄砲はわずか一八分の一程度にすぎない。

元亀三年（一五七二）の北条領二八四貫の知行人宮城四郎兵衛尉の軍役は三六人、鉄砲は二挺であった。軍役人数比一八分の一となる。武田も二〇六〜二〇七ページの表で分かるように、三、四十人の軍役を負う知行人一人に鉄砲一挺ほどがふつうで、天正四年の小田切民《みん》部少輔《ぶしょうゆう》が軍役四六人で鉄砲六であるのは例外的に鉄砲の比重が高いが、その軍役規定のなかでは鉄砲の不足を訴えている。

伊達の名懸衆では三一〇人のうち、鉄砲七二、弓二二七名というデータがあり、鉄砲の比重が高い。しかしこれは時代がくだった天正一七年（一五八九）のものであるうえ、大名の旗本軍なので、ここに新兵器鉄砲を集中させたためと見られる。

このようないくつかの例から見ると、武田・上杉・北条・伊達という東国の代表的な戦国大名は、ほぼ相似た程度の鉄砲をもっていたようである。それらは概して弓・鑓などといっしょに少数の鉄砲が各軍役衆ごとに装備されている形であって、大規模に集団化した専門の鉄砲足軽兵団ではなかった。まえに、鉄砲伝来についてふれたところで、鉄砲の実弾での使用例をあげておいたが、その使用のかたち、鉄砲隊の編成ということになると、このようにまだ大きな限界をもっていたのである。『妙法寺記』は天文二四年（一五五五）の、信濃旭《あさひ》山城《やま》（長野市）合戦に信玄が三〇〇挺の鉄砲を用いたと述べているが、年代および軍役基準の面からみると、やや過大な数字ではなかろうか。このときは、鉄砲はまだ威嚇《いかく》や狙撃を主としており、集団的な足軽鉄砲隊で勝敗を決するところまではいっていないようである。

西国の大名たちの鉄砲装備は、さまざまの史書の示すところでは、東国大名より充実していたらしい。『陰徳太平記』によると永禄九年（一五六六）毛利が尼子の富田月山城を包囲して陥落させたときには鉄砲三〇〇挺が、入れかわり立ちかわり隙間なくうちこまれたという。また天正一二年（一五八四）、肥前の竜造寺隆信は、島原《しまばら》方面で有馬晴信《ありまはるのぶ》・島津家久《いえひさ》と対戦したが、率いる兵二万五〇〇〇、鉄砲隊は計七、八千と宣教師ルイス＝フロイスはヤソ会総長にあてた報告のなかで記している。ただこれらは史書や伝聞記事であるため、記述はおのずからにオーバーになっていると見なくてはならない。毛利のもとに提出された当時の軍功注進状を見ると、礫疵《つぶてきず》を負った者が多いことが知られるから、当時はまだ投石が一種の兵器の役割を果たしていたこともたしかである。鉄砲を過大視することは危険かもしれない。

元亀元年（一五七〇）の姉川《あねがわ》合戦で、信長方が鉄砲五〇〇挺を殿軍《でんぐん》に配して退却に成功したというのは『信長公記《しんちょうこうき》』が記しているところである。根来《ねごろ》・雑賀《さいか》衆の鉄砲が二、三千挺というのは『当代記』などの記事である。信長や根来・雑賀衆の鉄砲への関心の大きさは、あらゆる史書に共通するところであって、その威力が長篠合戦や石山戦争で実証されているのだから、正確な数字は別として、かれらの鉄砲装備が他に優越していたことはまちがいあるまい。

足軽と陣夫

なおここで、「農兵」についてふれておこう。戦国大名の軍隊は、まだ秀吉によって推進された兵農分離以前だから、みな「農兵」であった、という理解はかなりひろい常識となっている。しかしこの点はもうすこし限定して理解する必要がある。

北条領国では、正規の給人のほかに、「足軽」があった。元亀元年（一五七〇）、鉢形のすぐ近くの小前田《おまえだ》村（埼玉県深谷市）の長谷部兵庫助以下「馬上」五名、福島平三郎以下「歩衆」六名計一一名の「小前田衆中」は、「足軽を致し走廻り候間」その地を「不入」に申しつける、という鉢形城主北条氏邦の印判状を受けている。「足軽」として奉公したため、「不入」すなわち「諸役免除」の恩典が与えられたのである。「足軽」といっても「馬上」騎馬装備をふくむが、これは戦闘機能に即した身分としての「足軽」らしい。

氏邦はまた、「秩父野《の》上《がみ》足軽衆中」に宛てて、「卅人之足軽衆、十騎宛、三番に積」、西入（大里郡寄居《よりい》町鉢形城）まで参集し、新井の指揮をうけよ、と命じている。これも同じ性質のものである。

「小前田衆」の村の隣郷である荒川郷には、「荒川衆」がいた。天正五年（一五七七）の氏邦の印判状によると、この荒川衆は、馬上で鑓持の持田四郎左衛門と五郎二郎以下五名の鑓持歩兵計六名のグループと、荒川郷たた沢という地字《ちあざ》にいた馬上鑓持持田主計助《かずえのすけ》と四名の鑓持徒兵計五名のグループの連合で、合計一一名からなっていた。持田四郎左衛門の家は、今日の持田英孝氏に至る旧家で、この地の土豪的存在であり、主計助もその同族である。この二人に率いられる歩兵は姓をもたないから、元来はごく一般の平百姓《ひら》であったろう。それが荒川衆として編成されているのである。

天正一六年（一五八八）の検地の際に持田四郎左衛門に与えられた氏邦の印判状によると、荒川郷の検地改高は永楽銭二〇貫二〇九文であるが、持田左京亮《さきょうのすけ》以下一一名は三三〇文ずつ計三六三〇文を「当開」（新規開発分）として「扶持《ふち》」（課税免除）し、四郎左衛門にはさらにこのほか一貫五四一文を「扶持」している。この「荒川衆」も「小前田衆」と同じ北条型の「足軽」衆であったに相違ない。かれらは大名から一定の「扶持」を認められ戦争のとき以外にも、正月と七月には定期に鉢形城に参集して、武器・諸道具の点検をうける定めとなっていた。正規の給地をうけた給人以外の、「足軽」の広範な編成は、武田の「軍役衆」、伊達の「名懸衆」に照応する戦国大名軍事力の裾野を形成するものである。

この「足軽」の他、さらに次のような臨時動員兵力もあった。天正一五年七月晦日、北条氏直は、その領国のすべての郷村に虎印判状をもって動員令を発した。予想される秀吉の小田原攻めにそなえるためである。

掟

一、当郷に於て侍・凡下《ぼんげ》を撰《えら》ばず、自然御国御用の砌《みぎ》り、召仕《めしつか》はるべき者撰び出し、其外を記すべき事、但三人、

一、此の道具、弓・鑓・鉄炮《てっぽう》三様之内、何成共《なんなりとも》存分次第、但し、鑓は竹柄にても、木柄にても、二間より短《みじかき》は無用に候、然《しから》ば権門の被官と号し、陣役を致さざる者、或は

商人、或は細工人類、十五、七十を切而《きりて》之《これ》を記すべき事、
一、腰さし類のひら〳〵武者めくやうに支度致すべき事、
一、よき者を撰び残し、夫《ふ》同前の者申付候ハバ、当郷小代官、何時も聞出次第、頸《くび》を切るべき事（下略）、

この第一条の末尾にある「但三人」という村別の割当人数は村の大小などによって違うが、他は今日残っている幾通かを照合してみても同文である。これは「足軽」をもふくむ貫高制軍役には編成されていない一般民衆を、非常事態に際して大々的に動員しようとしたときのものである。だから武具はなんでもよい、旗指物《はたさしもの》はひらひら武者らしくみえるようにせよ、などといっている。

このような規定軍役以外の臨時動員の対象になったものこそ文字通りの農兵というべきものであろう。北条領国では、百姓をいつも農兵として臨時動員するわけではない。甲斐の武田領国でも、郷村別の検地帳に、「軍役衆」が指定され、年貢負担が一般農民より若干軽減されており、それらは日ごろから緊急時に動員できるようにしていた。貫高制軍役を上まわる予備兵力を軍役人として指定しておいたといえよう。いずれにせよ、「農兵」には、厳密にいえば、常設の軍役人に指定・編成されていた「足軽」などの農村居住者と、臨時に徴発される臨時的補充兵ないし陣夫《じんぷ》（戦陣の雑役夫）という二つのタイプがあったといわなくてはならない。

軍法度

戦国の戦いと軍事力の特徴を理解するためにはこうした家臣団および軍事組織ばかりでなく、軍事指揮や軍律も重要である。合戦にのぞんでどの大名もがまずもっとも重んじたのは軍法度である。軍法度は、いくたの戦いの経験を集約し、法度の形式をとって、軍隊統率の基本法規としたものである。一つの例として、毛利元就・隆元父子の定めたものをあげる。

条々之事

一、動《はたらき》かけ引之儀、其日〳〵之大将の下知《げち》に背《そむ》き候て仕《つかまつり》候《そうろう》者は、不忠たるべく候也、縦《たと》ひ何たる高名、又は討死を遂げ候共、忠節に立つべからざる事、

一、小敵、又ハ一向敵も見えざる時、ふかく行候て、敵少しも見え候へば、其時引き候、以ての外曲事《くせごと》に候、以後に於て、さ様に仕り候ずる者、被官を放たるべき事、

一、敵を追候て出候はん時も、分きりを過候て出候はん者は、是《これ》又面目うしなはせ候はん事、縦ひ忠候共、立つべからざる事、

一、事極まり候て、こらへ候はん所を、退き候はん者をは、一番に退足《のきあし》立候ずる者を、被官放つべき事、

一、所詮、其時之大将、次には時之軍奉行《いくさぶぎょう》申旨《もうすむね》をそむき候する者は、何たる忠成共、忠節に立ましき事、

右五ケ条、此度《このたび》に限らず、以後に於て、当家法度たるべく候、神も照覧候へ、此前を違《たが》ふべからざる者也、

天文廿二九月廿一日　　　　　　　　　　　　隆元（花押）
　　　　　　　　　　　　　　　　　　　元就（花押）（一部読みくだし）

これは、厳島合戦の前年、元就が陶晴賢（隆房）との対決を決断した時期に定められた。内容はどれも軍事行動上、当然の規律といってよいものであるが、それだけにどの合戦を通じてもぜったいに守らねばならない性質のものであった。統一的な軍事力編成が急速に進められているとはいえ、まだ有力家臣の率いる軍団がそれぞれ独立部隊といった性格をおび、勝手な行動をとる可能性が強かった。そのためにはこうした基礎的な軍紀・軍律を強調し、それを破れば「被官を放つ」＝家臣であることを取り消して追放するという強烈な罰則をもって臨む必要があったのである。

『朝倉宗滴《そうてき》話記』という書物は、こうした軍法度の背景をよく示してくれる。宗滴はもともと戦国大名朝倉氏の始祖朝倉孝景の子で、教景《のりかげ》といい、文明六年（一四七四）から弘治元年（一五五五）まで、動乱の八〇年を生き抜いた典型的な戦国武将で、戦陣の心がけを縦横に語っている。たとえば、

一、大事の合戦之時、又は大儀なるのき《（退）》口（退却）などの時、大将之心持見んために、士卒として種々にためすものにて候、聊《いささか》も弱々敷《よわよわしき》体を見せず、詞《ことば》にも出すべからず、気《き》遣《づかい》油断有間敷《あるまじく》候、

といっていることなどは、戦場心理の機微にふれる珠玉の教訓というべきである。戦国大名がしばしば高僧に帰依《きえ》し、人間的修養を重んじたのも、こうした問題と密接にかかわっている。

特殊兵力

総力戦化したこの時代の戦いに欠かせないものの一つに「忍び」に代表されるような特殊兵力もあった。戦国大名は、日ごろから複雑な外交戦を展開し、まえにも述べたように「調略」という各種の工作をすすめていた。「調略」はいわば戦略的、政治的レベルの工作だったが、戦術的、合戦的次元の工作やスパイもある。これはもっぱら「忍び」が担当し、ときには被差別民が活躍した。

『後鑑《のちかがみ》』の「義尚《よしひさ》将軍記付録」にのせられた「近江国輿地誌略」の記事には、

> 忍者　伊賀甲賀と号し、忍者といふ、敵の城内へも自由に忍入《しのびいり》、密事を見聞して味方に告知する者なり、西土に所レ謂《いうところの》細作《さいさく》なり、軍学者流にかぎ物聞と云《へ》るなり、永禄の比《ころ》、鳶《とび》加藤と云《いう》もの最妙手の名あり、世上普《あまね》く伊賀甲賀の忍者を称する事は、足利将軍の鉤御陣《まがりのごじん》（一四八九年）の時、神妙奇異の働ありしを、日本国中の大軍眼前に見聞する故其以来高し、

と述べられており、後世のものだが、だいたいの性格がよく分かる。

そこで、確実な史料から忍者の呼称や活躍の例をひろってみると、年欠（天正一〇年カ）一〇月一三日付で武蔵鉢形城主北条氏邦が吉田新左衛門に宛てた書状の写しがある。

　只今注進之趣《おもむき》、信濃よりすつは《(ぱ)》共五百ほど参《まいり》、其地乗取るべきの由申来候、昼夜共に能々《よくよく》用心すべく候、其口〳〵え何時に宵あかつき夜明番肝要に候、何時に一番九ッと之間あけ出此用心《(隔カ)》尤《もっとも》に候、只今さひ時に候間、月夜ならて《(で)》はしのひ《(び)》はつく間敷《まじく》候、何《いず》れの物主共覚番ニ致、夜之内三度つつきて急石をころはし、たいまつをなけて見届くべく候（下略）、　（一部よみ下し）

「すつは」（透波）という特殊工作兵五〇〇が信濃から北条領の武蔵に侵入するという情報にもとづいて、氏邦が吉田新左衛門に警戒を命じているのであるが、「すつは」が夜陰に乗じてどのような忍びの行動に出るか、ひじょうに恐れられていたようすが手にとるように分かる。透波と同種のものを乱波《らっぱ》とよぶ北条の史料もある。また下総結城氏の「結城家法度」では、「忍び」のことを「草《くさ》」「夜《よ》業《わざ》」といっている。

　忍びの者とともに、被差別民も戦国大名の特殊工作部隊としての役割を演じた。戦国大名のさきがけとして活躍した尼子経久は、前述のように富田月山城を奪回するとき、「鉢屋《はちや》」という被差別民七十余人を正月の万歳《まんざい》にしたてて城にのりこませ、城中の人々の注意をこれに引きつけて、その隙《すき》をついて攻めこんだと伝えられる。尼子領の鉢屋はたとえば永禄八年（一五六五）卯月《うづき》二〇日付で尼子義久が河本左京亮《さきょうのすけ》幸忠あて書状に「昨日十九日、市場面《いちばおもて》の合戦之時、鉢屋掃部鉄炮《かもんてっぽう》を以て敵討伏すの由神妙候、此旨申し与へらるべく候」とあるように、左京亮配下に鉢屋掃部なる人物がおり、鉄砲で活躍したことが分かる。また出雲・石見地方の被差別民が「鉢屋」とよばれていたことは、今日までその言葉がひろくのこっていることからも明らかであって、鉢屋掃部はそうした家筋に属する人物であったろう。ちなみに、「掃部」は本来禁裏の掃除役であり、のちに掃除は、しばしば被差別民の仕事とされた。してみると、尼子と鉢屋集団とのむすびつきは確実なことであり、『雲陽軍実記』の記述もある程度信頼しうるのではなかろうか。鉢屋はいわゆる「卑賤《ひせん》の芸能」者であった可能性があるから正月の万歳を演じたのはまったく縁のない俄仕立《にわかじた》てというものでもなかったにちがいない。

では、戦国大名と被差別民とはどのようなわけでむすびついていたのか。これは推測以上のことではないが、なによりも被差別民は、移動性にとみ、定住した場合でも一般の農民や町場《まちば》の人々から差別され、居住地までが別のことが多いため、秘密の保持や情報収集活動などにもっとも好都合だったのがおもな理由ではなかろうか。

この時代の被差別民のなかには、北条領国の舞々《まいまい》・卜算《ぼくさん》・移他家《いたか》・唱聞師《しょうもじ》などのように、地域的定着性の弱い、下級芸能者たちが少なくなかった。北条では小田原城への大切な来客にあたっては舞々が歓迎をあらわすために出仕して演技するならわしがあった。「鉢屋」もその一つである。かれらが、一般村落共同体員から切り離されているところがかえって好都合であったのである。またそればかりでなく、戦死者の死体埋葬、死牛馬処理、牛馬皮革・武器製造など、軍事的に不可欠の仕事は触穢《しょくえ》思想によって、それらの人々におしつけられていたから、大名は逆にこれを集団として保護したのである。そうした場合、差別をうけた集団も大名から重用され、活躍の場を与えられるという点で、かれらのほうから進んで大名に接近する可能性も高かったと考えられる。

水軍の編成

戦国大名と水軍

戦国大名は、大小の差はあれその支配領域に、独立的な公権力として、土地・人民を支配する「国家」とよんでよい地域権力の樹立を目指していた。貫高制にもとづく軍役体制と家臣団組織はそれを構成する基礎であった。

しかしそれらの地域国家の領域は政治的にも経済的にも完全に自己完結的な存在でありえない。隣国と対立すれば、そのまた隣国と政治的・軍事的に連係する。兵糧・武器も領外から調達しなければならないし、貨幣の入手のために領外商人を招き、国内の穀物や特産物を売らなくてはならない。そのためには、海上の道の確保がなんとしても必要である。海をもつ戦国大名は例外なく水軍を組織した。

関東の北条、東海の今川、中国の大内・毛利・小早川などはみな有力な水軍を組織することによって、経済的・軍事的に優位を保つことができた。伊予《いよ》の守護河野氏は、みずからが水軍を主力とするとさえいってよい存在であった。

しかし水軍の編成と活動形態も一律のものではない。毛利のように主として以前から独立に力を蓄えていた瀬戸内海の村上水軍などを取り込んだケースもある。北条のように伊豆沿岸の地付きの海賊衆を組織するとともに、紀伊《きい》の有力水軍梶原《かじわら》氏を軍船もろとも招聘《しょうへい》し、三《み》崎《さき》や久里浜《くりはま》に根拠地を与えて活動させたケースもある。芝浦などをはじめとする内海（東京湾）の浦々のもともとは漁船であったものを水軍に編成したものもある。

機能・船型の面でも、信長が大坂の本願寺＝石山の攻撃・海上戦に使った志摩《しま》の鳥羽《とば》を本拠とする九鬼《くき》水軍のように安宅《あたけ》船とよぶ大型軍船をもつものもあるが、中小型船中心で軍事専用というより、日常的には廻船として海上輸送に用いられるものを転用したケースも多い。それぞれに海上テリトリーをもち、外来船への航路案内・航行料徴収を主とするものもある。海上ばかりでなく、琵琶《びわ》湖・浜名《はまな》湖・霞ヶ浦などの湖上も戦国水軍の重要な活動舞台であった。

北条水軍梶原氏

具体的事例として北条水軍を見よう。

永禄元年（一五五八）、氏政は、氏康から家督を引きつぐ前年のことだが、廻船・漁船を多くもつ西伊豆長浜（静岡県沼津市）の大川氏（土豪・漁業・水軍）等に宛て、「熊野新造」に乗り組んで、杉・柾《まさき》・榑《くれ》を積み清水から網代《あじろ》に廻漕《かいそう》するため、水手《かこ》を西浦《にしうら》六人、江梨《えなし》四人、松崎《まつざき》四人、仁《に》科《しな》三人、妻《め》良《ら》子《こ》浦《うら》四人、長津呂《ながつろ》三人、下田六人、洲崎三人の配分で伊東に集合させよ、と命じた史料がある。

「熊野新造」とよぶこの船は三三人の水手を乗せる大型船で、軍需品と推定される材木の大量輸送に当たったらしい。これを物資輸送用大型船と見るか専用軍船と見るかは見方が分かれるだろうが、おそらく軍事専用のものでなく、輸送用廻船を兼ねていたと思われる。そのような大型船を操る水手たちを伊豆西岸のどれか一つの浦ですべてを用意させることはできず、諸浦に割り当てたと思われる。

また永禄一一年（一五六八）には伊豆水軍の将笠原藤左衛門が「伊勢東海船」の乗組員で番役《ばんやく》勤務を怠った土肥《とい》・金沢《かなざわ》・国府津《こうづ》・網代の「船方」に罰金を課した事実がある。これら船方は西伊豆の土肥、東伊豆の伊東、相模の国府津、武蔵の金沢と領国の浦から広く召集されている。「東海船」は六人乗り、「海上備」のために徴用されたもので、本来は浦々の持ち船であったことも分かるから、北条水軍の多くはまだ本格的な専用軍船というより、廻船、漁船と完全には分離していなかったらしい。

そのため、東京湾対岸の房総の大勢力里見氏との緊張関係で、水軍の強化は北条の戦略上、さし迫ったものであった。そこに紀伊水軍梶原氏招聘の理由もあった。梶原氏は紀伊有《あり》田郡《だ》広荘《ひろのしょう》（和歌山県有田《ありだ》郡広川町《ひろがわ》）の出身で、永禄五年（一五六二）には吉右衛門尉が氏康から相模三浦郡小坪郷七八貫余はじめ同郡岩戸内三二貫余、計一一〇貫余の給地を宛行《あてが》われた。このとき氏康は「海上之儀一途任せ置き候」といっているから、水軍の総帥に任じたのである。

その点で梶原吉右衛門尉は北条家臣になっているわけだが、数年後には「帰国之侘言《わびごと》」を述べ紀伊に戻るといいだした。北条側では懸命に引きとめ、天正三年（一五七五）に「四艘《そう》之早船《はやふね》乗組衆四十人、此扶持給二百四十貫文」を与えることとした。さらに同一四年には梶原備前守に宛て「紀之湊佐々木刑部助船」が北条領国に往来し自由に「商売」することを認めている。梶原と佐々木の関係は不明だが、水軍は他面では海上商人であったといってよい。そこから見ると北条と梶原の主従関係は強固なものとはいえず、水軍は一種の傭兵《ようへい》的性質を否定できないが、大名側としては領国の軍事・経済にとって欠かせないため、特別に優遇してでもつなぎとめなくてはならない存在であった。

武田水軍小浜氏

もう一つ、海をもたない甲斐の武田の場合を見よう。信玄は甲相駿同盟が破れ、北条と上杉が手をにぎって越相同盟が結ばれるなかで、永禄一一年（一五六八）一二月、駿河に侵攻、今川氏真を遠江の掛川《かけがわ》に追って駿府を占領した。名門今川氏の命運はここに尽きた。氏真は翌年、駿河を北条に譲ることとしたが、すでにそれは名のみであった。

信玄は駿河に進出すると今川水軍の吸収と、伊勢小浜水軍の招致に乗り出した。その結果元亀（元年＝一五七〇）の早いころには「海賊衆」として

間宮武兵衛	船十艘
間宮造酒丞	船五艘
小浜	あたけ一艘
	小船十五艘
向井伊兵衛	船五艘

伊丹大隅守　　船五艘
岡部忠兵衛　　船十二艘
　　　　　　　同心五十騎

という編成ができあがった。『甲陽軍鑑』のこの記事は他の史料とつき合わせてみても、ほぼ正確と考えてよい。岡部忠兵衛がその組織責任に当たったことは、これに同心五〇騎が付けられていることからもまちがいない。岡部はその功により武田重臣の「土屋」姓を称し備前守を名乗ることを許された。

この岡部＝土屋忠兵衛の功績の最大のものは小浜氏を伊勢から招聘したことである。小浜氏は伊勢海に面する志摩の小浜御厨《みくりや》を本拠とする海賊であったが、三三五貫の知行を受けることで、信玄の招きに応じた。さらに元亀四年には武田勝頼から三〇〇〇貫の知行宛行状を受けた。その給地は大井川河口を中心としているから、駿府に近い江尻《えじり》・清水《しみず》とともに、武田水軍は駿河湾、遠州灘《えんしゅうなだ》一帯の制海権掌握を目指したと見ることができる。小浜水軍の主力は「あたけ」＝安宅船で、これは専用大型軍船であった。なお前掲の「海賊衆」の中の伊丹は岡部とともにもとは今川水軍、間宮は旧北条水軍、向井は小浜とともに伊勢志摩水軍であった。

毛利水軍

元就が早くから小早川氏の実力に注目し、子の隆景にこの家を継がせるかたちで、事実上それを乗っ取った理由の一つは、小早川水軍の強大さにあった。小早川ではその一族生口《いくち》氏がすでに室町中期ごろまでに、生口島の瀬戸田《せとだ》港を拠点として瀬戸内海商業に活躍する瀬戸田商人と結んで大きな勢力をもった。また田野浦《たのうら》の浦氏、大崎上島の土倉氏、大島の小泉氏など、小早川一族は多く瀬戸内海の島嶼《とうしょ》に進出していずれも海賊衆＝水軍勢力に成長した。

瀬戸内海海賊衆の代表としてよく知られる因島の村上氏は、能島および来島（愛媛県今治市）の村上とあわせて三島《さんとう》村上と称せられ、すでに南北朝内乱期以来大きな力をもち、応仁の乱から戦国争乱期を通じて、独立を維持しながら、ときどきの合戦のたびに大名の招きをうけていずれかに味方するというかたちで活躍した。

毛利水軍は大別すると、このような小早川水軍および客分といった性質の強い村上水軍のほか、大田《おおた》川河口から上流にむかって力をもつ山県・福井・飯田など川内《かわうち》警固衆《けごしゅう》という集団からなっていた。かれらは厳島合戦で証明されたように、海上戦および兵員輸送の面で巨大な役割を果たしたが、警固衆という名が示すように、日常は海上輸送の警固にあたった。かれらは「海賊」といっても、文字通りの海上盗賊団というわけではない。それぞれ一定範囲のナワバリ海面をにぎって、往来する商船から航行料を徴収したり、特定商人とむすんで、その商人船団の航行を警固して礼銭をとった。ただそれに従わない航行者に対しては実力で攻撃を加え、荷物をうばいとることから海賊として恐れられたのであるが、戦国時代ともなれば、とくに兵員・兵糧の輸送、さかんになった他国商船の往復の統制などで、その役割はいよいよ大きくなっていた。

水軍の特徴

北条の梶原、武田の小浜の例からも分かるように、戦国大名にとって水軍の戦略的役割は、海上軍事力という側面ばかりでなく、物流・商業という側面とも深くかかわっていた。前述のように、梶原の本拠紀伊の佐々木氏が北条領国に交易のための往来をすることを北条は歓迎し免税特権を与えた。小浜の場合は、元亀三年五月、「海上奉公」に対する一種の給恩として、「一月ニ馬三疋御分国中諸役御免」の武田家朱印状が与えられている。小浜氏は水軍であると同時に、馬背積荷による内陸商業にも直接かかわっていたのである。馬三疋といっても営業スケールがそれだけということではなく、三疋分は免税ということだから、武田領国の年貢米以下諸物資の買取り・集荷や伊勢方面から逆に領国に売り込む諸取り引きを行ったと思われる。

しかし半面からすると、こうした水軍・商人は、大名から厚遇され相当の給分を与えられているといっても、その主従関係は譜代の家中と主君との主従結合とは異なり、はなはだ不安定なものであった。それはいうまでもなく海賊衆水軍の独立性が強いということである。瀬戸内の雄村上水軍も毛利との関係は厳島合戦における参加が、元就にもギリギリの時点まで分からなかったことに示されるように、主従制とはいえない性質のものだった。貫高制軍役に組織された陸上の家臣団とは大きくちがうのである。

それに加え、水軍の半面である商業活動もまた領国内で完結するものでなく、他領との交易を前提とするから、大名は水軍的商人を身分制的に全面支配することができなかった。もとより商業交易活動も自由な市場取り引きではなく、権力によって保護されたものでなければ安定した利益を期待できないから、かれらも大名に結びついた特権商人化の道を志向していた。したがってこの時代の商人が自立的で自由な活動を行っていたなどということを手放しでいうことはとてもできない。侍身分のまま豪商化する例も少なくない。それにしても海賊商人型の活動が冒険的で、一つの大名権力の中に閉じこめられるものでなかったことは見逃してはならないだろう。室町戦国期に東アジアの海に、国境をこえて活動した後期倭寇はその究極の姿ということができる。

城と合戦

おびただしい大小の城

戦国の軍事力は、随所に築造された大小の城とそのネットワークによって、その機能を発揮することができた。

文化庁は近年補助金を交付して都道府県別に網羅的な「中世城館調査」を行い、それぞれに調査報告書を作成させた。それらによると一律にはいえないが、各都道府県でそれぞれ数百から一〇〇〇以上の「中世城館」が把握され、残存状況が明らかになった。

このうちには戦国以前の在地土豪の居館の類もふくまれている。しかし荘園制は「職」の法的秩序を基本とし、城は原則的に存在しない。したがって大部分は戦国の城である。その中には大名の本城と中核的支城などのような大型のものから、国衆の城、さらに村々に住む小型の土豪・地侍がトリデに堀をめぐらし城郭化したようなもの、村が自衛のために築いたものなどもあり、すべてが大名権力によって系統的に築造されたものとはいえない。江戸時代のように城が一国一城令によって大名の独占物となり、権威のシンボルとされていたのとちがい、戦国期ではどこまでも割拠的・自衛的諸勢力の軍事・生活的拠点であった。

従来、城についてはその型を、山城・平山城《ひらやまじろ》・平城《ひらじろ》の三つに区分し、戦国から近世への移行を山城→平城という形で説明するのが常識であった。しかしそうした分類は結局城のロケーションだけを物指しとした単純な見方といわなくてはならない。そこでは領国における城と城との戦略・戦術上の関係、城の機能などの問題がほとんどかえりみられていない。個々の城の立地形態や縄張りはもとより重要であるが、多数の城と城との関係を、いわば城のシステム論として考えてみる必要がある。

北条領国の城システム

北条領国の家臣団編成がひとまずできあがった時点の状況を示す永禄二年（一五五九）の「小田原衆所領役帳」によると、小田原衆のほか伊豆衆・玉縄《たまなわ》衆・三崎衆・小机衆・津久井衆・松山衆・江戸衆などという家臣団グループの存在が知られる。小田原衆は本城主氏康の直接指揮下に入るものであり、他は衆の順に対応させれば、伊豆衆の韮山《にらやま》城のほかは衆の名と一致する諸支城を核とする七支城体制ともいう形で編成されていたものである。

しかしもう少し時代が下った時点で豆・相・武三ヵ国の支配と支城の在り方を大観すると、玉縄城・三崎城・津久井城などは小田原本城主氏政が支配する領域の中に位置づけられている。氏政の弟氏照は八王子城（その前は滝山城）を居城として、武蔵の大半を支配下におき、江戸城・小机城・河越《かわごえ》城・岩付城・忍《おし》城・栗橋《くりはし》城などをその傘下の主要な支城群とした。この中では江戸城は領国東方の大拠点となる支城であるが、城将は遠山氏で、氏照のような政治的統治権までを行使できる立場ではなかった。これに対して氏照の次の弟氏邦は鉢形城にいて武蔵西北部を支配し、さらに上州を視野に入れていた。またその弟氏規は韮山城に拠って、傘下に清水氏を城将とする下田城などをもった。

大きく見ると、本城主氏政・八王子城主氏照・鉢形城主氏邦・韮山城主氏規の四兄弟が領域統治の政治・軍事的拠点のあるじとして地域に君臨したわけである。その意味で、八王子・鉢形・韮山が本城につぐいわば大支城（第一級）とよぶべきものである。それについで四領域の中の軍事・交通拠点に玉縄城・江戸城などの主要支城（第二級）があり、さらにこれらの城と城との間に、たとえば江戸城―河越城をつなぐ板橋《いたばし》城・赤塚《あかつか》城などの小城郭（第三級）があった。またこの他、「境の城」ともいうべき足柄城・津久井城・葛西城のような特定の機能・任務をもつ城もあった。

このような城の機能はもちろん固定的・絶対的なものではない。しかし大名領国はそうした目的・機能をもたせた大小多数の城をシステム化し、城と城とを結ぶ交通路と宿駅・市場等を整備することによって、部将・兵員を状況に応じて敏速に移動させ、随所で兵糧を補給し、また情報を伝達することができた。その意味で本・支城システムの構築は領国の軍事・政治両面の基礎をなすものであった。

城郭の構造

では個々の城はどのような構造をもっていたか。

ごく一般化していえば、戦国の城は交通路・河川（舟運）などの条件を考慮しつつ、平地に接する丘陵の尾根や独立丘などを選んで構築された。小田原城は海岸に接する低地を貫通する東海道を見おろす丘陵部に立地した。氏邦の拠る鉢形城は荒川右岸の河岸段丘に構築された。国人級の城郭でも石見の益田氏の七尾城は日本海から益田川をさかのぼり、沿岸平地部が山地に接する比高一五〇メートルほどの丘陵尾根をえらんでいた。越後北部の有力国人本庄氏の城は現村上市内の三面川《みおもて》を見おろす独立丘に構築された。

一般的に認められるそうした選地の基本は、それ以前の平地館と交通路と宿・市町との関係を考慮しつつ、防禦《ぼうぎょ》と敵の通過を牽制《けんせい》しやすいという条件をまず念頭においたといえる。そうした戦略意図から構築された戦国の城で、初期のものは、概して敵襲来時の防禦機能に力点をおき、緊急避難場としての性質を強くもっていた。丘陵といっても概して相当の高度をとり、尾根筋にいくつかの削平地を設定して曲輪《くるわ》とし、曲輪と曲輪のあいだには尾根を切る空堀《からぼり》をつくり、また尾根筋の両側斜面には、敵の移動攻撃をおさえるための畝堀《うねぼり》を数多く掘り上げた。

しかし戦国争乱が激しさを増し、戦いの規模がさらに大きくなると、大名・国人は「山の根」「根小屋」などとよばれる山城の麓に構築していた日常居館から、山上の城に移ることが多くなった。石見益田氏の場合、一六世紀前半の終わりに近いころ、益田藤兼《ふじかね》は三宅御土居《みやけおど い》とよばれる益田川右岸微高地の平地居館から離れ、左岸の丘陵上の七尾《ななお》城に本拠を移した。著名な戦国大名越前朝倉氏は足羽《あすわ》川の支谷一乗谷《いちじょうだに》の下城戸《しもきど》、上城戸《かみきど》で区切られた谷の中央を貫流する一乗谷川右岸に壮麗な居館を営み、谷の両側とくに南側尾根筋に多数の曲輪を設け大規模に山城化した。この場合、居館の立地に要害性が強かったため、朝倉義景は山城を活用しないまま信長の攻撃に為《な》すすべもなく敗北した。しかし国人領主益田氏のみならず、北条氏照の八王子城や謙信の春日山城、信長の岐阜城、尼子の月山城などをはじめ、戦国後期の大名・国人は麓屋敷から山上に日常居所・本拠を移すものが多かった。

その場合、城の構造、性格は当然大きく変わった。主君が山上に移り住むため、それまで掘立柱《ほったてばしら》だった曲輪の中心建造物も礎石をもつ本格建築に変わり、本丸には主君の居所、望楼櫓《やぐら》、二階門などが設けられるようになる。益田の七尾城でもその変化は歴然としており、一六世紀半ばごろのものと推定される中国陶磁器片が本丸跡から大量に出土して、そこが日常的居所となっていたことを示している。

二の丸、三の丸等とよばれる諸曲輪も拡大され、その周囲は丸太柵で防備を固め、兵糧蔵も拡大される。そればかりでなく、重臣たちの居所も縄張り内の随所につくらせるとともに、籠城《ろうじょう》を予期しての兵員の宿泊施設も強化された。七尾城では千畳敷と今もよばれている広い削平地がそれにあたるだろう。

防衛力を強めるため、山の裾《すそ》から中腹に多くの家臣たちを集住させることも行われた。益田氏の七尾城では「山の根」という山裾に有力家臣の屋敷や下級兵員居住施設があったと推定される。伊勢北畠国司の本拠多気《たけ》城では山上本丸に登る中腹のいたるところに削平地があり、それぞれ家臣屋敷として人々の名も伝えられている。近江南半守護で戦国大名化した六角氏の本城観音寺城でも中腹に多数の屋敷跡が認められる。

城と合戦

大名同士の戦いが動員兵力、軍団数を飛躍的に大きくし、組織化された大規摸な合戦が行われだすと、本城と支城が計画的な戦略のもとに大兵力の敵の攻撃を受けることも少なくない。小田原城は永禄四年（一五六一）上杉謙信に包囲され、同一二年（一五六九）には武田信玄に襲われた。毛利元就の郡山城は尼子に包囲攻撃された。それらの場合、城は何とか守り抜かれたが、浅井の小谷城や尼子の月山城は信長や毛利によって攻撃され、そのまま大名家の滅亡に連なった。

こうした領国支配と大名家の命運がかかる本城、中核的支城には、敵襲となれば、武将・兵員ばかりでなく「証人《しようにん》」とよばれる同盟者からとった人質や、家臣たちの妻子もみな籠城させられ、一蓮托生《いちれんたくしよう》の形をとった。戦国の主従制の不安定さから、危機に直面すると家中の中からさえ敵に通ずるものが発生したからである。

攻める側は、城の周辺の集落や城下町を焼き払い、略奪しながら、城を丸はだかにして外部との連絡を絶って包囲攻撃するという作戦をとるのが普通である。永禄七年（一五六四）五月、上野西部に侵入した信玄は敵地の麦をことごとく苅り取り拠点の蔵に収納してしまうとともに、田の苗代《なわしろ》はことごとく薙《な》ぎ払い、民屋には火を放って廃墟とした。地元の民衆は逃亡するか捕えられて人商人《ひとあきびと》に売り払われることも多い。秀吉は上杉軍の「人取り」の激しさにおどろきかつ怒り、これをきびしく禁止した。

そのため守る側は町の住民、とくに職人、商人なども、総構《そうがまえ》とよぶ城をとりまく防禦施設

（土塁など）の内に取り込み、民衆もろとも籠城するのが普通だった。

秀吉が天正一八年（一五九〇）小田原城を攻めたとき、城主氏政・氏直父子はかつて氏康が謙信・信玄の攻撃に耐え抜いた自信から、籠城作戦をとり、全領の民衆を夫役に駆り出し、城郭の大補強を行うとともに、城下町をそっくり取り囲むおよそ九キロメートルの「大外郭」を構築し、小田原を城町ぐるみ城塞都市化した。このため秀吉も激突をさけ、二〇万に及ぶ陸上軍と海上船団でその大外郭をまた包囲し、水・兵糧を絶ち飢餓に追いこむ完全な「早殺《ひごろ》し」作戦をとって屈服させた。北条氏の誇った全領国の城システムは秀吉軍によってことごとく分断され、機能することができなかった。

こうした事実を見ると、城は戦国社会の軍事・統治・技術などをはじめあらゆる人間模様までを集約的に物語る大舞台だということができる。

籠城と女性

なお籠城と女性たちのはたらきにもふれておこう。そのようなとき部将・兵員の妻子たちはみな城に入らされた。一つの例として、秀吉の小田原攻めに関連した史料がある。八王子城主北条氏照は、秀吉の攻撃が避けられないものと見て、はやくも天正一六年（一五八八）、麾下の久下《くげ》兵庫助《ひょうごのすけ》にあてて、「天下の御弓箭《ゆみや》」が切迫しているから、(イ)八王子に屋敷をもたない者は、寄親あるいは知人の屋敷に兵糧をはこびこめ、(ロ)いよいよ情勢が緊迫したら妻子は八王子城に入れよ、と命じている。

籠城にあたって妻子を城に入れさすのは、一種の人質という意味があった。この場合久下兵庫助自身も籠城したのかどうかははっきりしないが、ともかく妻子を城に入れることによって、その夫である侍たちはもう迷う余地なく城主と運命をともにしなければならなくなる。その意味で、妻子の城入りはなんとも非人間的で残酷なものであった。

籠城した女性たちは、もちろん炊き出しや負傷者たちの看護などに活躍したであろう。『おあむ（おあん）物語』には、石田三成《みつなり》の挙兵によって、大垣《おおがき》城に籠城したときのことを、

我《われ》ゝ母人《はゝ》も。そのほか。家中《かちう》の内儀《ないぎ》。むすめたちも。みな〳〵。天守《てんしゆ》に居《ゐ》て。鉄砲玉《てつぽうだま》を鋳《い》ました。また。味《み》かたへ。とつた首《くび》を。天守《しゆ》へあつめられて。それ〳〵に。札《ふだ》をつけて。覚《おぼ》えおき。さい〳〵。くびにおはぐろを付て。おじやる。それはなぜなりや。むかしは。おはぐろ首《くび》は。よき人とて。賞翫《しやうくわん》した。それ故《ゆゑ》。しら歯《は》の首《くび》は。おはぐろ付《つけ》て給《たま》はれと。たのまれて。おじやつたが。くびもこはいものでは。あらない。その首どもの血《ち》くさき中《なか》に。寐《ね》たことでおじやつた。（岩波文庫版）

と語っている。鉄砲玉の鋳造、味方がとってきた生首《なまくび》に札をつけたり、おはぐろをつけて上級者らしくみせかける。それもおそろしくはない、というあたり、あまりにもすさまじい戦国籠城の光景ではないか。

しかも不幸にして落城となれば、妻や娘たちはみな城と運命をともにした。八王子城も、天正一八年（一五九〇）六月、前田利家《としいえ》の率いる北国勢に囲まれて落城の悲運となるが、城中の婦女子は御主殿脇の滝つぼに身を投じて、生き残る者はなかったということである。

領国経済体制

土地と農民の支配

貫高年貢

領国支配を安定させ、発展させるためには、軍事とともに経済体制を構築することが何よりも必要であった。その第一は何といっても領国の土地を郷村ごとに確実に把握するための検地の実施、貫高の確定である。「貫高」は二つの側面をもっていた。家臣たちが大名に対して負担する軍役の基準数値という面と郷村の負担すべき年貢高・役高という面とである。戦国大名領国の貫高制は、権力の基礎をなすこの二つの側面を極力同時的に確定しようとして構想されて、推進されていった。

軍役量の基準数値としての貫高はすでに北条領国の場合について見たように、検地によって定められた数値とはいえ、厳密な意味での実在耕地面積を一筆《いっぴつ》ごとに測量して得られたものとはいえず、さらに自然災害や生産力の状況、大名権力と郷村との間の力関係や、家臣としての功労の度合など、さまざまの要素を勘案して免引分を設けたうえで定められた政治的数字という性質が濃厚だった。

しかしその場合でも、大名は貫高を極力耕地の実在面積とそれに照応する基準年貢高に近づけようという意欲はもっていた。とくに家臣への給地のみでなく、直轄領の年貢収取や給地をふくめた全領に一律にかける段銭・棟別銭などのことを考えれば明らかなように、検地にもとづく郷ごとの貫高の引き上げ・確定は、大名の財政収入の増加、農民支配の徹底という統治の基礎を固めるためにもきわめて重要なことであった。それゆえ大名は検地を反復的に行い、「増分踏出《ぞうぶんふみだし》」といわれる貫高の引き上げにつとめた。

　ふりかえってみると守護大名は、まだ独自にその管国一円に検地を実施することはできなかった。室町期では幕府も荘園制を支配の基礎として認めていたから、守護がいかに実力を蓄えたとはいえ、その公的職権として認められていない検地権を管国で勝手に行使するわけにはゆかない。かれらは国全体に守護段銭をかけるようになったが、その基準とした土地面積は、平安後期から鎌倉時代にかけて、国衙と守護が荘園・公領別に作成した大田《おおた》文《ぶみ》に登録された面積、すなわち「公田《こうでん》」の面積の範囲にとどまっていた。その後の長いあいだに開発された新田の面積は、時としては「公田」の面積を上まわるほどの広さになっていたが、それを公田にくり入れて段銭等の賦課対象にすることはできていない。そのため、大田文の面積は時代が下れば下るほど実態とかけはなれたものになっていた。そして、そのような荘園領主や守護に掌握されていない非公田部分の増加は、在地の国人や村々の小領主層を生みだす温床となった。

　戦国大名たちは、こうした制約を体制的に否定し、領国全域にわたる検地の逐次実施をめざした。なかでも今川と北条がこれにもっとも早くから力を入れた。今日分かっているところでは、北条では、永正三年（一五〇六）の早雲の相模西部の検地がもっとも古く、今川の検地も永正一七年までさかのぼることができる。今川領でもそれ以後、永禄一二年（一五六九）に至るまでに、直轄領・寺社領・給人領をふくめ多くの実施例が検出できる。

今川検地

一つの具体例として、今川義元の勢力圏の東端にあった駿河国駿東郡泉郷（清水町）のケースを見よう。この郷は直轄領であるが、天文二一年（一五五二）に検地が行われ、二〇〇俵の「増分」が検出された。そして杉山善二郎という検地の「案内者」になった者が、「本増共に定納」として新しく決まった年貢の納入を請け負うことになった。この「増分」が「本」、すなわちもとからの年貢額との比較でどの程度の重みかは分からないが、一郷だけで二〇〇俵の増分といえば、けっして軽微な額ではあるまい。

他の例を求めると、天文一〇年遠江の見附《みつけ》（静岡県磐田《いわた》市見付）の検地では、本年貢一〇〇貫に対し増分五〇貫、弘治元年（一五五五）駿河賀嶋《かじま》前田郷（富士市）では三五貫五〇〇に対し、一七貫二〇〇文とほとんど五割の増分である。他にもいくつかの例があり、所によってその割合に変化があるが、全体として増分の大きさが注目される。この検地には「案内者」がいたわけだから、ただ郷村からの「指出し」を徴収しただけではなく、「指出し」について検地役人が実際に現地にのぞんで、それを照合し、増分を検出していったにちがいない。

なおこのほか、(1)泉郷の検地の増分が俵数で示されることは、年貢徴収が実際には現物で行われたらしいこと、(2)この検地の案内人であり、請納人となった杉山善二郎には、杉山自身の名田から検出された増分一〇石一斗、畠からの増分銭五貫文が給恩として与えられ、郷の末端支配者に編成されていったこと、なども注目される。

同じ年、泉郷に近接する佐野郷（裾野《すその》市）では検地により上の表のような結果が確定され

天文21年（1552）駿河国佐野郷の検地の結果

田畠種別	面　積	分　銭	1反当分銭（年貢）
	反	貫文	文
上　田	10.0	6.000	600
中　田	14.120	7.166	500
下　田	67.0	26.800	400
田数計	91.120	39.966	
上　畠	4.0	0.800	200
中　畠	4.240	0.700	150
下　畠	0.260	0.069	95
畠数計	9.140	1.569	
田畠数計	100.260	41.535	
うち本斗		29.500	
増半分引残		6.017	
本増合定納		35.517	

た。すなわち、上田《じょうでん》＝一反当たり分銭六〇〇文、中田《ちゅうでん》＝五〇〇文、下田《げでん》＝四〇〇文、上畠一反当たり分銭二〇〇文、中畠＝一五〇文、下畠九五文と、整然たる田畠品位別の分銭額が適用され、田畠合計一〇町二六〇歩、その分銭高合計四一貫五三五文である。「本斗《ほんと》」（もとからの年貢）は、二九貫五〇〇文、「増」は一二貫三五文であるから、本斗の約四〇パーセントが増分として検出された。しかし、実際には配慮を加え、増分のうち半額を免除し、残り半分だけを「本斗」に加えて徴収し年貢額とした。この検地は今川勢力下の有力国人葛山《かずらやま》氏元《うじもと》の手によって実施されているが、対象地は別の給人の給地だったらしい。検地施行はもちろん今川義元の方針によるもので

ある。

これから見て、今川検地が相当きびしく行われたこと、検出された踏出増分には政治的配慮が加えられ、その一定部分が免除されていることが明らかである。

しかしもっとも大切なのは、この「増分」の性格である。「増分」といえば、常識的には隠田《おんでん》の摘発のように考えられやすいが、これはかならずしもそれだけではあるまい。百姓身分のなかでの中間的な地代収取である「名主加地子」（地主の小作料的取り分）あるいは「百姓内徳《ないとく》」（百姓の手許に内々《ないない》残される取り分）の部分を極力圧縮し、年貢を増徴しようとして、「増分」を大量に引きだしているのである。その点は「今川仮名目録」の第一条に「かの名田年貢を相増すべきよし、のぞむ人あらば、本百姓《もとのひゃくしょう》にのぞみのごとく相増すべきかのよし尋《たず》ぬる上、其儀《そのぎ》なくば、年貢増に付て取り放つべき也」とあることからも推測される。つまり、名田の年貢をもっと多く出すから、自分に権利を認めてくれと新たに願い出た百姓があれば、もとの百姓に事情を示し、お前もそれだけよけいに出すかと尋ね、承諾しなければ、召し上げて、新しく申し出た百姓に与えてよい、というのである。このようにみると、今川検地のもっとも重要な側面は、検地によって名主加地子（内徳）をそのまま認めず、太閤検地の「作合い否定」つまり内徳・中間収取の否定につらなってゆく方向が進められだしていることである。戦国大名は名主加地子に手をつけなかったという説もあるが、一律にそうとはいえない。

北条検地における増分の割合

郷　名	検地年	本年貢 (A)	増　分 (B)	(B)/(A)
		貫文	貫文	
宮寺郷志村分(武蔵)	1567（永禄10）	*12.000	*11.884	0.990
前岡郷（相模）	1574（天正2）	109.500	107.253	0.979
野葉郷（〃）	〃	42.750	63.617	1.488
符川郷（武蔵）	1577（天正5）	永楽17.242	**24.111	1.398
三保谷郷（〃）	1578（天正6）	212.070	54.010	0.255
荒川郷（〃）	1588（天正16）	永楽16.541	3.668	0.222

*本年貢増分は滝山御蔵納入分のみ。**このほか塩分5貫文が別にある。

「小田原衆所領役帳」を見ると「卯《う》検地辻《つじ》」「壬寅《みずのえとら》検地増分」などという形で、給人の知行《ちぎょう》高のところに注記がある。これからすれば、北条氏は直轄地において、田地の面積・保有者・銭高を確定する本格的な検地を行ったばかりでなく、給人の知行地についても「増分」をきびしく検出するような検地を相当にひろく行っていたことが分かる。

ではその場合、従来の本年貢に対する増分の割合はどうだったか。上の表で分かるように、増分が本年貢高を上まわる符川郷・野葉郷などから、荒川郷・三保《みほ》谷《や》郷（埼玉県川島町）のように、増分の割合が比較的低いものまで、かなりさまざまであるが、それにしても全体的に見ると増分の割合は、今川検地よりいっそう大きいといえるほどであり、その検地のきびしさがうかがわれる。

しかも、この検地による増分は、給人知行地でも、大名が召し上げて直轄分にくりこむ規定であった。天正一五年（一五八七）、武蔵国久下《くげ》郷（熊谷市）で行われた検地によって、八名の給地から計五貫九一二文が増分として検出された。一人宛にすれば平均一貫文にもみたない零細な増分である。それでも「給田の増、召上げらるるは御国法也、右の員数一粒一銭の不足も無く催促せしめ、霜《しも》月《つき》十五日を切て栗橋《くりはし》へ御蔵納申すべし」という厳命が発せられた。増分は給人に与えず大名の取り分として栗橋の大名の蔵に納めよというのである。今川の場合は北条のように給地の「増分」を直轄領にくりこむ「国法」があったとは見られない。したがって「増分」は軍役増をともなうとしても、給人の年貢取分の増加にも連なった。ところが北条では、百姓からは「増分」を取ったうえ、これを給人に与えず直轄領にくりこんでしまうから、検地は北条自身の増徴と権力強化に直結していた。

　武田領国の検地もまえに「恵林寺領検地帳《えりんじりょうけんちちょう》」についてふれたように、「踏出」＝「増分」は、本年貢を上まわるほどきびしく行われた。しかし、「軍役衆」には増分の一部を免じ、「御家人衆」には本年貢・増分とも全部を免じていることから分かるように、比較的村内の名主的階層に対する譲歩的措置が手厚かったようである。『甲陽軍鑑』が「名田は年貢少しづつ出し、残りは地主知行にふみてとる」といっているのがそれを意味している。その点では、武田は中間収取としての名主加地子を体制的に認めたわけだが、その引き替えに、かれらを軍役衆に組織しているのであるし、軍役負担を免除される「惣百姓」は高い踏出し分をふくめ、年貢を増徴されたわけである。

　このように、今川・北条・武田の検地は、それぞれに多少ずつ方式を異にしているが、荘園制以来の大田文に定められた「公田」を完全に否定し、給人領をふくめて独自の土地把握を行いだし、しかも名主加地子にまで手をつけていったところに、その新しさ、権力基盤強化のための重要な役割がみとめられる。

年貢と役銭

こうした検地によって、農民の負担すべき年貢やその他の諸税も確定された。年貢は今川でも北条でも、また毛利でも、田地一反当たり分銭《ぶんせん》五〇〇文前後がおよその標準であった。畠は近世とは大きくちがい、田の三分の一程度の分銭である。それを農民が実際に銭で納めたものか米で納めたものかは一律にはいえない。今川検地で、増分を何俵と表現しているところから見ると、農民は現物で納めたように見える。しかし、北条では、永禄三年（一五六〇）になって、年貢半分を米納にするという措置がとられているから、それ以前はすくなくとも郷でまとめ、領主側に納める段階では銭納だとしか考えようがない。この点、個々の農民のレベルでそうなのか、地域の年貢蔵に収納された後、売却されてから銭納されたのかは、検討の余地がある。また武田領では、たとえば永禄九年信州伊那《いな》の虎岩《とらいわ》村（飯田市）に住む平沢藤左衛門に対し「虎岩之内、其方拘《かかえ》之田地御検地分二十三貫五百五十五文、（それから諸差引）残而《のこして》十三貫九百二十文、米子《こめこ》に五十五俵一斗三升六合、斯《かく》の如く毎年未進なく相納む可き者也」（武田領の一俵は二斗、枡《ます》は京枡の三倍の甲州枡）と命じているところからみて、個々の農民は田地については米納であったと判断される。

そこで、もし実際の農民が直接納めるときのかたちが米であったとすれば、それにもかかわらず、年貢高の基準をなぜ貫文であらわすのか、それと米との換算方法はどうだったのか、実際に年貢米はどこに収納され、どこでだれの手によって銭にかえられたのか、といったことがあらためて問いなおされねばならない。この点はまたあとで市場や商業の問題をとりあげるときに考えよう。

このほか大名の取り分には、全領の農民に対してかける租税のような性格のものがあった。今川関係の史料には、「棟別幷《なら》びに天役《てんやく》・郡役」とか「棟別・四分一点役《てんやく》等」という表現がある。北条では、天文一九年（一五五〇）の諸公事改革で、「諸点役之替」として「貫高一〇〇貫文につき六貫の役銭」をとることとした。「段銭」「懸銭」「棟別銭」「城米銭《じょうまいせん》」をあわせたものがのちに「諸役銭」といわれるようになる。それらは本城主が直接全領から収納するもっとも重要なものであった。「役銭」については分かりにくい点もあるが、荘園制以来の雑多な点役、万雑公事《まんぞうくじ》のたぐいを、貫高についての一定の割合の額に再編統一することによって、収取関係を整備したのである。これら領国一円の租税的な性格をもつ役銭は、期日を定めて、小田原の本城あるいは支城に納入された。

以上の諸賦課のうち、段銭は、もともと室町幕府下の守護が、その管国一円にわたって、はじめは臨時に、のちには毎年固定したかたちでかけていたものを、形式上継承したものである。それはさらに淵源《えんげん》をさかのぼると平安時代以来、一律に国別にかけられた「一国平均国役」などにつらなっていくものであり、いわば国家の公的課税であった。戦国大名の段銭は全部とはいえないまでも、すくなくとも一定部分は検地によって新たに把握した面積・貫高などを基準として算出するものであるから、守護段銭とは量的にもちがうが、形としてはこれらを継承するものといえる。段銭は、毛利や伊達などでもひろく徴収しており、大名権力のシンボルのような性質のものだった。大名たちはこの収取権を伝統とのかかわりでさらに公的なものとして形をととのえるため、将軍から国々の「守護職」に補任してもらうことを望んだ。

農民の抵抗と土地への緊縛

年貢や段銭以下の諸役銭のほか、農民にはさまざまな人夫役もかけられた。北条は農民の広範な不満と抵抗に直面したことから天文一九年（一五五〇）諸公事の整理を中心とする税制改革を行い、「役銭」の制度を定めたとき、これによって「昔より定め候公事は残らず免除」したが、「陣夫《じんぷ》・廻陣夫《まわりじんぷ》・大普請《おおぶしん》は勤むべし」と命じた。要するに古くから領内にいた大小の領主たちが、直営地の耕作や、門衛・掃除などに使ったさまざまの夫役《ぶやく》、あるいはぜいたくのために気ままにかけてくるいろいろの課役などはいっさい廃止したが、大名自身が必要とする本城の作事《さくじ》普請《ふしん》に使う人夫と、戦争のときの陣夫だけは確保したのである。実際の例についてみると、普請役の中には築堤工事役などもあり、相模の丹沢山のふもとの山村である媒《すす》ケ谷《がや》に人足五五四人役も課し、材木・炭を運ばせたり、北条一族の女子の「御祝言《ごしゅうげん》御用人夫」として沼津と小田原とのあいだの荷送人夫を雇ったりするなど、大名の用に供するさまざまの夫役があった。この中には「雇う」というかたちで、若干の賃金を支払う場合もあったが、天正一五年（一五八七）小田原に近い足柄下《あしがらしも》郡の田島郷に人夫一五人をかけたとき、「一日不参は五日召使《めしつかう》」と命じているように、きびしい罰則までつけて駆使するものであった。

農民たちは、年貢や夫役のきびしさを不満とし、さまざまの抵抗を試みた。それらの主なものを整理してみると、⑴年貢・夫役の滞納、⑵百姓侘言《わびごと》（年貢・夫役の減免願い）、⑶田畠上置《あげおき》（耕作放棄）、⑷逃亡闕落《かけおち》、⑸給人または代官を大名に訴える、⑹敵方の被官《ひかん》となる、などであった。天文一九年、遠江国周智《すち》郡の犬居《いぬい》三ヵ村（浜松市天竜区）では、百姓が、陣番公事などを「迷惑」として、代官の天野景泰《かげやす》を訴え、年貢を滞納して隣郷の山林に身を隠したり、「他の手に属し奉公する」などの抵抗をした。百姓が「他の手に奉公する」というのは、敵方の武士の被官になり、それによって、自分の立場を有利にしようとすることであり、いかにも戦国の百姓の生き方らしい。

大名は農民の抵抗に対して、きびしくこれに弾圧を加えた。永禄一〇年（一五六七）駿河国泉郷にあてた今川氏真《うじざね》の朱印状の一条は、

一、田地上げ置く百姓等家屋敷共、杉山之《これ》を請取り、其の上新百姓申付くべし、若《も》し又本百姓幷びに小作等、年貢引負ひ欠落《かけお》ちせしめ、重ねて郷中徘徊《はいかい》せしむるに於ては、見合に搦取《からめと》り注進の上成敗《せいばい》を加ふべき事、

といっている。抵抗手段として「田地上置《あげおき》」をする百姓がいれば、その家屋敷まで没収し、新しい別の百姓に耕作させよ、年貢滞納のまま欠落《かけおち》しながら実際にはまだ郷中に潜《ひそ》んでいることがあれば、ただちに逮捕して成敗せよ、というのである。その権限行使は検地の案内人で、年貢の郷請の責任者とされた杉山であった。

このころ、本城や支城の城下、あるいは交通の要地などはかなりにぎやかな町場《まちば》として発

展しはじめていた（後述）。そのため、百姓たちのなかには、農村をはなれて、町場に逃亡する者も少なくなかった。元亀四年（一五七三）三月、北条氏は、駿河国駿東郡の八幡郷（清水町）の欠落人を調査し、その召還を命じている。それによると、この郷には伊東の鎌田《かまた》（静岡県伊東市）に親子三人、小鍋島《こなべしま》（神奈川県平塚《ひらつか》市）に夫婦親子五人、江戸に親子五人、伊豆田中《たなか》（静岡県伊豆の国市）に親子二人と家族ぐるみのもののほか、川越（埼玉県）、四屋《よつや》（東京都府中市）、藤沢・鎌倉・川村（神奈川県足柄上郡山北町）、吉沢《きちざわ》（平塚市）・小田原に各一人、合計二二名も欠落者がいた。しかもその行き先としては、このように町場が多かったのである。北条氏はこの召還を命じた文書のなかで、欠落者の召還は「国法」であるといっている。江戸時代に入ると幕府も大名も農民の自由な移動を禁止し、かれらを土地にしばりつけることを、農民支配の基本方針とするようになるが、戦国大名でも、北条のように領国体制の安定に力を入れた大名では、はやくもそれに通ずる政策がおしすすめられだしていたといえる。

職人の掌握

長宗我部領の職人分布

戦国大名にとって、農民支配とともに、職人の掌握も切実な課題であった。当時の諸職人の姿をよく示してくれる『七十一番職人歌合《うたあわせ》』からひろいだしてみても、番匠《ばんじょう》・鍛冶《かじ》・瓦《かわら》焼《やき》・車作・弓作・鎧細工《よろいざいく》・貝磨《かいすり》・銀《ぎん》細工・薄打《はくうち》・行縢造《むかばきづくり》・鞘巻切《さやまききり》・鞍《くら》細工・矢細工・箙《えびら》細工

長宗我部領国の職人分布（『高知県史』より）

職種＼郡名	安芸	香美	長岡	土佐	吾川	高岡	幡多	計
くらつくり		1						1
さや							3	3
具足師			6					6
弓細工		13		1	2	5		21
研（とぎ）	3	6	8	1	1	8	4	31
皮細工	2		2			24	9	37
鍛冶	55	39	59	21	51	100	116	441
鋳物師						3	1	4
鍋屋	2	2					2	6
金師							4	4
金細工	1	1				2		4
釘		1						1
桶結		1	4	2	6	6	6	25
樽屋					2			2
檜物師							2	2
木地師			2	4	2	4	1	13
木屋			2					2
塗師						4		4
酒屋		2		1	1		2	6
とうじ							1	1
塩屋						13	4	17
そうめん		4	3	3	5	3		18
石屋			1		1	5		7
畳				1	10	5	3	19
壁塗		1						1
はたや					1			1
わたくり			1			4		5
紺屋	2	12	19	4	10	24	22	93
藍屋			1			4	3	8
むしろ			1					1
笠			1					1
紙漉		2			1	1	3	7
くし		1	1					2
筆		1						1
番匠	50	28	25	18	31	41	106	299
船番匠	9		2		2	8	21	42
細工		3	3			7	1	14
たくみ 大工 小工	3	6	13	8	5	30	23	88
大鋸	9	2		1	11		11	34
土器	7	8	6	5	6	15	1	48
土器(社寺)	1	8	10	1	1	4	2	27
瓦師							1	1

など直接的に武器製造や築城など軍事にかかわる職人は相当にこまかく専門化しているし、その他紙漉《かみすき》・轆轤《ろくろ》師《し》などの日常物資の生産者も少なくない。したがってこれらをどのようにどれだけ掌握するかは、大名たちの軍事力に直接かかわる問題であった。

そこでまず、このころの職人たちが、どのような形で職能分化し、大名領国内にどのように分布していたかを、土佐の戦国大名として急成長した長宗我部領国について見よう。史料は天正一五年（一五八七）から一八年にかけて行われた検地の結果をまとめた「長宗我部地検帳」である。戦国期というよりすでに秀吉の時代であるから、多少のちのことではあるが、土佐一国の職人分布を知ることのできる好材料である。

表を見て分かるように、土佐七郡に分布する職人の態様は、おどろくほど多彩である。鍛冶・番匠・大工・船番匠・大鋸《だいぎり》(おが)・土器・皮細工・紺屋《こうや》・桶結《おけゆい》などが代表的な職人である。そのほか専門分化した武器職人も少なくない。もっとも数の多い鍛冶と番匠・紺屋・大工は、この時代の代表的職人であり、大名・国人領主の軍事的要求と同時に民衆の需要ももっとも多く、しかも農民が片手間に行う副業としてはなりたたない技術を必要としたものである。ただ鍛冶が特別に多いのはこの国が農鍛冶の代表的生産地であって、地域内の需要に応じただけでなく、全国に向けての商品をつくっていたためと思われる。

それに対して、職人数がごく少ないものは、まだ農工未分離で、専業の職人とみなされないものが他にも存在していたのかもしれないし、一般の需要もさして大きくなかったであろう。塩屋のように高岡・幡多《はた》郡にだけ集中しているのは地理的条件による特産品である。それに対して皮細工が高岡郡に集中している事情は分からないが、差別視された職人が、長宗我部氏の本拠であるこの郡に政策的に集住させられていたことを意味するかもしれない。

この「地検帳」に見える職人は、かれらがすでに各地に分布し、在地の小領主や民衆の地域的需要ともひろく結びついており、特権的な公家や大寺社などの支配階級に隷属した荘園制時代の座職人とは性質のちがうものとなっていることを示している。

北条氏の職人給分

職名・人名	給分高	給分所在地・居住地
	貫文	
須藤惣左衛門	291.358	河原谷（三島)、万田(平塚）多田（韮山)
唐紙藤兵衛	40.0	中村矢田（三島)
綱広鍛冶	19.783	鎌倉
河越番匠	10.0	鎌倉
大工三郎兵衛	53.730	鎌倉
番匠五郎三郎	3.550	玉縄鎌倉内
藤沢大鋸引	170.432	藤沢
奈古谷大鋸引	31.0	奈古谷（韮山)
切　革	20.0	奈古谷
青貝師	9.0	奈古谷
江間藤左衛門	60.0	奈古谷・駒林
欙左右師《つかそうし》孫四郎	13.320	奈古谷・多田（韮山)
円教斎	13.534	中村（三島)
縫詰神山	18.0	多田（韮山)
奈良弥七	41.950	多田・頓須奈良
黒　沼	20.0	多田
石切3人	25.500	奈古谷
江戸鍛冶	4.200	浅草（江戸)
同所番匠	4.290	千束（同上)
組壔師（石切？)	7.200	多田
鍛冶次郎左衛門	2.500	奈古谷
銀師八木	12.500	三島
紙　漉	20.250	中村（三島)
桶結師	3.50	鎌倉
笠木師	5.700	鎌倉
経　師	2.000	鎌倉

北条領の職人編成

大名の職人掌握の方法として注目されるのは、かれらに給分を与えてこれを御用職人として編成する形である。「小田原衆所領役帳」を見ると、「職人衆」というグループに右の表のような人々があげられている。鍛冶・番匠・大鋸《だいぎり(おが)》引《びき》など、主として軍事的性質の強いものと、鶴岡八幡宮・三島《みしま》大社などの維持に必要な高級技術職人などが中心で、居住地も、韮《にら》山《やま》・三島・鎌倉・江戸などの重要拠点に集中しているものとがある。

そのように御用職人としての編成をうけた職人たちは、当然のことであるが、大名の御用を第一としなければならない。鎌倉の番匠は「御扶持」をあたえられたからは、「世上之細工之《これ》を致すべからず候」と厳命をうけた。藤沢の大鋸引は、材木をひいて板にする職人の集団であり、森氏がその棟梁《とうりょう》となっていた。北条氏に対する奉仕の形は「公用《くよう》」と「作料《さくりょう》」の二種類に分けられ、年間所定の日数は「公用」として勤め、これには一人一日一七文というわずかの金額が支払われた。また「作料」は、「公用」の日数をこえるときの一種の強制的雇用であって、この場合は一日五〇文が支払われた。同じような方式は鍛冶に対しても適用されており、伊豆田方郡江間《えま》（伊豆の国市）の八郎左衛門は、永禄一一年（一五六八）六月、

一、一年に三十日召仕はるべく候、御細工仰せ付けらるる時は、公用下さるべき事、
一、棟別の事、居屋敷分、来秋より御免の事、
一、当年土肥御殿釘《くぎ》打たさせらるべく候間、来二十日、必ず〳〵大屋の所へ来《きた》り、炭鉄公用請取申すべし、釘、此員数以下は、その時御配符を以仰せ出《い》ださるべき事、

という命令をうけている。職人身分のため棟別銭は免除されるが、ここでも一年に三〇日も

の「公用」を勤めなくてはならず、釘製造役の際には原料鉄から炭にいたるまでを与えられ、一日わずか一七文できびしい労役提供を強いられた。

大名はそのほか、直接的な御用職人というほどではないが、営業上の特権を認めることによって職人に保護を与えることもあった。たとえば武具の材料である革作《かわづくり》の場合は、相模西郡・中郡・東郡の革作が、郡別に任命された革作触頭《ふれがしら》に率いられて、大名の要求する各種の革製品を供給する代わり、営業独占の権利を認められていた。「西郡・中郡、皮はき《（剝）》にあらずしてはき取る由申上候、法をそむく上は、見あひ《（合）》に押《おさへ》て取るべし」というように、公認された革作衆以外の者が勝手に革製造を行っていたら、その場で差し押えてよい、とされていた。

こうした事情ともからんで、革作をはじめ各種の職人たちは、このころ有力な棟梁のもとに率いられる形で一定の場所に集住し、その集団として大名をはじめとする需要者とつながるようになった。相模の座間《ざま》に鍛冶屋集団が生まれつつあったことは「鍛冶又四郎此方へ出《いで》、座間に居住せしめ候、然る処、方ゝ之鍛冶共、郷中へ越し候由申候、相似合之役（しかるべき奉公）をいたさずば、又四郎面（又四郎の配下）たるべく候、此旨《このむね》鍛冶に知らさせらるべく候」という文書からもよくうかがわれる。播磨《はりま》の野里《のざと》村（兵庫県姫路市）に集住した鋳物師《いもじ》職人衆は、棟梁の芥田《あくた》氏に率いられ、国人領主の小寺《こでら》氏に従っていた。同様に、近江の国友（滋賀県長浜市）や堺・我孫子の鉄砲鍛冶にせよ、古くから名高い河内丹南《たんなん》の鋳物師にせよ、しだいに多くの職人が集住し、土地の名を冠してよばれるほどに知名度を高めていった。職人の側でも社会分業の進行にともなう需要の拡大に応じて集団化することによって、その営業条件を改善しようとする動きが高まり、領主側もこれに対応しつつ編成を進めていったのである。ここでも領主―農民のあいだの一方における「収奪」、他方における「愛護」という関係に似た、領主と職人との関係を読み取ることができる。

流通網の編成

御用商人と城下町商業

領国経済体制にとって職人掌握以上に重要なのは、兵糧・武器の確保、年貢米以下領内産品の販売、流通課税の徴収、城下町・港津都市の振興など、多面的に展開してきた流通網を大名の軍事的必要の線にそって組織化することであった。手労働によるほかはない手工業の生産力は、大名権力をもってしても領国限りで一挙に飛躍させることはできないが、物流組織をどのように編成・掌握するかによって、大名の軍事力には想像以上に大きなひらきが生まれる。

このころ、戦国大名の城下は後述するように町場としての姿をととのえ、居住空間まで定められだしていた。それはまだ、江戸時代の城下町のように、城下に家臣団と商工業者が集まり住んで、藩内農村と城下としての都市とのあいだに一定の社会的分業関係が形成されるところまでは進んでいないが、大名の優遇策によって各地から集まってくる商人の数は、しだいにふえていた。永禄三年（一五六〇）上杉謙信は春日山の城下である越後府内の町人たちに、諸役・地子を免除するとともに、各地から入港してくる商船に諸役・鉄役を免除して

いる。また永禄七年、謙信は越後柏崎に対しても、
当町へ諸商売に附《つき》て出入の牛馬荷物等、近辺所々に於て新役停止《しんやくちょうじ》之事（近在で新役をかけてはならない）、
という制札をかかげて、町への自由出入を保障し、その繁栄をはかった。
北条領では、本城の小田原のほか、支城下の江戸・川越・松山・忍・岩付（槻）なども町場として発展しはじめた。これらのなかでは、武蔵の松山に北条氏および城主上田氏の定めた「市場法」とよぶべきものがいくつか残っている。その要点を抜き出してみると、
○松山本郷に当手の軍勢はいっさい出入りしてはならない（永禄五）。
○毛呂《もろ》（埼玉県入間郡毛呂山町）の陣から兵糧・馬料を買いつけにきても、一切売ってはならない（永禄九）。
○いかに借銭借米を負った商人に対しても、市《いち》の日に松山に来たとき債務弁済の催促をしてはならない（元亀二）。
○松山領に於て他所の商人が物資を直接買い取り、他所へ運びだす者がある。買手は他所者で仕方ないが売手としては曲事《くせごと》である。そのような買取荷物は、松山本郷の町人どもが在々所々に於て取り押えよ（天正九）。
○松山の者はもちろん、他郷の者でも、市日に諸物資を他郷の市へ付けだすことは一切

自由である。また商売は一切無役である。（天正一四）。

というぐあいである。松山町人と市日に松山に集まってくる商人に対して取り引きの安全と自由を保障するとともに、松山本郷町人に秩序維持責任を負わせている。

さらに、大名たちは城下町の商人に、さまざまの営業特権を与えて、御用商人としてこれを育成した。今川の御用商人であった駿府の友野《ともの》氏は、義元から駿府の商人頭の地位を認められ、課役を免除されるとともに、友野座として、かれの傘下の商人団が活動する場合には、領内の伝馬《てんま》の利用にも便宜を与えた。またそればかりでなく友野には江尻《えじり》（静岡市）・岡宮《おかみや》（沼津市）・原（同）・沼津などの主要な港津で木綿役を徴収すること、さらにのちには胡麻《ごま》油商売役の徴収も許可した。商人頭はこのように諸営業に対する統制と課役徴収の責任と権利をもっていたものらしいが、他面、その代償として友野の場合、馬番料毎年木綿二五反を上納し、今川の命ずる武器・兵糧の調達にあたるなど、大名への奉仕の義務を負った。

同じような城下町特権商人としては、織田領の尾張・美濃の商人頭伊藤宗十郎がある。伊藤は元亀三年（一五七二）、信長から両国の「唐人方並呉服商売司」を命じられた。また、小田原には商人頭の賀藤《かとう》氏や薬種販売を本業とする宇野（外郎《ういろう》）氏がいた。宇野は、外郎丸《がん》薬《やく》の販売権をひろくもつとともに、天文八年（一五三九）には、北条氏綱から川越三三郷のうちの今成郷の代官職にも任命されている。のちにふれるが、堺の豪商今井宗久《そうきゅう》が織田信長の所領の代官に取り立てられていることなどと併せ考えてみても、このころの特権商人は、大名権力と緊密に結びあっており、その性格・立場にも武士的な要素が濃かったことが分かる。この点は、小田原商人頭の賀藤が宮前下町（小田原の中心地にある松原神社の門前町）奉行をつとめたこと、天正一七年（一五八九）毛利輝元によって建設され、のちに浅野氏にひきつがれていった城下町広島の大商人たちの出自が、しばしば戦国期の国人領主の庶流などであること、上杉の商人頭蔵田五郎左衛門《くらたごろうざえもん》が春日山本城の留守役をつとめ蔵の管理に当たっていたこと、などからも十分裏付けられよう。年貢米等の販売、武器・軍需物資の購入、資金調達、物資輸送などの諸面で大名の有力商人への依存は大きい。

六斎市の市立

大名領国内の流通網編成のうえで、もっとも特色あるものは六斎市《ろくさいいち》の計画的市立《いちだて》である。北条の場合、六斎市は次ページの表のように永禄から天正にかけて、武蔵・相模の要地に、北条氏の最高の権威をあらわす「虎の印判状」によって設立されていった。したがって、六斎市の出現は、たんに、地方における商業取り引きの一般的発展を意味するものではなく、大名側の政策意図によって、建設されたものであることは疑う余地がない。

では、その政策意図とは何か。それについては二つの解釈が対立している。一つは、農民銭納説である。すなわち、農民が貫高年貢を銭で納めるために、生産物を販売し、貨幣を手に入れる場として六斎市が設けられたというのである。この説は、貫高年貢を前提とする北条領の事情によく合った説明として合理的なように思われる。だが、じつは重要な弱点がある。北条の年貢制度の推移を調べると、はじめ貫高＝銭納であった年貢や段銭が、永禄末年ごろから、領主側の「徳政」によって米納に転換されてゆく事実がある。ところが六斎市のほうは、ちょうど年貢・段銭の納め方が銭納から米納に転換しはじめるのと同じ永禄末年から設立がふえだすのである。してみると、六斎市の設立が主として個々農民の直接的米穀販売の場であると見る説は成り立たず、現物で取った年貢米を、領主（現地代官）が商人に販売することを主要な目的として設けたのが六斎市である、とも考えられるのである。

実際そう考えるべき証拠もある。その第一は、北条領では、天文末〜永禄期には、伝統的な寺社門前市を楽市《らくいち》とする政策がおし進められ、同時に撰銭《えりぜに》令によって各種銭貨の混用率が規定されていたのであるが、この政策がゆきづまった段階で、米納への転換と六斎市設立の政策が採用されだすことが、経過としてはっきりしている。第二は、鉢形城主北条氏邦が、天正一六年（一五八八）秩父盆地の六斎市の一つである吉田にあてた「定法度」で、「麦・大豆・惣別《そうべつ》穀物・秩父谷中に於て、五盃入升（枡）を以て、百文に二斗五升の外、売り申す間敷事《まじきこと》」といっていることと関連する。この法度の主旨は、麦は二斗五升につき一〇〇文の値段で取り引きせよということであるが、他方北条が年貢の麦を取るとき知行貫高一〇〇文につき三斗五升であることは多くの史料から確認できる。とすると、年貢麦を現物で割り安に取りたて、これを割り高に売却させていることになるから、北条の意図は、年貢米を有利な換算率で六斎市に売りだそ

北条領の六斎市

市　名	市　日	開市年代	楽市規定
関　戸（武蔵）	3・9の日	1564（永禄7）	
世田谷新宿（〃）	1・6の日	1578（天正6）	楽　市
高萩新宿（〃）	2・7の日	1583（〃 11）	
荻　野（相模）	4・9の日	1585（〃 13）	楽　市
井　草（武蔵）	1・7の日	1587（〃 15）	

うとしていることになる。これが、領主年貢売却市場説である。

ではこの両説のいずれが正しいか。後説のほうが考えをつくしているが、これにもなお不安がある。年貢はすべて物納だったとしても、百姓が段銭や棟別銭などを現銭で納めてきたことはまず確かである。そうだとすれば、その人々はどこで銭を手に入れたのか、といった疑問にぶつからざるをえない。

六斎市の機能

後説は年貢米を領内への「再投下」＝放出と考えているが、私はむしろ商人へのまとめた売却であると思う。しかし六斎市のもつ機能をそれだけに限定することには無理がある。実際にこのころになると、秩父谷のような奥まったところでも、秩父大宮郷《おおみやごう》（一、六の日）、贄川《にえかわ》（二、七の日）、吉田（三、八の日）、大野原（四、九の日）、上小鹿野《かみおがの》（五、十の日）と五つの六斎市で完結する地方的な市場グループが成立していたことが知られるが、もし領主の年貢米を販売するだけならば、それほどの分布密度と開市頻度を必要としないだろう。半面、秩父谷のように水田にめぐまれず、各種木工品・林産物などの多い地域では、民衆が穀物購入を必要としていたことはまちがいない。その点でやはり民衆の手による商品販売・購入という側面を考慮しないと、六斎市の性格づけはあまりに一面化されてしまうのではなかろうか。

やや話がとぶようだが、歴史地理学的研究では、この時代の濃尾平野の村落市場の分布状態について、一六世紀のなかばごろでは、清洲《きよす》・下津・岩倉・苅安賀《かりやすか》・津島・蟹江《かにえ》・大野・

熱田《あつた》・守山《もりやま》などをはじめとして、城館もしくは寺社を核とし、市場をともなう中心的集落が、四〜六キロメートル間隔で網の目のように成立していると指摘している。そのような事実を参照しても、この時代の地方市場が、すでにひろく民衆にとっても必要な交換機能をもったからこそ、もともと自生的に成立してきたと考えるべきであり、六斎市の建設が大名の手によって推進されたことは、むしろそのような民衆的市場の発展に対応する動きと解する必要がある。六斎市が、従来の土豪たちが掌握していた市場に対抗して、大名自身の利害に沿って、「新市《しんいち》」「新宿《しんしゅく》」として設立されていることもそのような理解をたすけるものである。

この点をさらに具体的に考える手がかりとなる一つの興味深い史料として「相州東郡当麻《たいま》村市祭リ之覚《おぼえ》」と題する寛永《かんえい》七年（一六三〇）の文書がある。当麻は現在相模原市に属する。小田原から平塚を経て相模川をさかのぼれば、当麻に至り、ここからさらに武蔵・津久《つ く》井《い》方面に通ずる交通の要地である。そのため早雲の時代から当麻には市場保護の制札も出され、重視されてきた。この文書によると、江戸時代に入ってすでに三〇年を経ている寛永七年だから、条件もかわってきてはいようが、九月三日の市祭りには、

小田原　ういらう殿　若衆二十一人　宿　清衛門
玉縄　田中五郎左衛門殿　若衆十一人　宿　彦衛門

といったかたちで、以下大山寺町、恩間村・鶴間村、大嶋村・立川村・ふかゐ村・津久井

領・あつき《厚木》村・三田村・新戸村・相原村・磯部村・関口村・仙図村・飯山村・横山などの相模の各地から、合計三〇五人の商人とその若衆が集まってきている事実が知られるのである。これは市祭りという特別の行事のときではあるが、集まってくる各地の商人が、このときだけでなく、日ごろからこの市での取り引きに関係していたことは十分考えられる。年貢物の取り引きだけならこのような多数の商人の活動は考えられないから、ここではやはり土豪・民衆的階層の市場へのかかわりを想定すべきであろう。大名にとって、六斎市を中心とする領内流通網の編成とその振興が、貨幣獲得と軍事力強化に連なるかぎり、これの保護育成には大いに力を入れたと思われる。

納法と撰銭

しかし、そのことは市場取り引きや貨幣流通をめぐって、大名と農民との利害が一致していたなどということではない。むしろ両者の対立は鋭かった。大名側は武器や兵糧を円滑に買いつけるためにも、年貢（銭）・段銭以下を極力「精銭」とよばれた良貨で取りたてようとした。しかし割れ銭・欠け銭、各種の私鋳銭《しちゅうせん》などをふくむ悪貨の増加にともなって、精銭納入の強制は農民に耐えられなくなった。年貢（銭）・段銭の現物納への転換は「百姓之侘《わび》言《ごと》」しきりのため「徳政」としてこれを認めるということであるから、農民側のきびしい抵抗の結果、年貢米納にかわったのである。実際天正七年（一五七九）、武蔵足立《あだち》郡の鳩ケ谷《はとがや》（埼玉県川口市）では、給地の「百姓中血判を致し領主に対し訴訟を企」てるという動きがあったし、当時頻発していた逃散・欠落が、主として貨幣納を契機とする「負物《ふもつ》」（負債）

のためであったことも多くの史料によって確認できる。

したがって、大名の側の精銭徴収も、あまりの無理強《じ》いはむつかしく、むしろ一定の譲歩が必要だった。永禄三年（一五六〇）二月、伊豆牧之郷（伊豆市）に宛てた北条の朱印状によると、(1)来年秋の年貢半分は、百姓が「侘言」（嘆願）しているから、半分は米納とする、「納法」＝換算法は貫高一〇〇文につき一斗二升ないし三升のあいだとするが、そのころの景況によってまた指示をする、(2)半分銭納は精銭で納めよ、一〇〇文のうち二五文は中《ちゅう》銭《せん》とする、といっている。しかも、その年七月の武蔵の柴（芝）に宛てた「納法」では、七〇文精銭、三〇文は地悪銭（中銭）としている。これが撰銭令であるがそのさいの悪銭の混入量についてさえ、しだいに制限をゆるめざるをえなかったらしい。

伝馬・宿駅政策

そこで、戦国大名は、たんなる軍事的必要ばかりでなく、まだまだせまく孤立しがちな六斎市市場圏を相互に結びつけ、領国全体を統一的な経済圏にまで発展させるためにも、宿《しゅく》駅《えき》・伝馬《てんま》制度を充実し、交通路を整備する必要にせまられた。

北条領の場合、主要な陸路は、小田原—玉縄—江戸のほか、小田原—平塚—当麻—関戸《せきど》—毛呂《もろ》—鉢形—上州《じょうしゅう》のコースであった。その交通路に沿った主要な宿駅には、問屋《といや》と伝馬が設けられた。問屋は伝馬荷継ぎや商人の宿泊などの営業を行う宿駅商人の中心で、「町人さばき」といわれる一定の自治権を認められ、荷駄賃《にだちん》などもかれらが定めた。藤沢の問屋はさきに紹介した大鋸引の棟梁の森氏が兼ねていた。当麻宿の問屋であった関山氏は、今日も貴重な文書を伝えているが、その地位は、北条の朱印状によって任ぜられており、特権を認められると同時に、伝馬仕立ての責任も負っていた。その性格は全体として、たんなる商人というより、半ば家臣であり、同時に商人であった。天文二四年（一五五五）武蔵関戸宿（多摩市）の有山源右衛門に宛てた文書では、問屋を申し付けるかわり、伝馬の勤めを怠ってはならないと命じている。

伝馬整備の目的はやはり領国の軍事的、経済的ネットワークの編成をめざす大名の要求であった。だから伝馬の使用はなによりも大名の公用が優先された。北条領で大名が必要とする諸物資の運搬、公用で召しだされる職人とその資材の運搬には、そのつど「常調」という印文を刻んだ伝馬関係専用の印判状=手形を発行してその使用を保障し、一般の利用のさいには徴収される一里一銭の使用料も免除された。ほぼ同じような性質の伝馬制度は、今川・

武田・上杉などでも採用されている。

さらに、これは地理的事情によって異なるが、水上交通の整備・掌握も大きな課題であった。北条の場合、河川交通には、⑴沼津から韮山にいたる狩野川《かのがわ》、⑵平塚・茅ケ崎《ちがさき》から厚木・当麻方面に通ずる相模川、⑶内海（東京湾）から古河《こが》・関宿《せきやど》方面にいたる利根川《とねがわ》水系などの水路があった。また沿岸港津は、駿河・伊豆・相模・武蔵にわたってひろく分布しているが、そこに住む舟持たちを地域ごとに「衆中」としてまとめ、これに「舟方公用《ふなかたくよう》」をかけた。たとえば元亀元年（一五七〇）須賀《すが》（平塚市）から熱海まで、麦一三〇俵を「舟方公用」として輸送させているといったかたちである。このような必要のため、浦賀《うらが》とか品川のような主要な港津に「定詰《じょうづめ》の船」を用意させたのはちょうど陸上の伝馬制度に似た方式といえる。

鉱山開発

富国強兵と鉱山

戦国大名の領国経済政策のなかでも、とりわけ特徴的なものの一つに鉱山開発がある。かれらが武器を購入し、兵糧を調達し、大量の農兵・陣夫を動員して大規模な戦いや城普請などをつづけるためには、なんとしても日ごろから経済力の強化策をおしすすめねばならない。その中心が、すでにみてきたような農業・手工業・商業などの振興と組織化にあることはいうまでもないが、それだけでは敵を圧倒する経済力を築きあげることはむつかしい。やはり、他にぬきんでた直接的財源が必要である。周防の大内や薩摩の島津が、守護の時代から巨富を蓄え、その財力をもって中央にも大きな発言力をもちえたのは、海外貿易による中国銭の入手によるところが大きかった。北方の雄、伊達の急成長の背景には陸奥の金《きん》があった。

伊達は、室町幕府による鎌倉公方牽制策の一環として、早くから将軍に重用されて力をのばしたが、寛正《かんしょう》三年(一四六二)、伊達持宗が上洛して将軍義政に謁したときには、黄金三万疋《びき》を献じた。文明一五年(一四八三)の再度の上洛のときにも、義政・義尚・富子らに贈った財宝は砂金三八〇両、銭五万七〇〇〇疋等々の莫大《ばくだい》なものであって、都の人々を驚かせた。つづいて永正一四年(一五一七)、伊達稙宗が、将軍義稙の偏諱を受けて「稙」の一字を与えられると同時に、左京大夫の官に任ぜられたことのお礼として天皇・将軍に使者を京上させたときには、進献品の一部や滞京雑費などを、下京はく屋・坂東屋などの京都商人に調達させ、あとで国許で決済している。「はく屋」は「箔屋」であって、おそらく伊達領の砂金を購入していた金関係の商人であろうし、坂東屋も東国・陸奥方面との取り引きを主とした有力な商人であろう。伊達は砂金という特産によって、抜群の財力を保ち、それによって中央政権とも緊密な関係を保ったのである。

鉱山の生みだす富はなんといっても直接的であり、かつ巨額である。尼子・大内・毛利らが、大森銀山をめぐって死闘をくりかえしたのもそのためであった。戦国時代から江戸時代の初期にかけては、日本鉱山史上画期的な時期にあたり、金銀の産出量と採掘・精錬技術の飛躍的な高まりがいちじるしく、世界的にも有数の金銀産出国となった。ここでは甲州金とよばれる独自の金貨鋳造まで行った武田信玄の金山開発について見ておこう。

信玄の金山開発

四周を山に囲まれた武田領国が、あれほど強大な力をもった背景には、釜無川《かまなし》治水＝信玄堤に象徴される、信玄のなみなみならぬ耕地安定への努力があろう。しかしそれに劣らず重要なのは、金山開発だった。甲州金とよばれる小型の金貨のうちの古い型のものは、信玄時代の鋳造か否か、多少の疑問もあるが、やはり信玄時代独自のものとして鋳造された可能性が大きい。

信玄の開発した金山と伝えられるもののうち、確実なのは、甲斐《かい》国甲州市の黒川金山、南《みなみ》巨摩《こま》郡身延町の駿河境に位置する中山《なかやま》金山、南巨摩郡の芳山小沢金山などである。黒川金山は信玄の父信虎《のぶとら》時代から開発されたが、天正五年（一五七七）には信玄の子勝頼の発給した文書のなかに「金山に於て、黄金出来無く候間」といっているように、すでにそのころには掘りつくしてしまったらしい。中山金山の場合は、元亀二年（一五七一）信玄の駿河深沢《ふかさわ》城（御殿場市）攻撃に、金山衆《かなやましゅう》一〇人が参陣して勲功をたてたときの感状が残っていることからして、そのころ、さかんに掘りだされていたと思われる。また芳山小沢金山は、天文一二年（一五四三）、武田の有力家臣穴山信友《あなやまのぶとも》が同金山六人衆にあてて、「すちかせき〔筋稼〕候てきり出し、奉公申すべきなり」と命じた史料からみて、比較的早い時期から「すちかせき」すなわち金鉱脈の探索が進められていたと判断される。当時の金山が砂金中心であったか鉱石を採掘し精錬する方式をとっていたか、疑問視するむきもあるが、ここでは金鉱石採掘方式が確認されるわけである。

このほか信濃では諏訪や南佐久方面にも金山があり、駿河の富士金山、安倍《あべ》川梅ヶ島《うめがしま》、大井川上流の井川《いかわ》も有力な産金地であった。駿河のものははじめ今川の支配下で掘られたり砂金採取されていたらしいが、武田の南下、今川の衰退にともなって、それらは永禄一一年（一五六八）ごろから天正はじめにかけて武田の支配するところとなった。

これらの金山には、金山衆とよばれる何人かの権利者兼経営者がおり、かれらが金子《かなご》とよばれる鉱夫を使って採掘を進めた。金山衆の数は史料で知られるかぎり、それぞれ数人から二十数人程度であって、さして多いものではないが、それぞれ掘間《ほりま》という坑道を占有していた。かれらは、武田氏から一定の給分を受けており、その面からすれば御用職人的性格をもっている。また採掘のための資材や食糧を確保するために、物資運搬に必要な伝馬の使用権もあたえられ、全般にわたって手厚い保護をうけていた。

その結果、採掘された金鉱石からどの程度の金が精錬されたか、その量を示す数字は現存していない。技術的には金鉱石を砕き、灰吹《はいふき》法の技術で夾雑物《きょうざつぶつ》をとり除き金を分離したらしいが、詳細は分からない。

しかしその産出金については若干の史料がある。それによると、永正一六年（一五一九）、今川氏親は礼金一〇両を幕府に贈り、享禄四年（一五三一）、さらに中御門宣秀《なかみかどのぶひで》にも金を贈っている。また三条西実隆《さんじようにしさねたか》の日記のなかにも、永正以来、今川から金を贈られた記事がしばしばあらわれる。さらに永正一三年、氏親が引間《ひくま》城（浜松市）を攻撃したときには、安倍金山の金掘りを使ったということも「宗長手記《そうちようしゆき》」に記されているから、おそらくこのころから梅ヶ島金山などは活況を呈し、その産金をもって氏親は中央の政治工作を進めたのであろう。伊豆の金山をおさえる北条でも同様で、氏綱は宗長を介して三条西実隆に黄金一両を贈り「源氏物語桐壺《きりつぼ》巻」の書写を依頼した。また氏康は伏見宮貞敦に「御書紀貫之《きのつらゆき》集自筆」の礼に黄金一〇両を贈っている。黄金は一六世紀の東国では一枚＝一〇両＝四四匁の板金で事実上の金貨となりつつあった。

銀については、さきに「中国・四国の戦い」の章でふれたので、ここではくりかえさない。ただつけくわえれば、一六世紀は中国銅銭圏が解体し、明《みん》では租税収取も貿易決済もすべて銀によって行われるようになった結果、アジアの銀需要は急激に高まった。日本の産銀もその刺激を受けて発展したのである。その意味で銀の問題は鉱山史だけにとどまらない国際的な意味をもっていた。

砂鉄生産の飛躍

鉄もこの時代に産出量が大きく高まった。戦争が大規模となるにつれて、武器の需要が急増するのは当然であるが、とくに鉄砲の急速な普及は、築城の盛行とともに、鉄の需要を飛躍させた。鉄砲は堺や近江の国友のような中央地帯の主要生産地から輸入するだけではまにあわなかったし、鋳造技術は地方にもひろまりつつあったので、各地の大名は、領内の鍛冶職人を結集して鉄砲生産を推進するとともに原料の「くろがね」の確保に力を入れた。

この時代の原料鉄はすべて砂鉄からつくられた。いわゆる「たたら」鉄であり、主産地は中国山地であった。備中の伯耆境あたりから、伯耆・出雲の山地、また安芸の北部などがその中心である。尼子氏の勢力圏が「たたら」鉄の主産地であり、同氏の力の背景にそれがあることはすでに述べた。近年、富田城下の飯梨川《いいなしがわ》の水底から大規模な鍛冶屋跡が発見されたこともそれを証明する一つの材料であろう。

「たたら」鉄の生産は、良質の鉄分を多く含んだ砂を、山肌をくずして掘り取り、これを「カンナ流し」とよぶ水流にかけて、土砂分を除き、含有度の高い原料砂鉄とし、これを「たたら」という土の炉に入れて高熱で溶解し、鉄塊とするのであるが、その原初的な形はいわゆる「野だたら」で、小規模な露天のタテ穴にすぎなかった。今日でも全国各地にのこる採鉄遺跡はその系統のものである。それが大きな小屋掛のなかに泥土で構築された一種の高炉を設ける形に改良されるのが、おそらく鉄の需要が飛躍的に大きくなった戦国時代以降と推定される。高炉には原料砂鉄と木炭をこもごもに入れ、フイゴで風を送り、高熱で溶かし、原料砂鉄が溶解すればいったん泥の炉をこわして、鉄塊を取り出す。そのさいの原料砂鉄の種類、炭・風の加え方、どの時点で火を落とすかといった判断などが高度の技術を要し、それが銑《ずく》、鉧《けら》（鋼）など製品の区別につらなった。銑は銑鉄《せんてつ》で鋳物《いもの》製品の原料とされたが、さらに炭素分を抜いて錬鉄（いわゆる和鉄）にすることもある。江戸時代以降には村下《むらげ》とよぶ一種の技師長が全権をもってその生産過程を指揮した。「たたら」はもともとフイゴのことであるが、このような方式で生産される鉄そのものをもさすようになった。

けれどもこの方式に進むと、小規模な野だたら生産とちがって大量の原料砂鉄と大量の燃料木炭を必要とし、労務者も急増する。そこで野だたらの時代のような砂鉄を求めて移動する生産形態は失われ、生産は広大な山林と砂鉄山をもつ土豪勢力ににぎられてゆく。山陰のたたら鉄生産は大正時代までつづけられたが、江戸時代以来、田部《たなべ》・桜井・糸原などの島根県の大地主がその大半をおさえていた。その一つ飯石《いいし》郡吉田村の田部家の当主は、戦後も林業その他のひろい分野にわたる地方事業家でもあるが、同家は戦国時代には土豪地侍として、備後の国人山内首藤《すどう》氏や尼子・毛利などからしきりに招撫《しょうぶ》をうけた。同家には永禄三、四年（一五六〇、六一）のころ、山内首藤氏からもらった知行宛行状や軍忠《ぐんちゅうじょう》状の類が残されている。

こうして土豪と地元住民たちが中心となって生産した「たたら鉄」＝「くろがね」は、はじめに尼子経久のことを述べたときにふれたように、杵築《きづき》・宇龍津《うりゅう》（ともに島根県出雲市）などから各地に買い取られていった。このころ、宇龍津には北国《ほっこく》船・因州《いんしゅう》船・但州《たんしゅう》船のみならず唐船《からぶね》までも入港し、浦には問丸《といまる》もあってにぎわい、そこからあがる帆別銭《ほべちせん》の収益も大きかった。永禄一二年（一五六九）の史料によると、尼子勝久は、「宇龍駄別銭《だべちせん》」の徴収権を、宇龍津に接している日御碕《ひのみさき》の社家で豪族でもあった御碕家に寄進している。こうしたことからも、鉄が商品としていかに活発に動いていたかが知られるであろう。

鉱山技術と土木技術

金銀銅山をはじめとする採鉱冶金《やきん》あるいは「たたら」製鉄は、技術的には、坑道掘削《くっさく》の土木技術と、化学的冶金技術の二系統にわけられるが、前者は築城・治水灌漑《かんがい》などの土木技術に通じ、さらには水の得がたい山城の掘抜井戸掘りや、攻城のさいの地下壕《ごう》掘り、あるいは井戸の水抜きによる断水作戦などにも活用された。

有名な信玄堤では、いわゆる霞堤《かすみづつみ》といわれる前堤・本堤をもつ独特の築堤法によって、釜無川の水勢を削《そ》ぎ、平野部への一挙の氾濫をおさえようとする技術が注目されているが、とくに鉱山技術との親近性という点では、釜無川に合流する御勅使川《みだい》の分流工事が注目される。これは、甲府盆地西側の鳳凰《ほうおう》山塊から扇状地を伏流した御勅使川が地表に出て釜無川に合流するとき、猛烈な水量・水勢となって被害をもたらすのを防ぐために、丘陵岩盤を切りひろげて分流させ、水量・水勢を抑制する工夫をこらしたものであり、その技術はそのまま坑道開削《かいさく》技術と共通する。

また興味深いのは、攻城のときしばしば金子が動員されたことである。今川氏親の引間（浜松）城攻めには安倍の金掘りが活躍し、城中の筒井をことごとく破壊して水を断ち、それによって落城させた。このほか永禄五年（一五六二）信玄が北条と呼応し、武蔵松山城を攻めたときにも、信玄は金掘りを参陣させ、その技術によって、堀を掘り、水をぬいて相手方を悩ませた。信玄がたびたび金掘りを活用したこと、またのちに江戸幕府の奉行として佐渡・大森など主要鉱山の開発・管理にめざましい活躍をみせた大久保《おおくぼ》長安《ながやす》が、甲斐出身であったことも意味深い。

しかし、鉱山開発技術が、治水や開発に寄与したとだけみることは、一面的だろう。信玄堤の技術などにしても、北条領国でも荒川治水のための箕田《みのた》郷（武蔵国足立郡）の築堤工事技術などにしても、その原型は民衆のあいだで発展してきたものであり、信玄はそれを組織し活用したにすぎないといったほうが正確である。軍事技術や鉱山技術の基礎に、農業・治水などの土木技術があったのである。しかし現実には、両者は相互に交流しながらこの時代に急速に発展していったことも確かであり、その意味で戦国時代は軍事的要求に促された土木技術の飛躍の時期といってよいだろう。

都市と商人

戦国の城下町

戦国都市の二つのタイプ

戦国大名が広大な領域支配を行う公権力としてその力と機能を維持するためには、本城下に家臣を集住させ、奉行人等による一定の官僚機構をつくりだすとともに、商人を招き寄せ、城下を領国内外の流通拠点とすることが不可欠であった。荘園支配は定期市場の掌握程度であって、都市的拠点を不可欠とするものではなかった。これに対して大名領国は都市の形成とその支配を不可欠の条件とした。

都市の出現はもちろん戦国よりはるか以前からである。中央都市京都は一二世紀ごろから天皇・公家・大寺社とそれへの直接奉仕者たちの集住地にとどまらず、さまざまの職人・商人・芸能者などを集め、多彩な都市機能を備えるようになった。鎌倉も一三世紀には第二の中央都市として発展していった。また近年調査が実施され、一時期繁栄が予測以上だったことが確認された津軽の十三湊《とさみなと》は、鎌倉時代にすでに都市的相貌を示していた。小浜・堺・兵庫・尾道・博多などのような交易拠点としての港津都市も中世を通じて発展した。しかし半面、諸国の国府や守護所のような地方の政治的拠点でさえ、地域の経済的中心地という性質はまだほとんどもっていなかった。そのため国によっては国府や守護所の所在地でも衰退してやがてその所在も分からなくなっているケースも少なくない。室町時代の守護所が本格的な都市として繁栄しえたのは、山口・駿府・豊後府内など引きつづき戦国大名の本城下となった場合などで、かなり限られていた。

それに対して一六世紀の戦国大名や有力国人の城下は、ほとんど例外なく都市的展開をとげて、その少なくないものが近世に入っても都市的機能を持続させている。また物流の地域的拠点となった港津は内陸物流路としての河川と海上交通の結節点である河口部に形成されることが多い。木曾三川の河口に接する桑名《くわな》、九頭竜《くずりゅう》川河口の三国湊《みくにみなと》などがその代表例として知られる。

城下町と港津都市とは、戦国時代の地方都市を代表する二類型である。城下都市は城主としての大名・国人等の領域支配の拠点として構想され、それにふさわしい都市プランによって建設された面が強い。それに対して港津都市は経済発展の流れのなかで、いわば自生的に物流の中枢拠点として形成されてきたという面が強い。堺・大湊《おおみなと》（伊勢市）・博多などをはじめ、代表的港津都市では大名権力は後景に退き、有力な町人を中心とする自治的性格が共通に色濃く認められる。もちろん港津都市にも大名権力の影が見られないということはない。大名や国人は港津都市の廻船・問屋《といや》商人たちを特権的御用商人に編成し、さまざまの流通課税も強行するようになっていく。一方、城下都市でもじつは経済発展にともなう市町の自生的形成を前提とすることが多いから、そこにもおのずから「町人さばき」などという都市住民の自治が存在した。その意味で二つの都市類型がまったく異質だということはできない。しかしだいたいの傾向としては、城下町に権力意思が色濃く浸透し、港津都市には自治的性格が強かったことは否定できない。一六世紀の戦国都市を理解するには、この二つの傾向、類型を念頭におく必要がある。

城下都市小田原

戦国大名の城下都市の事例として小田原を見よう。韮山を本拠としていた伊勢長氏（北条早雲）が、大森氏を追って小田原城を手に入れたのは、前述のとおり今日の研究では明応五年（一四九六）またはそれ以降で、本格的入城＝本城化は二代目の氏綱になってからと見られている。大森氏時代の小田原城は現存する近世の小田原城域より山側に登った（東海道新幹線を北西に越えた）今日八幡山古郭《はちまんやまこかく》とよばれる部分が中心の山城であった。

一方、東海道が鎌倉時代初めごろまでは、酒匂（小田原市）から関本《せきもと》（南足柄市《みなみあしがら》）を経て足柄峠を越え、駿河側の竹之下（静岡県小山町）に通ずるから、その道筋からはずれた小田原は宿駅的発展もありえなかった。しかし足柄道に代わって箱根道が主流となる鎌倉時代以降は事情が変わる。鎌倉後期から室町期にかけて小田原は宿町としてしだいに発展をとげていくのである。それが都市小田原の原点であった。

したがって大森氏がおそらく一五世紀後半、駿河東部から相模西部に進出し、小田原城を本拠としたころ、小田原はすでに宿町としての発展期にあった。しかし大森氏が宿町を当初から軍事拠点としての城にとって不可分一体の城下町として取り込んでいたといえるのかどうかは十分検討してみなければならない。大森時代の小田原宿の関所の支配にかかわる事実

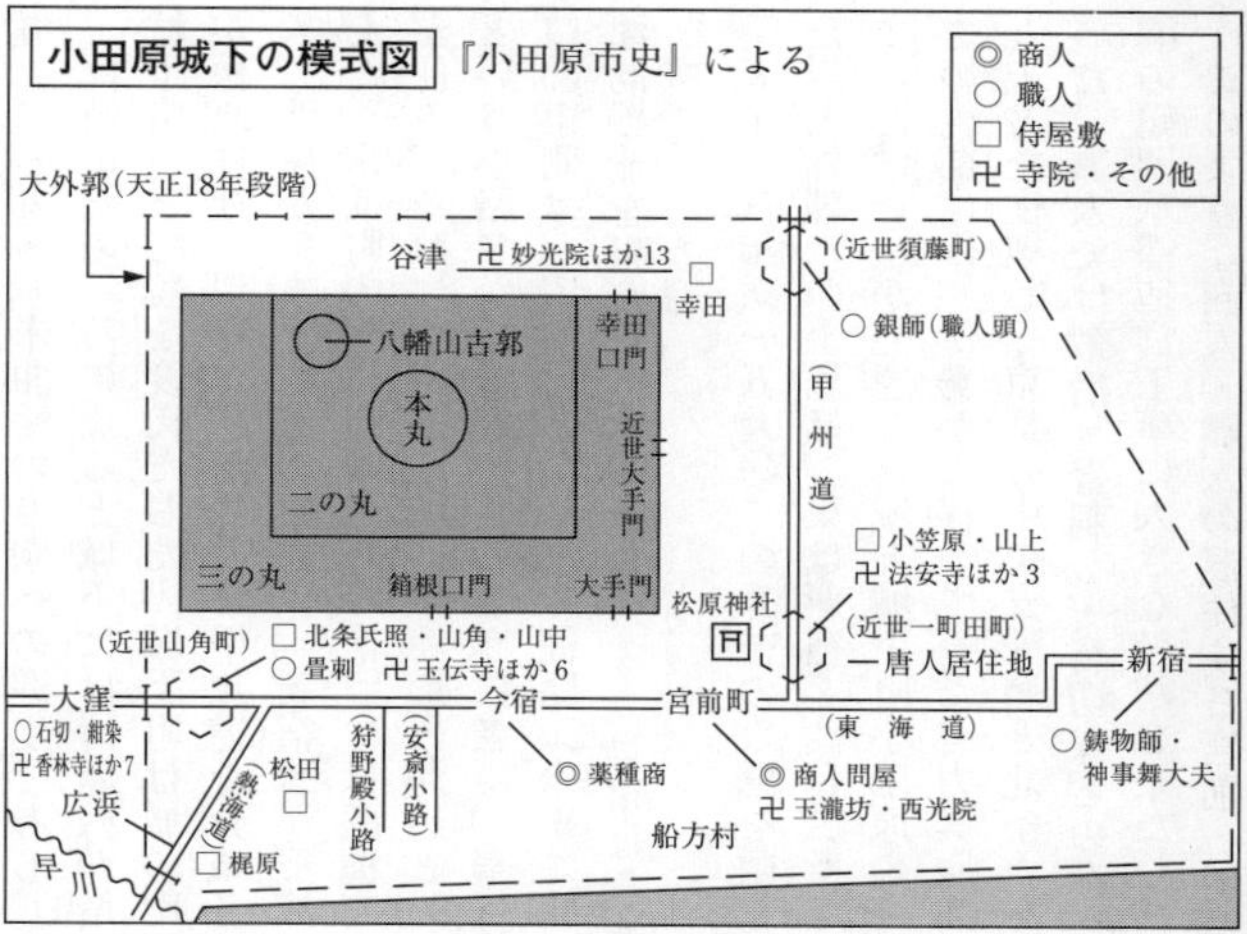

小田原城下の模式図　『小田原市史』による

は知られているが、城下都市の支配をうかがわせる史料は存在しない。

これに対し早雲の死の直前、永正一六年（一五一九）につくられた菊寿丸（＝幻庵、早雲の子、氏綱の弟）の所領目録には、「宿地子銭六貫文」「各々より出す屋敷銭二〇貫文」という記載があり、高《たか》田《た》・鬼柳《おにやなぎ》・井細田《いさいだ》など小田原市内の地名も見える。これによって早雲が菊寿丸に小田原の宿支配を行わせていたことが確かめられる。宿地子《しゅくじし》の金額はさして大きなものではないが、城と宿町との一体化が進められはじめていることは確かであろう。屋敷銭は侍屋敷に賦課したものである。

そして、小田原城は二代氏綱、三代氏康の時代を通じて、八幡山古郭から東南の低地部に向けて城域を拡大していく。すなわち平地部につづく現存の近世本丸・二の丸・城米曲輪《じょうまいくるわ》の方向への進出である。

同時にそのころになると城下には侍屋敷が増加し、また商人も集まりだし、町は宿町から城下町へと相貌を変えだした。城下町は城の南側の海岸に近い平地部を東西に通ずる東海道が松原神社（現存）近傍で北に甲州道を分岐させるあたりの「宮前町《みやまえ》」を中心に発展し、商人、問屋が集まり、その東方に「新宿」が形成され、鋳物師《いもじ》、舞々大夫《まいまい》（芸能者）なども住んだ。宮前町の西につづく「今宿《いまじゅく》」には薬種商人外郎宇野氏（京都の外郎氏の一族と推定）が住み、それにつづく地域、東海道と海辺とのあいだには、「安斎小路《あんざい》」「狩野殿小路《かのう》」などという小路名から推定できるように老臣、奉行級の人物の屋敷があり、それにつづく早川《はやかわ》河口部東側は「広浜」とよばれて梶原（水軍）屋敷もあった。その部分がおそらく小田原の港津的機能を果たした場所であろう（早川は急流で河口も狭いので浜が利用されたと思われる）。

天正一八年（一五九〇）の秀吉の攻撃を阻止するため小田原を町ぐるみ囲む形でつくられた「大外郭」の土塁は、東は新宿、西は広浜あたりまで、北西は「八幡山古郭」をとりこんでいた。それが発達した城と城下町小田原の全部で、周囲約九キロメートルほどであった。この内部には、伊勢から移ってきた有力呉服商人富山《とみやま》氏、奈良下りの商人紙屋甚六、小田原と上方を往復し、京都の中央支配層と北条とを連絡した商人左近士と呼ばれる政商的人物もいた。職人では鍛冶・畳刺し・石切などの存在も確認できる。「小田原番匠」とよばれ、氏綱の鶴岡八幡造営工事に大きな役割を果たした大工の集団もいた。

このような商人・職人の混住する宮前・新宿・今宿など町の中心部では、「宮前下町奉行賀藤」と史料にあることから推定できるように、有力商人が「町奉行」として自治的な町の運営に当たっていたと見られる。

国人領主の城下町

小田原の場合は東海道の宿町を原点とし、それを大名が城下町にとりこむ形で本格的な戦国都市に発展したケースである。おそらく人口は数千から一万に近かったであろう。しかし都市形成は国人領主級の城下でも認められる。一六世紀半ばごろ、石見の益田《ますだ》藤兼《ふじかね》は平地居館の「三宅御土居《みやけおどい》」から益田川対岸の丘陵上の七尾《ななお》城に本拠を移した。それを機に「山の根」とよばれる城の山裾《やますそ》地区に家臣の屋敷や下級侍の住居が建設されはじめた。そこでの都市的空間の中心は七尾城と「御土居」の中間を貫流する益田川の左岸（「山の根」につづく）益田「本郷市」のあたりで、これが七尾城とその周辺に結集している益田氏家臣集団にとって欠かせない交易や貨幣獲得、あるいは職人居住の場となった。

益田川は本郷市の南方の山中に発し、七尾城の裾で益田平野に入り、そこから北に流れることおよそ三キロメートルほどで日本海に入った。益田川は、戦国時代では河口部に近い乙《おと》吉《よし》付近で西側を流下してきた高津《たかつ》川と合流し潟湖《せきこ》を造っていたらしい。そのため日本海を航行する廻船も乙吉あたりにまで遡上《そじょう》でき、さらに一部は益田川をさかのぼって七尾城下に達したと思われる。益田本郷市はそうした形で日本海海上交通に直結していたのであり、戦国港津都市の性格も兼有していた。

この益田本郷市では、商人の定住や巡回的来訪もしだいに活発となった。その間、本郷市を補完する機能を果たさせるため港津と市場とが、当時の益田川と高津川の合流地点に近い乙吉の台地下に開設された。天正一〇年（一五八二）には毛利の制覇にともなう地域の安定により、これに服属した益田藤兼の子元祥《もとよし》は七尾城を下って、本拠をふたたび「御土居」に移し、本郷市・今市の発展も軌道にのった。ちょうどそのころ、天正一八年（一五九〇）の史料には「本郷市屋敷銭」二〇貫四六九文・市屋敷一二八ヵ所、「今市屋敷銭」二貫三一〇文、という数字がある。益田本郷の百姓屋敷と市屋敷の総数は五六一ヵ所であったから、そのうち一二八ヵ所の市屋敷を中心とする都市的発展の様相がうかがえる。石見国美濃郡をほぼそのテリトリーとする国人領の場合、この程度の規模が一つの目安だといってよい。

のちに益田氏を服属させた安芸の毛利氏の郡山城下町はどうだったか。毛利氏は安芸高田《たかた》郡の吉田荘地頭《よしだのしょうじとう》として鎌倉末、南北朝初期にこの地に移住してきて、室町期に国人領主への道を歩み、吉田荘周辺の諸荘園を代官請負とし、高田郡一帯の領域支配に乗り出した。戦国期には尼子・大内の二大勢力の谷間で自立の道を追求。天文九年（一五四〇）、尼子軍に本拠郡山城を包囲されたのを契機にこれを大改修して補強した。その郡山城は周囲四キロメートル、東西径一・一キロメートル、南北径〇・九キロメートルほど、海抜四〇〇メートル、比高二〇〇メートルほどの丘陵をそっくり縄張りとした山城であるが、山裾に内堀があり、その内外には家臣屋敷が多く建てられた。それに接し、城山の南側に都市プランにもとづく道路が東西、南北に設けられ、三日市・六日市・十日市などの市町が成立した。

この郡山城とその城下にかかわる近世の絵図がいくつか残され、描かれた武家屋敷数は八十余に及ぶが確実とはいえない。市町の家数も確認できない。しかし毛利氏が国人領主から戦国大名に転化発展しだした時期の郡山城下町の規模はさして大きなものでなく、益田本郷と大差があったとは考えられない。

そこでもう一つ似たようなスケールの事例を見よう。越後北部（揚北《あがきた》＝阿賀北）の有力国人本庄氏の村上城とその城下町である。本庄氏は鎌倉御家人秩父氏の流れで、越後小泉荘の地頭としてこの地に入部、はじめ村上城の北約七キロメートルほどの猿沢《さるさわ》城のふもとに館を構えたが、戦国期に三面《みおもて》川に近い独立丘（臥牛山《がぎゅうざん》、現、村上市の中心部）に移る。ここに「村上要害《ようがい》」とよばれる山上の城を築き、その西側ふもとに居館、それに接して市町を設立した。市町は実際には以前から徐々に形成されつつあった

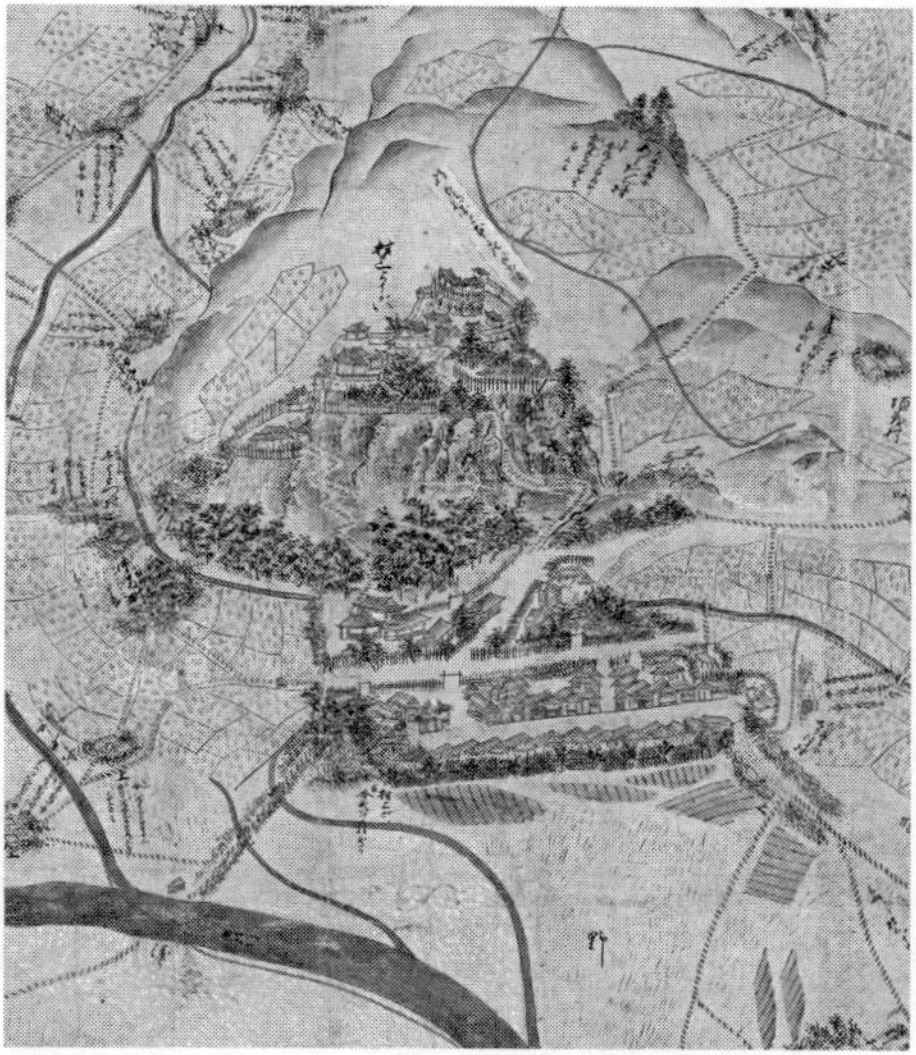

村上要害図　山上に本丸が築かれ、ふもとに本庄氏の居館、家臣団の根小屋、町屋などが立地し、国人級の城下町の様子がうかがわれる。「慶長瀬波郡図」の一部。山形　米沢市立上杉博物館

と考えたほうがよいだろうが、慶長の「瀬波《せなみ》郡図」には木柵に囲まれた町屋空間に、二本の道をはさんで計四四軒の家が描かれている（前ページ絵図）。しかしこの町屋敷は絵図の一部に二五二間と書かれているから、これが実数であろう。国人級領主の戦国城下町の様相をかなりリアルに伝えてくれるケースである。ただここでは村上に接して瀬波、その南に岩船《いわふね》という二つの港津都市が存在したから、本庄氏の必要とする都市機能の一定部分はそれらに肩替わりされていたことを併せて考える必要がある。

こうした国人城下町の規模は、守護系戦国大名の城下町としての今川氏の駿府、大内氏の山口、大友氏の豊後の府内、あるいは小田原、朝倉氏の越前一乗谷などと比べると著しく小規模という感じはいなめない。駿府以下の大型城下都市は、侍をふくむ総人口で、数千から一万に近いと推定されている。そこにはやはり支配領域が一国あるいはそれ以上か一郡程度かという動かし難い格差が反映されている。しかし、少ないとはいえ、国人級城下にも、疑いもなく都市というべきものがあり、荘園公領制の時代には見られなかった景観が出現した。大名・国人ら大小の地域支配層が、それぞれに都市的機能を掌握することなしには存立しえなかったことは戦国期の領国支配の特徴であり、それは日本の歴史上、地方都市の歴史の本格的開始を意味するものである。

港津都市の発展

港津と廻船のネット

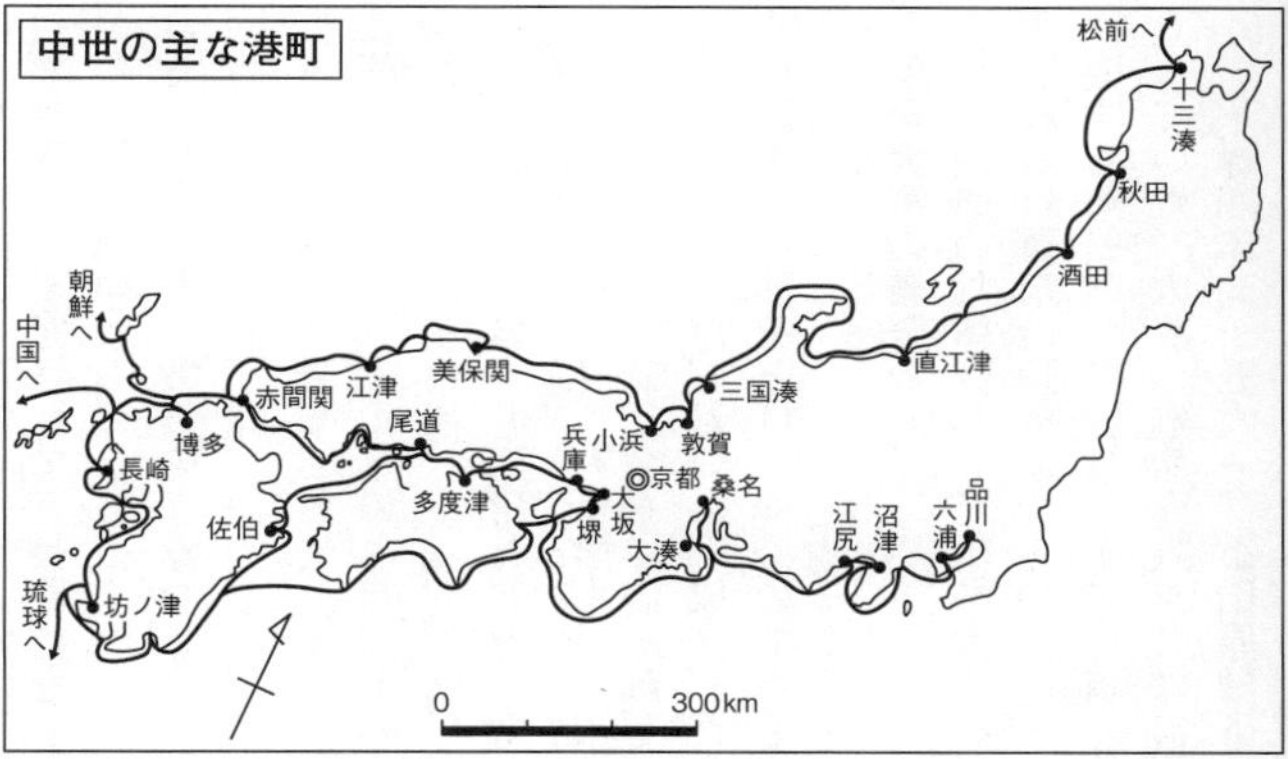

中世の主な港町

　戦国城下町に比べると港津都市の歴史はずっと古くにさかのぼる。日宋貿易の窓口となった博多は宋商の来船の多かった平安末、鎌倉期にすでに繁栄し、博多綱首《こうしゅ》（宋商）の集まり住む大唐街やそれと密接にかかわる禅院も栄え、国際色の濃い港津都市となっていた。堺も瀬戸内航路のターミナル港として南北朝期には都市的発展がすすみ、大内義弘と義満が戦った応永の乱（一三九九）では、一万軒が灰燼《かいじん》に帰したといわれる。一万という数字は留保するとしても、すでに大型都市に発展していたことは確実で、その後応仁前後には遣明貿易船もここを起点とした。

　そうした国際性の強い港津都市ばかりでなく、日本海海上交通の北東と南西からの廻船の行き交う中継港直江津《なおえつ》・敦賀・小浜なども鎌倉期から港津都市としての発達をとげた。

　戦国期には、大名領国の展開によって、海上交通・物流は飛躍的に拡大し、港津都市の成長もめざましい。このころの海上交通は船型・航海術・

自然条件等に規定されて、長距離を一つの大型船で通航するものではなかった。日本海側の場合、沿岸廻船にもっとも広く用いられた船型は六枚櫂《かい》の「ハガセ」とよぶ中型で、それらはたとえば小浜・敦賀のような京都・畿内市場の外港的地位をもつ有力港から、東北へは三国湊、さらには直江津、酒田など、西へは美保関、江津《ごうつ》など、一定の距離で分布する有力港間をリレー方式で運航された。そしてその有力港と有力港のあいだの沿海の村ごとに存在した浦々に、一〜二人乗りの「テント船」とよばれる小型船が往復した。同様に伊勢大湊を起点とし、内海（東京湾）・六浦《むつら》や品川をターミナルとする東海の航路は中間の駿府の外港江尻《じり》、韮山・三島の外港沼津などを有力中継港津としていたといえる。日本海の「ハガセ」に相当する中型船として、北条関係の史料に「東海」とあるのが知られる。

こうして日本海側、太平洋側それぞれに地域有力港が一定の距離をもって成立し、列島をとりまくネットワークがしだいに形成されだすとともに、有力港は廻船・問屋商人・倉庫業者を中心に都市的展開をとげてゆくのである。

伊勢大湊の場合

有力港津の具体例として伊勢大湊を見よう。ここは本来伊勢神宮の諸御厨《みくりや》（荘園）から貢上される年貢米の陸揚地であったことから、御厨が多く分布する東海・関東の港津、浦々へ往復する廻船業が発展し、すでに南北朝期には大湊廻船商人の江尻・品川などでの活動が目立っていた。大湊の廻船商人たちは自立的な活動と同時に、戦国大名と深いかかわりをもった。永禄四年（一五六一）小田原城下に上杉謙信が攻め寄せたとき、北条側は大湊の「伊勢廻船中・問屋中」に、「伊勢船の兵粮」を伊豆津端《つばた》（伊東）へ廻漕するよう要請した。伊勢船による大湊―東海・東国間の米穀輸送は当時活発だったらしい。今《いま》川氏真の永禄九年、今宿《じゆく》（駿府）商人等に宛てた文書には「勢州（伊勢国）より買越米穀受用の時」という文言《もんごん》が見られ、伊勢からの米穀買い付けの事実が知られる。

天正元年（一五七三）一〇月、織田信長は「大湊廻船中」に宛て「関東に所用有り、大船一艘差遣す」ため至急渡海の装備を命じている。「関東に所用」の事情は明らかでない。しかし信長と大湊「廻船中」との関係を示すものとして興味深い。さらに天正八年（一五八〇）一二月の武田朱印状は「勢州より清水浦に着岸の船二艘」に対し「諸役免許」を認めている。大名たちの伊勢商人招致の意欲がよく分かる。

都市としての大湊の具体像を探る手掛りとなるのは永禄八年（一五六五）の「船々聚銭帳」である。これは入津料徴収簿というべきもので、知多《ちた》半島・伊勢・志摩《しま》の浦々から米・竹・木・「そ木」・大豆・薪《たきぎ》・麦などを積んだ小廻船がつぎつぎに入津し、大湊にはそれらに対応する「小宿」とよぶ船宿ないし荷受業者が多く存在したことがよく分かる。またこの入津料は「大湊老若《ろうにやく》」という組織が徴収に当たっていた。「大湊老若」は「大湊公界《くがい》」とも称し、都市大湊の「公」的機関として市政の運用に当たった。

港津都市の豪商

大湊の廻船商人でよく知られる豪商には角屋《かどや》がいた。乙亥《きのとい》（たぶん天正三）卯月《うづき》四日付北条氏の虎朱印状に、「愛宕伊勢へ指し上せらるる者上下四人、角屋船に便船異議あるべからず」とあるところから見て、角屋船は伊勢―北条領国間を往来航行し北条氏の御用もつとめていた。のち天正一八年（一五九〇）秀吉の小田原攻撃のさいの角屋の働きを記した「由緒書」（享保《きょうほう》一一年＝一七二六、大地震・大津波の災害にあい、次いで火災にあったとき、過去の功業を記して幕府に提出したもの）には「権現様御上意として小浜惣次郎様より大船三百艘相州表《え》指廻申様に」と仰《おお》せ付けられ「伊勢尾張三河志摩四ケ国の廻船、廻文を以て相催し」と述べている。角屋は伊勢・志摩・尾張・三河の廻船業者の代表格の立場で、秀吉・家康の意を承けて三〇〇艘の廻船を調達、小田原攻撃の輸送船団の役を演じたのである。

角屋はこうして東海・東国の各戦国大名と深いかかわりをもち、その御用をつとめることによって豪商への道を歩んだ。かれらは特定の一大名に専属する家臣でないという点では独立性をもっていた。しかしその活動と巨利は大名権力への結合なくしては実現できなかったことも明らかである。

越前九頭竜川河口の三国湊は日本海側では屈指の港津都市であったが、ここでは有力商人森田屋が活動した。やや時代は下るが慶長一三年（一六〇八）森田屋に宛てた「石見」（大久保長安）の文書は、守田（森田）弥五右衛門の「六枚櫂のふね一艘」の佐渡中での営業について櫂役（入津税ヵ）免除を認めている。三国湊森田屋船の佐渡での活動は、佐渡側として、物産売却・換金や必要物質の確保に不可欠であったのである。元和《げんな》年間に入ると、加賀江尻郡の年貢米の一四〇〇～一五〇〇俵の敦賀への緊急廻送を森田弥五右衛門に命じた前田家奉行人の書状も残っている。森田屋の主要な業務は、朝倉領国・佐渡・加賀などにわたる広域の年貢米の廻送・保管・換金などである。三国湊にはこのほか北の庄（福井市）の薬種商で軽物《かるもの》＝絹織物商品も扱った朝倉氏の御用商人橘屋の「唐人座＝軽物座」の商人グループもいた。信長は朝倉打倒後も、橘屋の商権を安堵している。

越前の敦賀、若狭《わかさ》の小浜は京都への北の外港として繁栄した。敦賀の高嶋屋は廻船業とともに、北陸の年貢米を扱い、前田（利家）領の年貢米の蔵宿《くらやど》もつとめていた。天正一九年（一五九一）、利家は能登・加賀・越中から敦賀に入津する米船はすべて高嶋屋の取り扱い、という特権を付与している。秀吉の経済担当奉行の一人であった長束正家《なつか》は、秀吉から高嶋屋が近江北部伊香《いか》郡代官に任命されたことを伝えるとともに、「くろがね」一駄の買い付けを命じた史料も残されている。

小浜も立地は敦賀に酷似した条件をもっており、越後の青苧《あおそ》（越後魚沼《うおぬま》郡を中心に生産される衣料繊維の中間商品）や出雲の鉄＝「くろがね」も多くここに陸揚げされた。青苧は柏崎・直江津から、「くろがね」は宇龍津・杵築・美保関などから運ばれてきた。小浜はかつては守護武田氏が守護所をおいて拠点としていたが、秀吉は腹心で、経済官僚としても能力の高い浅野長政《あさのながまさ》をそのあとに入れて日本海物流のおさえとした。当地の商人組屋《くみや》源四郎は秀吉の朝鮮への出兵に際しては、大量の兵糧米、大豆等を浅野長政から預けられ、小浜の蔵に集積し、七〇〇〜八〇〇石積の大船で肥前名護屋《ひぜんなごや》の秀吉の本営に送った。このときは敦賀の廻船商人道川《どうのかわ》も名護屋廻米に活動した。

組屋はまた文禄四年（一五九五）には浅野の命を受け、津軽の豊臣蔵米二四〇〇石の金子一〇枚（一枚＝一〇両）での売却を請け負い、一七四六石を陸奥《むつ》の南部領に廻送、残りを小浜に送って換金し、金子二一枚三両を入手した。南部領での売却に当たっては浅野から「自余商人より以前に売仕舞《うりじまう》」ことができるように利便を与えよという書面をもらっていたから、南部氏としてもそう取り計らわないわけにはいかず、組屋の巨利は権力的に保証されていたのである。

このように見ると、敦賀の高嶋屋や道川、小浜の組屋などは港津商人のなかでもとりわけ権力との密着が進んだ存在であり、豪商への道はそれによって可能となったことが明らかである。有力商人が「蔵本《くらもと》（倉本）」に任ぜられ、年貢米等の取り扱いをまかせられるケースとしては慶長八年（一六〇三）福島正則《ふくしままさのり》が備後国蔵入物成《くらいりものなり》五三一七石余を尾道の商人泉屋一相・笠岡屋又左衛門に預けている例も知られる。

特権豪商と領内巡回商人

こう見てくると城下町御用商人と主要港津都市の廻船・問屋商人とは、その成長の過程などにちがいがあっても、大名権力に結びついて、一定の営業特権を認められることによって蓄積を進めるという点ではほとんど異ならないといえる。

越後上杉の御用商人であった蔵田五郎左衛門《くらたごろうざえもん》は、一六世紀の早い時期からその名を史料上に現し、三代にわたって襲名、活躍している。もともと伊勢神宮の御師《おし》の出身で、伊勢・京都・越後にわたって青苧を主取扱商品とする商業活動を行った。そのなかで上杉氏から越後青苧座の司として柏崎・直江津などから小浜に送り出される青苧流通税徴収権を委ねられ、御師活動以来のひろい人脈を利用して青苧座の本所権をもつ京都の三条西家《さんじょうにし》との交渉にも当たり、致富《ちふ》を進めた。その一方で、上杉の家臣化し、謙信の関東出征時には春日山城の御蔵《くら》番《ばん》として深く大名領国の財政にもかかわっていった。その意味で上杉謙信は、領国特産品青苧の販売とそれへの流通課税、財政管理、京都との交渉、情報収集、外交など多方面にわたってこの人物に依存することが多かった。

その限りで蔵田は港津を本拠とする廻船・問屋商人とはかなり異なる相貌《そうぼう》をもつのは事実であるが、青苧輸送に当たった柏崎・直江津と小浜との間の「越後船」との関係を考えれば、やはり両者には深い結び付きがあったわけである。

ところでこのような大名城下の特権商人や主要港津都市の豪商たちと、大名領国内の定期市を巡回する商人群とは、どのようにかかわっていたのか。定期市の巡回を主とする商人は、領内を活動範囲とする小規模商人群と考えられやすいが、かならずしもそうではない。武田氏が巡回商人たちについて書き出した「分国商売之諸役免許之分」という文書によると、そのなかには「濃州之商人佐藤五郎左衛門」「於京都絹布已下之所用一人ニ申付」けられた小薗八郎左衛門をはじめ「越国筋往還」「善光寺往還」「会津之高橋郷大島次郎右衛尉」など、武田領の甲信《こうしん》両国をこえ、広域に活動する商人、また遠い他領から来るものも少なくない。甲斐府中八日町の商人頭坂田氏は伊勢出身であり、同じく伊勢を本拠とした武田水軍小浜民部左衛門尉も、「海上奉公」に対する給恩のような形で「一月ニ馬三疋御分国中諸役免許」の恩典を認められた。小浜氏は水軍であると同時に武田領国の巡回商人という別の顔をもっていたのである。

もちろん領国商人のなかには、領内の地侍級や家臣の庶流などから商人となった者も少なくない。しかし右の例からうかがわれるように、城下町の特権豪商のみならず、領内市場を馬を牽《ひ》いて巡回する商人群の少なからざる者が、領外から来訪し、また領内から領外に移動するような活動形態をとり、米をはじめとする穀類などを陸路・河川を通じて津下《つおろ》し、河口港津の問屋廻船によって広く各地に送った。その意味で、城下町豪商、領内巡回商人、港津の豪商などは、一見、別個異質の存在のように見えるが、実際は意外に緊密な結びつきをもって領国物流体系を形づくっていたのである。

中央都市京都

応仁の乱後の京都

戦国時代は城下町・港津都市あるいは寺内町《じないまち》など、各種の地方都市が誕生した日本の都市史上画期的な時代だった。

この間、平安以来中央都市として繁栄してきた京都は、応仁の乱によってその大部分が戦火に焼かれるとともに、荘園公領制の解体によって貢上されてくる年貢物等も激減し、全体としてかつてのにぎわいを失った。平安京の当初の都市プランと異なり、中世を通じて京都は右京から東側にかけて中心を移したが、応仁の乱によって、それも上京と下京とが分断状態となり、一つの都市というのさえ躊躇させられるような状態に陥った。

しかし京都は南北朝・室町時代以来、天皇・公家・寺社に加え、将軍の居所でもあり、武家政権の所在地としての性格を強めており、その点は応仁の乱後も基本的には変わらなかった。将軍自体は無力化し、しばしば京都を離れ流転をつづけたにしても、幕権の実質を掌握

京都の町並み　通りを挟んだ両側に「町」とよばれる社会的結合が発達し、圧倒的な経済力を背景とする中央都市・京都が形成された。『洛中洛外図屏風』より。国立歴史民俗博物館

する時々の権力者も、またそのライバルも、京都を制することによってその権力の正統性と経済力を確保しようとした。そのため、諸将・兵士の出入ははげしく、駐留する兵力は、京都とその周辺で常時巨大な消費人口を形成していた。

その意味で、京都は戦国時代にも政治都市であるとともに、経済都市としての性格を失うことはなかった。一六世紀半ば、天文年間ごろまでには、一本の道路をはさんで対面する家々の「町《ちょう》」とよぶ基礎共同体が形成され、それらが町の秩序維持や自衛の機能を果たすようになりだした。しかし中世を通じて展開してきた寺社や公家の市街地領有関係が錯綜《さくそう》し、市民はそれらの被官となったり、本所とする各種の座に所属したりしてきたから、人的結合は複雑で、「町（「両側町」）」が唯一の社会結合組織になり切ったわけではない。上京にも、それ

ぞれいくつもの有力寺社が門前町をもち、その独立性も根強かった。

したがって一元的な系統性をもって「町」の連合体の上に「上京」「下京」の都市共同体が成立し、「京都」という統一的な自治的都市共同体が展開したといいきれず、伝統的な権門、寺社の支配が統一的な「京都」の成立にブレーキをかけていた。

それでも応仁の乱後、復興の動きが進み出すと、酒屋・土倉のような有力業者ばかりでなく、「町」の空間をしだいに埋めてゆく各種の小売商人・職人の数が増し、そうした新興商人・職人等の地縁結合が、「町」の共同体的結合を促し、その結びつきを強め、酒屋・土倉など「有徳人」の独走ともいうべき室町期京都の相貌を変えていった。「上京中」「下京中」という宛所《あてどころ》で幕府や実権者から文書が発給されるようになるのも一六世紀半ば、天文末年ごろからである。そのころ京都支配の実施は三好長慶の手にあったが、長慶はこの上京・下京の「惣中《そうちゅう》」を支配秩序、地子銭収取などの基盤組織にとりこもうとしていたらしい。

中央市場圏の展開

こうして一六世紀の京都はそれ以前とは異なる相貌を見せはじめた。権門・寺社・幕府とそれに結びつく商人・職人の町から、座外の各種商・職人が多数となり、それを包み込んだ「町」の自治が進展してきたのである。都市人口は増加し、消費市場の容量が拡大した。朝廷・幕府・大寺社の衰弱にもかかわらず、京都とその周辺に結集された手工業生産力、流通組織、集積された技術、市民的文化等は、地方都市の誕生にもかかわらず、他によっては容易にとって代わられない力を強めている。

「洛中《らくちゅう》」の外縁部にあたる「洛外」の「郷中」も商品生産・販売の面で「洛中」との結びつきをいちだんと緊密にした。「郷中」のまた外郭部といわれる京南の山科《やましな》や南西の西岡中脈《なかすじ》などの住民の多くは、地元の農産物―瓜《うり》やナス、筍《たけのこ》、松茸《まつたけ》などの野菜類、あるいは農産加工品―ムシロ、竹細工、薪などの販売にかかわるようになった。また京都に向けて集中する流通路の馬借《ばしゃく》以下の日傭《ひよう》労働に従事するものも増加した。かれらの少なからざる者は、古めかしい「供御人《くごにん》」身分や公家の「被官人」などの身分を得てその営業を有利にしようとしたが、その内実は権門への奉仕を主とするかつての供御人・座人とは異なるものであった。

京都とその周縁部のそのような動向と併行して、京都と諸地域を結ぶ物流拠点である大津、坂本、草津、木津《きづ》、伏見《ふしみ》、淀《よど》、山崎、大坂、堺、兵庫などの都市的発展も顕著で、全体として畿内市場圏とよぶにふさわしい経済的諸関係が形成・拡大されていった。

そこでは各種取り引きも日常生活物資の購入もすべて貨幣にたよらざるをえなくなり、同時に撰銭が切実かつ深刻な問題となった。幕府は一六世紀を通じてくりかえし撰銭関係法令を発し、「御法」の高札《こうさつ》を出した。精銭の確保、悪銭の許容限度、それらにかかわる不法や不法人の「町」共同体による隠匿・保護などにきびしく対処しなければならなかったのは、もはや貨幣流通の安定なしには経済諸関係が機能しなくなっていたからである。

深刻さを増す撰銭問題

民衆・商人・侍をふくめいたるところで見られる撰銭行為の拡大による市場の混乱、停滞（精銭不足）は中央市場内部だけの問題ではない。各地の領国経済は領内生産物の販売、中央市場からの高級品の購入をはじめとして、中央市場と領国市場との結びつきなしには成立しなくなっている。それは一六世紀を通じて緊密さを急速に強めていた。

ところが取り引き手段としての各種渡来銭の評価については西日本と東日本で大きな差異があった。一六世紀を通じて明で主たる取り引き手段が銅銭から銀に移行するにつれて、銅銭の信用・評価は急速に低落していた。それを敏感に反映して、西日本でも、京都までをふくめ、明銭に対する信用が低下した。西日本では明銭を嫌い、宋銭を中心とする古銭の評価が相対的に高かった。これに対し、伊勢・美濃あたりを境の線として東日本では、明銭の一つである永楽銭《えいらくせん》の評価が大きく高まった。東国では永楽銭は他の渡来銭より二倍〜四倍にも評価され、基準銭とされるようになった。撰銭はワレ銭、私鋳《しちゅう》銭の排除よりもこうした銭種による評価差と中国銅銭の信用失墜が主因であったのである。

このような西と東の評価差の存在は、一面では一六世紀の列島社会がまだ統一的な国内市場を本格的に形成するにいたっていないことを物語っている。しかし他方、西国であれ東国であれ、どの領国経済も中央市場との結合なしには存続してゆけない。それを成立させ確保するために、大名も幕府も、それぞれの条件に応じた撰銭令を定め、調整することが必要だった。何を精銭とし、何を中銭・悪銭とするか、それらの混用割合をどのようにするか、大名たちは段銭・棟別銭のような大名の直接収取税については、この割合をとくに厳しくすることによって対領内・対中央取り引きに対応できる準備を整える必要があった。

しかしそれにもかかわらず渡来銅銭の信用の失墜は急速に進んだ。その影響として東の北条領国では永禄九年(一五六六)ごろから、貨幣の代わりに米・漆《うるし》・綿・黄金などによる代納が認められるようになった。東国での金、西国での銀の産出が急増するのもこれと不可分の問題である。東国大名から京都に向けて支払われる買官の礼金や貴族の保有する諸種典籍等の購入の礼銭は一六世紀の早いころから金が主要な形となっていた。西国はその産出量の多さ、中国との取り引き関係の濃さからして、銀が多く用いられるようになった。さらに秀吉時代には東、西をふくめ、石高制に結着する米納年貢が一般化しはじめる。

一六世紀の物流の進展はたしかに顕著であり、全国市場形成への歩みが進んだことも事実であるが、こうした貨幣問題の深刻な混乱によって、それは直線的に進展したとはとてもいえないのである。

九州の情勢とキリシタン大名

布教と貿易

ザビエル来日

天文一八年（一五四九）の八月、ヤソ会の宣教師フランシスコ＝ザビエル（シャビエルとも）が、はじめて日本を訪れ、鹿児島に上陸した。鉄砲伝来から六年（または七年）、国内では信玄・謙信・元就、あるいは三好長慶らの活動がまさに本格化しようとする時期であった。

イエズス会創立者の一人であるザビエルが伝道のため、はじめてゴアに到達したのは一五四二年五月であるが、それ以来七年、かれは精力的な布教活動に従事していた。そのザビエルが極東の未知の国日本への布教を決意した直接のきっかけは、四七年、ある罪を犯したことから日本を脱出してマラッカにいた鹿児島生まれのヤジロウという人物にめぐり会い、日本事情を耳にしたことだといわれる。かれがヤジロウの談話によって、どのように心動かされたかは、かれ自身来日してまもない時期の書簡で、

日本人はいままで発見された諸国のなかで、もっともすぐれた国民であると思う。

……私がアンヘロ（ヤジロウ）にむかって、もし私がかれとともに日本へ赴いたら、日本人ははたしてキリシタンになるであろうかとたずねてみた。かれの答えによると、日本人はすぐにはキリシタンになることはないだろう。まずはじめに多くの質問をするであろう。……要するに討論して、私がかれらの質問に満足な答えをあたえるとともに、私の言動に非難する点がないという、この二点に及第すれば……おそらく国王も武士も思慮あるすべての人々も……受容するであろう。……アンヘロのことばによると、日本人は理性のみにみちびかれる国民である、

と語っているところからうかがわれる。ザビエルは、文明度の高い極東の未知の国日本への布教に、これまでにない大きな期待を寄せた。

こうして、いかにも宗教者らしいひたむきな心をもって日本を訪れたザビエルは、次ページの年表から分かるように精力的な活動をつづけた。最初の上陸地である鹿児島の大名島津貴久《たかひさ》は、はじめザビエルその人に対しても、また領内での布教についても好意的であった。そのため、来日の年は一一～一二月の平戸旅行を除いて、かれは鹿児島に滞在して布教活動をつづけた。

しかし、やがて、仏教徒の反発がきびしくなる一方、日本の中心が京都であり、それについで繁華な都市は山口であることを知ると、かれはトルレスとフェルナンデスというわずか二人の同行者をともなって山口・京都に向かった。途中平戸に寄ったのは、そこに入港するポルトガル船を通じてゴアとの連絡をとるためであった。平戸の松浦隆信も、山口の大内義

ザビエルの滞日年表（吉田小五郎著『ザヴィエル』による）

1549（天文18）	4．14 5．21 8．15 9．29 11～12月	ゴア出発。 マラッカ到着。 鹿児島に上陸。 島津貴久に謁見。 平戸へ旅行。
1550（天文19）	9月上旬 9月中旬 11～12月 12．17	京都に向け鹿児島を出発。 平戸到着。 山口滞在。 京都に向け出発。
1551（天文20）	1月 3月初旬 9月 9．19 11．20	京都到着。滞在11日で離京。 平戸到着、ついで山口へ。 山口から豊後へ。 大友義鎮に謁見。 豊後を出帆、インドに向かう。

隆も、この異国の宣教師に好意的であった。山口から京都へは、途中から海路をえらび、堺に上陸し、その地の富商日比屋了慶《ひびやりようけい》（のちに受洗した）の世話をうけた。しかし京都滞在がわずか一一日にすぎなかったことからみて、京都はかれの期待をみたすところではなかったらしい。

その帰路の、二度目の山口訪問のとき、ザビエルにはそこを布教活動の中心にえらぶ気持ちが強かったと思われる。かれはインド総督とゴア司教からの公文書を大内義隆に奉呈し、あわせて数々の珍品も贈った。しかし、山口の滞在が五ヵ月に近くなったころ、豊後の日出《ひじ》の港にポルトガル船が到着し、ザビエルの召還命令の知らせが届けられた。そのためかれは、山口から豊後に赴き、府内（大分市）で大友の家督をついだばかりの義鎮《よししげ》（宗麟《そうりん》）に謁見し、そこでの布教の承認を取りつけたのち、豊後から出港して日本を去った。ザビエルの日本滞在は結局二年余であった。召還の目的は本格的な布教のための計画を、ゴアでたてなおすためだったようである。

ポルトガル人の東洋進出

〝胡椒《こしょう》と霊魂の救済のために〟とは、ポルトガルの東洋進出を象徴的に示す言葉である。実際、インド航路の発見、香料諸島への進出と胡椒貿易権の掌握というポルトガル王室の独占的貿易は、一面ではすさまじい略奪・殺戮《さつりく》をともないながら、他面ではカトリック教会の東洋布教と表裏一体で推進されてきた。

しかし、そのポルトガルの東洋進出も、マラッカまで到達したとき、それまでとはおおいに異なる事情に遭遇した。そこは、中国人海商の根拠地であったから、ポルトガル植民者・商人は、中国海商のはげしい抵抗と競争にぶつかったのである。それを乗り越えて、マカオでの居住権獲得に成功したのは、一五五七年のことである。したがって、ザビエルが来日した一五四九年は、ポルトガルの極東進出がまだ不安定な時期であり、そのうえ、日本は肉食のさかんなヨーロッパや中国のように胡椒を欲してはいなかったから、胡椒は対日貿易では意味をなさなかった。それがポルトガル人のマラッカ進出あるいはポルトガル人の日本漂着以来、対日貿易が軌道にのるまで、相当の時間をついやした一つの理由であった。

ではザビエルは、ほんとうに日本人の〝霊魂の救済（布教）〟のためだけに日本にやってきたのだろうか。おそらくザビエル自身はそうであろう。しかし、ザビエルの来日中にも平戸や豊後の日出などにしきりに入港したポルトガル船はなんであったのか。それは明の海禁政策のきびしいなかで、中国・南海諸方面・日本とのあいだの中継貿易に縦横に活躍した琉球商人にとって代わろうとする目的からだったにちがいない。ポルトガル商人は、琉球商人がやっていたように、中国の高級生糸・絹織物をはじめとし、南海の特産物などを日本にもたらし、日本銀を得るという中継貿易の利益を追求したのである。

その意味では、来日宣教師は、ポルトガル貿易商人の先遣隊のような役目を演じたことになる。興味深いことに、ザビエルその人も、鹿児島から送った手紙のなかで、

貴下はゴアのポルトガル財務官にむかい、日本から多くの財が来るという異常時のひらかれる旨をつとめて説明しなければならない。これはポルトガル国王にとって大きな利益と価値である。大坂という海港市に一家を得て、ヨーロッパの品物の倉庫にするとともに、ポルトガルの官吏の住む公認の場所とする許可を得ることは容易である。日本の鉱山は多くの金を産し、それが大坂に来るゆえ、ヨーロッパの品物を日本の金銀と交換すれば、多くの利益をあげえよう。……ポルトガルの富商にすすめて日本で利益を得ることを味わわせてほしい。

といっている。この記述には、ザビエルがいま布教の対象としようとしている日本に、すこしでも多く人々の関心を引きつけたいという特別の配慮が加えられているかもしれないが、それにしても、宣教師とポルトガル貿易商人の一体性があからさまに示されているではないか。やはり、ひろい意味ではザビエルにおいても〝胡椒〟と〝霊魂〟は不可分であった。

ザビエル以後

ザビエルは召還されていったんゴアに帰ったのち、ふたたび日本を訪れるつもりであった。そして実際、ゴアで準備をととのえると、その年のうちにゴアを出港して東に向かった。しかし不運にも途中中国の上川島《シアンチユアン》（広東省）で病に倒れ、四七歳というまだ働きざかりの年ごろで死んだ。それでも、ザビエルの投じた一石の波紋は、日本にとってはかりしれぬほど大きかった。かれの宗教者としての人間的魅力は、山口や豊後府内にキリシタン信仰の確実な種子を蒔《ま》きつけた。また同時にかれの鋭い観察にもとづく多くの報告は、ポルトガル王室の対日貿易を本格的な発展にみちびいた。

ザビエル以後、日本での布教活動の中心となったのは、かれと行動をともにしていたトルレスであった。トルレスはおもな活動舞台を山口においたが、ここでかれは、大内義長から次のような伝道と教会（大道寺）開設の特許状をうけている。

周防国吉敷《よしき》郡山口県大道寺の事、西域より来朝の僧、仏法紹隆の為《た》め、彼《か》の寺家を創建すべきの由、請望の旨に任せ、裁許せしむ可きの状件《くだん》の如し、

周防介（御判）

天文廿一年八月廿八日

当寺住持

（原漢文）

この文章からみれば、トルレスは西域から来た「仏法僧」と見なされていたのである。そうだとすると、当時キリスト教が日本人にどのように理解され、どのような意味・内容において受けとめられていたかは、いささか疑問もあり、とくに民衆のキリシタン理解の在り方についてはさらに研究を深める必要があろう。しかし、ザビエルにつづくトルレスの努力によって、大内家臣団のなかにも信徒となるものがあらわれるなど、布教は大きく前進した。

一方、豊後の府内には、ザビエルの離日の翌年、バルタザール＝ガゴが訪れ、ついで弘治元年（一五五五）の厳島合戦以後、山口の政情が不安定になると、トルレスも府内に移った。府内の宣教師と大友義鎮、あるいは平戸・長崎の宣教師と大村純忠《すみただ》などの関係についてはあとで述べよう。ともかくも、このころから布教はようやく九州各地で成果をあげはじめるとともに、宣教師たちの伝道目標は畿内にも向けられるようになった。

ザビエルの盟友であったトルレスは、天文二三年（一五五四）堺に行き、伝道の地ごしらえをしたのち、永禄二年（一五五九）には、ガスパル＝ビレラを京都に派遣した。ビレラは弘治二年、ゴアから府内に到着、すでに日本にもなじんでいた。かれは上洛すると仏教徒の圧迫にも負けず将軍義輝に謁し、京都での伝道の許可を得るとともに、堺・奈良などでも、布教を進めた。ついでトルレスの命で、ルイス＝フロイスも上洛して、めまぐるしく変転する畿内の不安定な政情をぬって活動した。

この間、一五五七年に、マカオの居住権獲得に成功したポルトガルは対日貿易を本格的な軌道にのせ、府内・平戸などに入港するポルトガル船もふえてきた。合戦に明け暮れする九州の大名たちは、鉄砲や塩硝《えんしょう》をはじめとする〝南蛮〟文明にひきつけられ、きそってポルトガル船を歓迎した。キリスト教と"南蛮"貿易あるいはポルトガル人との交流そのものが、中世から近世への展開に、直接もたらした影響は、明治維新期の西洋文明のようにかならずしも広範囲ではないが、鉄砲・火薬だけではなく、仏教に対する見方など、意識や思想の面にも及んでおり、やはりそれなりにはかりしれない大きなものがあった。

大友宗麟

二階崩れと義鎮の登場

ザビエルが豊後の府内を訪れたとき、大友義鎮（のちの宗麟）はようやく二二歳、その前年、二階崩れとよばれる内紛の危機を乗り切って、大友の家督をついだばかりであった。

大友氏は少弐・島津とともに、鎌倉時代以来の豊後の守護家として、九州三大勢力の一つであり、義鎮の祖父義長・父義鑑の代を通じて、守護から戦国大名への道を着実に歩みだしていた。とはいえ、当時全国どこでも、国人領主の割拠に悩まされるのが戦国大名の宿命であり、九州はとりわけそれがはげしかった。そのため義長は、永正一二年（一五一五）「義長条々」と題する置文《おきぶみ》をつくり、子義鑑に領国支配の方針をさずけた。それは、分国法の原型といってもよい内容のものであり、「奉公の浅深、忠節の遠近、忘却あるべからざる事」「諸郷庄、目付を以て、耳聞き、時宜を知るべき事」など、とくに家臣統制と農村支配についての心得を説いている。

ところが、義長のあとをうけた大友義鑑は、肥後守護職も獲得し、急速に勢力圏を広めたものの、天文一九年（一五五〇）、家臣の反逆にあって重傷を負い、二日後に死亡した。世に二階崩れの変とよばれる事件である。原因は大友家の相続問題に家臣らの動きがからむという、当時よくみられるタイプの内紛であった。すなわち、義鑑の長男義鎮は、力量ゆたかな人物だったが、半面性質が荒々しく、容易に家臣の言葉を聞き入れようとしない個性の強い人物のため、父義鑑はこれを避けて家督を異腹の末子塩市丸に譲ろうとし、斎藤・小佐井・津久見・田口などの家臣にそれを託した。しかし斎藤らはこれを承諾しなかったため、義鑑が斎藤・小佐井を暗殺したことから、津久見・田口らが反逆して塩市丸を殺し、義鑑を斬ったのである。

しかもこの事件の背後には、もう一つ、大友庶流から出た重臣入田親誠《にゅうだちかざね》の動きがあった。親誠は塩市丸を擁立して権勢を握ろうとし、そのために、肥後の菊池義武（義鎮の叔父）ともひそかに連絡をとったらしい。そうしたことから、状況は大友の全支配体制にかかわる危険をふくんでいたが、義鎮はこのとき敏速に行動したため、入田親誠は逃れた先の舅《しゅうと》阿蘇《あそ》惟豊《これとよ》に殺され、それ以上の混乱におちいることはなかった。

義鑑は死にのぞんで、父義長の「条々」にならい、一一ヵ条からなる「条々」を残した。その第一条には、

一、国衆《くにしゅう》、加判衆《かはんしゅう》一意之事。

と述べている。国衆はいうまでもなく、分国内の独立性の強い在地領主たちであり、加判衆

とは大友氏の一族、家老あるいは上級官僚というべき人々であるから、その両者の融和・結束をまず説いたのである。また第一条によると加判衆は「紋之衆（＝同族）」三人、「他姓衆」三人からなっており、それが大友領国の中枢執行権力を握る人々であった。そうだとすると、義鑑はこの「条々」で目指したところとはちがい、後継者に塩市丸をえらぶことによって、みずから国衆と加判衆との「一意」をこわし、結果的には皮肉にもその責《せめ》を負わねばならなかったことになる。

領国拡大と守護職

二階崩れの危機を切りぬけて義鎮が大友の家督をついだころ、九州でも時勢はすでに戦国の世らしいはげしさで動いていた。義鎮自立の翌天文二〇年（一五五一）には、宣教師ザビエルが豊後府内に来て義鎮に謁した。またその年一〇月には大内義隆が重臣陶隆房（晴賢）の謀反によって死に追いやられ、大内家の血統が絶えた。隆房は大友家から義長を迎え大内を名乗らせた。

大内は、対明貿易の基地博多をおさえるために、一貫して北九州への進出をはかっていたから、大友にとって、義隆の死はその圧力緩和のための有利な情勢をもたらした。しかも大内家督に擁立された義長は、八郎晴英といい、義鎮の弟であった（母が大内義隆の姉であった関係）。陶隆房としてもこれを擁立することによって大友勢力との妥協連係をはかったのである。だが義長は前述のように無力で、弘治三年（一五五七）毛利元就に攻められて自殺し大内氏は滅亡した。義鎮はここで積極策をとり、まず勢いの傾いていた少弐の本拠肥前に圧力を加える一方、中央にはたらきかけ、天文二三年、将軍義輝から肥前守護職の補任を受けた。さらに永禄二年（一五五九）、少弐の滅亡をきっかけに、またもや猛烈な工作・献金によって、筑前・筑後・豊前三ヵ国の守護職の補任をうけ、ついで九州探題《たんだい》となった。父義鑑のとき豊後につづいて肥後守護職を手に入れていた大友は、ここで九州のうち六ヵ国にわたる守護職を兼ねることとなった。

義鎮はこうした領国の拡大、守護職の増加を、合戦の反復・実力だけで実現したわけではない。むしろ、ポルトガル人から手に入れた鉄砲や南方の富を、ふんだんに献上することによって、将軍義輝からこの伝統的な地位を獲得したのである。永禄六年（一五六三）、ほとんど虚名にすぎなかったが、義鎮は「相伴衆《しょうばんしゅう》」という将軍家重臣の最高の格式ある地位につらなった。義鎮のこのような行動は、おそらく国人掌握の不安がなお大きかったことと深く関係していると思われる。毛利元就は大内義長を滅すとまもなく、大友勢力に対する牽制工作をとりだした。そのため翌年には、筑前の国人秋月氏が元就に通じた。永禄二年、元就が門司《もじ》を攻めると、秋月のほか、同国の原田、豊前の長野・野仲らの国人たちも大友から離反した。しかし毛利の圧力が尼子に脅やかされて弱まると、義鎮もその間隙《かんげき》をついて、肥前に出兵し、台頭しつつあった佐賀の竜造寺隆信と戦った。

この間、大友領国でも、すでに義鑑の代から加判衆のあいだで、それぞれ国内統治のための「方分《かたわけ》」とよぶ分担地域を定め、「一国平均段銭」の賦課を行い、家臣からは知行地の「坪付《つぼつけ》」＝指出しを取り立て検地に着手するなど、戦国大名として欠かすことのできない施策を進めていた。また義鎮はポルトガル船を積極的に迎え、府内を開港場として鉄砲や火薬の獲得にも意欲を燃やした。それでも九州地方の国人割拠ははげしく、大名の領国統治ははなはだきびしい状況にあった。義鎮が守護職補任に特別の執念を見せたのも、たんに大友氏が鎌倉・室町を通じての守護家であったという過去の事情ばかりによるのではなく、現実における家臣団統制の不安が、そうさせていったのだと思われる。

キリシタン受容

ところで、大友義鎮は、内政面にさまざまの不安をかかえながらも、外交面では一貫してポルトガル船と宣教師を歓迎し、ついにみずからも受洗してキリシタン大名となった。ザビエルの離日の翌年、義鎮はバテレンのガゴを府内に迎えた。ついで弘治元年（一五五五）には、ポルトガルの商人であり、医術にも通じていたアルメイダを府内によび、育児院・病院をつくらせた。また永禄五年（一五六二）、義鎮は入道して宗麟と号し、臼杵に移ると、ここにも教会を建設させ、さらに元亀元年（一五七〇）には、トルレスにかわる新しい布教区長カブラルの来着を歓迎した。

この宗麟が受洗したのはかなりのちの天正六年（一五七八）のことであるが、かれの宣教師保護が、たんにポルトガル船との交易を求めるための外交手段にすぎなかったか、あるいは心底からの信仰に発するものであったかについては見方が分かれている。しかし一五五四年、日本に赴く途中のヌネスというパードレが、マラッカからポルトガルのヤソ会に宛てた書簡のなかに、「豊後の王はおおいにわが教を好み、みずからキリシタンとならんとする意なれども、部下の大身中数人の帰依《きえ》するを待たざれば、其国に異変あらんことを懸念せり」

と記していることからみると、やはり宗麟にはキリシタンそのものへの深い傾倒があったようである。『耶蘇《ヤソ》会士日本通信豊後編』に採録されているかれらの書簡を見てゆくと、宗麟自身が永禄一〇年、中国滞在中の司教にあてて、毎年良質の硝石二〇〇斤を送ってほしいと申し込んでおり、翌年にはまた大砲を求めている。したがって宗麟がポルトガル人に期待したものが、何よりも軍事物資であったことも疑いない。けれども同時に、宗麟の信仰も本物であった。宗麟の次子親家《ちかいえ》が、キリシタンに入信しようとしたとき、宗麟夫人は猛烈に反対した。このとき宗麟はカブラルに口入れし、親家の受洗を認めた。また宗麟夫人の兄田原親《ちか》賢《かた》の養子親虎が入信しようとした動機も、宗麟が臼杵の会堂に親虎を同伴したことにあったらしい。

宗麟夫人はたんなるキリシタン嫌いというだけでなく、狂乱状態でこれを排撃するというささか異常なほどの人物であったという。そのため、宗麟は天正六年ついにこれと離婚し、新夫人を迎えると同時に、二人して臼杵でカブラルから洗礼をうけ、自分はドン＝フランシスコ、新しい妻はジュリヤという名をもらった。このとき宗麟は四九歳であった。妻の猛反対、仏教徒の憤激、家臣たちの冷たい目などを押し切り、あるいは当時の一夫多妻の慣習をみずから拒絶した宗麟のこの一連の行動は、到底たんなる外交手段として片付けるわけにはゆかない。

では宗麟はどうして大胆な魂の転回を達成したのか。これについて、史料にもとづく直接的な解答をひきだすことはむつかしい。けれども『耶蘇会士日本通信』を読んでゆくと、豊後の布教状況として、「富裕なる者は帰依せず、帰依するは貧民なり」「府内のキリシタン多く貧民なり」といった主旨の記述にいくどかぶつかる。また「農村巡回にもっとも便利なのは冬のはじめだ」といった記事もある。それから推すと、宣教師たちの布教が、施療活動などをともないながら府内の庶民から周辺の農村の人々にまで向けられていたことは明らかである。庶民のあいだにキリシタン信仰がひろまるのは江戸時代に入ってからのように考えられがちだが、これからすればかならずしもそうではない。宗麟はむしろ、そのようにして庶民の心のなかに食いこんでゆく宣教師たちの、宗教者としての人間的迫力にうたれるとともに、かれらともっとも多く接触の機会をもったがゆえに、みずからもその世界を理解してしだいに本格的な信仰の世界に踏みこんでいったのではないだろうか。これはあくまで推測にすぎないが、宗麟がさまざまの困難をこえ、すでに家督を子義統《よしむね》に譲ったのちの四九歳という年輩で入信した事実は、やはりそのような人間の心の問題を考えずには理解できない。現実の政治において、守護職の獲得に活路をもとめた宗麟の一面だけをとりあげれば、かれはむしろ古い型の人物とも見られるが、宗教と精神の場においてみれば、かれは意外なほどの大胆さと誠実さとをあわせもった先駆的人物であったと思われる。

平戸と長崎

西方の窓・平戸

大友宗麟の城下豊後府内とならんで、というよりはそれ以上に、ポルトガル貿易商人と宣教師でにぎわったのは肥前の平戸であった。平戸は古くからの対中国貿易の基地であり、前にふれたように（九二ページ）王直（安徽《あんき》省の出身、部下二〇〇〇人を擁し、多数の船団を率い中国沿岸で密貿易、海賊行為を行ったといわれる）の根拠地ともなって、日本の西方・南方に向けて開かれた窓ともいうべき土地であった。

その平戸で、領主松浦氏からも保護を与えられていた王直が、明の官憲の術数におちいって誘殺されたのは、弘治三年（一五五七）であるが、ポルトガル船の最初の入港はこれに先立つこと七年の天文一九年（一五五〇）であった。ザビエルが鹿児島に来た翌年である。中国のジャンクが群集する平戸は、このときからさらにヨーロッパ人に向けても大きくその門戸を開くことになった。この地の領主松浦氏は、元来耕地の乏しい平戸島を本拠としていたため、松浦党海賊の活動にかかわって海上に活路をもとめていたこともあって、当主隆信は、ポルトガル人の来航を大いに歓迎した。しかもおりから、薩摩の山川などの良港にポルトガル船を迎えていた島津領では、仏教徒の強硬な要求によって、宣教師排撃策をとりだしたため、ポルトガル船は多く平戸に入るようになった。

ザビエルの平戸訪問以後、弘治元年（一五五五）には、バルタザール＝ガゴが豊後府内から平戸に移ってきて布教を開始した。隆信はこれを歓迎した。そしてその年、マカオ滞在中のイエズス会のインド地方管区長ベルショール＝ヌネスに手紙を送り、伝道の保護と、ポルトガル船来航を期待している旨を伝えた。しかし、隆信のそのような熱意にもかかわらず、平戸でもやがて鹿児島と同じように、仏教徒の宣教師排撃の動きが高まり、隆信に対する圧力もきびしくなった。一族の籠手田《こてだ》氏がガスパル＝ビレラによって受洗し、所領内で布教を開始したのが直接のきっかけだったらしい。隆信は窮地に立たされ、結局は永禄元年（一五五八）ビレラに平戸退去を命じた。またそれにつづいて、同四年には、宮の前でポルトガル船員と日本人とのあいだの衝突事件もおこった。そうしたことから、当時の日本布教の責任者であったトルレスは、平戸を危険地帯として見限り、隣接する大村領に港を求める方針をとった。

長崎開港

平戸に代わる港として宣教師が選んだのは、その南方大村湾の入口に位置し、大村純忠の勢力下におかれた横瀬浦《よこせうら》であった。大村氏は北西方の松浦氏、および北東方に力をのばしつつあった竜造寺氏などに圧迫され、その力はむしろ小さかった。しかし平戸のポルトガル船を自領に誘致する目的から、⑴横瀬浦の会堂敷地として、港につづく周囲二レグワ以内の土地を会堂領とする、⑵そのなかには宣教師の許可なく異教徒を住まわせない、⑶入港するポルトガル船と取り引きのためにやってくる商人には一〇年間諸役を免除する、という特典を与えて、宣教師とポルトガル船に最大級の好意を示した。

こうして永禄五年（一五六二）以来、横瀬浦は平戸にかわる国際港としてにぎわうようになった。そのうえ領主大村純忠自身が翌年には入信してドン＝バルトロメオという宗教名をうけ、日本最初のキリシタン大名となった。大友宗麟の受洗に先立つこと一五年である。松浦隆信がキリスト教に対してとっていたようなあいまいな態度は、純忠の場合許されなかったし、純忠自身も、はじめはポルトガル船誘致に主たる目標をおき、宣教師への接近は手段的なものであったらしいが、入信以後は、忠実な信徒として、宣教師の活動を積極的に支持

おもなキリシタン大名

大名名	領　国	受洗年	教　名
大村純忠	肥　前	1563（永禄6）	ドン＝バルトロメオ
大友宗麟	豊　後	1578（天正6）	ドン＝フランシスコ
有馬晴信	肥　前	1580（天正8）	ジョアン＝プロタシオ
高山右近	摂　津	1564（永禄7）	ジュスト
小西行長	肥　後	1584（天正12）	ドン＝アウグスチン

するようになった。

領主純忠の思い切った信仰への歩みに対し、仏教徒ばかりでなく、家臣団のなかにも反発する者があらわれ、かれらは永禄六年七月、横瀬浦に焼打ちをかけた。そのため、ようやく発展しはじめた横瀬浦はたちまち焦土となり、ポルトガル船はやむなく一時平戸に入ったが、やがて大村領の福田に移った。しかし福田は長崎湾の入口の小さな漁港であって、大船の出入りには適さなかったため、元亀元年（一五七〇）にはさらに、深江《ふかえ》浦とよばれていた長崎がえらばれた。フロイスによれば、「福田は種々の危険にさらされやすいため、さらに安全な港をもとめ、ドン＝バルトロメオ（大村純忠）の領内で、安んじて停泊でき、布教も援助されるところをもとめ、多くの港を測量した結果」「長崎に永久的で強固な居住地をきずくことに着手した」という。これによれば、長崎は、これまでの入港地とちがってポルトガル宣教師・商人が永久的な基地を建設するというかたい決意のもとにえらばれたわけであり、領主純忠も、それに応じて天正八年（一五八〇）、長崎を完全に教会領として寄進してしまった。純忠とすれば、それは松浦・竜造寺氏などの大勢力の谷間にあって、生きぬくための手段でもあったが、ポルトガルのアジア進出の歴史をかえりみれば、長崎がキリシタン大名のもとで、日本のマカオとなる危険は十分にあったことも否定できない。

九州制覇をめざして

島津忠良・貴久の三州統一

ザビエル以後、薩摩はポルトガル貿易では置き去りにされたかたちとなった。坊《ぼう》ノ津《つ》・山川などの港には、中国のジャンクが群集したが、ポルトガル船の入港にはあまりにも狭い地形だったし、島津氏の姿勢も、仏教徒の不満の高まりから、宣教師排撃に傾いたためである。

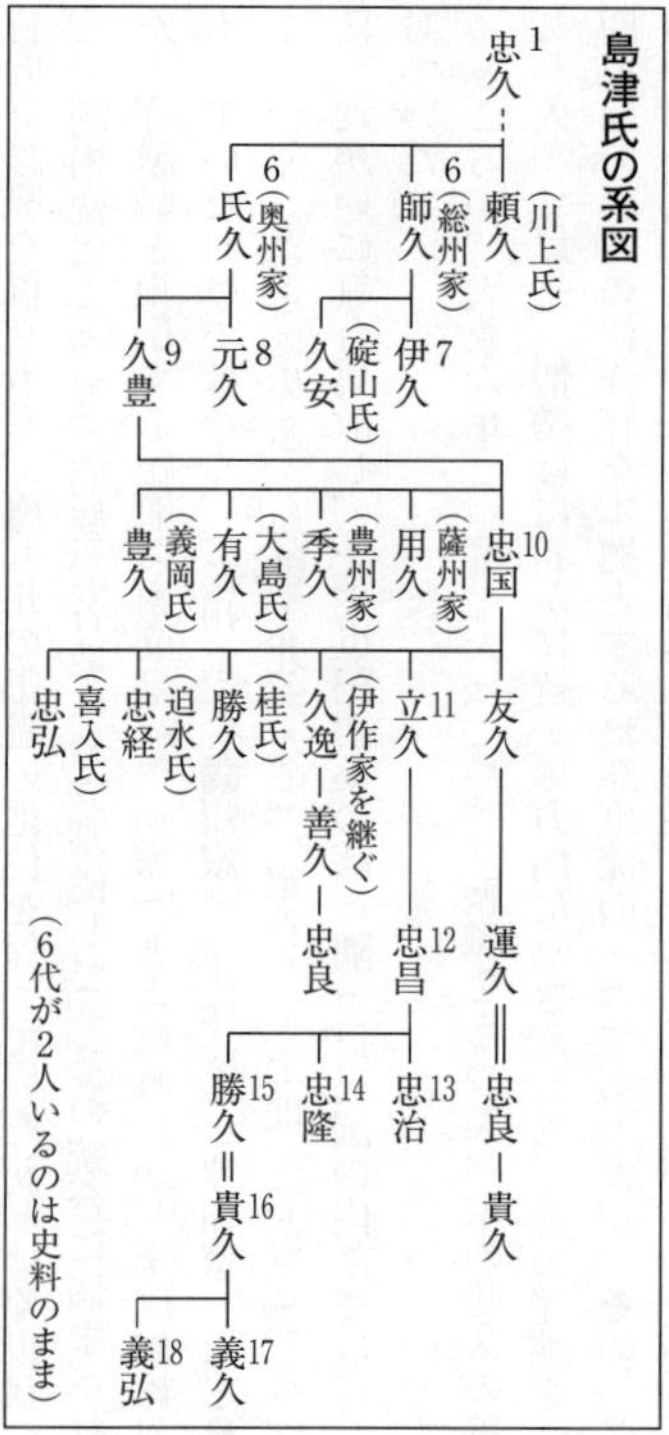

しかしこの間、薩摩・大隅・日向三国の情勢は急展開しつつあった。島津は、鎌倉以来一貫して薩摩国守護職を保持し、さらに南北朝期以降大隅・

日向守護職を併せもち、南九州の王者の地位を保っていたが、いく世代にもわたってつづけた分割相続によって、同族が各地に分立割拠して、その統合に悩まされるようになっていた。守護職を相伝する総領の家筋は「奥州家」とよばれたが、全同族に対して絶対的地位をもっていたわけではなく、「総州家」「薩州家」「伊作《いざく》家」「豊州家」など島津姓を名乗る数多くの庶流、さらに佐多《さた》・新納《にいろ》・北郷など、定着した土地の名をとった一族も多く、かれらは、たがいに離合集散し、一六世紀前葉の薩・隅・日三国の内部ではげしい抗争をくりかえしていた。

ところが、大永六年（一五二六）、薩摩守護職をもつ奥州家の勝久の養子に、伊作家の貴久が入って以来、情勢はにわかに統一の方向に動きだした。その発端をつくった伊作家は、鹿児島の西方の伊作荘を本拠とする島津庶流の一つであったが、その一〇代目の当主忠良《ただよし》は神・儒・仏に通じ、いろは歌の作者日新斎《につしんさい》としてひろく知られる文武に秀でた人物であった。かれは子貴久が守護家をついで以来、その後ろ楯《だて》としてしきりに軍事行動をおこし、とくに敵対する薩州家島津実久《さねひさ》らと戦った。実久は立場を有利とするため、忠良・貴久父子と勝久の仲を裂こうと企て根強い抵抗をつづけた。しかし、天文八年（一五三九）、実久の拠る加世田《かせだ》城（南さつま市）を落として以来、忠良・貴久は急速に力をのばし、ほぼ薩摩半島全域を制圧し、やがて天文一四年、島津忠広・北郷忠相《ただすけ》らの有力一族に推されるかたちで、貴久が島津本家の家督と守護職を継承した。そして天文一九年（ザビエルの鹿児島上陸の翌年）貴久は伊集院《いじゅういん》（日置市）からはじめて鹿児島に移り、「御内《みうち》」（鹿児島市大竜《だいりゅう》町）の城に入った。

貴久の勢力伸張は、かれの着実でしかも積極的な家臣団編成、軍事力強化の成果であった。天文八年、忠良・貴久は掟書を定め、田五反ごとに「武用に立候家之子一人宛」を常備し、陣中三〇日の兵糧は自弁、などの軍役の基準を確定した。また他領の寄親―寄子制に相当する地頭―衆中制の確立にも力を入れた。「地頭」は寄親にあたる有力給人であり、「衆中」はその指揮下にある小土豪的家来たちである。しかもこの「衆中」の人々に対しても、「召移し」とよぶ一種の転封《てんぽう》＝本貫《ほんかん》地からの切り離し政策をおしすすめ、家臣団の統制に力をそそいだ。

こうして軍事体制を強めるとともに政治的地歩も固めた貴久は、さらに祁答院《けとういん》・入来院《いりきいん》（渋谷）・蒲生《かもう》・菱刈《ひしかり》・肝付《きもつき》・禰寝《ねじめ》氏など、薩・隅の有力国衆をつぎつぎに服属させ、永禄に入るころから日向方面で伊東義祐《いとうよしすけ》と対決するようになった。伊東氏も鎌倉以来この国に地頭職をもつ歴史の古い国人の家筋であり、義祐は貴久に対抗する肝付ら大隅の国衆と結んで日向飫肥《おび》に拠る豊州家島津忠親《ただちか》に圧迫を加え、永禄二年（一五五九）には、忠親を救援した貴久の軍を大破する勢いであった。

これ以後、島津と日向の伊東との対決はきびしさを増し、いくたびもの戦いがくりかえされた。永禄九年、貴久は五三歳で入道して伯囿《はくゆう》と称し、家督を長子義久に譲り、伊東との戦いもかれにゆだねた。義久も父祖に劣らぬ武将で、元亀三年（一五七二）、木崎原《きさきばる》で義祐の軍を破り、これに致命的な打撃を与えた。そして薩隅日三州の統一の前に立ちはだかる伊東を打倒するために、まずそれと盟約を結ぶ肝付氏の服属に全力をそそぎ、天正二年（一五七四）これを屈服させた。その結果、前衛を失った伊東勢力は動揺し、家臣のなかにも離反者がつづいた。義祐は窮境を打開するため、志布志《しぶし》（志布志市）への進出をはかったが、天正五年、義久は高原《たかばる》に進んで決戦をいどみ、これを大いに破った。義祐は大友を頼って北に走り、義久はここに懸案の三州統一を完成した。

竜造寺隆信

日向伊東氏の滅亡によって、九州で抜群の力をもつものは、大友と島津の二者となったが、あらたに佐賀の竜造寺隆信が急速に力をのばしつつあった。

竜造寺氏は鎌倉初め以来、肥前国佐嘉《さが》郡竜造寺村地頭職を拠点として成長した国人領主であり、隆信はその庶流水ヶ江家に出身し、天文一七年（一五四八）、胤栄《たねひで》のあとをうけて本家の一九代目の家督をついだ。隆信ははじめ胤信《たねのぶ》といったが、天文一九年、大内義隆の偏諱《へんき》をうけて隆信と改めた。大友の圧力を回避するために、大内の下風に立たねばならなかったのである。それ以前、隆信の養祖父胤久《たねひさ》は、同じ肥前国小城《おぎ》郡の国人千葉胤勝《ちばたねかつ》の偏諱を受けたことが「竜造寺文書」によって知られる。さらに天文年間に入ると、胤栄は大友方から知行宛行を受けたこともある。してみると、当初の竜造寺の力はけっして大きなものではなく、大内・大友・千葉などの大勢力の谷間におかれて揺れ動く存在であった。

しかし、隆信は剛勇の武将であった。はじめ隆信の家督相続に反対する老臣のなかに、大友に通謀する者があったため、一時佐嘉城を追われて筑後に落ちたが、天文二二年（一五五三）にはこれを奪回して飛躍への足場を固めた。このころから大友義鎮は、義隆の死によって大内方の圧力が緩和されたのに乗じ、竜造寺への攻勢を強めた。それでも隆信は、千葉・

少弐などの旧勢力を倒し、有馬氏を圧服するなど、肥前統一に向かって活発な軍事行動をおしすすめた。永禄三年（一五六〇）、同一二年には、大友の大軍が肥前に侵入し、隆信の佐嘉城を包囲した。隆信は毛利と結んで大友と対抗するという遠交近攻策によってその危機を切り抜けようとしたが、毛利の援助が期待薄となったため、大友とのあいだに和平を結んだ。

大友方は、隆信とひとまず和平したものの、この新興勢力をあまり大きくならないうちに屈服させようとして、さらに元亀元年（一五七〇）、天正四年（一五七六）と、大挙して竜造寺方に攻撃をかけた。このときも隆信は、これまで敵対していた大村純忠と結んで大友と対決した。そればかりでなく日向伊東氏の没落によって、島津勢力が直接大友を脅かすようになった情勢を隆信は機敏に利用し、天正五年、筑後・肥後などにも侵入して大胆な版図《はんと》拡大に乗りだした。天正五年といえば、中央ではすでに織田信長が安土に移った翌年のことである。

争覇戦のゆくえ

天正六年（一五七八）九月、五万といわれる大友義鎮の軍は日向に入り、日向中部の島津方の拠点高城（児湯《こゆ》郡木城《きじょう》町）に殺到した。宗麟のねらいは、伊東義祐を高城南方の佐土原《さどわら》（宮崎市）に復し、島津の北進に歯止めをかけようとするものであった。これを知った島津義久はすぐ救援の軍を出し、一一月、高城で大友軍を撃破した。大友方の戦死者は四〇〇〇をこえ、死体は小丸川《おまるがわ》から耳川《みみかわ》にかけて累々たるありさまであったという。

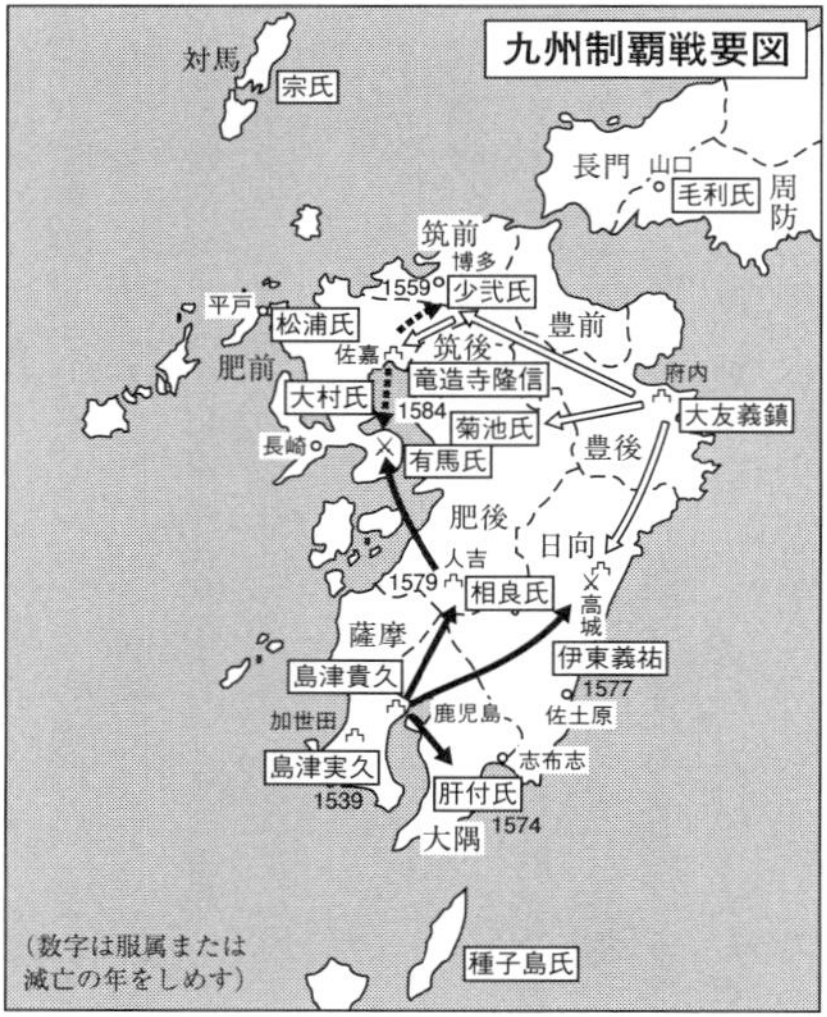

(数字は服属または滅亡の年をしめす)

この合戦によって、決定的な優位に立った島津義久は、翌天正七年、肥後人吉の相良氏を屈服させた。相良は鎌倉以来の人吉荘地頭であったが、力を蓄えて国人領主に成長したばかりでなく、球磨《くま》・芦北《あしきた》・八代《やつしろ》の三郡にわたる国衆を統合して戦国大名に成長した。為続《ためつぐ》・長毎《ながつね》・晴広《はるひろ》三代にわたる統治の成果を示す「相良氏法度《はっと》」を見ると、ここでは領内国人の地域ごとの結集体である「所衆《しょしゅう》談合《だんごう》」のしくみをととのえ、その「衆儀」によって国政を運用するという方式がとられていたことが分かる。したがって大名相良氏自身の権力はやや弱体だという面もあるが、それなりによく統合された家臣団は、大友のように表面的には主君権力が強化されたかに見えながら、実質的には分立する国衆の力にふりまわされやすかった状態にくらべて、小さいなりに安定した力をもっていた。実際、相良はひとまず島津の圧力の前に屈服を余儀なくされながら、半面、伊東のように、家臣団の全面的離反・崩壊、そして滅亡という最悪のコースを歩むことなく、近世大名への転生に成功した。

それはともかく、相良を圧倒した島津が九州統一の過程で次に対決しなければならないのは竜造寺隆信であった。このころ竜造寺の勢威は大いに振るい、天正六年（一五七八）には、筑後三池《みいけ》・山門《やまと》郡の有力国人で大友の傘下に入っていた田尻《たじり》氏も大友と絶って、竜造寺に通じた。こうした事情もあって、隆信は島津との妥協を拒否したが、天正一二年（一五八四）、島原半島に遠征中、有馬晴信と島津義久の弟家久《いえひさ》との連合軍と戦って敗れ、その場で戦死した。有力な戦国大名その人が合戦で討ち死にした例は珍しく、いかにも剛直な隆信らしい最期であった。五六歳。

これによって肥前では竜造寺氏に代わってその家臣鍋島《なべしま》氏が台頭する。一方大友は島津と対抗するため秀吉に救援を求め、やがて天正一五年、秀吉の九州出兵となり、九州争覇戦は九州大名自身によってでなく、中央の覇者秀吉によってピリオドを打たれることになる。

畿内政権と京・堺

細川晴元と三好長慶

晴元の京都支配

ここで、目を中央地帯に移そう。戦国期社会の特色は、それ以前とちがって、列島各地域がそれぞれに歴史の主要舞台となり、同時進行でどの大名・国人・民衆もがそれぞれにその存在を主張しだしたことである。その意味で、この時代の社会は多極化し、拡散したのであるが、それにもかかわらず、畿内はやはり歴史の回転軸として特別な役割をもっていた。戦国争乱が結局は京都・畿内の掌握に向けて収斂《しゅうれん》してゆくこと自体がそれを示している。畿内は一面では、公家・寺社など旧勢力の最後のトリデであり、政治的にはもっとも守旧的な地帯ともいえる。たしかに、そうした事情に制約されて畿内では有力な戦国大名が登場しにくいという傾向があったが、経済的には最先進地であり、群小の国人領主が簇生《そうせい》し、民衆が各地で惣や一揆によって実力行動をとり、社会変動はもっとも根深く進んでいた。

天文初頭に戦われた一種の宗教戦争、法華一揆と一向一揆のすさまじい闘争のことは前にふれた（六八ページ以下）。それは燃え落ちようとする室町幕府の遺産にしがみついて争いあう旧幕府首脳やその被官たちの、泥沼のような党争とも深くからみあってはいたが、本質的には、畿内の歴史を根底から動かすものが、町衆や百姓の惣や一揆であることを物語っていた。当時、山科言継《やましなときつぐ》が、その日記のなかで「天下は皆一揆のままなり」といい、中納言鷲《わし》尾《お》隆康《たかやす》も「風聞にいう、天下は一揆の世たるべしと云々《うんぬん》。漸《ようや》く然るが如きか、末世の躰《てい》たり、嘆くべし」といったのもそのような社会状況を目のあたりにしてのことであった。実際、大永七年（一五二七）細川高国が京都を追われて以後の享禄・天文の初年、京都は極言すればだれもが決定的権力を握れない状態にあった。

その空白をともかくも埋めて、京都やその周辺の支配を回復しようとしたのは細川晴元である。かれは細川政元の養子澄元の子で、（四七ページ系図参照）、高国没落以後は細川嫡流の家督をつぐ立場にあった。しかし、このころ京都は町組を単位とする町衆の自治的秩序のもとにおかれるようになっていたため、晴元ははじめ領国摂津の芥川城《あくたがわ》（高槻市《たかつき》）にいて、畿内国衆の糾合《きゅうごう》に力を入れる他はなかった。

その晴元が京都に入るのは、法華一揆の壊滅後の天文五年（一五三六）である。ここでかれは伝統に従い管領となったが、町衆の自治に対抗して京都支配の実をあげるため、晴元は摂津国衆の茨木《いばらき》長隆を管領代・京都代官にとりたて、洛中およびその周辺地域の支配回復に力を入れた。天文一八年（一五四九）晴元が没落するまでのあいだに発給し、今日に伝わる約一〇〇点の「管領代奉書」の内容を検討すると、たとえば入京以前の天文三年でも、御所の警備の堀をつくる作業を拒否した洛中一条二町以下の町組に対し、きびしい執行命令を発しているなど、京都支配権回復の積極的な努力がうかがわれる。晴元の政治は旧来の室町幕府の方式を引きつぐものである以上、とくべつ新しいとはいえないが、従来の幕府支配層とはかかわりない摂津の国衆を管領代に登用し、燃え落ちようとする管領細川家の存在を主張したことは注目される。

長慶、晴元を追う

そうした情勢のなかで、天文八年（一五三九）、三好長慶（当時は範長《のりなが》といった）が兵二五〇〇を率いて淡路から入京、晴元に対して、幕府料所河内一七ヵ所の代官職を要求した。

これには父元長の怨《うら》みを晴らす、という理由があった。三好氏は、もともと阿波国三好郡を本拠とする土着豪族であったらしいが、阿波細川の被官となり、長慶の曾祖父之長のころから力をのばした。その之長の孫で長慶の父にあたる元長は、はじめ細川晴元を擁して、細川のかねての根拠地堺をおさえた。しかし晴元は木沢長政や血縁の三好政長と結んだうえ、一向一揆を動かして、天文元年元長を堺に囲み、法華宗の顕本寺《けんぽん》で自殺させた。河内料所一七ヵ所代官職は、元来元長がもっていたものを、このときその死に乗じて政長が奪ったといういきさつがある。

父元長の死のとき、長慶（千熊丸《せんくままる》）はまだ一〇歳にすぎなかったが、ようやく長じた天文六年、長慶はいったん淡路にくだり、ここで勢力をたくわえ、機を見て入京を果たした。このとき長慶は一七歳。しかし晴元は、長慶の河内料所一七ヵ所代官職の要求を蹴《け》ったから、両者は公然と対立するにいたった。将軍義晴は、近江南半の守護六角定頼に命じて、晴元と長慶の和解をはからせたが不調に終わった。

これ以後、長慶は晴元に対して一進一退をかさねながらもねばり強く戦い、天文一一年、もともと畠山の被官でありながら晴元と結んで大きな力を振るっていた木沢長政を河内の太平寺に倒した。そして同一八年、ついに三好政長を摂津に討ち、細川晴元を近江に追った。ここに、十数年にわたった晴元の京都支配は崩壊し、長慶が代わって京都に入った。つづいて、天文二一年、六角氏を介した交渉によって、長慶は将軍義輝を京都に迎え、晴元をさらに若狭に追い、細川高国の養子氏綱を管領にすえてみずから実権をにぎった。当時、将軍自身は無力であったが、京都支配をはじめ室町幕府に認められていた諸権限は形としては存続していたから、実力者があらわれて幕府の名分をにぎれば、それはやはり一般の大名とは異なる役割を果たしえたのである。

こうして、長慶は阿波・淡路につづいて、摂津・河内・山城さらには丹波などをおさえ、中央地帯で大きな力をもち、しだいに畿内政権としての実質をそなえるようになった。だが、情勢はまだかならずしも安定しなかった。晴元を追った翌二二年、将軍義輝は近江の朽《くつ》木《き》（滋賀県高島市）に脱出した。いったん没落した晴元が、また勢いをもりかえして義輝を奪回したのである。他方、摂津でも国衆の離反がおこり、足もとを揺さぶられた。そのため長慶は地の利にめぐまれ、かつて晴元がいた摂津芥川城を奪って、ここを居城とし、地盤固めに力を入れた。現在の高槻市芥川町の西北四キロメートルに城山部落があり、その北側に「三好山」という丘陵がある。これがこのときから七年にわたって、長慶が畿内政権の拠点とした城である。

これ以後、長慶は京都支配に乗りだし、旧勢力の支持を得るために公家・寺社の所領の回復や御所の修理などに力を入れ、永禄元年（一五五八）には、五年ぶりに将軍義輝との和解に成功してこれを京都に迎えた。長慶の方針はあくまで将軍を奉じて政権をにぎるという、室町幕府の伝統的形式をととのえることにあった。そこで元来細川氏の被官で将軍の陪臣《ばいしん》にすぎぬ自分の地位を改めるために、子供の慶興《よしおき》に将軍の偏諱をもらって義興と名乗らせたり、みずから将軍家重臣の格式である相伴衆になったりした。このころが長慶の全盛時代である。かれの構想は一面からすれば、形骸化した室町幕府の枠組みにあまりにもとらわれすぎていたが、半面、その形式こそが、畿内国衆を統合するにはやはりもっとも有効であったといえる。

将軍と天皇の役割

そこでもうすこし、長慶がこだわった「形式」の内容を考えてみよう。幕府では明応二年（一四九三）細川政元のクーデターによって将軍義材（義尹、義稙）が追放されて以来、義高（義澄）・義晴は実質的には細川や大内のカイライであった。だからかれらに擁立され、邪魔になればたちまち追放された（二一四ページの表を参照）。それにもかかわらず、将軍という立場・名分は、戦国動乱の世となり、大名・国人の抗争がきびしくなればなるほど、半面では外形的権威と調停者的価値を増すという事情があった。上杉謙信が天文二二年（一五五三）と永禄二年（一五五九）に上洛して将軍に謁したのは、越後守護職や関東管領という伝統的地位を認めてもらうことによって自分の立場を有利にしようとしたからであった。伊達や大友が歴代将軍の偏諱をうけたり、財宝を贈ったのは、辺境にいる自分たちの立場を中央権威によって正統化する必要があったからである。長慶のような陪臣が下剋上して権力を握る場合、将軍を上に戴くことが、その立場に名分をあたえる点でとくに好都合だったことはいうまでもない。激突する戦国大名同士が、一定の戦略目的から和平をはかるときにも、将軍のだす内書《ないしょ》（将軍の意思を直接伝える文書）は、どちらにとっても受け入れやすい調停役としての意味をもった。

だから長慶は、将軍義輝が晴元に通じて朽木に移っていた五年間にも、あえてこれを武力で攻撃しようとはしなかった。朽木は、琵琶湖西北の谷に入りこんだ山あいの場所ではあるが、京都からは目と鼻の距離で若狭への交通路上にあり、これを攻撃するのにたいした苦労はいらなかった。それにもかかわらず、長慶が和解の機会をじっと待ったのも、将軍を自己陣営に引きこむ値打ちが十分にあったからである。義輝はその後、永禄三年（一五六〇）には、毛利と尼子との争いを調停するため、使いとして聖護院道増《しょうごいんどうぞう》と日乗《にちじょう》を安芸に派遣したり、同七年には、謙信・信玄・氏康三強間の和平をはかったり、形式の上で全国戦略にかかわるような役割を演じている。したがって、将軍を擁するものはおのずからにその人自身が、全国戦略の動向を左右できる有利な立場に立ちえた。たとえば永禄元年、将軍義輝が長慶と和睦して京都に帰ると、その翌年には織田信長（二月）・上杉謙信（四月）がつづいて上京して義輝に謁しているから、長慶の権威もそれにともなってあがるというわけである。

同じようなことは天皇についてもいえる。天皇家とその周辺の公家・寺社はこのころでも、原則的には京都市中の商工業の座に対する一定の賦課権をもち、七口関関銭《しちこうぜきせきせん》や紺灰座《こんぱい》役・酒麴《しゅきく》役などを収取する権利をもっていた。いわば全国経済の結節点としての京都商工業に対して、なお特定の支配権を保持していたのである。そこで天皇家・公家と連係することは京都経済掌握の道につながる。またそればかりでなく、天皇には将軍をこえる特別の政治的地位がある。形式上天皇は将軍を補任する国家最高の位置にあったから、将軍と対抗する必要のある場合には、天皇に直結すればよいのである。信長は、義輝が殺されたのち、義昭を将軍におし立て畿内進出をはかるが、同時に皇居を造営したり献金したりして天皇への接近をはかり、他方、管領とか副将軍など、将軍への臣従を意味する一切の形式を拒否し、けっして将軍一辺倒にはならなかった。そして元亀三年（一五七二）九月、信長は二年余り前の五ヵ条覚書（三七一ページ）につづいて、義昭に一七ヵ条にわたる強烈な意見書をだしている。その第一条では、

前将軍義輝は天皇・朝廷のことをおろそかにしたため、天の加護をうけられなかったことははっきりとしています。それゆえ当将軍（義昭）においてはゆめゆめ怠慢のことがないようにと、ご入洛《にゅうらく》のとき以来注意しておきましたのに、はやくもそれを忘却し、近ごろ朝廷をおろそかにされていることは、はなはだ遺憾です、（原文は四〇六～四〇七ページ）

という非難を義昭に浴びせている。信長は、義昭を抑えるために、天皇をさらに上位の権威として意識的におしだしているのである。

このような天皇に対する権威指向型の〝崇敬〟は、政治的野心が大きく、展望のきく大名ほど積極的であった。毛利元就などは、多額の礼銭を払って位官の叙任を受けたり、大きな

犠牲をはらって奪取した大森銀山を、永禄六年（一五六三）皇室御料所に献上したりしている。

長慶と畿内国衆

話をもとにもどすと、三好長慶は、永禄元年（一五五八）将軍との和平に成功してから、永禄七年、四二歳で死ぬまで、被官の松永久秀の進出に押されながらも、畿内政権の実権者として権勢を振るうようになった。その成功の原因は、(イ)なによりも幕府の統治体制上の遺産を極力利用しながら、京都をおさえたことにあるが、(ロ)阿波でつちかわれた三好一族の力と、(ハ)細川―三好と伝えられた堺との結びつきによることも大きかった。

長慶には三好之康《ゆきやす》・十河《そごう》一存《かずまさ》・安宅《あたぎ》冬康《ふゆやす》という三人の弟があり、讃岐の国人十河氏をついだ一存は、とりわけ勇猛をもって知られていた。また安宅氏は淡路から大阪湾にかけての水軍をにぎり、長慶の堺制圧や、阿波↓淡路↓摂津↓山城という領国と中央をむすぶベルト地帯の海上交通を援護した。そのため長慶は、本国阿波で掌握した国衆たちをひきいて中央で活躍することができた。

それでも長慶の活動は本国阿波から離れて、出先を主舞台とするものであったから、それにともなう無理や危険も避けることができなかった。とくに拠点とした芥川城のある摂津の情勢は複雑だった。この国はもともと京兆家とよばれた細川嫡流家の領国であり、薬師寺《やくしじ》・香西《こうざい》などという古くからの「内衆《うちしゅう》」(譜代の家臣)がその支配に力を入れていた。ところが応仁以降、この国でも芥川・茨木・吹田・池田・三宅・瓦林《かわらばやし》・伊丹《いたみ》などの地つきの国衆がつぎつぎに成長して細川内衆と対立し、しだいにこれを圧倒しはじめた。そこに三好長慶が阿波国衆を率いて乗り込んできたため、摂津国衆の一部は細川内衆との対抗上、長慶の側についた。吹田・池田・三宅などがそれであったが、かれらも長慶に完全に服属したわけではなく、状況によってたちまち寝返ることも平気だった。

長慶は永禄三年（一五六〇）、七年間にわたって居城としていた芥川城を子の義興にゆずり、自分は河内飯盛城（大阪府四條畷《しじょうなわて》市）に移った。芥川城に比べると飯盛城のほうが京都からはへだたっている。その点だけからいえば、飯盛への移転は、長慶にとってかならずしも有利ではなかった。それをあえてした理由はどこにあったのか。このころ、長慶の被官松永久秀は大和に進出しているし、長慶も河内方面での軍事行動の成功ののち、ここに移ったのだから、一般的に見れば三好勢力の河内・和泉・大和方面への進出を意味する積極的な行動ということができよう。

しかしその背後には、摂津国衆を十分に信頼しえないという長慶の不安もあったのではないか。経済的にもっとも進んだ地帯に成長した摂津国衆は、たんなる土地支配だけではなく、京都に向かう流通路も掌握し、その経済的実力は所領の規模以上のものがあった。それに目をつけた将軍義輝は、これら国衆に内書（書状）を送って、将軍の直臣にとりこもうとした。そのため長慶としては、簇生してきた摂津国衆を確実に掌握できる見込みが容易にたたない。そこでかれは芥川城だけを拠点とする方針を改め、自身は飯盛城に移って、その地の利によって堺との関係を強め、河内・和泉から大和にかけての一帯を確実におさえるほうが有利だと考えたにちがいない。これが、飯盛移転の一つの理由ではなかろうか。

堺と京都

三好党と堺

三好の主筋にあたる細川が、大内と対明勘合貿易の主導権を争い、その拠点として以来、堺の繁栄と重要性は日を追って高まっていた。とりわけ三好党は本国阿波と畿内との中継地として、堺の豪商たちと固く手をにぎった。長慶の曾祖父之長（長輝）は、永正元年（一五〇四）堺の海船浜で邸宅と監視のための楼台の建設に着手し、その死後、之長の孫元長がこれを完成した。

つづく長慶も、天文一二年（一五四三）には細川氏綱（高国の養子）を討つため堺に入った。そして同一四年、長慶が氏綱のために堺で危地におちいったとき、会合衆《えごうしゅう》の仲介によってからくも助かったことからも推定できるように、長慶と会合衆との提携もいちだんと強められていた。長慶はさらに、この地の南宗庵《なんしゅう》をもとに南宗寺を造営していたが、弘治二年（一五五六）、大徳寺《だいとくじ》派の禅僧大林宗套《だいりんそうとう》を開山とし、翌三年、憤死した父元長のために同寺で盛大な供養を営むなど、堺との結びつきは日を追って強められた。それは長慶がただ軍事・交通の要衝として堺を重視したというだけのことではない。堺の豪商と長慶らとのあいだにはもっと直接の経済的かかわりや、人間的な結びつきもあった。堺豪商の財力については、織田信長が矢銭《やせん》二万貫を賦課した事実が有名であるが、大名たちの堺への賦課も、堺商人の大名への献金も、それ以前からたびたびあった。明応四年（一四九五）には、畠山尚順《ひさより》が銭一万貫をかけたことがあるし、永正三年（一五〇六）細川政元が堺に来遊したときには、町民が六〇〇〇貫を贈っている。これらの事実は、堺商人の財力の大きさを物語るとともに、そもそもその致富が畠山・細川のような有力大名との緊密な提携によってもたらされたものであることを示している。

武野紹鷗《たけのじょうおう》は、村田珠光《じゅこう》と千利休《せんのりきゅう》の中間に立つ茶道史上著名な人物であるが、その武野家は実は堺の皮問屋であって、三好との結びつきが固く、武具調達によって巨富を積んだ。しかも注目すべきことに、この紹鷗をはじめ、今井宗久や津田宗及《つだそうぎゅう》のような豪商であり同時に茶の達人でもあった人々が、長慶が厚く帰依《きえ》した南宗寺の開山大林和尚のもとで参禅している事実もある。とすれば、長慶とこれら商人たちは、茶道や参禅を介して人間的にも深く結ばれていたと見なければならず、長慶が会合衆の仲介で救われたのも、日ごろからそうした両者の交流があったからであろう。長慶は文化の面では連歌《れんが》に秀でていたことが知られているが、茶との関係ははっきりしない。しかし三好党の多くの人々が紹鷗の門をたたいたことは史料のうえで確かめることができる。

堺会合衆

長慶を細川氏綱の包囲から救った人々は、『重編応仁記』によれば、「堺津会合衆ト云ヘル三十六人庄官ノ富家共」であった。この会合衆という呼称が堺関係の史料にはじめて見られるのは、文明年間に堺に滞在したことのある禅僧季弘大叔《きこうだいしゅく》の日記『蔗軒日録《しゃけんにちろく》』である。その文明一六年（一四八四）八月一日の記事によると、堺の惣鎮守《そうちんじゅ》三村社の祭礼にあたり、会合衆の「カスエ・イスミ屋」両人が頭人《とうにん》となったという。「カスエ」は主計で、三宅主計《かずえ》という富商である。会合衆はのちに三六人といわれるが、このころは一〇人で、倉庫業をいとなむ納屋衆《なやしゆう》がその有力メンバーであった。

永禄ごろになると堺の南北両町には町代・年寄衆などがあり、自治的な組織がいっそう整えられた。このころ、堺にはザビエルをはじめ宣教師たちがつぎつぎにやってきて、その繁栄ぶりや都市組織が、ヨーロッパの自治都市に酷似していることに驚いた。ガスパル＝ビレラは、

堺の町は甚《はなは》だ広大にして大なる商人多数あり。此町はベニス市の如く執政官に依りて治めらる。（永禄四年＝一五六一）

とか、

日本全国堺の町より安全なる所なく、……市街には悉《ことごと》く門ありて、番人を付し、紛《ふん》擾《じよう》あれば直ちにこれを閉づる。（永禄五年）

などと記している。またルイス＝フロイスの『日本史』でも、

この都や堺の町には、それぞれの町に二つの門があって夜になると閉じる慣習があ

り、門は番人によって吊錠《つりじょう》で閉ざされた。（永禄二年）

と同じ主旨のことを述べている。都市が町《ちょう》ごとに開閉する木戸をもつ形は他にも広く見られる。これらの記述は事実として信頼できることであり、実際に町の複合体として、会合衆を中心とする都市共同体的な自衛・自治組織がつくられていたのであろう。

さらにすこし後の天正九年（一五八一）、ガスパル＝クェリヨは、

此市（堺）は日本全国でもっとも富み、また土地ひろくして多数の富裕なる商人が住み、かつ自由市で大なる特権と自由を有し、共和国のごとき政治を行なっているので有名である。他の諸市および城がはげしい戦争最中であるとき、堺の市ははなはだ平和にすごしている。

とも述べている。この都市の自治を「共和国」のようだという観察は重要である。堺が大名権力と完全に絶縁した存在だったのでないことはすでに見てきたとおりであるが、同時に、ここでいわれているように豪商たちの手による自治的市政が行われていたこともまちがいない。堺の自治の起源は、南北朝時代以来の堺荘の地下請《じげうけ》にもとめるのがふつうであるが、豪商の致富がすすみ、商業活動のスケールが拡大するにつれて、平和的取り引きを確保する必要が高まり、自治権は有力商人を中心とした会合衆に集中し強化されていったと思われる。この時代、博多や大湊（伊勢）などでも同じような商人の自治が発達した。

京都町衆と畿内政権

他方、伝統的な王朝都市京都でも、すでに述べたようにこの時代には町衆《ちようしゆう》の自治が発展した。「町《ちよう》」の自治を基礎に上京・下京はそれぞれ一〇人ずつの宿老《しゆくろう》をおいた。その二〇人の宿老は天文八年（一五三九）には酒屋・土倉役などの徴収の問題について、幕府と交渉しているところからみても、町衆の自治は実際にかなりよく行われていたようである。

したがって、京都支配に乗り出した細川晴元や三好長慶にとっても、このような町衆たちの自律性の強い組織を統御することはけっして容易ではなかった。長慶の京都支配の実態はかならずしもはっきりしないが、松永久秀を「京都所司代《しよしだい》」としたことはたしかである。所司は室町幕府の侍所《さむらいどころ》の長官である。侍所は京都の治安警察をつかさどる役目だから、これからみても長慶の京都支配の第一歩は、警察権の掌握にあったようだ。このころから洛中洛外の諸寺社に対して、長慶は数多くの禁制・制札を発給している。これも、やはり長慶が京都の警察権をにぎっていることを示すために、寺社の求めに応じてすすんで行ったものであろう。

しかし、その後、長慶の京都支配は徐々に、地子《じし》の徴収や裁判などの分野にまで拡大されていった。地子徴収など財政問題にかかわることについては、幕府の政所執事の地位を形式上なお継承していた伊勢貞孝《さだたか》と結んだらしいが、永禄元年（一五五八）には洛中地子銭を長慶自身が賦課徴収している。洛中洛外の寺社領の年貢地子を押領した地侍に対して、その納入を命じたりもしている。おそらく、長慶も町衆と対抗しながら京都支配権を徐々に強めていったのであろう。

このように見てくると、京都町衆の自治・自検断と、長慶の京都支配とが、どのような形でかかわりあっていたかがすこしずつ見えてくる。町衆の自治といっても、武家の支配を完全に排除していたわけではなく、逆に長慶の京都支配といっても、町衆の自治を全面的にふみにじるような性質のものではなかった。両者のきびしい力の対抗と均衡の上に現実は存在していたと見られるのである。

中央都市の機能

それにしても、長慶にせよ、またのちの信長にせよ、かれらはなぜこれほどに堺や京都の掌握に執着したのだろうか。もとより、豪商の物資調達能力とそれを支える財力に何よりのねらいがあったことはまちがいない。京都の角倉《すみのくら》・茶屋《ちやや》のような豪商たちは、金融・外国貿易・国内商業のすべての分野にわたって手広く活動していたから、大名にとってみれば、京都の支配は豪商を通じて内外流通網を掌握する決め手にもなったのである。

だが、京都や堺は、そのような商業・金融機能ばかりではなく、各種の手工業生産の中心地としても、大名たちにとって魅力的であった。それをもっともよく示すのは堺の鉄砲鍛冶である。その発達については、前提としての鍛冶・鋳物師の存在が考えられねばならない。実際堺では近接する我孫子に「吹屋《ふきや》」という金属工業者の集団があったし、さらにさかのぼると、堺とは近い河内の丹南《たんなん》（大阪府松原市）が中世以来の鋳物の名産地として全国に知れわたっていた。我孫子の吹屋は、信長の勢力が堺にのびてきた永禄一二年（一五六九）には、信長に結びついた豪商今井宗久の統轄下におかれるようになる。

堺ではこのほか絹織物業も行われた。高級絹織物の主産地はもともと京都であり、平安以来貴族社会の需要にむすびついた大舎人《おおとねり》座の織手《おりて》の系譜をひくものが生産者の中核であったが、応仁の乱をさけてかれらは堺に移り、そこでさらに中国系の技術も摂取して新たな発展をとげた。京都西陣《にしじん》が織物の中心となるのは、この堺に移った織手たちの多くが再度京都にもどってからである。

また京都は平安以来の首都として、そこに根づいた手工業の種類も多彩であった。織物業のほか三条の刀鍛冶に代表される金属工業、貴族社会相手の金・銀細工、薄《はく》（箔）打《う》ち・焼物あるいは皮革を材料とする武具生産など、古くから他にぬきんでた高い技術を蓄えていた。

京都・堺あるいは奈良のような中央都市は、こうして全国商品流通のカナメであると同時に、高度な手工業生産地としての機能をもっていた。さらにそれらの都市周辺地区に拡大した各種の手工業をも含めると、そこに包摂された諸手工業生産力は、軍事的にも欠かすことのできない性質をもっていた。戦国大名にとって、京都や畿内中央地帯の魅力が、天皇や将軍に接近してその権威を利用するだけにとどまらなかったことは、上杉謙信が天文二二年（一五五三）に上洛するとその足で堺に赴いている事実でも分かるが、そのねらいが、武器をはじめとする戦略物資や情報の獲得にあったことはまずまちがいない。

松永久秀

将軍義輝殺害

三好長慶は、居城を河内の飯盛《いいもり》に移した永禄三年（一五六〇）から翌四年にかけて、全盛期を迎えていた。四年三月、陪臣の身でありながら将軍義輝を京都立売《たちうり》の自邸に迎えたことは、格式のやかましい室町幕府の儀礼からすれば、破天荒のことであった。

だが、長慶邸への将軍お成りのわずか二ヵ月後、長慶を支えてきた弟十河一存が瘡《そう》の病で斃《たお》れた。つづいて、近江の六角義賢と紀伊の畠山高政とが長慶に叛《そむ》いた。どちらも室町幕府の有力守護の家柄の出身であり、陪臣長慶の進出を不満としていた人物である。また翌五年、別の弟の義賢（実休）が高政に敗れて戦死した。

このころから、長慶の陣営では松永久秀の進出が目立っていた。久秀は長慶よりも一三歳年長であった。四国という説もあるが、京都西南郊西岡の商人出身という説もある。いずれにせよ、長慶の進出にともなって台頭し、天文二〇年（一五五一）ごろには弾正忠《だんじょうのちゅう（じょう）》、永禄初年には弾正少弼《しょうひつ》という警察関係の官職にもついた。久秀は当時松永霜台《そうたい》とよばれたが、「霜台」とは王朝国家の警察機関の唐名である。実際かれはそれにふさわしい警察・裁判権を行使した史料もあり、京都の警察権を握ることによって力を得たと思われる。

そして永禄二年（一五五九）には大和の信貴山《しぎさん》（奈良県平群《へぐり》町）の城に入り、大和の国衆たちを味方に引き入れ、つづいて奈良北郊の多聞《たもん》山に築城して、にわかに権勢を強めるようになった。ルイス＝フロイスは『日本史』のなかで、久秀のことを「三好殿の家来であるが、かれから裁判権と統治権をうばい、……ほしいままに天下を支配し」たと伝えている。

この間、永禄六年、長慶の子義興が芥川城で、二二歳の若さで急死した。『足利季世記《あしかがきせいき》』は死因をひとまず黄疸《おうだん》と記しながら、「近く召使ふ輩《ともがら》の中より食物に毒を入れ奉り、かく逝去ありと後に聞えけり。又松永のわざとも申しける」とつづけている。当時この種の「雑説」がとびかっていたことは諸書が伝えている。それらのいうところでは、義興は若年ながら久秀の野望を見抜き、これを討とうとしたため、久秀が先手を打ったというのがそのおよその筋である。おそらく真実もそれに近いものだったろう。永禄七年、久秀が長慶の弟でただ一人残った安宅冬康を、長慶に讒言《ざんげん》し、飯盛城で謀殺させたことからもその野望が推測される。長慶はこうして自分の手足をみずからもぎとることとなったが、それからわずか二ヵ月後、四二歳という働きざかりで世を去った。

松永久秀は、多分に幸運も手伝ってやすやすと長慶の権力をそっくりわがものとすることになった。ここで勢いにのった久秀は、百歩を進めて将軍義輝の打倒を目指した。これこそ久秀の悪名を高くしているゆえんであるが、実際はこのころの義輝の動きにも、久秀の反逆を誘発してもやむをえないところがあった。義輝は永禄元年（一五五八）、長慶と二度目の和解をして以来、表面的には和親をよそおっていたが、裏では畠山高政などの旧勢力と手をにぎり、三好実休を戦死に追いこむなど、つぎつぎに政治的・軍事的不安の種をまきちらしていた。久秀はおそらく、このことを長慶の存命時から見抜いていたのであろう。長慶の死からわずか一年たらずののちの永禄八年五月、三好三人衆（三好長逸・岩成友通・三好政康）

と結んで、京都の義輝邸を急襲した。

義輝ももとより独自の存立基盤をもたない、形ばかりの将軍であったが、個人的には気力もあり、乱世の将軍にふさわしく腕力にもすぐれていた。『続応仁後記』によると、かれは攻め寄せる久秀方の兵にみずから太刀を取って進み、「公方《くぼう》ノ御手ニ掛給テ切伏セ給者幾等ト云フ数シラネバ敵徒皆畏懼《かしこみおそ》レテ近着《ちかづく》モノモ無シ」というほどに奮戦した。しかし衆寡《しゅうか》敵せず、義輝は憤死。久秀は同時に奈良興福寺《こうふくじ》の一乗院に入って覚慶と名乗る義輝の弟（のちの将軍義昭）をも捕え殺そうとしたが、これはからくも逃走した。

反逆の論理

江戸時代の中ごろ（一七三九）に成立した『常山紀談《じょうざんきだん》』（湯浅常山著）は、家康が信長に面謁したとき、信長は側にいた松永久秀のことについて「此の老翁は世の人のなしがたき事三つなしたる者なり。将軍を弑《しい》し奉り、又己が主君の三好を殺し、南都の大仏殿を焚《や》きたる松永と申す者なり」と語ったと伝えている。南都大仏殿の焼打ちとは、義輝殺害の直後から、久秀が三好三人衆と争うようになり、永禄一〇年（一五六七）、奈良での戦いのおり焼亡させたことをさしている。信長も久秀以上に思い切った比叡山焼打ちを断行しているのだから、実際信長がこんな話をするはずはなく、これは、君臣道徳・儒教倫理が強調されるようになった江戸中期につくりあげられた久秀像である。

久秀自身が生きていた戦国時代の考え方は実際はこれと大きくちがっていた。すでにそれより一世紀をさかのぼる応仁の乱中の文明三年（一四七一）、備中国新見荘の一土豪金子衡《ひら》氏《うじ》がいみじくも言い放ったように、「いまの時分はゐ中《（田舎）》も京都もうで《（腕）》をもつてこそ、所（所領）をも身（立身）をももち候」世の中であった。主従の関係においても、主君と譜代の臣とのあいだでこそ家中《かちゅう》意識が強調されたが、譜代以外の新しい外様《とざま》の家来たちは主君を選びかえる自由をもっていた。上杉謙信などは、まえにもふれたように「筋目《すじめ》」という古風な価値を至上とする人物であったが、それとても、たんなる伝統的格式＝旧価値とちがうことは、かれ自身が上杉家の事実上の簒奪者に他ならないことによって証明されている。家格や伝統の否定は、越前の新興大名朝倉孝景の家法が「朝倉家ニ於テハ宿老ヲ定ムベカラズ。其身ノ器用忠節ニヨリ申ス可キ事」といっているところにもよくあらわれている。

それゆえ主君もまた、この時代にはその家柄のみによって主君でありつづけることはできなくなっていた。主君は主君たるに足りる「器量」＝能力をもち、それによって、従者に現実的な「恩義」、すなわち保護や所領の給与の行えるものでなければならない。従者が「恩義」を受けえない、あるいは受けることの少ない主君から離脱することは自由である。そのような価値基準から見れば、久秀にとって将軍義輝は「恩義」を受けた主君ではなかった。江戸時代の君臣道徳をもってすれば、将軍—細川—三好—松永といったタテの関係にある陪臣三好の家来にすぎない松永が、将軍を殺すということは、直臣の反逆よりもまた数倍驚倒すべきことであり、断罪さるべきこととして受けとられていたのであろうが、久秀にとってはそうではない。将軍という「筋目」は認めるにしても、それは政治的価値と結びついての場合だけであった。それが逆に自己に敵対してくるものであり、しかもなんらの恩義もないとすれば、これを殺すことは「家中」＝譜代の家臣の反逆とはちがう。それは実力に従って行動するかれにとってありうる合理なのである。そのような思考・行動様式は、久秀につづく信長の義昭追放にも共通しているところであって、久秀一人をとくべつの悪逆者とすることは当たらない。

戦国の世はこうした反逆の論理が認められた実力の世界であったからこそ、他面ではとりわけ「情誼《じょうぎ》」が重んぜられ、主君と譜代家臣とのあいだでは「家中」の一体感が強調された。しかしそれはあくまで譜代の主従世界のことである。譜代以外の国衆・外様では「恩義」が前提された場合にだけ、「情誼」も成り立ったのであって、「情誼」や「筋目」は無条件で、絶対性をもつものではなかった。

久秀時代の畿内

長慶の死と義輝殺害によって、畿内の実権は松永久秀の手に移った。久秀があとのたたりを恐れて殺そうとした覚慶が、還俗して義秋（昭）と名乗り、織田信長に擁されて入京するのは永禄一一年（一五六八）九月のことであるから、義輝殺害からかぞえて三年ほどの短い間が、久秀の天下だった。

しかし、この間も、久秀にとって安泰な時代などとはとてもいえない。義輝殺害の二ヵ月後、久秀はキリシタン宣教師ビレラやフロイスなどを京都から追放した。当時、ビレラは将軍義輝に接近し、京都・奈良・堺などで布教活動を強めたため、久秀の家臣で大和国宇陀《うだ》郡の沢城《さわ》に入った高山図書《たかやまずしょ》（右近《うこん》の父）なども入信し、堺にも日比屋了慶《ひびやりょうけい》をはじめキリシタンを支持する者がふえだしていた。その矢先、久秀が宣教師追放にふみ切ったのは、キリシタンと鋭く対立していた法華宗徒の圧力によるものであるが、このことのうちにも久秀の権力が四囲の状況のなかで揺れ動いていた様相を読みとることができる。

さらに、その年一一月、義輝殺害では協調した久秀と三好三人衆との対立が表面化した。三好党の自負をもつ三人衆が久秀の専権を怒るのはなりゆきとしてほとんど避けられないことであった。三人衆はこの月、長慶の養嗣子義継を久秀の手から奪って飯盛城南方の高屋城に移し、武力衝突に進んだ。東大寺大仏殿の焼亡事件も、この動きのなかで発生した。

そのようなあいつぐ動揺のなかでも、久秀の強みは、かれが奈良多聞山に要害堅固な城を築き、かつては興福寺に服属していた大和国衆を引きつけるとともに、大和から河内・和泉に通ずる交通路をおさえて、堺を掌握しているところにあった。堺商人衆と久秀の結びつきのかたさは、三好長慶の場合に似て、三好三人衆が久秀を堺に包囲したとき、能登《のと》屋・臙脂《べに》屋をはじめとする豪商が講和に奔走し、久秀の危急を救ったことからも明らかである。

しかしそれにしても、久秀も長慶と同様、畿内国衆をどこまで確実に家臣団にとりこみ、「天下」を争うに足るだけの軍事力を組織しえたかということになると、結果が示すように悲観的な展望しか出てこない。永禄一一年の信長の入京にあたって、久秀は信長と対決して戦う実力も自信もなく、なすところなく屈服するほかなかった。その点では久秀も、室町将軍—管領細川—管領代三好という、すでに生命力を失いはてた室町幕府体制の残映に頼りすぎ、それとかかわりすぎることによって、独自の実力を築きあげえなかったのかもしれない。いずれにせよ、畿内にはすでに、圧倒的な信長軍団進撃の地ひびきが伝わりだしていた。

大名国家と日本国

大名国家の法と公儀

国家としての大名領国

ここで各地の大名が戦国争乱を戦うなかで構築してきた「大名領国」というものの性質を「日本国」とのかかわりで考えてみよう。

それぞれの大名領国は規模の点で大小のスケール差があるとともに、領域支配体制の在り方においても種々の差異があった。したがって戦国期の列島社会は北条・上杉・武田・毛利などという大規模に発達した大名領国の割拠併存という形だけで説明することは正確でない。大型の大名領国のはざまには、いくつもの、不安定ではあるが独立を保つ国人領があり、これも領域国家の萌芽という性質をもっていた。

他方、大名領国という荘園公領制時代には存在しなかった大規模な領域支配体制が発展したといっても、「日本国」がまったく解体されたり否定し去られたわけでもない。古代以来の天皇と公家たちが中心となって構築してきた「日本国」の中央支配の機構と権力はほとんどその生命を喪失していたし、六六ヵ国それぞれの権力中枢としての国衙もずっと前に消滅している。天皇家と公家貴族の子弟が入寺する大寺院の荘園は畿内を中心に一部がわずかに命脈を保っていたが、年貢徴収をその権力・支配組織を通じて独自に行うことはできなくなっていた。

したがって中央支配者集団としての天皇・公家は独自の力を失っていたという他はないが、国制の形式や儀礼化された身分秩序の枠組みはなお存続していた。天皇を頂点とし、公家・武家（侍）・百姓という身分制は持続し、天皇は位と官の叙任権を独占しつづけていた。そしてその限りでは武家に対する公家の優位が持続していた。実力を基礎とする大名の支配領域の形成が進んでも、六六ヵ国の国という単位は存続し、大名の領国も極力その伝統的な国を単位とすることによって「境目」（大名領国の国境）を安定化しようとした。北辺の大名は夷島（北海道）を、南方の大名は琉球を視野に入れていたが、自己の領国にそれらを直接取りこもうとはしなかった。倭冦の国境をこえた活動はあっても、対馬と朝鮮の境も固定していた。「日本国」の境、北東の外ケ浜《そとがはま》、南西の鬼《き》（喜）界島《かいじま》はそれとして守られていたのである。

その意味で大名領国は、あとで述べるように日本国の下位の国家とよぶべき統治の諸権能をそれぞれに掌握していて、キリシタン宣教師たちが大名を「国王」と見なしたばかりでなく、大名みずからも「国家」「国王」と称することもあった。しかしそれでも天皇から位階官途を受け、その統一的秩序のなかに自己を位置づけようとする点では一致していた。戦国期の列島社会の国家の在り方は「日本国」と「大名国家」の重層構造という形をとっていたのである。

有様の法度・政道

そこで大名領国がどういう意味で「国家」なのかを、もう少し具体的に考えてみよう。それにかかわる顕著な事実としては何よりも大名が自己の権力を公権力＝「公儀」として位置づけ、領域内の諸階層を律する独自の法ないし法典を制定していたことが注目される。

毛利元就は、防長二国を征服した時点で、子隆元に宛て、次のように記した。

一、此《かく》の如きの条、弓矢には大勝の事候の条、此時ありやう《有様》の法度《はっと》・政道を行はせられ、有道の儀にこそ申付けらるべき本意に候へども、今に雲州強敵に候、又豊後の事も知れず候、来嶋《くるしま》の儀、是《これ》又知れず候、此等《これら》をかしら《頭》として備芸衆も当家よかれと内心共に存じ候衆は更に覚へず候〳〵、我々等輩の毛利にしたがひまゐり候事、偏《ひとえに》〳〵口惜やけなましく、日夜存じ居らるべく候、然る時は、弓矢には面《おもて》むきは勝ち候様に候へども、いまだ更々安堵《あんど》の思之《おもいこれ》なく候事に候条、政道・法度も滞《とどこお》り、口惜き事迄に候〳〵、（漢文体部分、読みくだし）

すなわち、いまこの防長制覇の時点で、「有様の法度・政道」を実施したいと思うのだが、強敵尼子はまだ勢いさかんであるうえ、豊後の大友も、来島の村上水軍もその向背がはっきりしない。芸備衆も当家をよかれと思っている者はなく、毛利に屈していることを無念に思っているだろう。そうした不安な情勢のため、合戦に勝利を得ながら、いまだに政道・法度も滞りがちなのはまことに残念だ、というのである。

ここには戦国大名のおかれた条件と課題が、まことに鮮やかに語られている。合戦の勝利をつかみ、その勢力圏をひろめることができても、やはりかれをとり巻くものはすべて敵である。それればかりか、すでに服属している芸備の国衆たちさえ、その内心は分からない。そうした事情からすれば、元就にとってまず必要なのは、みずからの立場を強めることであろう。だが、領国の安定は、実際にはただむきだしの実力や権力によって達成されるものではない。領国が拡大されればされるほど、その支配には「有様の法度・政道」といわれるような合理的・客観的なよるべき基準がなくてはならない。

広大な大名の領国は、一族を狭い地域の村々に定住させて、農民を情誼的なつながりでまとめていった鎌倉武士のような方式では、もはや統治してゆくことができない。あるいは荘園領主のように、王朝や幕府が共同で形づくり維持していた「職」の秩序にだけ頼っているわけにもゆかない。戦国大名がその支配・収取を民衆に納得させ、国衆・地侍をまとめてゆくためには、やはり、統治のための組織と機構を独自につくりだし、法と制度による公的支配を推進する他はない。それが元就のいう「有様の法度・政道」であった。

元就はこうして「法度・政道」を強く意識し、その実現を目ざしていた。実際、まえに井上誅伐のところでふれたように（一六四ページ以下）、かれはみずからと老臣奉行等で構成する統治権力を「公儀」として確立しようとした。誅伐事件直後につくられた家臣団の連署起請文（実際は元就がつくり、家臣に起請させた）を見ても、今後の「御家中之儀有様之御成敗」を重んじ、「私憤」をおさえ、「公儀」につくすことを誓うとともに、山野《さんや》河《か》海《かい》・井手《いで》溝《みぞ》など公共の問題はすべて主君に裁断していただきたいと述べている。

さらに、元亀三年（一五七二）一二月朔日に定めた「年寄衆奉行之者申聞条々之事」は、こうした毛利権力の「公儀」性を直接構成し担当する年寄・奉行衆など、領国官僚たちが守るべき、執務の心得を定めたものであった。家臣のだれに対しても「偏頗《へんぱ》贔負《ひいき》」があってはならない、会議のおりは当直・非番にかかわらず出席せよ、訴訟については公平を期し、脇からの雑音に耳をかすな、法度に背いた者には厳格な態度でのぞめ、などという箇条はみなそのような性質のものであった。「公儀」は公平と正義を理念とし、領国の秩序と安定を確保することによって領内諸階層の合意を得ることができる、というわけである。

分国法典の制定

こうして元就は、「公儀」の確立のために努力をかさねたが、時々に定めた掟を集成して、いわゆる分国法典の形にまでととのえることはなかった。その理由は、かれみずから語るとおり、おかれた状況がなお成文法を体系的に整備する余裕を与えなかったということらしい。しかし、かなり多くの大名たちは、次ページの表のように、独自の分国法典を制定している。

表から分かるように、大内・今川・武田・六角など室町幕府の守護から戦国大名に転化した家々が比較的早く、また多く分国法を作成したといえよう。伊達も伝統的な守護とはいえないが、大永二年（一五二二）、稙宗が将軍義晴から陸奥守護職に補任されているから、これも守護系の大名といってよい。守護という古くからの公的立場を強く保持し、実際にも国単位の軍事指揮権とともに検断権以下の公権を行使していたことが、分国法の制定を容易に

領国法典表

家法名	領国	制定年	制定者
大内氏掟書	周防	1439〜1529 (永享11〜享禄2)	大内持世 〜義隆
朝倉孝景条々 (朝倉英林壁書)	越前	1469〜86 (文明年間)	朝倉孝景
相良氏法度	肥後	1493（明応2) 1518（永正15）以前 1555（天文24)	相良為続 〃 長毎 〃 晴広
今川仮名目録	駿河	1526（大永6) 1553（天文22)	今川氏親 〃 義元
塵芥集	陸奥	1536（天文5)	伊達稙宗
甲州法度之次第	甲斐	1547（天文16)	武田晴信
結城氏新法度	下総	1556（弘治2)	結城政勝
六角氏式目	近江	1567（永禄10)	六角義賢 〃 義治
新加制式	阿波	1558〜70 (永禄年間)	三好長治
長宗我部氏掟書	土佐	1596（慶長元)	長宗我部元親 〃 盛親

したことは明らかである。毛利があれほど法度と政道を強調しながら、ついに法典を制定するまでにいたらなかったのは、別の面からみれば、国人領主から出発したという歴史的事情が影響していたからだろう。

ここでは、分国法典の一典型として「今川仮名目録」を取り上げよう。これは、元来駿河の守護から戦国大名に転化成長していった今川氏親が、大永六年四月一四日に制定した。氏親はこれにさきだち永正七年（一五一〇）、駿河に加えて遠江守護職も獲得し、それまで遠江守護として力を振るってきた斯波氏の勢力を一掃した。そして永正末年ごろから大永年間にかけて、室町幕府との関係を断ち切り、自立した戦国大名としての政治的立場を明確にするとともに、分国法典の制定にふみ切ったのである。

「仮名目録」は全文三三ヵ条からなるが、天文二二年（一五五三）二月二六日に氏親の子義元が制定した追加二一ヵ条とあわせて見るべきものである。氏親の三三ヵ条の内容は、大別すれば家臣団統制と領内民衆支配の二つとすることができ、後者に関するものが多いのが特徴である。狭い意味での「家中」の法でなく、本質的に領国の法典であることの証《あかし》である。

氏親は、この「仮名目録」を死の直前、かれの戦国大名としての活躍の総括のような意味をもたせて制定した。その末尾には、

右条々、連々《つらつら》思当るにしたがひて、分国のため、ひそかにしるしをく所也、当時人々小賢《こざかし》くなり、はからざる儀共相論《そうろん》之間、此条目をかまへ、兼てよりおとしつくる物也、しかれば贔負《ひいき》の謗《そしり》有べからざるか。此の如《かく》き之儀出来《しゅったい》の時も、箱の中を取り出して、見合に裁許あるべし、此外天下之法度又私にも先規よりの制止は之を載するに及ざるもの也、

と記している。ここでも明白なように、「贔負の謗」（不公正）をうけるような支配はたちまち反乱を招くから、その防止のためには、法度による公平な政道が必要であったのである。この「仮名目録」には「小賢しき」者どもを「おとし（ど）つくる」効果も期待されたが、なによ

りも、公平性が、切実に求められていた。

「仮名目録」はここに述べられているとおり、以前から氏親が個々に定めてきた「制止」や「天下之大法」(諸国を通じ定着してきた法)もとりこんでいたが、それまでをすべて集成したものではない。とはいえ、「仮名目録」は今川領国の基本法であった。氏親の意思を継ぎ、領国支配をさらに推進した義元は、その「追加」の末尾で「只今はをしなべて、自分の力量を以て国の法度を申付け、静謐することとなれば」と、法制定の意図を述べている。もちろん、分国法のなかには前にもふれたが「相良氏法度」や「六角氏式目」がそうであったように、そこに家臣たちの意向が強く反映され、家臣たちが主君の専制行為を制約する目的性の強いものもある。それに比べれば、「仮名目録」では主君の意図が強く押しだされているが、そのいずれのタイプでも、分国法が「家中」の法にとどまらず、領国支配の基本法典であるという指向ないし性格は共通だった。北条氏は分国法典をつくらなかったが、個々の問題に即して、たとえば検地増分は直轄領にくりこむとか、大名が百姓に課した普請役等を怠れば、一日について五日の懲罰労働を科すとか、百姓の逃亡は禁止などというかたちで、「国法」「惣国の法」とよぶ領国統治の基本的規定を定めている。

民衆支配と法

分国法の本質が領国支配の基本法であるということは、別の面からいえば、戦国大名の最大の課題が、軍事問題や家臣団統制にとどまらず、なによりも民衆支配そのものにあったことを意味している。

大名と民衆との関係は、この時代に新しい段階に入った。荘園制の時代では、中央上位の支配者（本家・領家・預所）と民衆とのあいだには、いく層もの中間支配者（下司・地頭・公文など）が介在していた。かれらはそれぞれに「職」とよぶ領主権の一部を分有し、支配の主導権をめぐって争った。室町期には下司・地頭職クラスの在地領主は国人領主化し、その下に地侍・名主・沙汰人などといわれるものが存在した。戦国大名はそのような国人以下の中間支配層を極力家臣団にくりこむとともに、かれらの独自の民衆支配に制約を加えようとした。大名が給人化した服属者たちに対して、主権を強めてゆくためには、それがどうしても必要なことだった。そのため大名は給人（知行人）の民衆に対する恣意的な支配を制限し、みずからの定める制度や法による支配に従うことを要求した。給人がもしそれを守らず、勝手をするようなことがあれば、給地の民であっても、直接大名のもとに訴え出ることを奨励した。しかし同時に、そうなれば、大名が必要とする年貢や夫役の取り立て、戦争時の臨時の農兵動員や兵糧徴収、あるいは敵方の侵入による略奪等々、戦争の直接・間接の影響はすべて大名の責任として民衆の目には映るようになる。

しかも、このころの民衆は、村や地域の共同体を単位としてわれわれの想像をこえるほどの自律的秩序意識を強めるようになっていた。今日の市民生活のなかでは、実力的解決ということはぜったいにありえない。「実力」は国家権力だけが合法的に独占している。ところが、この時代では、村や郷という地縁的単位社会が徳政施行権や検断権までをもつこと（自検断）もありえたのである。「国質」「郷質」といって、ある債務者が債務を履行しないとき、その人と同じ国、あるいは同じ郷に属する第三者の財産を私的実力で差し押えるという自己救済行為もひろく慣習的に行われていた。大名が「公儀」の立場を強調することは、裏からいえば、現実には、民衆との関係で「公」と「私」との領域が明確でないことでもあった。したがってそのような世界では、民衆の個人的、集団的な実力行使も、簡単に〝不法〟とはいえない。さまざまの「自治」が認められ、また報復＝「仇討ち」が許されるこの時代においては、国家権力が保障する秩序の世界は限定された範囲であり、それ以外の部分は実力や地域民衆の生活秩序のなかで解決されてゆくことが圧倒的に多いのである。国人領主から戦国大名への道を歩んだ肥後人吉の相良氏の法度をみると、民衆同士の争いが生じたときでも「惣じて面《つら》に時宜をいふべからず」（直接交渉をしてはならない）という規定がある。相良氏は従来、民衆相互の実力的、直接的解決にゆだねられていた紛争問題を、相良の分国法による解決の方向におしすすめることによって、みずからの立場を「公」として確立しようとしているのである。

そのような特有の法・秩序構造のもとでは、農民の年貢や夫役の減免要求をはじめ、領主に対する共同体的抵抗や離反が、しばしば〝不法〟意識なしにひきおこされるであろう。しかもそれらが惣・郷さらには郡といった広域の地縁結合をもって、大規模に行われるのがこの時代である。そうした意味でも大名たちは、一方において「公儀」的立場を強調すればするだけ、民衆との直接対決（関係）を大きくしてゆくのである。そこでは、裁判・調停機能の有用性や外敵の攻撃から領国を守る有用性、すなわち平和の確保、「徳政」（善政）を領民に明示するとともに、小領主化しつつある百姓上層をいかに支配の末端組織に再編してゆくかが、大名の切実な課題となった。

大名と天皇・公家

戦国大名と官途

戦国大名が領域国家の王であり、領域内すべての人々に「公儀」として君臨しようとするとき、その支配の正統性の根拠を目に見える形で示すことはきわめて重要であった。元就が井上一族を誅伐したあと、家中の人々から起請文をとり、主君が「公儀」の立場にあることを承認させたのは、その一つであった。周防の大内氏は服属した毛利以下の国衆の子弟を人質として山口におかせた。豊後の大友は新たに服属した肥後の田尻親種のような有力国人を府内に参候させた。毛利が強大化するなかで石見の益田《ますだ》藤兼が服属すると、藤兼は内外の珍宝貢物をたずさえて安芸吉田の郡山城に参候した。この種の服属儀礼を極力華麗に行うことが、家中・国衆以下領内諸階層に向けて、公儀とその権威を目に見える形で示すものであった。北条氏綱が畢生《ひっせい》の大事業として行った鶴岡八幡宮の再建や、大内氏の山口城下町造り、信長の安土築城等々、寺院・城郭・城下都市造りなどもみな、おなじような意味をもっていた。

けれどもそれらもつきつめれば大名の軍事的・政治的実力を示すものであって、支配の正統性を理念的・究極的に説明するものではない。その意味で国ごとの守護職は先行する中世国家の公的地位・秩序であったから、伊達氏のようにもともと守護不設置国であった陸奥についても新たに「陸奥国守護職」に補任されることを切望し、それを入手するものも現れた。同じような意味合いで、東国では関東管領、九州では九州探題というような従来からのポストがすでに実質は失われているにもかかわらず、抗争する大名たちにとって大きな魅力をもつものだった。

しかしそれらを超えてもっとも有効と考えられたのは、天皇から位階・官途をもらうことであった。武家の叙位任官は本来将軍から申請するものであったが、しだいに当の大名が、公家貴族に縁を求め口入してもらう形がふえた。宮中の女官日記である『御湯殿上日記《おゆどののうえのにき》』には、武家の官途申請に関する記事が数多く記されている。一例として天文四年（一五三五）の場合を見ると、七月二一日、能登守護畠山義総が、礼金一〇〇〇疋で「修理大夫」任官を願い出て聴許された。一二月二二日には大内義隆が「大宰大弐」を出願し勅許された。義隆はこれに先立ち一月、後奈良《ごなら》天皇の即位費用二〇万疋を上納し、九月には大風で倒れた御所の日華門《にっかもん》の修理費用も献上し、事前の献金と働きかけをつづけていた。義隆はその前から左京大夫の官途をもっていたが、下位の同盟者毛利元就の叙任にも力を入れ、従五位下右馬頭とすることに成功した。関東でも北条本城主は相模守・左京大夫を官途とし、伊達稙宗も左京大夫であった。左京大夫のような京職官途を大名が好んだらしいことがうかがわれるが、それはおそらく、天皇の膝下《しっか》の京都を武を以て守護する地位として、かれらが天皇と近い結びつきをもっていることを示したかったからであろう。

大名の官途要求は、天皇公家の側としては、衰退したその権威・存在を諸国に示せる機会であるとともに、莫大《ばくだい》な礼銭収入を手にすることもできたから、多くの場合それを受けいれた。

同じような発想・関係で、大名は天皇から発給される綸旨を受領することもあった。織田信長が朝倉・浅井・武田・本願寺等の包囲網で窮地に陥ったとき、綸旨＝勅命による講和で危地を脱したことはよく知られている。正親町天皇は財政難の下で不可能となっていた即位儀礼を行うために、大名たちに綸旨を送り、大名も献金に応じたケースがある。天皇権威に接近し、それと結びつくことは天皇から大名の存在が認知されたことになるから、大名は支配の実際は独自の権力によって行うものであり、独自の地域国家の主として機能しているにもかかわらず、それを有利としたのである。

この場合、天皇の権威とは、古代・平安以来の国制の枠組みの頂点にありつづけてきた事実に支えられている。公家・武家・寺社を統轄する「日本国」の王権の形式は平安時代以来連続しており、天皇の直接的周辺の存在としての公家・寺社の文化的優越は、地方から見れば絶大な格差をもって聳立《しょうりつ》していた。天皇の権威の根源をその宗教的聖性に求める見方もあるが、むしろこのような中央支配集団が形成してきた歴史的・文化的総体がそれを支えていたと見られるのである。大名は「実」において独立の地域王権を形成しながら、「形」としてはこのような歴史的秩序に連なることによって、領国内外からの「合意」（統治の承認）をとりつけることができたのである。

公家貴族と大名

この間、天皇・公家貴族は経済的窮乏の打開のために懸命であった。位官叙任や地方寺院への勅額授与やそれへの口入などによって手にできる礼銭・献金も多額であったが、京都の都市的発展に対応して京都七口以下の率分関《りつぶんせき》の関銭や供御人からの公事銭の徴収にも力を入れた。率分関には東口・四宮川原口・長坂口・粟田《あわた》口・大原口・木幡《こわた》口・大津口・坂本口・鞍馬《くらま》口・西口・南口・淀口・朽木《くつき》口・楠葉《くすは》口関などがあったことが南北朝期以降の文献から知られるが、時期によっても変動していただろうから正確なところは分からない。

そのほか内蔵寮《くらりょう》御厨子所《みずしどころ》や主殿寮《とのもりょう》・大炊寮《おおいりょう》などに所属した供御人が広く行っていた商業活動に対して賦課されるものがある。こうした禁裡《きんり》財政は内蔵頭《くらのかみ》を家職とする山科家が半ば家領的支配を行って徴収し、その一部が天皇家に納入された。供御人の実態も、当時は変質して禁裡への奉仕は形骸化していたが、商業活動にはその名が有利だったのである。

その他の公家たちも、世襲家職化している職能の元締め的立場を利用して収入をはかった。飛鳥井《あすかい》家は蹴鞠《けまり》と和歌の家でその秘伝を武家に伝えて礼銭をとった。卜部《うらべ》家は吉田神社社家として地方神官に葬祭免許を行い、真継《まつぎ》家は諸国の鋳物師統轄権を主張し、その組織化と役銭徴収に強力にとりくんだ。三条西《さんじようにし》家は装束の家としての三条家から引き継いだ立場を利用して衣料原料としての青苧《あおそ》への課税権を掌握強化した。この種の流通課税は、京都と地方を結ぶ商人に賦課されたから、いわば各種の「本家＝家元」としての公家の存在を地方に浸透させることとなった。上杉謙信は領内特産物の青苧流通に対し、三条西家がきびしく青苧役を要求するのに手を焼いた。

公家はまた、多年にわたってその家に伝えられてきた絵画・典籍・秘技の類を、諸大名の要求に従って提供し、礼銭をとった。前にもふれたが北条氏綱は連歌師宗長を介して三条西実隆《さねたか》に「源氏物語桐壺《きりつぼ》巻」の書写を依頼し、また小田原の薬種商外郎（宇野）を介して「酒《しゅ》伝童子絵巻《てんどうじえまき》」に銘および奥書を記してもらった。氏康は天文一一年（一五四二）都の伏見宮貞敦親王に「紀貫之《きのつらゆき》集自筆」を譲ってもらい「黄金十両」を礼として贈った。親王はその日記に「隠密にすべし」と書き、また「先づ以て黄金重宝《ちょうほう》、年始一段満足、舞い踏む所を知らざるなり」と狂喜している。

これは露骨な文化の切り売りだが、窮迫した公家貴族にとっては背に腹は替えられず、大名にとって文化や儀礼は「国家」支配に欠かすことのできないものであった。貴族の中にはさらに進んで近衛前久が関白の現職のまま一時上杉謙信の許に下り居候的生活を送ったというケースもある。子女を地方大名家に嫁がせたりするケースは少なくない。いずれも公家側の窮迫ということからだけでなく、大名側の中央権威・文化指向の所産でもある。

織田信長の進出

清洲から岐阜へ

信長登場のころ

畿内で三好長慶、ついで松永久秀が権勢を振るったころ、戦国の動乱もいよいよ大詰めにさしかかっていた。ここで各地の動静を同一年代にならべて鳥瞰してみると、すでに述べたことだが、長慶が芥川城から飯盛城に移った永禄三年（一五六〇）は、織田信長が桶狭間で今川義元を倒し、中央進出の端緒をつかんだ年でもある。その四年まえ、美濃では戦国大名のさきがけであった斎藤道三が子義竜に攻められて敗死した。永禄四年には、上杉謙信が南下して一挙に小田原城を囲むとともに、そのすぐあと、第四次川中島合戦が行われた。西方では永禄五年、毛利元就が大内氏滅亡後の防長を併合、つづいて石見銀山をその掌中に収めた。

この間足利将軍家の衰退と平行して、管領家の斯波・細川・畠山の三氏も急坂をころげ落ちるように無力化した。斯波氏の守護国越前は朝倉、尾張は織田、遠江は今川に奪われた。他も同様の状況で、山名・赤松・一色・京極の四職家などもみなかつての実力を失った。幕府―守護体制の終焉は時代の変化が底なだれ的に進行していることを示していた。

その意味で、永禄年間は、室町時代の門閥《もんばつ》大名に代わって戦国争乱の最終レースに登場する各地の勝者たちが、それぞれにその地歩を固め、最後の争覇戦のスタート線上に立った時期といえる（戦国時代後期の後半へ）。

大友・島津は九州統一という課題に取り組んでいたし、四国の長宗我部元親は他におくれたが、小田原の北条氏の力は永禄末〜元亀初年ますます強く、利根川以北に浸透し、常陸の佐竹や、下野・上野の上杉系国衆とのあいだで緊張を高めていた。そうした事態のなかで最後の争覇戦の動向を左右するもっとも重要なカギをにぎっていたのは、要衝大坂を本拠とし、畿内・北陸・東海にわたっていつでも門徒の大一揆《いっき》を動かすことのできる本願寺教団であった。

清洲に入る

織田信長が登場するのは、まさしくこの最終争覇戦にさしかかったときである。かれが父信秀の死により、一八歳で家をついだのは天文二〇年（一五五一）で、北条氏康・武田信玄の嗣立《しりつ》におくれること一〇年、謙信よりは三年のちである。この年、西方では大内義隆が陶隆房（晴賢）に殺され、ザビエルが滞日二年三ヵ月で豊後《ぶんご》府内からインドに去った。

信長の家は、『信長公記《しんちょうこうき》』によれば、清洲（須）を本拠として尾張下四郡を掌握する守護代織田氏の三奉行の一つであった。つまり尾張守護―同下四郡守護代―その三奉行の一つが信長の家というのだから、その格式は高いとはいえない。

守護代織田氏は、一五世紀初頭の応永のころ、越前織田荘を本拠として守護斯波の被官であった伊勢入道が、新たに斯波の守護国となった尾張の守護代に登用され、そこに赴いたときにはじまると伝えられる。そして応仁のころとなると、同家は尾張上四郡をおさえて中島郡下津《おりづ》に拠《よ》る敏広《としひろ》と、清洲に拠って下四郡をおさえる弟敏定《としさだ》とのあいだで争いをくりかえし、しだいに後者が優勢となっていた。

しかしその後、清洲織田氏も振るわなくなり、清洲西方の勝幡《しょうばた》（ついで那古野）に拠る信長の父信秀が、三奉行中では勢いを得て、主家を圧倒するようになった。その意味で信長飛躍の素地は、父信秀の代に築かれたわけであり、この点は謙信の場合は父為景、信玄の場合は父信虎、家康の場合も父広忠の代に発展の礎《いしずえ》がすえられたのと共通する。

こうして父信秀の奮闘があったとはいえ、信長が自立したころ、尾張国内の情勢はなお混沌としていた。信長はこれに先立ち、一五歳のとき斎藤道三の娘をめとったから、美濃からの脅威はひとまず緩和されていたが、尾張国内では清洲の織田信友が信長を若年と見て、隙《すき》あらばいつでも攻撃をかけようとうかがっていた。これに対し、信長は叔父信光と結び、弘治元年（一五五五）、信友を暗殺するとともに、みずから清洲に移った。さらにその二年後の弘治三年、弟の信行をいつわって清洲に招き、これも倒した。信行謀殺の背後には、乱暴で放恣《ほうし》な信長を廃し、信行を擁立しようとする家中の動きがあった。信長の登場もまた上杉・武田などと同様、その当初から同族内部の血塗られた動きに包まれていたわけである。

つづいて永禄元年（一五五八）には、岩倉《いわくら》に拠って尾張上四郡を支配する織田信賢《のぶかた》を攻めた。信賢は道三を倒して美濃をにぎった斎藤義竜と結び信長を脅かした。信長は力攻のすえ、信賢を降して翌年には岩倉城を破却した。当時、東方からは今川勢力が浸透してきており、不安は解消したわけではないが、ともかくもこの岩倉制圧によって、信長は尾張一国の統一を達成した。時に信長二六歳、家をついでから八年である。

信長の成功の理由は何か。信長嗣立のころの情勢として、信長の家が、他の織田諸家にぬきんでて尾張統一に成功するだけの、とくに恵まれた条件をもっていたとも思えない。結局信長自身の鋭い判断力と、果断な行動が好結果をもたらしたというほかはなさそうだ。『信長公記』によると、信長は二〇歳のおり、舅斎藤道三と尾張聖徳寺《しょうとくじ》で対面するとき、三間間中《さんげんまなか》（三間半の意）柄《え》の朱塗《しゅぬ》りの長鑓《ながやり》五〇〇本、弓・鉄砲五〇〇挺の精兵を率いてこれを誇示し、道三をして嘆息させたというが、このあたりにもその片鱗《へんりん》を読み取ることができよう。

桶狭間合戦

信長が尾張統一に成功してから二年足らずののち、かねてもっとも恐れていた事態が発生した。今川義元の西進開始である。永禄三年（一五六〇）五月、義元は駿河・遠江・三河三国の兵四万五〇〇〇（『信長公記』）を率いて尾張を目ざした。

この進撃は、従来いくたびもくりかえされていた三河・尾張国境付近の局地戦とは異なり、義元みずから采配を振るう大規模な西上作戦であることにまちがいはない。しかしそれは、史上いわれるように上洛そのものを目的としていたのかどうかを直接確かめられる史料は残されていない。

信長や信玄の上洛行動には、それをうながす天皇・将軍の呼びかけがあったが、義元の場合は知られていない。またかりに一挙に上洛に成功したとしても、そこで義元はどのような条件の上に何を実現しようとしたのだろうか。その上洛意図もはっきりとしていない。

しかし分かっていることは、今川氏が戦国群雄のなかでもきわめて特殊な地位にあったことである。今川は、斯波・畠山・細川以下、室町幕府を支えた足利一門の有力守護家のほとんどが無力化したなかで、ただ一つ、守護大名から戦国大名への転生をみごとになしとげ、東海地方に隆々たる大勢力を築きあげていた。しかも、今川の家は足利一門のうちでも吉良《きら》とならんで古くからの由緒ある高い地位を認められていた。それゆえ、歴代の将軍が落魄流《らくはくる》亡《ぼう》をかさね、吉良の力もすでに失われたいま、義元が上洛して足利一門の頽勢《たいせい》を挽回しようとしたとしても不思議でない。

義元の尾張侵入計画は、すくなくとも前年から用意されており、鳴海《なるみ》・大高《おおたか》城を奪取して前線基地とし、ここから一気に尾張の中心部に突入する方針であった。これに対して、信長もこの二つの城を牽制する形で、鷲津《わしづ》・丸根《まるね》・中島などに砦《とりで》を築き、東方の前線で今川軍を食い止めようとする作戦をとった。しかし、今川軍の先鋒松平元康（家康）らによって、丸根・鷲津の砦はひとたまりもなく押しつぶされた。義元は、大高城に元康を入れ、みずからは桶狭間北方に陣を張った。まだ駿河を発進してからいくばくもたたぬ五月一八日である。ゆるやかな小丘陵の起伏するこのあたりの地形で、丘陵間の低地部がハザマとよばれるのであるが、義元本陣のいわゆる田楽狭間《でんがくはざま》は、桶狭間に属する小字であった。

この義元の急進撃に対して、信長ははじめ清洲を動かなかった。しかし、五月一八日夜から一九日未明にかけ、一挙に熱田を経て風雨のなか義元の本営を衝《つ》いた。この間の経過は『信長公記』をはじめ多くの史書に語られ、毛利新介が義元を斬り倒す場面は、戦前の歴史

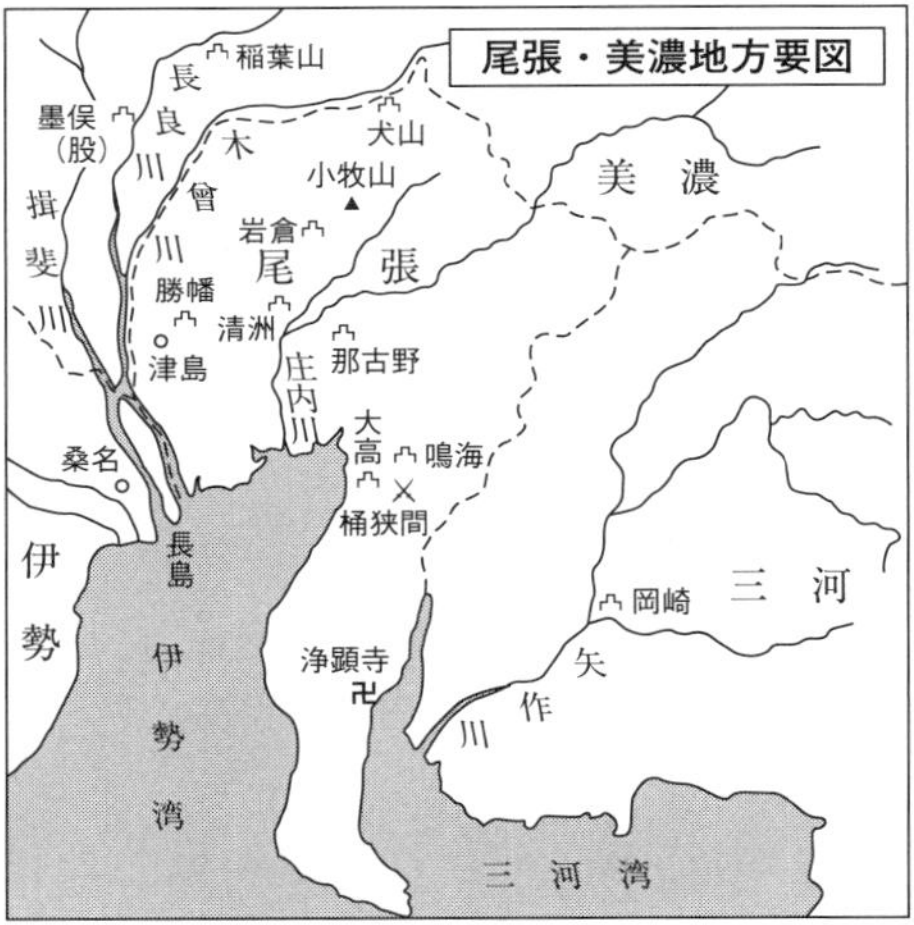

教育では挿し絵によって、国民共通のイメージにまでつくりあげられている。父信秀以来朝廷に献金もして忠節にはげむ織田家の若大将信長が、寡兵よく足利一門のおごりをきわめた義元を倒すという図式によって、天皇主義的心情を養わせる効果をもった。

　それはともかくとして、この思い切った奇襲作戦により、東海第一の大名今川義元は四二歳であえなく敗死し、今川氏はこれから一挙に衰退に向かった。義元の死を知った松平元康（家康）は機敏にも大高城を棄《す》て岡崎《おかざき》に引きあげ、翌年には信長と和平し、さらにその翌永禄五年（一五六二）、みずから清洲に赴いて信長と同盟を結んだ。

　この盟約は以後長くつづけられ、信長を西方に向かって進出させるためのもっとも重要な支えとなった。さきにもふれた甲相同盟・越相同盟などは、おおかた一時的、戦術的な結合であって、局面の転換によってたちまち解消される性質のものであった。それに比べるとこの家康—信長同盟は、長期戦略を念頭においた稀《け》有《う》のものであり、これによって家康は一貫して西進を考えず、東方の今川・武田・北条勢力圏への浸透をはかったのである。

岐阜に移る

桶狭間の勝利から、永禄一〇年（一五六七）に斎藤氏の稲葉《いなば》山《やま》（井の口）城（岐阜市）を奪取するまでの約七年間は、信長にとって、「天下」をめざす前進への準備期間であった。家康が清洲にきて信長との盟約を誓った翌永禄六年（一五六三）、信長はその娘を家康の子竹千代（信康）にめあわすこととして、東方の固めをはかった。

永禄六年七月、信長は小《こ》牧山《まきやま》（愛知県小牧市）に築城した。清洲は尾張平野の中央部に位置し、尾張統治にはめぐまれた位置を占めていた。しかし、この地はあまりに平坦であり、城下町形成には好都合だが防備に弱い。木曾《きそ》川《がわ》デルタの長島をはじめ、濃尾各地の一向一揆がいつ攻撃してくるか分からない状況のもとで、清洲を本拠としたまま美濃進攻にふみ切る危険は明らかであった。それに比べると北に寄った小牧は丘陵であり、守るによいとともに美濃を展望する地形であった。小牧山城に拠った信長は、すぐその北にある犬山《いぬやま》城を取り、木曾川対岸の宇留間《うるま》・猿啄《さるばみ》などの砦もおさえた。

このころ道三のあとをついだ義竜はすでに病死してその子竜興の代となっていたが、かれは、木曾川・長良《ながら》川という天然の地形を利用し、信長方の攻撃を寄せつけなかった。世上よく知られた木下藤吉郎《きのしたとうきちろう》の墨俣《すのまた》築城（岐阜県大垣市）は、そうした困難を突破するため、永禄九年（一五六六）に強行された。

墨俣築城によって、稲葉山城攻撃の条件はにわかに有利となった。そのなかで、稲葉一鉄

（良通）・氏家卜全《うじいえぼくぜん》ら美濃三人衆といわれた竜興の重臣たちが、信長側に寝返った。信長はこの機をつかんで一挙に攻めた。稲葉山の急峻《きゅうしゅん》な山上（海抜三二八・九メートル）にそそり立つこの城は、まことに攻めにくい地形にある。信長は稲葉山につづく瑞竜寺山《ずいりゅうじ》の尾根からこれを攻め、城下の町々には火を放って、一挙にこれを陥れた。永禄一〇年（一五六七）八月のことである。

稲葉山城を手に入れた信長は、すぐ小牧山城を廃し本拠をここに移し、信頼する僧沢彦《たくげん》の提案に従って井の口を岐阜と改めた。岐山《きざん》より興って天下を統一した周の文王の故事にちなんだのである。阜は丘の意。信長はこのとき三四歳。この城は山城の典型というべきものであったが、広大な濃尾平野を一望に収め、西方は関ヶ原《せきがはら》を経て、畿内が指呼の間にある。信長が尾張の一戦国大名から脱却して「天下」をめざすにいたったのも、この岐阜進出からである。旧来の本領にこだわらず大胆に本拠を移すところが信長の果断さであり、いやおうなしに家中の人々の兵農分離を促した。著名な「天下布武」の印判が使用されはじめるのもこのころからであり、永禄一〇年一一月、家臣の兼松又四郎にあたえた所領宛行状に用いられたのが、今日残っているもっとも古いものである。

加納楽市

「天下布武」の印判とともに、岐阜移転を象徴するもう一つの事実は、城下の加納に対する楽市令《らくいち》である。

岐阜市神田町《かんだ》にある円徳寺に、タテ三六センチ、ヨコ三三センチほどの檜板《ひのきいた》に書かれた二枚の制札が残されている。一枚は、「永禄十年十月日」の日付で、書き出しに「定　楽市場」とあり、他の一枚は、「永禄十一年九月日」の日付で「定　加納」とある。どちらも加納市《いち》場《ば》（厳密には上加納の御園口市《みそのくちいち》）に立てられた制札で、三ヵ条の簡単なものであるが、前者は、

一、当市場に越居の者、分国往還煩《わずら》い有るべからず、幷《なら》びに借銭・借米・地子《じし》・諸役免許せしめ訖《おわん》ぬ、譜代相伝之者たりと雖《いえど》も、違乱有るべからざるの事、

一、押買・狼藉・喧嘩・口論すべからざる事、

一、理不尽之使を入るべからず、執宿《とりやど》非分申懸《もうしか》くべからざる事、

という内容である。第一条で加納市場に移ってくる商人は織田の分国中どこでも自由に往来してよいし、当市場では借銭・借米のような負債や地子・諸役は追求されることはない、と規定し、広範な商人の加納への移住を保護歓迎している。二、三条も同主旨からの保護令である。「定　楽市場」とあるところからすると、加納はそれ以前からも楽市であったのかもしれない。信長はそれを積極的に承認し、この制札を発したのであろう。

後者も、第一条は前者の「地子・諸役」の部分が「さがり銭・敷地年貢・門なみ諸役」となっているだけで同主旨である。そして第二条は、

一、楽市《らくいち》・楽座《らくざ》之上、諸商売すべき事。

とあり、第三条は前者の第二条とほぼ同じである。

これによれば、信長は永禄一〇年（一五六七）八月、稲葉山城を落として自らこれに入ると、その直後の一〇月、加納市場に楽市令をだし、翌一一年九月には、さらにそれに加えて楽座をも令して、商人の自由な来住・取引を認める楽市・楽座制を実施したわけである。

永禄一二年（一五六九）岐阜を訪れたルイス＝フロイスは、この町について、人口は約一万で、その繁栄と喧騒《けんそう》はバビロンに似ている。諸国の商人がさまざまの商品を馬につけてやってきて、宿屋は雑踏して人の声も聞こえない、とその活況を伝えている。当時、多少とも有力な商人たちは、集団をなし、大名たちに結びついて営業品目・営業圏などについての一定の特権を得て活動したため、既存の流通秩序に新興商人が割りこむことはほとんど不可能であった。新規商人が割りこんでくるのを発見した場合、既得権を持つ商人はその場で新規商人の荷物を押し取ることさえ商慣行として認められていたくらいだから、この楽市・楽座令が、やはり思い切った政策であり、また影響も大きかった点は、想像をこえるものがある。これはそれ以前からの新興商人の楽座までをふくむ自由取り引きを要求する動きにこたえようとしたものであると考えられる。

楽市令としては、近江南半の守護から戦国大名に転生した六角氏が、天文一八年（一五四九）、本拠観音寺城下の石寺にだしたものが今日知られている最初である。したがって楽市令はとくに信長の独創物とはいえない。また、信長の商業政策がすべての特権商人の座を否定したものでなかったこともあとに述べるとおりであるが、この楽市・楽座令が信長の「天下」をめざす行動の始動時点において断行されていることは見のがせない。そしてさらにこれと関連し、永禄一二年には、撰銭令も発して、各種貨幣の交換率を定め、取り引きの円滑をはかってもいる。これらの点からみても、信長はたんに軍事面に卓抜していただけでなく、経済面でも他に先んじて、新しい発展方向と領国支配にとっての都市の重要性を早くから見ぬいていた人物であることが知られる。

畿内進出

義昭を擁して入京

軍事・政治目的に応じて大胆に本拠地を移動させた信長の戦略は、他の大名に例を見ないものだけに、すでにそれが「天下」を指向する方針の一環であることを思わせる。上杉謙信は、信長が稲葉山城を取る直前の七月、はやくも書状を送って美濃進撃をたたえているが、これは信長が全国戦略の見地から武田への対抗上、上杉との連係をはかったことを端的に示している。ついで、正親町天皇は、永禄一〇年（一五六七）一一月、信長に綸旨を送って、美濃平定を「尤《もつと》も武勇の長上、天道の感応、古今無双の名将」と褒めたたえたうえ、尾張・美濃の不知行となっている皇室領目録を送り、その回復を命じた。

折も折、さきに将軍義輝が殺されたとき、南都一乗院から脱出した覚慶《かくけい》（義輝の弟）が、還俗して義秋（のち義昭）と名乗り、若狭の武田義統、越前の朝倉義景のもとに赴いて幕府回復の策動を続けたのち、信長を頼って連絡をとってきた。天皇の綸旨と義昭の依頼は、上洛をめざす信長にとって松永久秀や三好三人衆に対する絶好の名分である。信長は永禄一一年（一五六八）七月、使者を越前に送って義昭を美濃の立政寺《りゅうしょうじ》に迎えた。

八月、信長はいよいよ上洛への行動を開始した。江北の浅井長政はこのときまだ同盟関係にあった。信長の妹お市《いち》の方《かた》が江北の浅井長政に嫁したのは永禄一〇年の末ごろらしい。しかし江南の六角義賢は、信長の協力申し入れを拒絶した。つねに幕政に重きをなしてきた名門六角氏の義賢は、信長に屈服するのを潔《いさぎよ》しとせず、三好三人衆とも連絡をとり、抵抗の動きをとりだした。信長はまた越前の朝倉義景にも出兵を求めたが、これもその申し入れを拒否してきた。朝倉氏も応仁・文明ごろから越前の守護となっていたから、信長の下風に立つことはがまんならなかったのであろう。

九月、信長は六角氏の支城箕作《みつくり》城を攻め、ついで本城観音寺城を包囲すると、義賢は城を棄て伊賀に逃れた。義賢は子義治とともにこの前年、「六角氏式目」とよばれる領国法典を制定していたが、それを見れば一目瞭然であるように、六角氏はいまだに旧荘園制秩序の残存、地侍・農民の惣結合にもとづく抵抗、家臣団統制の困難などに悩まされつづけており、信長の攻勢に為すすべがなかった。

永禄一一年九月二六日、信長は義昭を擁し、四万といわれる軍を動かして京都に入った。この年二月、三好三人衆に阿波から迎えられて将軍になったばかりの足利義栄は、摂津富田城に逃れた。信長はすぐ富田城をはじめ芥川・越水・高屋などの諸城を攻め、三人衆を阿波に追い落とした。三人衆と対立して押され気味だった松永久秀はそのまま信長に降伏した。信長は大和・摂津・河内などの掃蕩《そうとう》戦を進め、たちまちのうちに畿内の大半を支配下にくりこんだ。興福寺の『多聞院日記』は、このときのことを「山城・摂津・河内・丹波・江州、悉《ことごと》く以て落居す、昔もかくの如く一時に将軍御存分これなき事か、稀代の勝事なり」と記し、時勢がすでに信長を軸として急転回しつつある状況を伝えている。

信長は諸寺社に対し、「当手（信長の軍兵）軍勢濫妨狼藉《らんぼうろうぜき》」をおさえる禁制を発給し、禁裏御料所諸公事・諸役はすべて本所から怠りなく納めるべきことを命ずるとともに、摂津・和泉に矢銭を課し、本願寺には銭五〇〇〇貫、法隆寺には一〇〇〇貫を納めさせ、堺には二万貫の納入を要求した。堺は拒否したが、他はみなその要求に従い、占領政策は順調に進展した。

その間、一〇月一八日、将軍に任ぜられた義昭は、信長に副将軍か管領になるようにとすすめた。信長はこの現実認識を欠いた提案を問題にせず、堺と近江の大津・草津の計三ヵ所を直轄地にしたいと申し出た。三者とも交通・商業上の要衝であり、これを制することによって京都・畿内の物流組織をおさえることができるから、信長の要求は実質的には鋭い見通しをもつものであった。

さらに、所領問題については、降伏した松永久秀に大和をあたえ、長慶の養子で久秀と結んでいた義継および畠山高政には河内を与え、摂津の芥川城は、義昭脱出のときから功績のあった近江の和田惟政に与えた。こうして戦後処理をてきぱきと終えると、いかにも信長らしく、はやくも一〇月二六日には京都を立って岐阜に帰った。義昭は信長の帰国にあたり「武勇天下第一なり」といった感状を送り、宛名には「御父織田弾正忠殿」と派手な世辞を記した。

堺制圧

信長が岐阜に帰ってまもない永禄一二年（一五六九）正月、いったん逃走していた三好三人衆が、突然義昭の居る京都の本圀《ほんこく》寺を襲った。知らせに接した信長はすぐ上京したが、事件は三好義継・池田勝正らの手によって、信長入京前に鎮静された。

しかし、この三人衆の動きを支援したのが堺の町衆であることを知った信長は、憤激して今後も三好を支持すれば、出兵して町をことごとく焼き払い、町人は一人のこらず斬り伏せるであろうと威嚇した。堺は前年矢銭をかけたときにもそれを拒否したばかりでなく、「能《の》登《と》屋臙脂《べに》屋両庄官ヲ大将トシ、堺ノ津一庄ノ諸人多勢一味シ、溢《あぶ》レ者諸浪人等相集テ、此口（北カ）ニ菱《ひし》ヲ蒔《ま》き、堀ヲ深《ふかく》シ、櫓《やぐら》ヲ揚ゲ、専《もっぱ》ラ合戦ノ用意ヲ致」すうえ、隣接する平野荘年寄衆に対しても協力を求めるという強硬さであった。

信長の峻烈《しゅんれつ》な申し入れに対し、堺町中は恐怖のどん底にたたきこまれ、家財を移して逃げようとする人々の群れで混乱をきわめた。結局当初の高姿勢にもかかわらず堺町衆は屈服し、今後は牢人をかかえない、三好党にはぜったいに味方しないことを誓い、信長に謝罪し二万貫を上納した。おそらく、たとえ短期間であるにせよ、時の推移のなかで、信長の威力をはっきりとみせつけられたため、町衆のなかにも動揺が大きく、指導グループも弱気になっていたのであろう。豪商今井宗久はこのころいちはやく信長に謁し、これに通じていた。

こうして信長は国内・国際商業の中心地であり、鉄砲の主産地でもあり、同時に本願寺に対する軍事的要衝としても決定的に重要な堺を、無傷のままに屈服させた。このため、翌年の姉川合戦にあたって、信長の部将羽柴秀吉は、今井宗久を通じて大坂に備蓄してある兵糧の輸送とともに、鉄砲の火薬三〇斤、塩硝三〇斤を調達させることができた。武田との決戦をはじめ、所々の合戦で抜群の威力を発揮した信長軍の鉄砲も、多くは近江の国友および堺で製造されたものである。その意味で、信長上洛の目的は、この堺制圧によって完成されたといってもいいすぎではなく、信長は松井友閑を奉行に任じ、堺の統轄にあたらせた。

今井宗久

信長との結びつきがもっともはっきりしている堺の豪商今井宗久に関しては、「今井宗久自筆書札留」（宗久の発信書簡の控）という一括書類が、いまも横浜に住む宗久の子孫今井家に残されている。それによると、両者のかかわりの深さ、緊密さが手にとるように分かる。

宗久は、信長入京のとき、すぐそのもとに参候した。そのことは「書札留」からも判断できるが、『信長公記』では、信長が摂津芥川城に陣を張ったとき、宗久がそこを訪れ、茶器などを献じたといっている。このとき宗久は、信長から「摂津闕《かけ》郡五ケ庄千石、遠里小野《おりおの》（大阪市住吉区）三百石」などを含む地域の代官職を与えられ、「西九条縄之内御料所」の年貢などの徴収もまかされた。前者には塩・塩あい物の勘過料《かんかりよう》徴収権も付帯していた。「書札留」によれば、それらは従来三好方の十河民部大夫が保持していた権利であった。さらに翌永禄一二年（一五六九）の七月、宗久は岐阜に赴いていることが知られているし、京都との往来も活発で、堺から京都への手船の「過書《かしよ》」（無税通行手形）を幕府名義で与えられている。

しかし、宗久の活動のなかでもっとも注目しなくてはならないのは、信長の但馬経略の一端をになって、同国の守護大名山名《やまな》紹凞《つぐひろ》と政治的折衝を重ねるとともに、生野銀山の確保・開発に奔走していることである。信長は永禄一二年八月、秀吉に命じて但馬に進出させたが、その主なねらいは、同方面で全面戦争を遂行することではなく、まだいく分の力を残していた山名氏を政治的にとりこみ、生野銀山、さらにはこの地方の特産である鉄を確保するところにあったと推定される。但馬養父《やぶ》郡の鉄は千種《ちくさ》鉄《てつ》として諸国に知られた上質のもので、備前刀工たちの原料でもあった。

信長がそうした戦略的意義をもつ但馬の確保にいちはやく乗り出したこともさすがといわなければならないが、今井宗久はその任務遂行に、まことにうってつけの人物であった。宗久は津田宗及の『茶湯日記』のなかには「納屋宗久」としてその名を現しているし、かれの岐阜参候にかかわる『言継卿記《ときつぐ》』の記事には「和泉堺之薬屋之宗久」と書かれている。秀吉が火薬の注文をしたのも「薬屋」であることと関係していよう。同時にかれが、鉄砲製造に深くかかわっていたことは、湊村にあった吹屋《ふきや》（精錬）を、五ケ庄の我孫子《あびこ》村（大阪市住吉区）に集住させていることをはじめ、「書札留」のなかに吹屋統制に関するものが少なくないことからも明らかである。

こうした事情を念頭において推理すれば、宗久は信長の但馬経略に積極的に一役買って出たにちがいない。但馬鉄は鉄砲製造にとってこのうえない原料であったし、銀山についても、博多商人神谷寿禎が大森銀山を開発したのと同じように、技術的・経営的にもなんらかの見とおしをもっていたのかもしれない。火薬は鉱山開発にも欠かすことのできないものであったから、かれはたんに商人としてだけでなく、技術的な面からもこの仕事の適役であったと思われる。宗久は、まず山名紹熈を信長に帰服させることに奔走し、そのため「礼銭」（信長への上納金）一〇〇〇貫文についても一肌ぬぎ、半分は宗久の「他借」というかたちで調達してやっている。

生野銀山の開発年代は、「但馬金銀山旧記」によれば天文一一年（一五四二）といわれ、大森にややおくれている。けれども、それからすでに四半世紀あまりを経たこの時点では、産出量も増加していたであろう。元亀元年（一五七〇）と見られる宗久の「書札留」には、生野の「御公用吹屋銭」を「銀子次第に」上納することとなった旨が記されている。これはおそらく現地の精錬所＝吹屋からの上納銀のことであるから、信長と宗久とはそうした形で生野を掌握していったと思われる。このような宗久の役割ひとつをとってみても、信長にとって堺制圧がどれほど大きな意味をもっていたかは明らかである。

信長は但馬作戦につづいて、同年（永禄一二）八月、伊勢に出兵して国司《こくし》家の伝統を誇る北畠具教《とものり》を屈服させ、次男の信雄をそのあとに入れるとともに、伊勢国内の関所撤廃令をだした。伊勢は桑名・津・大湊・山田をはじめとする重要な港津都市を多くもつとともに、八《はっ》風《ぷう》街道・千草街道・東海道を越えて近江に通ずる流通路の東側起点でもあったから、その経済的重要性はとりわけ大きかった。その意味で信長の上洛―畿内支配の体制は、堺とともにこの伊勢の征服をもって完成されたといえる。

反信長陣営の反撃

対義昭、五ヵ条覚書

信長の畿内進出は、入京の翌永禄一二年（一五六九）まで順風満帆であった。しかし年が改まって永禄一三年＝元亀元年（一五七〇）に入ると、反信長陣営の動きがにわかに活発となり、その年は信長の生涯のなかでももっとも苦難にみちた年となった。

永禄一二年一〇月、伊勢を征服した信長は、そのまま千草峠越えで京都にのぼった。『信長公記』は「十一日、御上京、勢州表一国平均に仰付けられたる様体、公方《くぼう》様へ仰上げられ、四五日御在洛候て、天下の儀仰聞けられ、十月十七日濃州岐阜に至って御帰陣」とこの間のことをさりげなく記している。だが、奈良興福寺の『多聞院日記』には、

十月十一日、信長出京、人数三万騎云々、
同十九日、信長十二日ニ上洛、十六日ニ上意トセリアヰテ下了、

とある。三万という数字は、『信長公記』の「御馬廻《おうままわ》りばかり京都へ御伴《おとも》」とあるのとまったく違っている。しかし、史料の性質として『信長公記』より『多聞院日記』のほうが客観的立場にあるともいえるから、相当の兵力をひきいて馳《は》せのぼったことは事実であろう。とすればこのとき信長にはなんらか期するものがあったと見なくてはならない。結果が義昭と

信長の衝突となって現れたことからみても、このころすでに義昭の行動には、信長の怒りを買う種のものがあったに相違ない。「上意トセリアヰテ」はそれを示している。

年がかわった永禄一三年正月二三日、信長は、日乗（朝山日乗、日蓮僧、永禄一一年信長に起用された）、明智光秀を介して、義昭に強烈きわまりない五ヵ条の覚書をつきつけた。

一、諸国へ内書をもって仰せ出すことがあるときは、あらかじめ信長に伝え、その添状をつけなくてはならない、

一、これまで下知《げち》されたことはみな破棄し、再考の上、改めて定めるべきである、

一、将軍に忠節をつくした輩《ともがら》に、褒美を与えたいと思っても、与えるべき所領のないときは、上意次第信長分の領地のなかから与えてもよい、

一、天下のことは何事も信長に任せられてあるからには、だれであっても、信長として、上意をうかがうまでもなく、独自の判断で成敗《せいばい》する、

一、天下の平静、禁中のことは何事も油断なく心がけらるべきこと、（原漢文）

というのがその要点である。一言でいえば、天下のことは万事信長に任せられたのだから、義昭はなにひとつ勝手な行動をしてはならないということになる。この覚書からすれば、さきに信長が義昭と「セリアヰテ」下国した背景には、義昭が、浅井・朝倉・武田、さらには本願寺などに、信長への敵対＝包囲計画を進める連絡をとった事実があったと見られる。

とすれば義昭は、信長に擁立されて将軍になった永禄一一年一〇月からわずか一年ほど

で、早くも信長との深刻な対立関係に入ったわけである。義昭という人の思いあがりや、状況の見通しを欠いた権威主義、信長の側の強引さということもあったであろう。しかしなによりも、信長の急激な進出に対する恐怖と反発は、周辺大名たちの間に、想像をこえるほど激しいものがあり、本願寺と各地の一向一揆も、義昭に呼応する動きをとっていたことこそ、義昭をこうした方向に走らせた主因であると思われる。これからなおしばらく、両者は表面的には提携関係をよそおっていたが、実質的にははやくも火花を散らしあう仲に転じたといってよい。

浅井長政叛す

義昭に五ヵ条の覚書をつきつけた三ヵ月後の元亀元年（一五七〇）四月、信長は越前の朝倉領に侵入した。さきに信長上洛のおりにもその出兵要請を拒否していた朝倉義景が、いずれは信長の敵となるであろうことは予想されていたが、こんどの侵入は信長側から動いた形であった。

義昭と朝倉との反信長策動を確認しての出兵だったろう。朝倉氏は孝景以来、五代にわたって一乗谷（福井市）を本拠として繁栄し、還俗当初の義昭を迎えたのも朝倉氏だった。それゆえ義景としては信長が義昭を擁して服属を迫ってくるのは認めがたいことである。反信長という点では、義昭と義景はもっとも結びつきやすい歴史的事情があった。

信長軍は近江坂本から若狭を経て越前に入り、敦賀方面で手《て》（天）筒《つつ》山・金ケ崎・疋田などの諸城を攻略、木《き》ノ芽《め》峠を越え越前に進もうとした。ところがその折も折、浅井長政が、朝倉義景に通じて反乱したという知らせが届いた。長政とはお市の方を介して「縁者」の関係にあっただけに、信長はこの知らせに耳を疑った。しかしそれが動かぬ事実と分かると、信長は背後からの長政の攻撃を避けるため、にわかに撤退を決意し、秀吉らに殿軍をつとめさせて、湖北から朽木谷を越え、からくも京都に逃れた。この信長の窮状を見て湖南・湖東の六角氏の残党や一揆が各地に蜂起《ほうき》し、江北三郡の浅井領でもいたるところ道筋を塞ぎ、信長の近江路による岐阜帰還は不可能となった。やむなく信長は、伊勢に抜ける千草越えをえらんだものの、途中六角方の手の者に狙撃され、足に傷を受けるというきわどい危険をおかし、ようやく五月二一日岐阜に帰還した。

この年、浅井長政は二六歳、血気さかんな人物であったらしい。浅井の家はもともと近江北半守護京極氏の被官であったが、長政の祖父亮政《すけまさ》の代、越前の朝倉や美濃の土岐・斎藤と結んで主家に代わって勢力を伸ばした。ところが父久政《ひさまさ》は江南の六角氏に圧迫され、子の長政も六角義賢の偏諱をうけてはじめ賢政《かたまさ》と名乗らされるほどの窮地においこまれた。『江濃《こうのう》記《き》』の記すところでは、賢政はそれをいさぎよしとせず、永禄三年（一五六〇）、一六歳で父久政を隠退させ、六角義賢からうけた偏諱を捨てて長政と改め、自立の道を選んだという。それだけに長政の気概にはあたるべからざるものがあり、信長との盟約以後も、しだいに強まるその圧力をこころよく思わなかったのである。それに加えて朝倉との間には祖父の代以来の友好の歴史があった。

岐阜に帰った信長はすぐ兵をととのえ、三河の徳川家康にも援兵を求めて、元亀元年（一五七〇）六月近江に攻め入り、長政の本拠小谷城（滋賀県長浜市）を目指した。小谷は急峻な山城で攻撃がむつかしい。織田方は朝倉援軍の到着以前に城の攻略を期したが、浅井方は挑戦に応ぜず、朝倉軍の到着を待って、六月二八日、小谷城南方の姉川をはさんでの決戦となった。このとき浅井軍は織田方と戦って優勢であったが、朝倉軍が徳川軍に破られ、結局浅井・朝倉軍の敗北となった。これが世にいう姉川合戦である。浅井方は大きな損害を受けたが、小谷は要害であったため、信長もこれを直接攻めることをあきらめた。

今日巳《み》の時、越前衆ならびに浅井備前守、横山の後詰めとして野村と申す所まで執《と》り出し、両所に人数を備へ候、越前衆壱万五千ばかり、浅井衆五六千もこれあるべく候か、同刻、この方より切かけ、両口一統に合戦をとげ、大利を得候、首のことはさらに校量を知らず候間、注すに及ばず候、野も田畠も死骸ばかりに候、誠に天下のため大慶これに過ぎず候、

信長は戦のあった六月二八日付で、義昭の側近細川藤孝に対し、このように義昭にご披露あれと申し送った。義昭の反信長策動に対する痛烈な回答文というべきだろう。

信長包囲さる

姉川合戦の直後から、摂津方面でまたもや三好党の反信長行動が本願寺とも結びながら活発になった。信長の江北作戦の間隙《かんげき》をとらえて失地回復を目指したのである。七月、松永久秀はそれを討つため河内に入り、八月、信長自身も京都を経て河内枚方、摂津天王寺《てんのうじ》と進

み、三好党の野田・福島（大阪市）の砦を攻めた。義昭自身も信長に迫られて本意ならず出陣した。信長としては義昭のかげの行動を封殺し、信長自身が「公儀」の立場を確保していることを示すため、義昭の出陣を強要したのである。そのためか、鈴木孫一ら一部の者をのぞいて、二万といわれる紀州の根来・雑賀・湯川・紀伊奥郡衆もこのときは信長方に参加し、遠里小野《おりおの》・住吉・天王寺に陣し、三〇〇〇挺《ちょう》ばかりの鉄砲隊を動員して活躍した。この根来・雑賀衆の軍隊編成は、地侍・土豪などの小領主連合であり、一揆的な性格が強かったが、かれらは鉄砲伝来以来もっとも早くもっとも強力な鉄砲隊を編成していたと伝えられる。

ところが、九月一二日、信長にとって深刻な事態が勃発《ぼっぱつ》した。大坂ばかりでなく、畿内全般の戦局に決定力をもつ本願寺の顕如が、「野田福島落去候はば、大坂滅亡之儀は目前」という判断から、浅井および三好党と手を握り、各地の門徒に蜂起を指令したのである。山科言継の日記は、

九月十三日、（中略）晩頭雑説、大坂謀反、一揆発《おこ》ると云々、

とこの衝撃的ニュースを伝えている。実際一揆はたちまち各地に蜂起し、天満森《てんまがもり》の信長方の陣営にも襲いかかった。

同時に、浅井・朝倉連合軍はこの好機をとらえて南近江に兵を進めた。「顕如上人御書札留案」に収められた文書によると、顕如は九月一〇日付で、浅井久政・長政宛に連絡をとっ

ているから、すべては十分にしめし合わせたうえでのことであった。九月二〇日、浅井・朝倉軍は織田方の宇佐山城を攻めて陥れ、城将織田信治《のぶはる》・森可成《よしなり》を敗死させ、勢いにのって坂本まで進み、各地に放火しつつ入洛の構えを示した。

ここで、信長は完全に挟撃《きょうげき》される形となった。進退きわまった信長は、朝廷に働きかけ、将軍・本願寺との「和解」工作を試みたが、もはや手おくれであった。やむなく信長は急に野田・福島の攻囲を解き、京都に兵を返すとともに、下坂本に進んで陣を張った。

この予想をこえた織田軍の敏捷《びんしょう》な行動のために、こんどは浅井・朝倉軍が虚をつかれ、かれらは叡山にたてこもった。信長は叡山に対して協力せよとの申し入れをしたが、かねて所領没収などで苦汁を飲まされていた叡山は、これを受け入れず、浅井・朝倉軍を庇護した。三万といわれる同軍は、叡山から動けない形となったが、湖上交通・物流の要衝堅田をおさえていたため、ただちに兵糧難におちいるともみえず、信長は門徒一揆の蜂起が激しさを増すなかで、敵を置き去りにして帰国するわけにもいかなかった。そのうえ一一月に入ると、伊勢長島の一向一揆が信長の弟織田信興《のぶおき》のいた小木江《おぎえ》城を攻めてこれを殺すという最悪の事態まで発生した。一揆は「男は退くべからざるの誓を立て、女は歎くべからざるの誓を立て」宗教的熱情を燃やし高揚した。

こうして元亀元年（一五七〇）は、信長を最大の危機におとしいれながら暮れようとしていたが、年もいよいよおしつまったころ、正親町天皇と将軍義昭の調停という形で、浅井・朝倉方と織田方との和平が成立した。もちろん信長の工作によるものだが、冬に入り北国との交通が困難になればなるだけ朝倉も危険におちいるわけだから、両者ともに妥協するほかはなかったといえよう。このときばかりは信長も、天皇・将軍の効用を身にしみて実感したわけである。

叡山焼打ち

信長は帰国するとすぐふたたび戦いの準備にとりかかった。信長にとって、浅井・朝倉もさることながら、今回の叡山の態度はなんとしても許せなかった。さきに叡山の協力を要求し、もし聞き入れなければ全山焼打ちも辞さないといっておいただけに、信長は焼打ちの断行に躊躇《ちゆうちよ》しなかった。元亀二年（一五七一）二月、信長は近江に出て佐和山《さわやま》城をとり、浅井の側面からの攻撃を牽制し、交通路の確保に力を入れた。つづいて五月、長島の一揆に対して攻撃を加えた。近江進入にあたって国許の最大の不安がこの一揆であることは、前年の信興敗死という苦い経験からもはっきりしていた。そこで叡山攻撃前に長島を叩いておこうという目算で、信長自身も津島まで出陣し、大規模な攻撃をかけたのである。しかし織田軍は、一揆の強烈な反撃のために、大垣城主氏家卜全が戦死、柴田勝家も負傷というさんざんな結果に終わった。

こうして長島鎮圧には失敗したものの、一揆側にも相当の打撃を加えた信長は方針を変えようとしなかった。かれの判断は一見猪突《ちよとつ》にも似ていたが、実際にはたんに叡山に対する鬱《うつ》憤《ぷん》だけでなく、一刻もゆるがせにできぬ畿内を中心とする情勢の緊迫があった。五月に入り松永久秀が、信長と義昭の不和を見こして、遠く武田信玄と連絡を取るという不穏な動きもはっきりしだした。五月一七日付で信玄が松永方に宛てた書状には、「そもそも公方様、信長に対され御遺恨重畳《ちょうじょう》の故、御追伐の為《た》め御色を立てらるるの由候条、此時無二忠功を励まるる事肝要に候」と記されている。すでに義昭は信玄と結び久秀を誘い、信長追い落としに乗り出していたと見なくてはならない。

そうした危急の情勢に対して、叡山攻撃はいわば起死回生の手段であった。いまやあらゆる権威と攻撃に対して不退転の決意を示す以外に道は開かれないのである。八月二八日、信長はみずから軍を率いて近江に出、小谷近辺に火をはなって江南に進んだ。そして九月一二日、少しのためらいもなく叡山に襲いかかり、根本中堂《こんぽんちゅうどう》・山王《さんのう》二十一社をはじめとする全山堂塔に火を放ち、僧俗男女の皆殺しを決行した。このときの惨澹《さんたん》たる状況を『信長公記』は、

僧俗・児童・智者上人《しょうにん》一々に頭をきり、信長公の御目に懸け、是《これ》は山頭において其隠れなき高僧・貴僧・有智《うち》の僧と申し、其外美女、小童《こわらわ》其員《かず》を知らず召捕り、召列《めし》れ御前へ参り、悪僧の儀は是非に及ばず、是は御扶《おたす》けなされ候へと声々に申上候といへども、中々御許容なく、一々に頭を打落され、目も当てられぬ有様なり。数千の屍《しかばね》算を乱し、哀れなる仕合《しあわせ》（なりゆき）なり。

と伝えている。また『言継卿記』も、坂本・日吉《ひえ(ひよし)》・山上東塔・西塔・無動寺などが残らず焼かれ、僧俗男女三、四千人が殺されたと記し、『信長公記』の記事の誇張でないことを裏書きしている。

平安初め以来、王城鎮護の霊場として絶大な権威と権力を振るい、中世の歴史をその一身に体現してきた感のある比叡山延暦寺は、一山ことごとく灰燼《かいじん》に帰した。中世という時代の終末を思わせる事件である。山科言継のような公家は、「仏法破滅、説《い》うべからず〳〵、王法如何の事あるべき哉《や》」といった恐怖しかもたなかったであろうが、これによって歴史は明らかに大きく移りかわっていった。義昭・本願寺・一向一揆・浅井・朝倉・武田、あるいは松永と、敵の包囲網におちいり絶体絶命の窮地に追いこまれた信長の乾坤一擲《けんこんいってき》の策が叡山焼打ちであった。

一向一揆と本願寺

戦国大名と一向一揆

大名領国と門徒農民

元亀元年（一五七〇）から翌二年にかけて、前章で述べたように信長は深刻な危機に追いこまれていた。一つは、武田・浅井・朝倉・三好などをはじめとする諸大名の信長包囲網、他の一つは、畿内・濃尾をはじめとする各地の信長に敵対する一向一揆の高揚である。しかも両者は緊密な連係をとっていた。その反信長統一戦線をまとめ上げたオルガナイザーは石山本願寺の法主顕如であった。

蓮如の時代から天文初年にいたる一向一揆と本願寺の動きも前に見た。一揆は、天文以降、いちだんと活発となった。戦乱にともなう社会不安と混乱が、民衆の浄土真宗信仰の土壌であったろうが、「講」とよばれたかれらの信仰＝結合組織は、戦争に対する自衛機能を演ずるとともに、時として積極的な行動組織としても機能した。

証如（蓮如―実如の次、顕如の先代）の『天文日記』を見ると、尾張・美濃方面には、濃尾十六日講、濃州多芸《たぎ》十日講、尾州十六日講、尾州中十六日講、尾州中講、尾州三日講などの講の名が見えるし、他の史料からも美濃尾張川辺《かわべ》組の四日講、安八《あんぱち》郡・海西《かいさい》郡（海津《かいづ》市）

長良川《ながら》筋の五日講などが知られる。その一つ川辺組四日講が、三六ヵ村、三八ヵ寺から構成されていたことからも分かるように、講は相当数の末寺道場の集合体としてつくられており、そのまとめの中心には有力寺院があった。

そうした形は北陸や濃尾のみならず、飛驒・三河・近江・摂津・河内・和泉・播磨などの各国にも共通し、門徒農民はこの組織によって、各地の政情や戦局を左右するほどの力をもちだした。それにつれて、地方支配層たる地侍・国人のなかにも門徒となる者がふえはじめた。もともと一五世紀末期の加賀一向一揆以来、それらが世俗の複雑な政争や権力闘争とからみあっていたことは前に述べたとおりであるが、一揆が強大化するにつれて、国人クラスの在地領主層も多く門徒になりはじめたのである。

それはひとくちにいえば、大名権力の強化に対する民衆の宗教を介した抵抗の形態であり、時によっては国人の反大名行動がこれとからんでいったのである。大名領国制の進展は、割拠する国人・地侍の家臣化をおしすすめ、さらに民衆に対する年貢や臨時の兵糧・夫役の徴収などをきびしくする。しかし自立的な性質の強い国人・地侍・民衆は、たやすく大名に屈し、その支配に属することを好まず、むしろ反大名行動を組織して、村々の小領主・民衆連合による「惣中《そうちゅう》」の結合を維持してゆこうとした。本願寺はそうした反大名勢力の司令塔であった。

三河一向一揆と家康

この間の事情をもっともよく示すケースとして、永禄六年（一五六三）の三河の一向一揆を見よう。

家康が信長と盟約をむすんだのは永禄五年であった。ところが、その翌永禄六年に入ると、松平氏と一向一揆の激突がおこった。その主要な原因は、松平領国制の進展にともなって、三河各地の城砦《じょうさい》の修補構築のための夫役や年貢・兵糧の増徴などが強行され、農民の負担が急増しだしたところにあった。とくにこの年九月、家康の命に応じて菅沼定顕《すがぬまさだあき》の手によって、三河佐々木郷の城砦工事がはじめられ、三河三ヵ寺の一つであった同郷の上宮寺《じょうぐう》にも兵糧がかけられた。これに対して「寺中守護不入《ふにゅう》」を主張する上宮寺の坊主や門徒らが憤激し、三河各地の門徒一揆の蜂起を呼びかけ、徴発された兵糧を奪回しようとしたのである。

しかし問題はそれにとどまらなかった。事態の深刻さは、門徒農民の憤激というより、これをきっかけとして、松平領国体制が内包するさまざまの矛盾が一挙に噴出したところにある。義元の死後ひとまずなりをひそめていた今川残存勢力や、すでに家康に服属しておりながら内心不満をもつ国人・地侍たちが、一揆に加担した。さきに家康に降った東条の吉良義《よし》昭《あき》をはじめ、荒川甲斐守・松平七郎・酒井将監やその一族たちも一揆の側に寝返った。それに加えて佐々木の上宮寺、野寺の本証寺、針崎の勝鬘《しょうまん》寺、さらに土呂《とろ》の本宗《ほんしゅう》寺などには、かねてから多くの地侍級の門徒が結集していた。本証寺には天文一八年（一五四九）、若年の「あい松」が跡目をついだため、門徒の侍がその支持を誓った連署状が残されているが、その署名者は総計一一五人、すべては有姓の地侍であって堂々たる花押を用いている。その多くのものはのちに松平氏をはじめ三河の有力武士の被官となった人々で、なかには鳥居・阿部・榊原《さかきばら》・酒井・本多・伊奈《いな》など、徳川家臣団の中心となる人々もふくまれていた。

地理的に見ると、一揆の中心は佐々木の上宮寺、野寺の本証寺などがそうであるように、矢作《やはぎ》川中・下流域の生産力的にはもっとも豊かな地帯であった。そこは矢作川水運によって商人や職人の往来も多い。商人・職人のように移動性の強い人々は信仰や文化の伝達者でもある。三河一揆に加わった民衆はそれらに刺激され、他地方の事情も知っていっそう闘志を燃え上がらせていたに相違ない。

そうしたわけで、永禄六年九月にいっせい蜂起をみた三河一揆は、翌年二月ごろまで、家康方と激しい戦いをくりひろげた。それは、規模の大きさにおいても、蜂起の期間の長さにおいても、一向一揆の歴史のなかで有数のもので、松平領国の命運はその勝敗に賭《か》けられた。『家忠日記』『三河物語』『松平記』など、後世の徳川系史書が、例外なくこの事件について多くをさいているのも、それが戦国大名松平氏にとっていかに深刻な事件であったかを証明するものである。

しかし、一揆の側も寄合世帯であり、かれらのなかには家康方の侍たちと一族関係にあるものも少なくなかった。そのため結束は、輪中《わじゅう》の集落ぐるみで戦った長島一向一揆ほどには固くなく、結局はそれにつけこんだ家康側が勝利をにぎった。一揆を構成する門徒農民と門徒侍・国人との間にあった立場の相違をとらえ、家康の工作が侍層の切り崩しに成功したのである。家康は一揆がひとまず鎮静すると、有力末寺に対して転宗を命じ、それを拒否した坊主は三河から追放するという、強硬手段で一揆の解体をおしすすめた。

一向宗禁制をめぐる問題

家康は、一向一揆と正面から対決し、それを屈服させることによってはじめてその領国体制を発展させることができた。各地の戦国大名にとっても、一向一揆に集中的に発現した民衆の抵抗を鎮静させることが究極的な課題であったことは、三河の場合と少しも異ならないが、戦国争乱の過程において当面一向一揆に対してどのような方針をとるかは、事情に応じてさまざまであった。

数ある戦国大名のなかでも、とりわけ政略にすぐれていた武田信玄は、一向一揆に対してははじめから敵対関係に入るのを避けようとした。というのは、信玄の領国甲斐・信濃では、元来、一向宗の勢いはさして大きくなく、その領国内部でそれに悩まされることがほとんどなかった一方、越中・能登・加賀などの一向一揆は強大な力をもっており、西進をねらう上杉謙信とたびたび衝突を重ねていた。越後では謙信の祖父長尾能景が一向一揆と戦って敗死したことから、一揆を敵視してきびしくこれを禁圧するとともに、越中・能登などの一揆ともくりかえし戦っていた。謙信は個人的にも、真言密教を厚く信じ不犯《ふぼん》の戒律を堅守するという人物だった。そこで謙信と争う信玄は、北陸一向一揆と早くから連絡をとり、それに謙信の背後を牽制させた。信玄自身は室町守護の家筋の伝統に従って禅宗を保護したうえ、天台の信仰にも厚かったといわれるが、軍略的ねらいから本願寺ともいちはやく連絡をとり、永禄八年（一五六五）三月には謙信を敵対目標として顕如と軍事同盟さえ結んだのである。

これに対して、小田原の北条もだいたいにおいて、一向宗の禁制を領国支配の伝統的方針としていた。関東でも門徒の一揆が領国支配を脅かすほどの事実は知られていないが、北条はとくに信玄との対抗上、やはりこれに対する警戒を怠らなかった。しかし上杉と対立し、武田と同盟した時期においては、一時的に一向宗の禁制をゆるめるなど、弾力的な政策をとっており、上杉のようにきびしい禁圧策をとりつづけたわけではなかった。

西の方では、島津氏が一向宗をきびしく禁制したが、中国地方の毛利氏はむしろ一向宗保護の方針をとっていた。証如の『天文日記』天文二一年（一五五二）九月二五日条には、「彼国《かのくに》（安芸）ニ此方門徒多きの由」という記述が見え、安芸門徒の増勢が注目されている。しかし、それに先立つ天文一七年、元就も本願寺証如に音信を送って友好を求めている。また天文二一年、元就がもと安芸守護の武田義信のいた銀山城下の一向宗の仏護寺を保護していたことも知られているから、のちに信長と本願寺との対立が決定的となった段階において、毛利が本願寺と固い軍事同盟を結ぶようになったこともゆえなしとしない。元就は弘治三年（一五五七）六一歳のとき子供たちにあてた「遺訓」のなかで、「自分はまだ一一歳のとき猿掛城で旅僧から念仏の教えをうけ、以来今日まで一日も欠かさず毎朝仏を拝み念仏を十遍ずつ唱えている」と述べている。これから見ると、元就は個人的にも念仏への信仰をもち、そのような心情からも一向宗に保護を与えたのであろう。

こうみてくると、諸国における一向宗の発展が布教活動そのものによって強く左右されたことは当然としても、もう一つには大名の軍略・政略の一環として一向宗対策が大きな影響を与えていたことも明らかである。その点で畿内・濃尾の諸地域は、布教活動が積極的に行われた一方、大名のなかでも斎藤道三が一時的に圧迫を加えたことなどはあっても、これを本格的に抑制しようとする動きはほとんど表面化しなかった。信長にしても最後は一向一揆と対決し、これを圧服するが、尾張の大名時代その弾圧を積極的に進めた様子はない。信長は尾張一国をほぼ統一した時点においても、河内（長島）一郡は服部左京進という土豪門徒の支配を黙認していたようである。浅井や三好はむしろ一揆との提携を策しており、本願寺もかれらと一貫して手を結ぼうとしていた。畿内・濃尾は従来一向門徒のもっともひろく深く根をおろした地帯であり、一揆は惣村結合を土台として強烈な闘争力ももっており、大名側も安易に手だしできない状態にあった。そこに畿内・濃尾一向一揆が、「天下」をめざす信長の最大の敵として、その前面に立ちはだかった理由がある。

本願寺と現世権力

本願寺の立場

応仁の乱のころ、一向宗中興の祖といわれる蓮如は〝王法為本《おうぼういほん》〟を説き、門徒農民が一揆を結んで現世の領主と対立することを抑えようとした。〝王法〟は現世の権力・秩序をさし、〝為本〟はそれをもって本《もと》と為すということである。ところが、戦国争乱の波頭がしだいに高まり、門徒一揆の力と役割が大きくなるなかで、その頂点に立つ本願寺住持（以下、法主と表記）の立場や主張も徐々に変化していく。

蓮如の子実如は、はじめ蓮如につづいて「諸国の武士を敵にせらるる儀然るべからず、いずれの国の守護にも入魂せられ和与あるべきこと」という立場を堅持していた。ところが永正三年（一五〇六）、細川政元と畠山義豊が河内で戦ったとき、かねて本願寺に支持を与えていた政元は再三、実如に摂津・河内の門徒の支援を要請した。実如ははじめ断りつづけたが、結局、門徒一揆に政元側に味方するよう指令した。ここで本願寺法主ははっきりと大名間の権力闘争に介入することとなつた。

しかし、興味深いことに、摂津・河内の門徒はこの実如の指令をはっきりと拒否した。

いまだ左様な事は仕り付けず候へば、兵具もなし、如何にして俄《にわか》に仕るべく候哉《や》、元より開山上人以来左様の事、当宗になき御事に候、いかに右京兆(政元)御申候共、御承引あるべからざる事に候、

というかれらの主張は筋が通っていた。実如はいわば法王化した本願寺自身の利害から政元を支持するため、門徒に血の犠牲を支払うことを要求したが、門徒一揆はこれを拒否したのである。実如はやむなく加賀四郡から一〇〇〇人の門徒を出動させて政元への義理をたてた。

この事件によって、本願寺法主と門徒民衆との立場の相違が明らかとなり、両者の摩擦が避けられないものとなってくると、本願寺は傘下門徒の統制を教義の面でも、また現実的な秩序の面でも強化するようになっていった。

その方式は大別して三つほどにまとめることができる。

第一は、本願寺がその立場をいっそう貴族化ないし大領主化することによって民衆に対す

本願寺法主系図

親鸞……蓮如―実如―（円如）―証如―顕如―┬教如（東本願寺）
　　　　　　　　　　　　　　　　　　　　└准如（西本願寺）

る抑圧者としての立場を強めることである。本願寺は永正一三年（一五一六）、勅願寺に列せられた。古代以来国家権力と表裏一体の歴史を歩んできた天台・真言をはじめとする顕密仏教のように、もともと支配階級の一分肢であるならばそれも当然であろうが、浄土真宗の歴史は始祖親鸞以来むしろ国家や権力と無縁のところで展開してきたはずである。それがいまや勅願寺に列せられるということは、本願寺の貴族化、大領主化指向以外のなにものでもない。そしてあたかもそれを裏書きするかのように、本願寺法主は越前朝倉などをはじめとする諸大名との間に、子弟の婚姻関係を結びはじめている。

第二は、門徒統制の手段として、「一家衆」の権限を強めたことである。実如は死にのぞんで、加賀の山田光教寺（蓮如の四男）・波《は》佐《さ》谷《だに》松岡寺（同三男）・若松本泉寺（同七男）・伊勢長島願証寺（同六男）・三河土呂本宗寺（実如の子）の五人の有力一家衆に後事を託したが、そのなかで、門徒大衆が一揆に走りがちなことを戒め、一家衆がそのおさえとなるようにと遺言した。実際三河一向一揆も、一家衆のおさえがきかなくなったときに勃発しているように、かれらが門徒一揆の統制に演じた役割は大きかった。一家衆は蓮如の子たちが各地のめぼしい寺院に入ったことからはじまるが、しだいにその数はふえ、『天文日記』には、「一家衆二十三人」とも見えている。

第三にこのような本寺の法主ないしその分肢としての一家衆が、門徒統制にあたるおりに、もっとも有効な手段とした、「勘気《かんき》」「生害《しょうがい》」という教義にもとづく宗門的処分がある。

「勘気」と「生害」

「勘気」というのは破門処分のことである。それは元来本願寺法主の宗教裁判権によって加えられる懲罰であるが、ひとたびこれに処せられれば、ちょうど村人たちが村ハチブにあったように、その地域の坊主・門徒の間から完全に仲間はずれにされた。『本福寺跡書《ほんぷくじあとがき》』によると、「勘気」処分をうけたものと火種《ひだね》のやりとりをしただけでも、その者は地獄に落ちるとされているから、「勘気」された者はだれとも交わってもらえないのである。「御勘気ノ時ハ、一所ニアレバ蚍子《じやこ》ノ干詰《ひづまり》ノゴトク、餓死《うえじに》、乞食死《かたいじに》、此所《ここ》ヤ彼所《かしこ》ニ倒死《たおれじに》、凍死《こごえじに》、冷ヨリノ病ヲウケ病死《やまいじに》、カ、ル死ニ様《ざま》ヲスルゾ」と門徒たちは脅しをうけていた。そうした強制は門徒同士のことであるから、門徒以外の人々とは特別にどうということもないと考えられよう。けれども門徒は村毎に濃密に分布している場合が多いから、「勘気」にあえば、結局は村ハチブにあったと同じであって、その人は生活共同体から追放されてほとんど生きる道を閉ざされてしまうことになる。

このような「勘気」処分は、すでに蓮如の時代からあった。しかし、それがしきりに行われるようになったのはやはり蓮如以後である。『本福寺跡書』は、「御一家ノ広マラセ給フニ、国々ノ坊主衆ノ科《とが》ノミイデテ」と説明しているが、もとより、一家衆の制度が広まったから、坊主・門徒の犯科《ぼんか》が増したということではない。一家衆制度によって、かれらの権力が強められるにつれて、「勘気」処分が乱用されだしたのである。

「勘気」の乱用とともに、もっと恐るべき門徒統制手段としての「生害」も、証如の時代から行われるようになった。「生害」とは「法門申違《もうしたがい》たる人」を死刑にすることであり、本願寺の指示に背いて一揆をおこしたりすればこの処分が加えられた。蓮如は、「ゆめ〳〵殺害などはあるべからざるの事也。既に命をたちては不便の事なり、（中略）いかにも其仁《そのじん》をふかく折檻せしめ、同行の列をはずすべきなり」といって、「勘気」は認めるが「生害」のような死刑処分はかたく制止していたし、実際「生害」は実如の時代まで行われなかった。ところが、本願寺法主と門徒大衆とのあいだの距離がいちだんと大きくなった証如の時代に入ると、これがひろく行われるようになるのである。

　このように、本願寺法主が一家衆を通じて、「勘気」や「生害」という苛烈な宗教裁判権や門徒処分権を行使することは、門徒に対する法主の立場を、蓮如までの時期と大きく変えるものであった。いまや門徒たちは、こうした権能をそなえる法主を通してしか「往生《おうじょう》」をとげることができなくなり、法主の存在が「往生」になくてはならない現実的な条件になったのである。

　それを裏書きするように、法主は「勘気」処分を取り消す「後生御免《ごしょうごめん》」権も行使しはじめた。ここで「往生」できるもできないもいまや法主の意思次第という、おそるべき法主専制の論理と体制が実現された。それは民衆の側で、一向宗の信仰が現世利益を追い、呪術的信仰同様の意味合で受けとめられるようになればなるほどきびしくなった。

　それにともなって、門徒は「往生之志」として本願寺法主に志納金《しのうきん》を上納することが欠かせなくなり、本願寺法主の手許に流れ込んでくる諸国門徒からの「浄財」は堰《せき》を切ったようにふくれあがった。本願寺はいまや始祖以来の「同行」の思想をかなぐりすてた。法主みずからが門徒の「往生」を左右する権限をにぎることによって、事実上現世権力に同化したといわなくてはならない。

顕如、信長に叛く

こうして、証如のあとをついで顕如が法主となったころには、本願寺は戦国大名同士の権力闘争への介入に少しもためらいを感じなくなっていたし、本願寺勢力自身、諸大名からその武力を期待されるだけの強力な門徒組織を確立してもいた。

　顕如は、永禄一一年（一五六八）、信長が義昭を擁して入京したときから、すぐ信長を正面の敵とするつもりはなかった。このとき、顕如は信長に入京を祝う挨拶を送っている。だが浅井・朝倉・武田など反信長派の大名たちの動きが活発になるにつれて、本願寺も反信長の旗色を明らかにしてゆく。元亀元年（一五七〇）九月、顕如は、次のような書状を諸国門徒に送った。

> 信長上洛に就て、此方《こなた》迷惑せしめ候、去々年以来難題を懸け申に付て、随分扱を成し、彼方《かなた》に応じ候と雖《いえど》も、其専（詮）無く候、破却すべきの由、慥《たしか》に告げ来《きたり》候、此上は力及ばず、然らば、此時開山の一流退転無きの様、各身命を顧みず、忠節を抽ぜらるべく候事有難く候、併《しか》しながら馳走頼入《たのみい》り候、若《も》し無沙汰の輩《ともがら》は、長く門徒たるべからず候也、穴賢《あなかしこ》々々、

九月六日　　顕如（花押）
江州中郡
門徒中へ　　（原漢文）

これによると、信長は上洛以来種々「難題」を本願寺に吹きかけたらしい。五〇〇〇貫の矢銭のこともその一つであろうが、信長は石山そのものの明け渡し、破却をまで要求していた。軍事的要衝というだけでなく、堺とも結びつつ西に向かっての商業交通のカナメの役割をもちだした石山＝大坂の重要性を考えれば、それも十分ありえたと思われる。そうとすれば顕如が、反信長に踏み切るのもやむをえない。かつては門徒大衆が一揆に蜂起することに対して「勘気」「生害」という厳罰をもってのぞんだ本願寺法主が、いまや、各地門徒に一揆の蜂起を「頼入り」＝指令し、それに応じなければ逆に破門するといいだしているのである。

この九月六日の檄文が「筑後・讃岐・阿波などの坊主衆門徒中」にも送られ、それにともなってたちまち各地の門徒一揆が蜂起した。近江の一揆は信長の岐阜への退路を遮断した。それは『金森日記抜』が「北ノ郡二十箇寺ノ坊主衆、籏頭《はたがしら》トナリテ、信長公ノ陣ニ敵ス、建部・箕作ノカケ城、草津・勢田ノ一揆、守山・浮気・勝部・高野・金勝・甲賀ノ一揆、前後其数ヲ知ラズ」というほどの勢いであった。一一月には長島一向一揆も蜂起した。織田信興の敗死はこのときのことである。

しかも右の檄文が「江州中郡　門徒中へ」宛てられていることにはとくに注目する必要が

ある。すなわち、末寺道場を末端細胞としながら、いくつかの組に編成された地域の門徒は、郡を単位にまとめられているのである。郡別編成をとるということは、国別という上位組織をもつことにも通ずるであろう。本願寺はその意味で、戦国大名の領国とは異なるが、広範な国々にわたって、国・郡を単位とする整然たる門徒組織をつくりあげ、「勘気」「生害」などのきびしい統制力をもって、法主がそれを思いのままに動かす体制をつくりあげていたといえる。本願寺と門徒大衆とでは、立場・利害が異なる面が大きいから、かつては実如の指令を門徒が拒否するようなことも避けられなかった。しかしいまや教義的にも現実的にもきびしい統制力を強化することによって、法主の指令によって両者一団となって戦うという態勢が強化されているのである。

一揆結合の様相

長島一向一揆

信長と対決した一向一揆のうちで、もっとも強烈な集団的抵抗をつづけたのは、一家衆寺院願証寺を中心に濃尾門徒中の最大の勢力であった長島の一向一揆である。一揆の強靱さが、信仰に呪術性を内在させることによって狂信的な側面をもったことは前にもふれたが、いま一歩踏みこんでその結合の土台を考えてみれば、この時代に強く発達してきた惣村的な村落共同体の在り方と、密接不可分であることも否定しえない。

長島の場合、惣村的結合はこの地域の特殊な地理的条件によってとりわけ強められていた。長島の別名が「河内」であることに示されているように、長島地域は、木曽川・長良川・揖斐川という三つの大河が合流する河口近くの流路にはさまれたデルタであり、いわゆる輪中集落が集合する地帯であった。それもいまでこそ長島は相当に広大な一つのデルタであるが、当時は七つの島にわかれており、相互の往来も舟にたよるほかはない地形であった。この低湿地デルタの恐ろしさは、伊勢湾台風（一九五九）の猛烈な被害からも分かるように、肥沃でしかも桑名にも近いため、商人の往来も多く経済的には豊かではあるが、つねに水の脅威にさらされていたことである。そのためここで生きぬくためには、人々は河流がつくりだす自然堤防をつなぎ合わせて補強しながら、水からわが村を守る輪中を堅固に構築しなければならず、そのためには、村人たちの緊密な協力が欠かせなかった。

　したがって、輪中結合の中心に立ちうるのは、村内に住んで実力をもつ土豪地侍以外にありえない。実際長島の場合、二《に》の江《え》村に道場をもつ服部左京進がその中心的な一人であった。『信長公記』によると、河内一円はこの服部左京進が押領して「御手」（織田方）に属さず、今川義元が桶狭間に進入したときには、長島の千余艘の水軍を率いて今川軍を援護したという。「水軍千余艘」というとおおげさに聞こえるが、輪中の人々は、交通手段として小舟を欠かすことができなかったうえに、水害時にはそれにたよって命を守るほかなかったから、ほとんどすべての家が小舟を備えているのである。別のいい方をすれば、長島の人々は、義元を助けて信長に対抗するため、村ぐるみで水上出動したということになる。

　長島のものではないが、こうした村人たちの団結を伝えるなまなましい史料として、尾張の浄顕寺（愛知県半田市）に、「血判阿弥陀像」とよばれているものが残っている。阿弥陀仏を描いた絹本の画像の表面に一〇〇人余り、また別の絹本の裏面に一二〇人余りの門徒たちの名前が連署され、血判が押されている。又六・与七・新五郎などという無姓の百姓名がほとんどであるから、ほんとうに末端の小百姓たちであろう。しかし裏面には「北町」「瀬田町」など地名も散見する。これこそ村ぐるみ・町ぐるみの一揆盟約であることはまちがいなく、いま見ていても鬼気せまるものがある。長島の場合もこれと同じようなものと思われる。

惣と一揆

一向一揆が惣村を基盤としていたことは、長島ばかりでなく、近江でもひろく認められる。元亀三年（一五七二）、信長に観音寺城（近江八幡市安土町）を追われて甲賀方面に潜んだ六角義賢・義治父子は、一向門徒を誘い、近江の金森城・三宅城に拠《よ》って信長方に敵対した。このとき信長の部将佐久間《さくま》信盛《のぶもり》は、南部の一向「坊主」「地士《じし》長之輩《おとなのともがら》」が、これに一味内通することを禁じ、誓約書を取り立てた。信長のもっとも恐れていたのは、「坊主」とともに、「地士長」とよばれる惣型の村々の指導層が六角＝一揆方にくみすることであった。この信盛の方針は、同年正月二三日付で、「南郡高野庄坊主中地士長等中」に宛てた指令として出されているが、それにこたえた村々からの起請文は三月二〇日前後の日付で提出された。次の文書は栗太《くりた》郡の勝部神社に残されているその一つである。

起請文前書之事

金森・三宅両城出入内通之事、堅く禁制之由仰せ出さる、謹て畏《かしこまり》入り奉り候、尤《もっと》も外々より出入内通之者之有り候はば、見隠し聞隠さず、早速御注進申上ぐべく候、万一当郷より出入内通仕り候はば、六親惣郷中共、御成敗加へられ下さるべく候、其の後証の為《た》め一札件《くだん》の如し、

元亀三年

三月廿一日

富田惣代

富田河内守則綱（花押）

同　大学介則高（花押）

並富田立花惣百姓惣代（略押）

御両三人

御奉行

（原漢文）

「地士長之輩」と見られる「富田惣代」の富田則綱・則高と「惣百姓惣代」が連署して金森・三宅の城には出入りしない、もし背くことあれば惣郷中に成敗を加えられても一言もない、と誓約している。

同じような請文《うけぶみ》には、⑴三月一九日付の富田入道宗林・井口入道徳林・同新左衛門吉長・井口嶺目斎先惣代浄盛・井口新兵衛宗秀・同六郎兵衛尉長弘の連署状、⑵三月二四日付の駒井さわ村惣代兵衛五郎・甚左衛門、集村惣代駒井兵庫介・同左近六郎・源太郎兵へ、新堂村惣代源太郎・右近四郎、大萱村惣代磯部修理之進勝俊式内・浄翁・了慶、穴村惣代直六郎・兵衛五郎連署状の二通もある。これらの請文を見ると、前者には有姓の地侍級の人々が署名

しており、後者には、村別に無姓の百姓惣代が署名している点が注目される。おそらく、地侍と百姓はそれぞれ身分がちがうところから、別々の請文をつくったのであろうが、後者のような無姓の百姓惣代までもが、独自に請文に連署することは、かれらの社会的地位の前進を示唆しているとともに、それらがしばしば一揆の主力となっていたことをも示すものである。実際一揆にとって、地侍級の階層はその指導層としてなくてはならない存在であり、蓮如以来の門徒組織もそうした「地士長」層を頼りとして進められていた。しかし同時に無姓の百姓たちが村々の惣代となり、その存在が自他ともに認められているこのような状態こそ、一揆の村ぐるみ的性格を物語るものであり、一揆の力の根源もそこにあったと思われる。

まえにもふれたが、一六世紀に入るとたしかにこうした二つの階層の分化が進む。しかし、それは村人の分裂だけを意味するものではない。むしろ「平百姓」的階層の自立性が高まり、独自の動きを強めるようになることによって、「地士長」的階層も、「平百姓」層との結合を強めながら行動することが多くなったのである。京都周辺の「土一揆」という形態だけをみるなら、一六世紀よりも一五世紀のほうが活発だが、一六世紀中葉以降の一向一揆は一五世紀には見られなかった広さと深さをもって展開しているのであり、この点にこそむしろ一五世紀から一六世紀への発展の特徴を認めるべきであろう。

寺内町

一向門徒はまた主要寺院の所在地では、寺城を要塞化するとともにいわゆる寺内町を建設

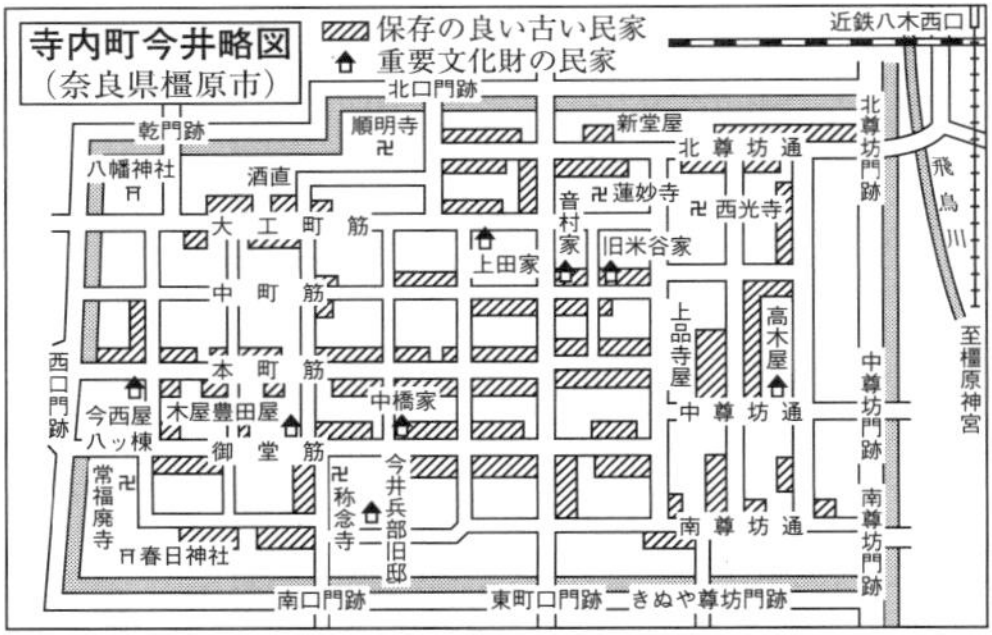

することによって、戦う力をいっそう強めていた。寺内町の代表は門主の居所としてよく知られる山科や石山である。山科本願寺の寺内は、最近の調査で東西七五〇メートル、南北八〇〇メートルの総構をもっていたことが判明。石山の寺内は天文五年（一五三六）のころ、すでに「寺内八町」とよばれており、同一三年ごろには増加して少なくとも一〇町以上を数えていた。南町・北町・西町・新屋敷・清水町・北町屋・檜屋町・青屋町・造作町・横町からなる一〇町の範囲が石山本願寺の直属領としての性質をもち、この範囲に関する限り本願寺が年貢・地子収納権をもち、上部負担はなく諸公事役免除・徳政免除の特典をもつとともに検断権ももっていた。世俗の領主権力を完全に排除した「不入」の世界であり、城でいえば総構の内にあたる。

　石山以外の寺内町としては、河内の興正寺を核とする富田林、大和の称念寺を中心とする今井なども早くから発達した。寺内町の成立には、(イ)有力な土豪の寄進やかれらの門徒化を契機とする今井のようなケース、(ロ)門徒集団による買得ないし一定地域の占拠というかたちをとった富田林のようなケースもある。しかし成立経過がどのような道筋をとるにせよ、寺内が一向宗寺院を核とした独立的世界であり、一揆の拠点であったことは共通している。一揆は城塞化した寺と門前町を一体とした「寺内」に「大坂（石山）並」の特権を獲得することをもっとも重要な政治・軍事方針とするようになっていた。

河内の富田林は永禄元年（一五五八）興正寺の証秀によって、一〇〇貫文で買得された土地のうえに、周辺の四ヵ村から二名ずつえらばれた年寄八人が中心となって建設した寺内であったが、「興正寺由緒書」によれば同三年には、次のような特権を獲得していた。

定　富田林道場

一、諸公事《くじ》免許の事

一、徳政行ふべからざるの事

一、諸商人座公事の事

一、国質所質幷《なら》びに付沙汰の事

一、寺中の儀何《いず》れも大坂並《なみ》たるべき事

右の条々堅く定め置《お》かれ畢はんぬ、若《も》しこの旨に背《そむ》き違犯の輩《ともがら》に於てハ忽《たちま》ち厳科に処せらるべき者也、仍《よっ》て下知《げち》件《くだん》の如し、

永禄三年三月日　　美作《みまさか》守在判（安見宗房）（原漢文）

文書の写しであるため、差出人等について多少の疑問も残すが、富田林寺内は、ここで美作守（三好長慶家臣）から年貢諸公事免除の特権があたえられ、徳政も除外とされ、諸商人

の座公事も免除されている。したがって寺内町の商業繁栄の条件は領主によって大きく保障されているわけであり、そこにおける寺の特権は石山本願寺並に大きい。

このように、寺内町に結集する一向門徒たちが、寺内の自律と自由を強く要求したのは、かれらが新興商人・手工業者的な性格を濃厚にもっていたからである。石山にせよ、紀ノ川下流の雑賀にせよ、三河の矢作川流域にせよ、あるいは伊勢長島にせよ、みな交通・商業のさかんな土地であった。それらは海上・河川交通の中心地である。一方、大和の今井や河内の富田林は、むしろ内陸部に新たに発生してきた商業の中心地であり、江戸時代のいわゆる在郷町につらなってゆく性質といえる。してみると、そのような新興の交通・商業中心地に蝟集《いしゅう》した人々が、自律を要求したのは当然であり、寺内町には戦国期の港津・宿駅都市などに共通する「自由」を求める性格が秘められていた。

しかももう一つ注目すべきは、このような寺内でも、たとえば元亀三年（一五七二）四月五日付の柴田勝家・佐久間信盛の書状がその宛先を「富田林惣中」と記しているように、寺内住民の惣的結合が強かったことである。富田林はその周辺の毛人谷《えびたに》・中野・山中田・新堂の四ヵ村から年寄がだされたことからも推定できるように、その組織の原型はやはり惣村であった。今井の場合も、現地を歩いてみるとすぐ分かるが、その原型は大和にしばしばみられる環濠《かんごう》集落と異なるものではない。堀をもつ自衛空間であるとともに、社会的には「惣中」の組織形態をとるわけで、町内住民全員による自治的結合こそが、その団結の強固さの根拠であった。一向一揆の強烈さ、執拗さの基礎的要因は、このような、結合様式の「集団性」「自衛性」「民主性」にあったといえるだろう。

「天下布武」

反信長陣営の崩壊

三方ヶ原合戦

元亀元年(一五七〇)、信長包囲網を形成する将軍義昭・本願寺顕如・浅井・朝倉などが、信長打倒のきめ手として、もっとも期待を寄せていたのは武田信玄の上洛であった。顕如が反信長の旗色を明らかにし、諸国の門徒に蜂起を呼びかけたころ、信玄は駿河東部で作戦行動を進めていた。翌元亀二年一〇月、北条氏康が五七歳で病没した。これをきっかけに氏康の子氏政はほとんど成果をあげなかった越相同盟を破棄して謙信と絶ち、信玄も氏政と和して甲相同盟を復活させた。これによって、信玄は西進のための背後の不安を取り除くことができた。信長が叡山焼打ちを断行した翌月のことである。

年が改まった元亀三年一月、顕如は信玄に、信長の摂津・河内出陣の切迫を告げて、救援を求める書状を送った。またそのころ、義昭も信玄とすすんで連絡をとりはじめた。五月一三日付で信玄に送った義昭の書状には、信玄が義昭に対し忠節を誓ったため、義昭も信玄に対し誓書を送る旨が述べられている。このころから信玄の西進計画はいよいよ煮つまってきたのである。甲相同盟は復活したが、信玄は北条氏政を後方から牽制しておくために、安房の里見義堯、常陸の佐竹義重などとの提携を強めた。北陸一向一揆と連絡をとって謙信の動きもおさえた。また五月一七日付で、大和の松永久秀に密書を送るとともに、朝倉・浅井とも連絡を強めた。すでに信玄の行動はことごとく「天下」を賭ける全国戦略に立っていた。

元亀三年一〇月、信玄はいよいよ甲府を出発。甲斐・信濃・上野西部のほか、旧今川領の駿河・遠江・三河東部にまで力をのばしていた武田軍団は、質量ともに卓抜していた。信玄動く、の報に接した信長は、翌一一月、謙信との軍事同盟を固め、まず遠江・三河で武田軍を迎え討つ家康を助けようとした。しかし、自分自身窮地にあった信長が、十分な援軍を送れぬうちに、武田軍は家康の本拠浜松を目ざして南下した。最初の会戦は遠江国府の見付《みつけ》（磐田市）に近い一言坂《ひとことざか》で行われた。信玄の率いる本隊だけでも二万七〇〇〇といわれる武田軍に比べ、家康方は三〇〇〇そこそこの劣勢であった。戦いはあっけなく武田方の勝利に終わり、家康はかろうじて浜松城に逃げ帰った。圧倒的な武田軍は浜松の支城二俣《ふたまた》城（浜松市）を囲み、一二月一九日、これを攻略した。

二俣が落ちると、信玄はいよいよ家康に決戦を挑んだ。信玄の戦術は、浜松の城を正面から攻めるより、家康軍を三方ヶ原（浜松市西北部）に誘いだし、平地の遭遇戦で一挙に勝敗を決しようとするものであった。このとき佐久間信盛・平手汎秀の率いる織田の援軍がようやく到着したものの、これも三〇〇〇にみたず、徳川・織田連合軍は総勢でもようやく一万足らずであったから、圧倒的な武田軍と、平野で戦う不利は家康自身がもっともよく知っていた。

しかし、家康はほとんど勝利の見込みがない戦いにもかかわらず、あえて信玄の挑戦に応じた。このころ、戦国争乱はすでに終盤局面に近づき、軍事の面でも統治の面でも、大勢としては組織の力が大きくものをいう段階となっていた。それにもかかわらず、人々が総力をあげて死闘をかさねるとき、最後は人間そのものへの信頼が大きく左右する。戦力にもとづく勝敗という結果だけを考えるならば、家康にとって信玄の挑発にのることは決定的に不利であったが、ここで決戦を避けるなら、武将としての家康に対する家中・国衆・地侍たちの信頼はいちどに失われ、諸大名の家康を見る目は変わってしまうだろう。家康はそれをもっとも恐れ、あえて勝ち目のない戦いに応じたのではないか。このとき家康三一歳。結果ははたして家康の完敗に終わった。武田軍は勝利をにぎると、家康方を深追いせず、刑部《おさかべ》（浜松市）に陣を張って年を越した。もともと信玄の目標は、浜松城奪取にあったのではなく、織田領国への侵入にあった。

信玄死す

元亀四年＝天正元年（一五七三）正月になると、

信玄は三河に進み、野田城（愛知県新城市《しんしろ》）を囲んだ。城主菅沼定盈《すがぬまさだみつ》はよく城を守った。武田方は攻めあぐみ、結局、武田召し抱えの金掘衆《かなほりしゅう》を使って堀を掘り、本丸と二の丸・三の丸との連絡を断ち切るとともに、本丸の井戸を掘り抜いて水を涸《か》らし、断水による攻略をはかった。これはさきに武蔵の松山城、駿河の深沢城を攻めたときなどにも使った信玄得意の戦術であった。このため野田城は二月一〇日ごろ陥落、同一七日、信玄は長篠《ながしの》城（愛知県新城市）に入った。

ここまでの武田軍の進撃は破竹の勢いであった。だがこのとき、瞬時に状況を一変させる事態が発生した。

第一に、武田軍にとって決定的な痛手となったのは、越前から近江に進出し、織田の喉元をおさえることによって、武田の織田領侵入をバックアップするというもっとも重要な役割をになっていた朝倉義景が、三方ヶ原合戦直前の元亀三年一二月初旬、どうしたことかにわかに本国に引き上げてしまったことである。信玄は一二月二八日付義景宛ての書状で、三方ヶ原合戦の勝利を報ずるとともに、

御手の衆過半帰国の由、驚き入り候、各《おのおの》兵を労《いた》はることは勿論に候、然りと雖《いえど》も、此の節信長滅亡の時刻到来候処、唯今寛宥《かんゆう》の御備《おそなえ》、労して功なく候か、

と、おさえ切れない怒りをぶつけている。同盟関係にある大名同士の書簡で、これほど相手方を非難したものはおそらく他に例があるまい。大名間のやりとりは外交文書だから、そこ

でこうした不満を正面からぶちまけることは常識では考えられない。義景は、信長が江北から岐阜に引き上げたのに応じて、かれも兵を返した形ではあったが、武田側から見れば、戦略上信長を挟撃する唯一の好機をみずから放棄したに等しい。三方ヶ原の大勝を得たときだけに、信玄が切歯扼腕《せっしやくわん》して無念がるのは当然であった。信玄は諦め切れず、野田城を陥れた直後顕如にも書状を送って、朝倉義景の再出陣を促してくれるように要請したが、効果はなかった。

第二は、突如信玄自身におそいかかった運命的な病魔であった。かれの病気は「肺肝に苦しむにより、病患忽《たちま》ち腹心に萌《きざ》して安んぜざること切なり」といわれるものであった。あるいは肺結核といい、あるいは胃ガンともいわれているが、すでに野田陣中のころから悪くなりだしていたらしい。結局、長篠で進攻計画のすべてを断念し、いったん帰国することに決定。途中伊那駒場《こまんば》（長野県下伊那郡阿智《あち》村）で不帰の客となった。信玄個人の存在が大きかっただけ、主将を失った武田軍の動揺も深刻だった。信玄は死にのぞんで、「三年喪を秘すべし」と遺言したと伝えられるが、若い勝頼には信玄ほどの統率力を期待すべくもなく、信玄死すの報は、電撃のように織田陣営にも伝わっていった。

これによって、信長は逆に、絶体絶命の危地から一挙に脱出した。ひるがえって考えてみると、そもそも今回の信玄の出撃を、ただちに上洛作戦そのものとみる伝統的見解については、戦後異説が出されていた。信玄の意図は今川領すなわち遠江の掌握にあるのであって、直接入京をめざしたものではないとする見方である。しかし、この説をもってしては信玄がなぜ浜松城を攻略せず三河に進んだかが説明できない。たしかに信玄が一挙の入京を目ざしていたかどうかについては確実な証明材料がないから、上京説を鵜《う》のみにすることも危険であるが、この説はそれよりもいっそう不自然である。むしろ信玄はこんどの進軍で、すくなくとも濃尾の織田領を攻撃する目標をもっていたとみるのが自然ではないだろうか。朝倉義景が信玄に連絡もせず越前に引き上げてしまったことにあれほど無念がったのも、信玄自身、この機会に織田領国を攻略する意欲を燃やしていたからだろう。

そうだとすれば、信長はやはり起死回生の幸運にめぐまれたのである。このころ、浅井長政の戦意はなおさかんだったし、長島一向一揆は本願寺の指令によって、不退転の誓いをかためていた。将軍義昭もすでに露骨な反信長行動をとりだしていた。したがってもし信玄が健在のまま尾張に侵入したとすれば、信長をとりまく状況は予想をこえた勢いで、反信長陣営に有利に動いていったにちがいない。信長はまさに運命の巨大なたわむれによって、一転して反信長陣営を解体する攻撃者に転じた。

義昭追放

三方ヶ原合戦に先立つこと三ヵ月の元亀三年（一五七二）九月、信長は将軍義昭に対して一七ヵ条の「異見書《いけんしょ》」をつきつけた。さきの永禄《えいろく》一三年（一五七〇）正月の五ヵ条覚書につづくものであるが、両者の関係はこの二年半あまりの間に、どうにもならない敵対関係にまで進んでいた。その第一条では、

一、御内裏の儀、光源院殿《（足利義輝）》様御無沙汰に付て、果して御冥加《みょうが》なき次第、事旧《ふ》り候、是《これ》

に依て当御代の儀、年々懈怠《けたい》無き様にと御入洛《にゅうらく》之刻より申上候処、早くも思召《おぼしめ》し忘られ、近年御退転勿躰《もったい》なく存候事、（三三二ページに現代語訳）

と、義昭の朝廷軽視を非難して信長自身の立場を正当化し、第二条では義昭が諸国に御内書を乱発していることを批判、第一〇条では、元亀の年号は不吉だから改元されたいと禁中に進言したにもかかわらず、義昭がそれを妨げていると非難。第一四条では「去年御城米を出され、金銀に御売買の由、公方様御商売の儀、古今承り及ばず」といい、第一七条では「諸事に付て御欲にふけられ候儀、理非にも外聞にも立ち入れられざるの由」と、攻撃している。

ここに示された信長の「異見」はほとんど憎悪に近く、義昭の一挙手一投足に対する苛烈な糾弾というべき性質のものであった。だが義昭は負けておらず、これを無視してしきりに諸大名に内書を送って決起をうながし、居城二条城の守りをかため、兄義輝殺しの下手人である松永久秀や三好義継・三好三人衆とさえ手を握った。そして、信玄が三方ヶ原で勝ち、野田城も落とすと、義昭はいよいよ自信を強め、ついに信長に対する公然たる軍事行動に踏み切った。信長はすぐ諸将を送って今堅田《いまかたた》など近江の義昭側の拠点をたたき、三月、みずから上洛して二条城を囲み義昭に「和平」を申し入れた。これは事実上の全面降伏の要求であるが、義昭はもちろん聞き入れなかった。

四月に入り、信長は京都の上京の町々に火を放って義昭に威嚇を加えた。これによって洛中洛外の民家六、七千戸が焼亡したといわれる惨状となり、二条城も孤立して、義昭と信長の激突は避けられない状況となった。しかしその決裂寸前、正親町天皇が「和平」を仲介する形で、四月七日、両者の妥協が成立した。

信長はいったん岐阜に帰った。しかし、こんどの妥協が一時のものでしかありえないことは明らかだった。信長は広く鍛冶・大工などを集め、琵琶湖用の大船を建造し、義昭攻撃のときには近江路で一揆に妨げられず、湖上を経て京都に突入できる準備をととのえた。七月、義昭はついに二条城を去って宇治に近い槇島《まきしま》（宇治市）で挙兵した。信長はすぐ二条城をおさえ、槇島城を一日で落とし、義昭を捕えた。このとき信長の義昭処分が注目されたが、政治的配慮から、これを三好義継の居城河内の若江《わかえ》城（東大阪市）に送りこみ、義昭を京都から追放するだけにとどまった。これによって、義昭は将軍の地位を失い、形ばかりにもせよつづいていた室町幕府は消滅した。義昭はこの後も毛利などに期待を寄せて、幕府復興の夢を捨てず、流転蠢動《しゅんどう》し、秀吉時代には一万石の捨扶持《すてぶち》をあたえられて慶長二年（一五九七）まで生きのびたが、歴史への展望を欠いた旧支配者の末路を象徴する人物であった。

信長は義昭を追放するとすぐ「元亀」の年号を「天正」と改元するように上奏した。改元のことはすでに一七ヵ条異見書にもふれられているように、前から問題になっていたが、義昭があえて改元費用を朝廷に納めず、これを阻止していたのである。信長は義昭を追放することによってこれを断行し、みずからがすでに元号も左右しうる「天下人」であることを示したわけである。またそれとともに、この事件で大半が焼きはらわれた上京の復興を命じ、地子銭・諸役の免除を令するなど、戦いのあと始末に敏速な手を打ち、村井《むらい》貞勝《さだかつ》を所司代に任じて京都の市政にあたらせることとし、自分は八月、岐阜に帰った。

朝倉・浅井滅亡

武田信玄が思わざるところで倒れ、義昭も飛んで火に入ったかたちで没落し去ったいま、信長にとって、残る朝倉・浅井の討滅はもはやたやすいことであった。信長はひと息つく暇もなく、義昭を河内に追った翌八月、朝倉・浅井攻撃の軍をおこした。信長が浅井の小谷城を攻めているあいだに、朝倉義景は援軍を率いてかけつけたが、小谷入城はまにあわず、木《き》之本《のもと》あたりに陣を布《し》いた。しかし浅井・朝倉方では戦意があがらず、逃亡者や裏切り者も続出した。

信長は柴田・丹羽以下の諸将に命じて、朝倉勢を一挙に追い落とし、その本拠越前一乗谷（福井市）に襲いかかった。義景はなすすべもなく一乗谷を放擲して大野郡に逃れたが、一族景鏡《かげあきら》に背かれたため、観念して自殺した。ときに四一歳。孝景以来、五代にわたる本拠一乗谷は、足羽《あすわ》川支流一乗谷川の谷あいの地形を利用したもので、大名城下町としてはやや狭くも見えるが、上下の城戸《きど》で仕切られた空間に当主・重臣の居館・庭園・寺院・下級の家来・商人・職人の住居・店舗が設けられ、谷をとりまく南側の尾根に山城が築かれ、全体が要塞《ようさい》都市的構造をもっていたその華麗をほこった一乗谷も、義景の敗北によって一瞬のうちに焼亡し去った（一九六〇年代終わりころから継続されている発掘調査によって、埋もれた一乗谷は戦国城下町の全容が姿を現し、国の特別史跡に指定されている）。

義景は、義昭が信長を頼るまえに、一乗谷を訪れて援助を求めたとき、とくに動こうとしなかった。その後本願寺・義昭の働きかけによって反信長陣営に立ったが、姉川で敗れ、また、元亀元年（一五七〇）の信長包囲戦のときも、虚をつかれ叡山に逃げこむという始末であった。さらに武田との共同作戦には、みずからその好機をつぶしてしまい、北陸の雄として期待されたはたらきは一度もないままにあえなく敗死した。信長などと比べると決定的瞬間を機敏に判断し、そこに全力を投入するということがまったくできない人物であったとみる他はない。京風文化のとりことなった五代目の宿命というべきであろうか。

朝倉を倒した信長は、八月二五日付で越前北の庄の豪商 橘《たちばな》屋に、軽物座《かるものざ》（絹織物商売）の営業特権を安堵するなど、戦陣怱々《そうそう》のあいだも、商人掌握に心を配った。信長はかねて用意しておいた計画によって、すばやく占領政策の方針を指示し、そのまま馬を返し、八月二七日にはもう、小谷城の攻撃を開始し、たちまちのうちに浅井久政・長政父子を敗死させた。義景に比べると長政の気迫は鋭かったが、濃尾平野の豊かな経済力を背景とする信長軍には対抗すべくもなかった。そもそも朝倉と結んだところに戦略上の決定的失敗があったが、近江という伝統的な地盤に立った長政が、朝倉や将軍、あるいは比叡山のような旧勢力に親近性をもち、信長の妹お市の方を妻としながらも新興の織田に服属することを潔《いさぎよ》しとしなかった心情そのものが、敗者への道につながる最大の原因であったと見ねばならない。

九月七日、信長は中国の毛利輝元・小早川隆景に宛てて状況を報告した。

（前略）仍《よっ》て江州北郡之浅井、近年信長に対し不儀を構へ候、即時退治すべきの処、天下之儀、取り紛《まぎ》れ日を送り候、殊に越前の朝倉義景城裏にあつて荷担《かたん》せしむるの条、何かと此節に至て遅々候、余りに際限無く候間、去月十日行《てだて》に及び、かの大嶌乗《おおたかのつ》執《と》り候刻、後詰として義景江越境目迄出張備陣候、幸之儀と相覚、同十三日夜中切懸《きりかけ》一戦を遂げ、手前に於て朝倉同名親類を初め、随一の者共首三千余討捕り、切捨数を知らず候、然る間、越前へ乱入せしめ、府中に馬を立て候、一乗之谷に押寄すの所、朝倉退散の条、谷中一宇残らず火を放ち候、右に候処、彼国《かのくに》の傍に義景楯籠《たてこも》るの由候間、人数を遣《つかわ》し取巻き、義景に腹を切せ候、首京都江差上げ候、残党共太（大）略召出し、一国平均之条、陣を開き候、郡代を残し置き、同二十六日江北に至り打帰り候、則《すなわ》ち二十七日夜中に浅井構へ取り懸け、翌日二十八責め崩し、浅井親子首を切り候、是《これ》又洛中洛外の者見物の為《た》めに上《のぼ》せ遣し候、近年之儀彼等所行を以て甲州之武田、越前の朝倉の類《たぐい》を敵と為《な》し候、公儀（義昭）御造意も此の故に候、一方ならざる遺恨深重の処 悉《ことごと》く以て討ち果すの条大慶賢慮に過ぎ候、此《かく》の如くの間、加賀・能登は信長分国として申付候、越後の上杉輝虎は多年知音《ちいん》之間、別条無く候、北国の儀皆以て下知《げち》に任せ候、甲州の信玄病死候、其跡の躰《てい》は相ひ続き難く候（下略）、（原漢文）

高らかな勝利の宣言である。敵をことごとく打倒した信長の誇りと満足感とが行間ににじみ出ている。信長は浅井・朝倉にはよほど敵愾心《てきがいしん》を燃やしていたらしく、『信長公記』によると、翌天正二年（一五七四）の元旦、義景・久政・長政の首を「薄濃《はくだみ》」（漆《うるし》でかため金泥《きんでい》の彩色をする）にして前に据え、御馬廻りの近侍たちを集めて酒宴を張ったという。

信長は小谷攻めのあと、鯰江《なまずえ》城に拠ってなお蠢動する六角義治を討ったのち、浅井の江北三郡の遺領を羽柴秀吉に与え、長浜（滋賀県長浜市）に城を築かせた。長浜は小谷とちがって湖畔の平城であったが、京都への交通を制する要地であり、その城跡はいま美しい公園となっている。さきに南近江を明智光秀・柴田勝家・佐久間信盛などに配分しているから、信長はこれで戦略的にもっとも重要な近江を、すべて腹心の部将で固めたわけである。

一向一揆鎮圧

長島一揆絶滅

朝倉・浅井を滅ぼしたあと、信長の残る敵は本願寺と一向一揆であった。一揆の主体は民衆そのものであるから、これを敵とするかぎり、一ヵ所を叩《たた》けばそれで終わるというものでもなかった。さすがの信長もこれには際限のない蜂起に悩まされつづけ、天正八年（一五八〇）閏三月の石山戦争終了まで、もっとも手を焼いた苦しい戦いの連続であった。

それでも、信長をさんざんに悩ました江南の一揆は、前にふれたように村毎に惣代の起請文をとりたてるという、織田側の徹底した掃蕩《そうとう》作戦によってようやく下火となり、江北の一揆も、浅井の滅亡とともに支えを失って鎮静した。残るは伊勢の長島一揆であった。この一揆には、さきに弟信興を小木江城で戦死させられ、さらに氏家卜全も殺されている。信長は、浅井討滅の翌月、天正元年九月、雪辱を期して再度長島攻撃にとりかかった。自身も桑名に出陣、佐久間・羽柴・蜂屋《はちや》・丹羽などの諸軍を投入して西別所（三重県桑名市）にたてこもる一揆を破り、一〇月に入って東別所（JR桑名駅付近）に進み、伊坂・萱生《かよう》・赤堀・多奈閉《たなべ》・桑部・南部・千草・長深《ながふけ》などの村々を攻め、そこにたてこもる一揆方を屈服させた。信長は矢田に砦をかまえ滝川一益を配して備えを固めたが、一揆方の鉄砲隊を中心とした逆襲にあい、織田方はまたもや敗戦となった。一揆方の鉄砲隊には、伊賀・甲賀の腕ききの狙撃兵も加わり、織田の一長《いちのおとな》林新次郎が戦死、さんざんな目にあって信長は岐阜に引きあげた。

三度目の長島攻撃は、天正二年七月に決行された。信長は、子の信忠・信包以下を率いてまた津島に出陣した。『信長公記』によれば、当時一揆は願証寺を中心にいよいよ燃えさかり、織田家中で罪を得たものなどをもあつめ、織田方所領を押領するなど、挑発的な姿勢を示した。再度の失敗の経験にかんがみ、織田軍は水陸の大軍をもって河内を包囲し、しだいにその鉄環を圧縮していった。追いつめられた一揆方は退路を失い、妻子をともなって篠橋・大鳥居・屋長島・中江・長島の五ヵ所の砦にたてこもった。

織田軍は水上から「大鉄砲」を撃ち込み、八月二日の夜になって大鳥居の籠城組が夜陰雨にまぎれて脱出をはかったところ、男女一〇〇〇人ばかりを斬り殺した。つづいて篠橋も落ち、一揆方は長島に移った。しかしここもきびしい包囲のため、しだいに糧食もつきて過半餓死という惨状となった。九月二九日、一揆方はついに降伏を申し出た。信長はこれを認めた形をとりながら、一揆が城を明けわたして、長良川からひきこまれた掘割で舟に乗るのを待ちかまえて、いっせいに鉄砲を放ちかれらをみな殺しにした。

憤激した一揆方も裸のまま抜刀して織田軍に斬りこみ、織田方一門のなかにも戦死者が続出した。信長は中江・屋長島の城のまわりを柵《さく》で囲み、四方から火を放って、一揆の男女二万を全滅させた。残酷をきわめた殺戮戦の最中、八月七日付で出陣中の河尻与兵衛尉《かわじりよひょうえのじょう》に宛て

た信長の書状は、

河うち敵城ども落居の躰《てい》、其方へ相聞え候由候、慥《たしか》に其の分に候、男女悉《ことごと》く撫《な》で切りに申付候、身を投て死候者も多く候由申候、願証寺これも落居程有間敷《まじ》く候、色々侘びに音参《いんさん》候、中々取上げまじき由、堅く申付け候間、根切たるべく候（下略）、

と述べている。「男女悉く撫で切り」「根切たるべく候」というあたりに鬼気せまる信長の執念がにじみ出ているようである。中世的な宗教的権威をおそれない信長の行動に、新時代をよぶ革新的な精神を見いだすことはたやすいが、それは民衆に対するおそるべき殺戮をともないながらでしかありえなかったことを見のがすわけにはゆかない。戦国争乱の最終局面において、民衆に対する安易な「慈悲」や「同情」がたちまち己《おのれ》の存立を失うことになりかねない状況にあったことは、信長自身が長い経験のなかでもっとも鋭く感じとっていたところであろうが、長島一揆の殲滅《せんめつ》はこれにつづく越前一揆殺戮とともに、統一政権の出現過程に現れた権力の専制性・反民衆性と信長の性格を強烈に示したものである。

長篠合戦

長島一向一揆につづく越前一揆の鎮定は、一年後の天正三年（一五七五）九月のことであるが、それに先立って同年五月、長篠合戦が行われた。

甲斐の武田陣営では、信玄の死後、勝頼がその遺志をついでしきりに南下西進の動きをく

りかえしていたし、追放された足利義昭も勝頼に期待を寄せ、その上洛をうながしていた。そうした状況のなかで、勝頼はすでに前年遠江高天神城《たかてんじん》を陥し、翌天正三年四月、甲斐・信濃一万五〇〇〇の兵をひきいて三河に進出、長篠城を囲んだ。

　長篠は武田・徳川両勢力のふれあう国境の最前線で、たびたび両者のあいだの争奪戦の対象となり、信玄死後は家康方がおさえていた。だが守る奥平信昌《おくだいらのぶまさ》の兵力は数百にすぎず、籠城は危機に陥った。城中から援軍をもとめる密使鳥居強右衛門《すねえもん》が重囲を脱して任務を果したのち、捕えられて憤死したことは史上よく知られている。しかしさきの三方ヶ原合戦のときとはちがって、織田・徳川連合軍は余裕をもっていた。家康・信長ともにただちに援兵を率いて出陣し、五月一七日、野田で両者合流、その総数は四万に達した。遠征軍のほうが兵力において劣るということは、戦術的にみて明らかに不利であった。だが、武田の騎馬軍団は信玄以来精強を誇るもので、勝頼はなお自信をもっていたらしい。

　設楽原《しだらがはら》の会戦を予想した織田・徳川軍は十分に作戦をねった。「長篠合戦図屏風」に描かれたところをすべてそのまま事実とすることは許されないだろうが、武田の騎兵集団の猛攻をおさえるために、陣の前方に柵を設け、その後方に三〇〇〇挺といわれる足軽鉄砲隊を配置した。決戦は五月二一日の早朝から午後にかけて行われた。伝えられるところでは、織田軍は鉄砲を三段がまえで切れ目なく発射し、武田の騎馬隊を粉砕したという。従来の鉄砲の用法が一段がまえにとどまり、狙撃かもしくは白兵戦の露はらい的な役割しかなく、主力は鑓で戦ったのに対し、ここでは完全に鉄砲が主力兵器であった。合戦直前の五月一五日付の細川（長岡）藤孝宛ての信長書状を見ると、「鉄砲放《はなち》（射撃手）・同玉薬」のことを同人に命じたことが知られるが、信長としては朝倉・浅井攻め、長島攻めの経験のなかで練りあげてきた新戦術の巨大な実験であったと思われる。伝来以後三二年、鉄砲はここに戦術革命を完成した。

六月一三日付で上杉謙信に合戦のもようを書き送った信長の書状は、

（前略）信長畿内其外北国南方の儀について取り紛れ候刻《きざみ》、武田信玄遠三堺目へ動《はたらき》罷出候《まかりいでそうら》ひつ。……四郎（勝頼）その例に慣《なら》ひ出張候、誠に天与の儀に候間、思惟浅からず取懸け悉《ことごと》く討果し候、四郎赤裸の躰《てい》にて一身北入《にげいり》候と申し候、大将分の者共さへ国に死候、此外の儀は数を知らず候……

と述べている。鉄砲隊の新戦術にはふれていないのが気になるが、勝頼が「赤裸の躰にて北《にげ》入《いり》候」というあたり、惨敗ぶりと信長の嗜虐《しぎやく》的な感情がむきだしにされている。

信長は敗走した武田軍を追撃せず、その始末はすべて家康にまかせて岐阜に帰った。

越前一向一揆鎮圧

このころ、越前の状況はまた緊迫をつづけていた。朝倉がほろび、近江・伊勢などの一向一揆が鎮圧された後も、越前一向一揆はいっこうに衰えを見せなかったばかりか、府中城主富田長秀が信長に背いたのに呼応し、一揆は織田方の前波長俊を一乗谷に攻めて自殺させた。そして、ひきつづき加賀一揆の支援を得て、一転して府中の富田長秀を攻めてこれを倒した。このとき本願寺顕如も若林長門守を越前に送り、平泉《へいせん》寺（福井県勝山市）に拠る朝倉景鏡を倒し、越前を加賀と同じような門徒領国にするほどの勢いを示した。しかし下間氏などの坊官による越前支配は、一揆民衆の期待を裏切る苛酷なものだったところから、一揆と坊官とのあいだの軋轢もはげしくなり、越前の政情はふたたび火をふきそうな気配が濃くなった。

天正三年（一五七五）八月、長篠合戦からまだ三ヵ月ほどしかたっていなかったが、信長はこの機会をとらえ、越前に進攻した。織田軍はまず府中（武生《たけふ》市）を陥れ、一乗谷・豊原に陣を進め、ついで北の庄（福井市）に入った。この間、一揆に対しては徹底的な攻撃を加え、府中で斬りすてた一揆衆は二〇〇〇余、八月一五日から一九日までに搦《から》め捕《と》った者一万二二五〇余といわれた。八月一七日付で京都の村井貞勝に送った信長書状は、

（前略）府中へ十五日夜中に相越候て、二手につくり相待候処、案の如く五百三百づつにげかかり《（ママ）》を、府中町にて千五百ほとくび《（首）》をきり、其外近辺にて都合二千余きり候、大将分は西光寺・下間和泉《いずみ》・若林討取候、（中略）府中の町は死がい《（骸）》ばかりにて、一円あき所なく候、見せ度く候、今日は山々谷々尋ね捜し打果すべく候、

と記している。死《し》屍《し》累々《るいるい》の死の町と化した越前府中、それにもかかわらずなお草の根をわけても一揆を殲滅しようという信長の執念が、手にとるように読みとれる。なお九月一六日付の堺商人抛筌斎《ほうせんさい》（千利休）宛て「鉄砲之玉千到来」を感謝する書状が残されているところか

ら、この出陣にあたっても相当の鉄砲隊の動員があったと思われる。

こうして長島とならぶ大量殺戮によって越前一向一揆を鎮圧した信長は、柴田勝家に一国の支配権をあたえて北の庄に居らせ、前田利家ら三名を「目付《めつけ》」としてこれにそえた。一国支配権の宛行という新方式が注目される。同時に越前支配の基本となる「掟条々」を定め、柴田の施政が信長の方針から逸脱することをおさえた。「掟条々」は、国中に非分の課役をかけることを禁ずるとともに、分国中の諸関を停止するなど、従来信長が推進してきた政策を基本とし、同時に、新占領地の国侍のとりあつかいについて、「悃《ねんごろ》」であるとともに「帯《おび》紐《ひも》を解き候様にはあるまじ」と、寛厳《かんげん》バランスのとれた姿勢を堅持するように命じている。

長島一揆と越前一揆の圧殺によって、信長はともかくも一つの大きな山を越えた。しかし本願寺顕如はなお健在であり、摂津や紀伊雑賀の門徒はあいかわらず顕如の命令によっていつでも蜂起する態勢にあった。信長は対本願寺戦争を勝ちぬく以外に最後の安定を実現することはできない。それにはなお数年を必要としたが、この越前一揆の鎮圧をもって、「天下」を目指す信長にとって、背後の憂いが除かれたことはたしかである。

信長の軍事力とその基盤

御馬廻り衆

さてここで、安土移転に目を移す前に、信長の軍事力は他の大名たちと比べてどのような特徴をもっていたのか、地の利もさることながら、信長包囲の鉄環をつぎつぎに粉砕し去ったかれの軍事力は、どこに特別の強味をひそめていたのか、という問題について考えておこう。

その点で第一に注目されるのは、信長軍団の抜群の機動性である。戦国争乱に勝ちぬくほどの大名たちは、いずれもその軍事行動の敏速さにおいて他にぬきんでるものがあったが、その点で信長軍団はとりわけきわだっていた。桶狭間にせよ稲葉山奪取にせよ、朝倉・浅井討伐にせよ、かれの軍事行動はいつでも電撃的用兵による勝利であった。とくに元亀元年（一五七〇）から天正元年（一五七三）にかけての危機のあいだ、岐阜から伊勢・近江・京都・摂津そして越前へと、どれほど繁くまた敏速に兵を動かしたことか。

そうした信長軍団の機動性は何によって獲得されたのか。第一には、「御馬廻り衆」とよばれる直属親衛軍の充実が考えられる。信長親衛軍の存在を推定させる最初の場面は、有名な富田（愛知県一宮市）の正徳（聖徳）寺における斎藤道三との対面のときである。前にもふれたが『信長公記』には、信長の「御伴衆七八百、甍《いらか》を並べ、健者《すくやかもの》先に走らかし、三間《さんげん》間中柄《まなかえ》の朱やり五百本ばかり、弓鉄砲五百挺《ちょう》もたせられ」とある。長鑓隊五〇〇、弓鉄砲隊五〇〇が、そのまま信長親衛軍の通常の姿であったかどうかは分からないが、すくなくともそれが親衛軍を核として編成されていたことはまちがいない。

つづいて天文二二年（一五五三）、鳴海《なるみ》城の山口左馬助《さまのすけ》父子が反乱したとき、信長は「人数八百ばかりにて」追討に向かった。この数字も、正徳（聖徳）寺対面のときの供廻りとほぼ似たものである。そしてこのとき、信長軍の「御さき《（先）》手あしがる《（足軽）》衆」には「あら川与十郎・あら川喜右衛門・蜂屋般若介《はちやはんにやのすけ》・長谷川橋介・内藤勝介・青山藤六・戸田宗二郎・賀藤助《すけの》丞《じょう》」がいたという。一般に足軽というと、きわめて身分の低い名も知れない人々のように思われがちだが、この「御さき手あしがる衆」はすべて有姓の人物であることからも分かるように、いわゆる地侍・名主級出身の人々で常備軍として組織されていたのであろう。このころの村人たちは、有姓の名主層と無姓の小百姓層の二階層に大別されるのが普通だから、「足軽」という語感からうけるほど身分の低い雑兵ではなかったと思われる。

この当時、濃尾平野のような農業生産力の高い地帯では、名主クラスの住民は農業経営を小百姓たちにゆだね、貸し付けた土地から名主加地子という地代を取る形で一種の地主化するケースが多くなっていた。したがって、かれらは主取《しゅうど》りすることにより、はじめから専業の「足軽」＝常備軍に加われる条件をもっていた。越後や関東のような経済的後進地では、名主級の人々も、下人なども使って自分で農業経営を行うことが多かったから、主取りとして侍身分になったとしても、兵農分離を前提とする常備軍兵力にはなりにくかった。さきに武田軍団の同心の一例としてあげた網野新五左衛門尉の場合（二〇六ページ以下）と比較してみれば、信長常備軍の先進性が分かりやすい。

こうした足軽衆を、信長自身と同時に部将クラスの御馬廻り衆が率い、何人かの部将で一定の兵団を編成していた。佐々《さつさ》成政《なりまさ》などの黒母衣衆《くろほろしゆう》、前田利家などの赤母衣衆《あかほろしゆう》がそれである。永禄一二年（一五六九）信長が南伊勢征服のその足で千草峠を越えて入京したときは、「御馬廻ばかり京都へ御伴し」たといわれる。これこそ信長親衛軍である。また前述のように天正二年（一五七四）正月、朝倉・浅井の首を肴《さかな》に酒宴したのは「他国衆退出已後《いご》、御馬廻ばかり」の席であったという。御馬廻りがつねに信長と苦楽をともにし、主君と強い一体感をもった集団であったことがうかがわれる。

「馬廻り」という親衛軍はどの大名の場合にもあった。ただ信長の場合、それが質量ともに卓越したものであって、つねに信長の身近に常駐し、実戦の中核部隊になっていたこと、御馬廻り衆の鉄砲装備率が高く、兵農分離が進展しているため、常備軍としての集団訓練度が高かったことなどがきわだった特徴としてあげられるのではなかろうか。

直臣と寄子

第二にあげられるのは、直臣部将たちの活躍である。たびたびふれてきたように、戦国大名の軍隊はともすれば国衆連合軍という性格をもち、個々の国衆軍団の独立性が強く、寄り合い所帯の弱みをもっていた。上杉謙信は越後の国内でさえ、たえず国衆の反乱に悩まされていたし、毛利元就にしても、国衆の不満や反乱の可能性に脅かされつづけていた。

織田でも、もとより国衆は多かったし、天正二年（一五七四）正月の酒宴で「他国衆」が帰ってから「御馬廻り衆」だけで酒宴をひらいたというところに、信長家中における他国衆や外様衆と御馬廻り衆との相違がよく示されている。他国衆や外様衆に対してはつねに警戒をゆるめなかったことは当然である。

そのことは逆にいえば、尾張以来の直臣たちに対する厚い信頼でもあった。織田の合戦でそれぞれの方面の大将となって活躍した部将たちは、柴田勝家・丹羽長秀・佐久間信盛・羽柴秀吉・川尻秀隆など尾張出身者がほとんどであり、これに美濃系の明智光秀・蜂屋兵庫頭、伊勢系の滝川一益などが加わった程度である。のちに近江が領国となった段階で、蒲生《がもう》賢秀《かたひで》のような国人が有能な部将として加わってくるが、それらはあくまで二次的なものであった。

そして興味深いのは、織田領国では北条や武田の領国に見られるほど整然とした貫高軍役制の編成にはあまり力を入れていなかったらしいことである。信長の発給した文書を調べてみると、家臣に対する知行宛行は、尾張・美濃では貫高によっており、近江では米高によっている。これは信長以前の荘園制の時代から行われていた慣習的な年貢高の表示法や、年貢納入法をそのまま継承したためとみられる。近江のように都への距離が短く輸送条件のよいところは現物納がつづけられ、代銭納にもとづく貫高制が採用されなかったのである。

それらの貫高や石高に応じて、どれだけの軍役を家臣が負担すべきかを数量的に示した史料は残っていない。北条領国では、所領宛行をうけた人々の貫高をベースにした軍役負担額を明示した文書（「着到」）はかなり多く残っているし、上杉の「侍帳」もそうした性質のものであった。それにもかかわらず、軍事力の面でももっとも機動性をほこっていた織田領国では、知行貫高（または米高）と軍役人数との関係を示す材料が残っていないことは私にとっては一つの不思議である。

では、知行人たちの軍役は、織田領国ではどのように編成されていたのだろうか。たとえば永禄一二年（一五六九）六月七日、信長は稲葉一鉄の子貞通に、「一、一鉄本知方当知行《ちぎょう》分・同与力家来名田《みょうでん》寺社領共ニ、一、河西所々春秋諸段銭《たんせん》并《ならびに》夫銭《ぶせん》参分壱可レ為ニ収納一之事、一、日禰野弥次右衛門分・国枝助右衛門分・土居分・堀池分何《いずれ》も当知行分・同与力家来名田寺社領共ニ、一、軽海《かるみ》半分、一、中川之内半分・同春段銭所々」の知行を安堵している。これでみると、一鉄にはかれ自身の家来のほか与力がつけられていたこと、同様に今回貞通にあたえられた日禰野・国枝・土居・堀池という旧知行人にもそれぞれ家来のほか与力がつけられていたことが分かる。このことから推すと、信長は知行人たちにはかなりひろく与力をつけたのだが、そのやりかたは、知行高の多い大身《たいしん》のものが、自分の家来のほかに、信長の直臣で小身《しょうしん》のものを与力として預けられるしくみだったらしい。そうした寄親寄子制は他の大名でも多くみられる。しかし所領安堵といっしょに与力の安堵も行われているところをみると、寄親と与力の関係は、他の大名の場合より緊密で固定的だったのではなかろうか。その関係の分かるケースをみると、近江などの征服地の新付《しんぷ》の家来を、尾濃以来の信頼できる子飼いの家臣の与力としていることが多い。その点で、信長は独自の与力制度を通じて、不安定でともすれば一揆に結びつきやすい征服地の群小の家臣をも、確実な軍団組織に編成し替える方向に進めていったと見られるのであって、そこにかれの軍事力の一つの秘密があったと思われる。

農民把握

それに加えてもう一つ、織田軍団の強さの要因として考えておかねばならないのは、農民把握の問題である。この点でも信長は新しい方式をとろうとした。

信長も検地を行った。かれは南近江に侵入して六角氏を追ったあと、村々の支配のためにまず行ったのは、郷別の「指出し」の取り立てであった。永禄一一年（一五六八）一〇月、村井貞勝と丹羽長秀が奉行となって、安吉《あき》郷・沖嶋などから「指出し」を取ったことは史料によって確かめられる。そのときの「指出し」の内容ははっきりしないが、翌年四月の山城国賀茂荘中宛の文書では、木下秀吉・明智光秀が奉行として、同荘の年貢は「賀茂売買之舛」で四〇〇石、「軍役百人宛陣詰あるべし」と定めているから、やはり年貢額や戦争のときの「軍役」（おそらく村負担の陣詰人夫）数を確定することが目的であったと思われる。農民側からすれば従来の負担量をそのまま確認し、それ以上にならないための「指出し」であるが、「検地」はその「指出し」の妥当性、場合によっては年貢量引き上げを検証することを目的とした。

また年貢の徴収に関しては永禄一二年一二月一八日、奉行の中川重政・丹羽長秀が近江の河守《かわもり》・林村の名主百姓中にあて、「当物成《ものなり》三分一相抱ふべき由申し付くと雖《いえど》も、水際洲《みずぎわのす》・河《かわ》成《なり》は免《めん》行ふべし、其外は損免一切あるべからず」といっている。この文書の解釈はやや難解だが、当年の年貢額について、郷村単位で百姓に免引分として所定年貢の三分の一を与え、三分の二を納めよとしたものだろう。後半の部分もふくめて読めば、力点は水際洲だとか河道になったときは特別の減免を与えることがあるという点にあるが、それ以上の減免はぜったい許さない、といっていることは重要である。当時、多くの史料が物語っているように、農民の年貢減免運動がくりかえし行われ、領主側はそのつど少しずつ譲歩を強いられていた。信長はそのような際限ない減免闘争をくいとめるために、郷ごとに所定年貢額の三分の一を免分として農民に与える代わり、それ以外の減免は河道になった場合などを除き一切認めないという原則を打ち出したのである。おそらくこの年は相当の不作で、ひろく減免運動がひきおこされていたのであろう。そうした状況のなかで、このように原則的な減免枠をはめてしまうということは、やはり信長らしい強硬な農民支配の方針だったと考えられる。まだ正確な検地が全領にわたって実施されていたわけではないから、年貢・陣詰人夫数や収取割合の原則を確定することによって、信長は兵糧米・陣夫の動員計画を立てられるようにしていたと思われる。

しかし、そうした農民支配のきびしさと同時に、農村の安定にも力を入れた。たとえば天正三年（一五七五）一月二四日付で、祖父江五郎右衛門尉らに宛て、道根・横野堤の桜木以下一郷による去年分の修築工事がまだ完了していないが、至急完成するようにといい、また他の水懸《みずがか》り在所にも相応の費用負担を申しつけ、江川堤（岐阜県羽島《はしま》郡笠松町江川）以下の修築を毎年怠りなく行え、と命じている。この方面が信長の直轄領で祖父江氏はその代官をつとめていたと見られるから、これによっても信長が治水・灌漑などにも大きな関心を払い、力を入れていたことが分かる。

このような信長の百姓・農村支配の進め方を見ると、治水築堤のような従来農民が共同体として行ってきたことがらにも積極的に介入することによって、築堤の効果を高め、生産力の安定をはかるとともに、それを通じて農民の自治的結合をまったく解体するのでなく、それを機能させつつ領主的要求に沿った再編を進めていったようである。まえにふれた近江の一向一揆鎮圧のために、村ごとに惣代の起請文をとるやりかたもこれと共通しているわけであり、そこに信長らしい合理主義と専制主義の複合状況が認められる。信長は天正二年（一五七四）六月、武田勝頼と高天神城（静岡県掛川市）の攻防をめぐる家康救援を目的とした「遠州在陣」のため、尾張海部《あま》郡の商人に、「商買(売)之八木《はちぼく》（米）船」による大量の兵糧米買付輸送を命じている。またつづいて天正三年三月に、長篠合戦にそなえ、「過分」（二〇〇〇俵）の兵糧を家康に送った。こうした大量の兵糧米の常備や臨機応変の輸送態勢も、信長軍の機動性を支える重要な条件であるが、それもたんなる農民収奪ではなく、郷村共同体機能を生かした農業生産力の安定・向上が前提とされてはじめて可能なことであった。

ただこれらの点について、信長が他の戦国大名とまったくちがった新しい、いわば近世的な農民支配体制の原則をつくりだしたといえるほどの政策を打ち出していたと考えることも正しくない。信長は給人に知行地を与える場合でも、その内部に存在した名主加地子の収取権などをはじめとする各種の来歴をもつ諸権利には一切手をつけないで、それは「あり来たるごとく」であれ、といっている。そこに「作合い」収取関係の否定を徹底的に行おうとした秀吉・家康時代とはちがった不徹底さと、郷村内部における小領主・地主的階層の存在の容認という現状追認があった。

強力な物資調達態勢

農業生産力の把握とともに、商人・職人の掌握による物資調達態勢の整備も見逃せない。だいたいの傾向で見ると、信長の職人対策はその集団特権を保護統制する方向をおしすすめ、商人対策は楽市政策を核とし、場合によっては楽座による旧来の座商人の特権否定も行い、自由化の方向を推進したといえそうである。しかし座を全面否定したとまではいえない。天正二年（一五七四）加藤景茂に瀬戸焼物窯の特権を保障して他所の者が窯を立てることを禁じ、同年秀吉を通じ近江の鉄砲鍛冶国友藤二郎には一〇〇石を与えて特別の保護を加えた。翌天正三年には金森長近を通じ越前大野郡の鍛冶屋集住地の棟梁大蔵宗左衛門以下「鍛冶座惣中」の特権を認め、「惣中」の外の者の自由な鍬《くわ》・釘《くぎ》・諸道具の商売を禁じた。また翌四年にも近江の「建部《たてべ》油座《あぶらざ》中」に対し、座外者による油の自由売買を禁じている。これらの事実は、製造業に関するかぎり、従来形成されてきた座中の特権を認め、座外者の新規営業を禁じ、そのかわり座職人に信長への忠実な奉仕を要求するものだといえる。それが手工業者に対する支配としてはなお有効だったのである。

これと比べると、商人に対してはかなり様子がちがう。越前北の庄の橘屋に唐人座・軽物座特権を認めたり、伊藤宗十郎に尾張・美濃の唐人分、呉服方商人司の特権を認めたりしていることは職人の場合と同様だが、越前でも橘屋以外の諸商売については楽座を命じているし、美濃・伊勢・近江でも楽市・楽座・関所撤廃という一連の自由化政策を推進していることも明らかである。商業に関するかぎり商人頭的な人物には特権の保護を与えるが、一般的には自由取り引きの保障によって諸国商人の招致、商業の繁栄をはかるという方針をとったわけである。

そのほか水上輸送については、大湊（伊勢市）の廻船仲間や伊勢・志摩海賊衆の掌握につとめている。天正元年（一五七三）、信長は「関東ニ所用有リ、大船壱艘」派遣のため「大湊廻船中」にその準備をさせた。また鳥羽を拠点とする九鬼嘉隆《くきよしたか》の水軍を重用し海上輸送・戦闘の中心戦力とした。さらにフロイスの『日本史』によると、琵琶湖では畳三〇枚の長さ、八枚の幅（八反帆）で、両側に各一〇〇人の漕手《こぎて》を配する大船を建造したという。また陸上交通にも力を入れ、天正三年には、尾張国中の橋および街道の並木の整備を命じている。信長の軍事力のもっとも卓越したところは、敏捷な行動力にあるわけだが、それをささえる基礎条件は、なによりも大規模な物資・職人の動員態勢や今でいうインフラ整備にあったのであり、その点でも信長の政策には、予想以上にキメのこまかさがあった。

安土進出

岐阜から安土へ

信長の成功の要因が、兵農分離を進めた専従的兵団による敏速な行動力と鉄砲の火力に裏打ちされた軍事力の組織化にあったことはいうまでもないが、同時に尾張・美濃という本拠地のめぐまれた立地条件も無視できない。甲斐や越後などとの対比でいえば、なによりも都に近いということがあげられよう。しかし、経済的、政治的な側面について考えてみると、問題はその程度のことだけではない。経済的には、濃尾平野および伊勢平野は畿内の平野部とならぶ農業生産力の高い地帯であり、四通八達した陸上・河川交通によって、豊かな物産の取り引きを行う諸国商人の来往もさかんであった。また濃尾の一環と考えてよい伊勢の桑名や大湊は、東海方面と畿内との交易の中継地であり、大規模な廻船商人の成長もめざましかったから、濃尾はただその地域の経済力というばかりでなく、東海・東山方面の諸物資と、畿内手工業の諸産品とを同時に手に入れやすいという条件にめぐまれていた。さらに尾張の東方に接する三河地方は、一六世紀初頭ごろから開始された国内木綿の先行的産地として発展し、その生産物は伊勢から山越えで畿内に売りこまれるようになった。したがって信長は、兵衣・帆布・火縄などにきわめて良好な新素材としての木綿を、自領で入手しえたばかりか、その他領への移出をも制御するにもっとも有利な立場に立っていた。

政治的、社会的な側面では、この地方には畿内ほどに公家・寺社の旧勢力・支配秩序が残っていないのが第一の特徴である。近江の六角や浅井は、領国を拡大しようとしてもすぐ比叡山という近江一帯に荘園制以来多くの所領をなお保有する旧勢力の壁にぶつかった。畿内を舞台にした三好は山城やその周辺で皇室領・公家領・寺社領の入りくみ分散した領有関係に悩まされたし、松永は興福寺勢力によって所領の面でも人脈の面でも大和の領国支配の推進を制約された。それらに比べると、信長は領国体制の構築をはるかに独自に進めることができた。このことは現実の政治関係ばかりでなく、かれの意識やものの考え方にも強い影響を与えていた。叡山焼打ちのような思いきった行動は、信長の基盤が近江や山城から一定の距離をおいていたからこそできたことである。

また第二に、経済発展の高さと旧体制の解体という好条件に支えられて、村の上層の人々が加地子収取権を保留しつつ、専業的な武家被官となりやすい条件がひろく生まれてきたことがある。この点はこれまでにもふれてきたように、それによって集団的に常時訓練され、かつ機動性に富んだ兵団の編成を可能にした。しかも信長は本拠を清洲から小牧山、ついで岐阜へと移すことによって、そのような兵農分離をいちだんと促進したのである。

こうした有利な条件にめぐまれた信長が、浅井も朝倉も、また江南の六角も亡び去り、東方の脅威も信玄の死と長篠の勝利によって解消したいま、「天下統一」のための本拠を近江に移そうとしたことは不思議でない。前述したが、義昭を擁して上洛すると同時に、堺と近江の草津（東海・東山道の分岐点）・大津（琵琶湖湖上交通のターミナル）という商業・交通の拠点を直轄領にしようとした信長は、そのときから、他の諸大名とちがって畿内支配を本格的に目指した唯一の大名だった。武田に上洛の意思があったとしても、さまざまの制約条件を考えれば、信玄が一挙に畿内に定着し、これを領国化することはできない相談であろう。そのほか、三好や松永なども新しい時代をひらくに十分な積極的な政治プランをそなえていたとは見られない。毛利は上洛の意思を示さず、摂津・播磨の国衆もまだ戦国大名とよびうるほどのスケールに達していない。多少具体的に見わたせば、信長以外に「天下」を目指す現実的条件も、それにもとづいて本拠地を移転さすという大胆な発想も生まれ出る余地はなかったといえる。

信長は安土移転に踏みきった天正四年（一五七六）四三歳。その豊かな経験をふまえて、信長が近江のなかで安土をえらんだ理由はどこにあったのか。浅井の遺跡小谷は北に偏しすぎているし、六角の観音寺城は安土山とつづく位置にめぐまれているが、いかにも戦国風の山城である。それに比べれば、安土は北陸・東山道に近く、湖東の穀倉地帯を眼下にひかえると同時に琵琶湖に面し、水路によって城下町と琵琶湖を一体化できる。しかも安土の山はゆるやかで高からず、山城というより、平山城といったほうがよい地形である。「天下統一」のシンボルとしての巨城とそれにふさわしい城下町を建設するのにはまことに適した条件をもっている。おそらくその地域は六角氏時代から都市的展開が進みだしていただろう。

一挙に京都そのものに本拠を移せば、旧勢力の干渉や反発がうるさいし、京都は大兵団を常駐させる空間も食糧も乏しい。その意味で、安土を第三の本拠地としてえらびだした信長の目は、鋭く的確であった。

安土築城

安土築城の着工は朝倉・浅井・武田・長島一向一揆を打倒し去ったのちの天正四年（一五七六）正月である。信長はこれに先立つ天正三年一一月、権大納言《ごんだいなごん》・右近衛《うこんえ》大将となっているから、そうした朝廷への接近と安土進出には政治構想として密接な関連があったと推定される。

造営工事は、丹羽長秀が普請の総奉行となって始められた。二月末、信長は早くも安土に姿をあらわしたが、天主閣・主殿・石垣などはそれから三年くらいの年月をかけて逐次つくりあげられていった。天正四年一一月一〇日、木村治郎左衛門尉に宛てた信長の朱印状は、近江国中諸郡の杣《そま》・大鋸引《だいぎりびき（おがびき）》・鍛冶・桶結《おけゆい》・屋葺《やふき》・畳指《たたみさし》などの諸職人に、棟別・段銭・人夫役銭・役米・地下並以下の諸役を免除し、「国役」としての「作事」を申しつけている。

四月ごろから石山本願寺の攻撃で一時中断されていた工事は再開され、このころ築造事業は全面的に進行した。また近江のほか、京都・奈良・堺の大工以下の職人もひろく動員された。さらに、この築造のために課役をかけられた侍は、尾張・美濃・伊勢・三河・越前・若狭・五畿内など、信長の全勢力圏にわたった。資材は義昭のためにかつて造営した京都の二条城や、六角氏の観音寺城をはじめ、各地から徴発された。

巨石の運搬据え付けはとりわけ難工事で、ふつうではとても動かせないところを、羽柴秀吉・滝川一益・惟住《これずみ》（丹羽）五郎左衛門が一万人以上の人夫を指揮して山上に引き上げたと伝えられる。巨石を多用した豪快な石垣、幅広く直線的な大手道・壮麗な主殿・天主閣（安土は『信長公記』では「天守」でなく「天主」と書く）、それを守るように配置された山腹の重臣屋敷など、全体として戦国の山城の相貌《そうぼう》を一変させた。北条の小田原城も大型の城ではあるが、石垣はない。土塁・空堀多用の土の城である。築城の面でも安土は文字通り新時代を象徴する巨石の城である。

『信長公記』に記された天主閣の様子は次のようである。全体は七層からなり、高さ一二間の石垣に囲まれた第一層の内部は倉庫に宛てられていた。第二層は南北二〇間、東西一七間、高さ一六間半、という広さをもつ。ここの柱数は二〇四本、本柱の長さ八間、太さ一尺五寸におよんだ。城の豪壮華麗さは、宣教師ガスパル＝クェリヨも、ヨーロッパのもっとも壮大な建物とも比肩しうるといっており、信長も意識的に豪華さをねらった。また各層の座敷絵は、目を世界に向けて、唐の儒者・賢人、インドの釈迦《しやか》十大弟子、三皇五帝・孔門十《こうもんのじっ》哲《てつ》など世界の賢哲や竜虎・鳳凰《ほうおう》などを描かせた。なかでも巨匠狩野永徳《かのうえいとく》の描いた襖絵《ふすまえ》は後世にいたるまで安土桃山文化を象徴する障壁画の代表作とされる。

さらに、天主閣の直下に主殿があり、それは清涼殿を模して造られた（発掘調査によって両者は連結されていた可能性も考えられている）。信長は安土造営中の天正四年一一月、内大臣に昇っているが、そのこととも関連して、この「御幸の間」に正親町天皇を迎える計画であったらしい。すでに義昭を追放し、事実上武家の頂点に立った信長は、公卿としても昇進をかさね、天皇を擁し、あるいはその上に立って武家・公家両者を一手に統率する「天下人」への道を進もうとしたものと推定される。

安土の城下

安土城の造営と並行して城下町の建設も進められた。東山道から城下へ新たな道路を建設し、また琵琶湖から水路をひらいて人や物の往来・流通のためのインフラ整備に力を入れた。天正五年（一五七七）六月、信長は「安土山下町中」にあてて一三ヵ条におよぶ「町中掟書」を発布した。安土城下町の基本法典というべきものである。そのおもなものは、

一、当所中、楽市として仰付けらるるの上は、諸座・諸役・諸公事等、悉《ことごと》く免許の事（第一条）、
一、往還の商人、上海道（街）はこれを相留め、上下共当町に至り寄宿すべし、但し荷物以下の付け下しに於ては、荷主次第の事（第二条）、
一、普請免除の事（下略）（第三条）、
一、伝馬《てんま》免除の事（第四条）、
一、分国中徳政と雖《いえど》も、当所中免除の事（第八条）、
一、町並《まちなみ》に於て居住之輩《ともがら》、奉公人並びに諸職人たりと雖も、家並役《いえなみやく》免除の事（下略）（第一二条）、
一、博労《ばくろう》之儀、国中馬売買、悉く当所に於て仕るべき事（第一三条）、

といったところである。これによれば安土城下町は完全な楽市・楽座とし、諸役免許とする

ばかりか、領国中に徳政が行われるときにも、当地の商人は一切の債権を保護される。京都から東方への往還の商人は観音寺山の南側を通る「上海道」（東山道のこと）の通行を閉鎖し、みな城下を通し、当地に宿させるようにする。博労の馬牛売買もすべて当地で行え、といったわけだから、商業取り引きの自由化・保護ばかりによるのでなく、強制的に安土に商人を引き寄せ、寄宿させたり、取り引きさせることによって繁栄をはかっているのである。

安土の城下町政策については、『信長公記』にさらに興味深い逸話がのせられている。巻一一の天正六年の記事である。正月二九日、御弓衆の福田与一という者の宿所から火事がおこった。このとき信長は非常呼集・調査を行って、御弓衆六〇人、御馬廻り衆六〇人、計一二〇人がまだ妻子を安土に呼びよせていないことを発見した。そこで岐阜の信忠に命じ、尾張に妻子をおいていた御弓衆などの私宅をことごとく焼き払わせ、一二〇人の妻子たちにはただちに安土に引っ越させ、怠慢の本人たちには罰として、城下の新道工事を負担させた、というのである。そしてまた、これに関連して、翌七年七月には井戸将元が妻子をなお安土に呼び寄せず、本人も所々の他家をわたり歩き、常日《つね》ごろ安土にいない「無奉公者」ということでこれを死罪としたこともある。

この『信長公記』の話は内容・性質からみてウソではないだろう。御馬廻り衆のような親衛軍将士は、妻子までを安土に移転さすことによって、はじめて兵農分離を徹底さすことができるのだから、信長にとってはこれはゆずることのできない要求であった。ところが侍たちはまだ国許の尾張に家屋敷や加地子の取れる名主職《しき》の権利をもっているものもあるし、親類たちも住んでいる。したがって本人も国許に未練があるが、妻子としては見ず知らずの安土に行くより尾張にいたほうがはるかに楽しくて安泰である。つい単身赴任ということになる。そこに主君と家臣との間には立場上のズレがあった。信長が一度警告を発してなお従わなかった者には死罪も辞さないという苛烈な態度でのぞむ理由もそこにある。

秀吉夫人宛て信長の手紙

安土移転とからんで、信長の人間的半面を知る面白い手紙が残されている。信長が秀吉夫人杉原氏（おね）に宛てた手紙である。年月日を欠いているため、いつのものか断定はできないが、内容からみて、おそらく、信長が安土に移ってまもなく、おねがそこに伺候してきたことに礼を述べたものとみられるから、天正四年（一五七六）ないし、それをさしてくだらぬころのものであろう。天正四年とすればおね二九歳ということになる。これはおねの弟の家である備中足守《あしもり》藩主木下肥後守の家に伝えられた「集古文書」に収められたものである（なおついでにいえばおねおよび秀吉に関する重要な文書が戦後岡山県史編纂事業の過程で備中木下家から新たに発見された。大坂落城前に移したものらしい）。

おほせのごとく、こんとハこのち《（此地）》へはしめてこし《（越）》、けさん《（見参）》ニいり、しうちやく《（祝着）》に候、ことに《（殊）》みやけ《（土産）》色〳〵うつくしさ、中〳〵め《（目）》にもあまり、ふて《（筆）》にもつくしかたく候、しうき《（祝儀）》ハかりに、このはうよりもなにやらんと思ひ候へハ、そのはうより見事なる物もたせ候あひた、へち《（別）》に心さしなくのまゝ、まつ〳〵このたひハとゝ《（止）》めまいらせ候、かさねてまいりのときそれにしたかふへく候、なかんつく、それのみめふり、かたちまて、いつそやみまいらせ候折ふしよりハ、十の物廿ほともみあけ候、藤きちらうれん〳〵《連々》ふそく《不足》のむね申のよし、こん五たうたん《言語道断》くせ《曲》事候か、いつかた《何方》をあひたつね《相尋》候とも、それさまほとのハ、又二たひかのはげねすみあひもとめ《相求》かたきあひた《間》、これよりいこハ、みもちをようくわいになし、いかにもかみさま《妻女》なりにおも〳〵《重》しく、りんき《悋気》なとにたち入候てハ、しかるへからす候、たゝし、をんなのやく《役》にて候あひた、申ものも申さぬなりにもてなし、しかるへく候、なをふんていに、はしハ《羽柴》にはいけん《拝見》こひねかふものなり、又々かしく、（包紙の上書《うわがき》に「藤きちらうをんなとものふ」とある。）

要旨は、「はじめて当地に伺候し、りっぱな土産をくれてうれしい、当方からも何かと思ったが、そちらの土産があまりみごとなので、今回はとりやめた、久方ぶりに会ったが、其の方のみめかたちは倍も美しくなった、藤吉郎がそれでも不足をいっているそうだがもってのほかだ、どこを探そうとあのはげねずみにおまえほどの女房を二度と手に入れることはできないだろう、今後はおまえも心をゆったりともって、いかにも妻女らしく重々しくふるまい、悋気《りんき》（嫉妬心）などおこしてはならない……この手紙は秀吉にも見せよ」といったところであろう。

秀吉は浅井滅亡の天正元年長浜城主となっているから、おねはそこにいたのだろう。文面から察すると、このころ秀吉が側室をもち、おねがそれをやいていたに違いない。おねはそれを信長に話したため、信長もこの手紙を書いたと思われる。夫の浮気を主君に話すあけっぴろげなおねのおおらかさ、それにこたえる信長のこまやかな心配り、しかも「あのはげねずみに二度とこんないい女房がもらえるか」と乱暴にいえる主従の間の信頼感、どれをとってみても、戦国の世のいきいきとした人間感情があふれ出ており、信長のかくれた一面がうかがわれる。

長島・越前の一向一揆の殺戮や、叡山の虐殺などに見られる信長の残酷苛烈さと、おねにみせたこの情愛が、信長という一つの人格のなかでどう併存していたのか、それは人間心理の面からも興味ぶかいことではあるが、戦国という時代のはげしさが一般に人間感情の起伏を大きく増幅し、その極限に信長のような人間を生みだしたと見ることができるのではなかろうか。

信長とキリシタン

安土にとって忘れられないもう一つのことがらは、信長がキリシタン宣教師を歓迎し、城下に敷地を与えて教会やセミナリオをつくらせたことである。オルガンチーノが信長に面謁して、安土に教会堂を建てることを願い出たのは、ややのちの天正七年（一五七九）のことであるが、このとき信長はさっそくその願いを認め、城と町の間にある湖の入江を埋め立てた、布教活動には絶好と思われる土地を与えた。

信長が宣教師にこれほど好意的だった理由はさまざまある。第一は、その前年摂津の荒木村重が信長に謀反を企てたとき、オルガンチーノが信長の意をうけて、村重に同調しようとした高山右近を説得した功労にむくいようとしたことである。このとき宣教師たちは信長の意を迎えるために、かなり積極的な政治活動を辞さなかったが、信長も現実的な立場から、それを受け入れたのである。

第二は、フロイスも『日本史』のなかではっきり書いているように、信長の仏教徒に対する憎悪は徹底しており、それとの対比で、仏教徒に比べればはるかに清潔で真実味のあるキリシタンに好意をもったということである。信長がはじめてキリシタン宣教師に接したのは、永禄一二年（一五六九）、義昭のために造営していた二条城の建築現場でフロイスに会ったときである。フロイスは義昭に近かった近江の和田惟政の仲介で信長に謁したが、信長はこのときからすぐ好意を示した。そして、その後フロイスが再度信長を二条城の現場に訪ねたときには、仏僧をさして「あそこにいる欺瞞《ぎまん》者どもは、なんじら（伴天連《ばてれん》）のごとき者ではない。かれらは民衆をあざむき、おのれをいつわり、虚言を好み、傲慢で僭越のほどははなはだしいものがある。予《よ》はすでにいくどもかれらをすべて殺害し殲滅しようと思っていたが、人民に動揺をあたえぬため（中略）かれらを放任しているのである」と語ったと伝えている。フロイスはこの信長の坊主ぎらいについて、「かれがこのような憎悪をいだくにいたった動機は、一部の仏僧らが、かれの支配の拡大に対して抵抗をこころみたことにもとづいている。（中略）信長はかれらから屈強で長期にわたる抗戦をうけており、ときに窮地に追いこまれたこともあった」と、的確に説明している。実際信長の仏教嫌いは、たんに坊主たちの生活態度が堕落し、男色や肉食におぼれているといったことへの怒りだけではない。比叡山・本願寺が信長を窮地におとしいれるような動きをいくどとなくとっていたことが、その直接の動機であろう。

だが第三の問題として、信長が仏教徒に対してとった基本的な判断が、すべて軍事・政治とのかかわりにもとづいており、非宗教的なものであったとすれば、キリシタンに対する態度もまた非宗教的なものにつきるのではないか、ということである。フロイスはこの点を敏感に感じとっており、「かれは神や仏に一片の信心すらももち合わせていない」と述べている。これに関連あることとしては、やや以前のことだが、松永久秀が宣教師を都から追放したとき、信長は「おまえはなんと小心怯懦《きょうだ》の魂胆の持主か」といい、「たかが一人の外国人が、この大国において、いったいいかなる悪をなしうるというのか。予はむしろ反対に、いとも遠くかくもへだたった土地から、当地にその教えを説くために一人の男がやってきたことは、幾多の宗派があるこの街にとって名誉なことと思っているのだ」と述べたため、久秀も一言もなく頭を下げた、と伝えられている。

このフロイスの観察や叙述は外交辞令とは思われない。信長自身は、けっしてキリシタンに共鳴しているわけでもなく、まして入信しようとしていたのでもあるまい。しかし、波濤《はとう》何千里の遠い世界からやってきた宣教師たちを、かれ自身がうけ入れ、それに保護をあたえることによって、かれはみずからの立場をいっそう高く大きなものとするという満足感をもったようである。信長の海外未知の世界と、そこで生みだされているさまざまの技術・文化への関心・興味の強さはいたるところで示されている。異国人を周辺に近づけることは天下人を目ざす信長として当然のことであったにちがいない。それればかりか信長は世界史の一環に結ばれた日本、という新しい歴史の局面に立って、「天下人」がどのような対応をしてゆくべきかを、だれよりも真剣に考えていたのではないか。ともあれ、安土はこうして、国内ばかりでなく、国際的にも認められた新しい日本の中心都市として、その一歩を踏みだした。

「天下」を目ざして

安土移転を画期として、信長は、戦国大名の一人から「天下人」へ向けて飛躍した。ふつう天正元年（一五七三）の足利義昭追放をもって「中世」の終わり、「近世」の開始とするが、じつはこの年信長は、元亀元年（一五七〇）ごろからきびしくなった信長包囲網突破のために、死に物狂いの戦いをつづけており、かれにとってなお新段階への出発の年とはいいがたい。たしかにこの年、信玄の死、浅井・朝倉の滅亡によって、情勢は急速に動きだしたが、その新しい条件を信長がかれ自身の立場として、的確につかみとり、自己表現したのはやはり安土進出である。

この新局面で、「天下」を目ざす信長をおびやかすものは、北東の上杉謙信、西の毛利輝元、そして両者を媒介し、長島以後も諸国の門徒を動かし、反信長のカナメ役をつとめる本願寺顕如であった。上杉謙信は武田との対抗上かねて信長と同盟関係にあったが、長篠合戦以後、武田勢力が凋落《ちょうらく》すると急速に本願寺に接近した。またそれと連動する形で、天正四年に入ると毛利も反信長の旗色を明らかにしてゆく。いわば、第二次反信長戦線の結成である。

「天下」を目ざす信長の、次の課題は、この第二次反信長戦線をいかに突きくずすかということであった。これもまた天正六年の謙信の突然死によって急旋回してゆくが、最終的には、雑賀をはじめとする各地の一揆民衆によって支えられた石山本願寺を解体し去らないかぎり問題は終わらない。それに信長がどうとりくみ、その事業を秀吉がどううけつぎ、戦国争乱に最終的にどのような終止符を打っていったかという問題が次の焦点である。

織豊政権展望

石山合戦

信長が七層の「天主」をもつ安土城の建設にふみ切ったのは、新しい時代の到来をもっともシンボリックに示すできごとであったが、この前後、戦国後期に名を馳せた群雄がつぎつぎに世を去った。元亀二年（一五七一）毛利元就・島津貴久・北条氏康が死んだ。元亀四年＝天正元年（一五七三）信玄が死に、つづいて朝倉義景・浅井長政が敗死した。これらに先立って、細川・畠山・斯波・山名・赤松など室町幕府の旧実力者の家筋はつぎつぎに没落し、戦国大名のさきがけとして活躍した尼子・大内・斎藤・今川なども滅び去った。また信玄の子勝頼は天正三年長篠合戦に敗れて力を失った。将軍の膝元《ひざもと》を制して権勢を振るった松永久秀も信長に屈したうえ、天正五年には死去、かつては信長の同盟者でありながら一転して信長を北東から脅かすにいたった謙信も天正六年三月に急死した。

顕如の率いる石山本願寺と、それを支持する中国の雄毛利は依然として信長に対抗し、これを脅かしつづけていたが、東方からの武田の圧力は急速に弱まり、かつて三河・伊勢（長島）・越前など信長包囲網の一環を形成した周辺部の一向一揆もほとんど壊滅して、信長には格段のゆとりが生じていた。

その意味で本書の冒頭でも述べたように、戦国時代らしい群雄割拠の時代は引き下げて考えても信長の安土進出までであり、本書の対象としてきた時代もここで終わったというべきだろう。しかし歴史過程を通観すると、信長と石山本願寺との対決、天正八年（一五八〇）顕如の石山退去を経て、天正一〇年六月の信長の横死（本能寺の変）、秀吉の政権継承、軍事的統合の進展、天正一八年小田原北条氏討滅によるその完成までは、なお争乱の最終的過程であることも明らかである。以下ここではそこにいたる大筋を展望し、最後にまとめとして「戦国時代」の日本歴史上の意味を問うこととしよう。

信長と本願寺との対立は、すでに述べたように、信長が義昭を奉じて入京したとき（永禄一一年、一五六八）以来のことであり、とくに信長包囲網の一環として本願寺顕如が一向一揆の蜂起を指令した元亀元年（一五七〇）から両者間の合戦は断続的につづけられていた。天正元年（一五七三）、朝倉・浅井が敗北し、信長包囲網が解体すると、本願寺は局面打開のため、翌天正二年、反信長の兵を動かし、足利義昭と結び、また上杉謙信と同盟、さらに毛利の支援も得て大反撃に転じた。毛利輝元傘下の水軍は天正四年七月、織田水軍を破って石山城に大量の兵糧を搬入、紀伊雑賀の一揆がこれを支援した。

天正五年（一五七七）、松永久秀が反乱をおこしたが、信長はこれを破って自殺に追いこむと、本願寺と毛利の連係を断ち切るため、秀吉を播磨に出陣させた。翌六年、播磨三木《みき》城（兵庫県三木市）に拠る別所長治《べっしょながはる》や摂津の荒木村重が本願寺に通じて挙兵。村重は信長の重臣で摂津一国支配を任されていた人物だったから、信長の受けた衝撃は大きかった。

しかし同年一一月、さきの毛利水軍との海戦の敗北に学んで、信長は伊勢・志摩水軍の雄九鬼嘉隆に建造させた鉄板張りの安宅《あたけ》とよばれる大型船（五〇〇〜一〇〇〇石積といわれる）七艘に火砲を積み、石山沖で毛利水軍と対戦、決定的な勝利を得た。毛利瀬戸内水軍は三〇〇〇艘といわれたがいずれも小型船で、新鋭大型の九鬼水軍とは勝負にならなかった。

瀬戸内制海権が信長側に移ると、陸上でも信長の優勢がはっきりとし、天正七年（一五七九）惟任（明智）光秀が丹波を制し、九月摂津有岡城の荒木村重が敗走した。つづいて備前の新興勢力宇喜多直家も降り、翌八年一月、秀吉は三木城をおとして別所長治を自殺させた。

この間、籠城に追いこまれた石山本願寺の主兵力となったのは、雑賀衆であった。雑賀衆はかねて鉄砲をもっとも先進的にとり入れていたうえ、根来の僧兵勢力とも結んで信長のさきの雑賀攻め（一五七七）にも屈しなかったが、このときにはすでに手足をもがれた形であった。ここで、徹底抗戦か石山明け渡し退去かの方針をめぐって、顕如と子の教如との間で意見が対立した。教如は強硬派であったが、顕如は、天正八年閏三月、正親町天皇の「赦免」の形をとった信長の講和提案を受け入れて、四月石山を開城、紀伊鷺森御坊《さぎのもりごぼう》に退去、三年後和泉貝塚に移った。これによって信長の畿内統一を妨げていた最後にして最強の敵一向宗勢力は、その軍事的生命を終えた。

この過程で信長は統一政権の構想を進めていた。さきの義昭追放と同時に朝廷にせまって「元亀」から「天正」への改元を実現した（一五七三）。元号は時間をも支配する王者の権能というのが中国伝来の論理である。前述のように安土城には天皇行幸を迎える主殿「御幸の間」をつくり、改元の強行後、正倉院の勅封の香木「蘭奢待《らんじゃたい》」の一部を切り取った。義政以来のことである。また公家の反対で実現しなかったが正親町天皇の子誠仁親王（二条城に居らせ、信長がとりこんでいた）に譲位を求め、天正九年二月には、天皇を招いて「馬揃《うまぞろえ》」（軍事パレード）を行った。かつて義満がやったように、一方では天皇・公家に圧力をかけ、他方では天皇を無限にとりこもうとする姿勢である。信長は天正五年一一月右大臣となったが、翌年四月官途一切を返上した（この官途返上の意味はまだ十分解明されていない）。

現実の天下支配についても、佐々成政に越中、前田利家に能登一国を任せ、一国単位の大名としてその国内武士を統轄させる体制づくりを進めた。秀吉の中国地方での軍事行動は毛利の厚い壁にゆき当たって難航したが、東方では天正一〇年（一五八二）三月、家康との共同軍事行動で武田勝頼を追いつめて自殺させた。その遺領甲斐・信濃は徳川家康に与え、上野西部を滝川一益に与えて厩橋《まやばし》に拠らせた。

これによって信長の支配圏は大きく拡大し、「天下人」への歩みも飛躍的に進んだ。その折も折、同年六月二日の本能寺の変によって、突如、信長の時代は終わった。

豊臣政権

信長から秀吉へ「天下人」のバトンタッチは、秀吉の対毛利和睦、山崎の合戦＝光秀敗死（六月）、大徳寺での信長葬儀（一〇月）の主催、賤ケ岳《しずがたけ》合戦と柴田勝家打倒（天正一一年四月）と、超スピードで進んだ。それらをふまえて秀吉が大坂城に入ったのは天正一一年（一五八三）六月。同一二年、織田信雄・徳川家康との対立＝小牧・長久手《ながくて》合戦。翌一三年三月、根来・雑賀一揆討伐。この月、秀吉は早くも正二位内大臣に昇り、七月従一位関白。近衛前久の猶子《ゆうし》となり藤原姓を称した。

この関白就任が天下人としての秀吉の政権確立のもっとも重要な画期である。ついで天正一四年一二月太政大臣となり豊臣賜姓が実現。この過程を見ると、武家として「日本国」の頂点に立つ人物が、天皇とのかかわりをどのように位置づけるかについては秀吉独自の工夫が見られる。かつて足利義満は将軍を子義持《よしもち》に譲り公家の頂点としての太政大臣となり、公武の頂点をきわめたうえで半年後にこれも辞して出家、無官となり、法皇同格の立場、儀礼をとることとした。そのうえでわが子を後小松《ごこまつ》天皇の猶子として皇位につけ、みずからは太《だい》上天皇《じょうてんのう》となる計画であったが、実現の直前に病死した。信長は右大臣となったが翌年辞官した。将軍位を望んだためともいわれ、またみずからを公武を超越する神的地位に擬そうとしたためともいわれるが理由は明確でない。

それに比べると秀吉の指向は明白である。位官は天正一二年（一五八四）一一月従三位権大納言、同一三年三月正二位内大臣、七月従一位関白と、朝臣の頂点を目ざして一気にかけのぼった。「豊臣」賜姓も、自分をいわば藤原に代わる「公家」の姓《かばね》・家として位置づける形式だった。秀吉は「天下人」のなかで、もっとも天皇寄りの形式を迷うことなく選んだのである。秀吉の考えは、天皇に密着し、その権威をとりこみ、わが行為をすべて正当化しようというものであった。豊臣政権が「関白政権」といわれる所以《ゆえん》である。

秀吉は関白となった同じ月、四国の長宗我部元親を降伏させ、翌天正一四年、上杉景勝・徳川家康を大坂に参候させ、天正一五年にはみずから九州に出陣して島津義久を降伏させた

(五月)。

このとき、秀吉はすでに全国の大名武家を家臣化し、その頂点に立つ「天下人」としての政治的立場を表明していた。それは関白就任の年、九州の大名に対し、大名間の「私戦」を禁止し、相互間の所領境界問題はすべて秀吉の裁定によるべし、と令したことにもっともよく示されている。同じ主旨は天正一四年(一五八六)一一月一五日付の家康から北条氏政に宛てた書状に「関東惣無事之儀ニ付而従羽柴方如此申来候」とあることから、関東に向けても表明されていたことが確認される。「惣無事」とは秀吉の軍事行動のみが「公」であり、大名間の戦いはすべて「私」戦として禁止される、という論理の表明である。

しかもこの「惣無事」の論理は大名領国間の国境画定紛争の調定のみにとどまるものではなかった。秀吉政権は戦争の過程で服属した大名、服属のおくれた大名、敵対をつづけた大名等に対し、事情に応じた所領の宛行・安堵・減封、場合によっては一切の領土の召上げや転封も行ったし、それらの処分の前提となる石高制にもとづく所領規模の確定も行った。それは「日本国」の国土はすべて天皇の承認をえた天下人秀吉の「公儀」権力の管下におかれたものであり、大名の領国はすべて「公儀」によって宛行・安堵されたものとしてしか存在しない、という論理に通ずる。したがって、「公儀」権力が、全国土について検地(「太閤検地」)を遂行しうる唯一の権力であることをも意味している。秀吉は全国にわたる検地を行い、国郡別に検地帳と国絵図をつくらせ、御前帳《ごぜんちょう》として一部を天皇に献上、一部を自分の手許においた。

同じ論理は都市支配にも適用された。秀吉の京都支配の特徴は、中世を通じて形成・維持されてきた天皇・公家・寺社等の個別的な土地支配権を原則として否定したところにある。天正一七年（一五八九）に洛中検地が広く行われ、ついで一九年、洛中の地子免除が令せられて、洛中土地支配権は一元的に「公儀」権力に帰属させられることとなった。

もちろん、「惣無事」「太閤検地」「洛中地子免除」さらには海上支配とかかわる「海賊禁止令」など一連の「公儀」支配政策はどこまでも原則であって、実際の適用実施にはさまざまの制約があり、事情も考慮された。現実の「太閤検地」が諸大名領でいかに非統一的多様さを内包していたかは、多くの地域史的研究が詳細に明らかにしている。しかしそれにもかかわらずこれらは「関白」として、天皇に直結一体化した「公儀」権力の立場においてのみ主張し、実施することができたものである。

その意味で天正一八年（一五九〇）、秀吉みずから出陣して小田原北条氏を打倒した、全国統一過程最後の戦いは、「天下人」の論理と「大名国家」の論理との、正面衝突であった。そして後者の完敗、前者への従属によって戦国の世に最終的な終止符が打たれた。秀吉は切腹させた北条氏政・氏照の首を天皇に見せるため京都に送った。天皇をいただくことによって「天下人」の立場を固めようとしたのである。

生き残りを認められた「大名国家」はその自立性を否定されて江戸時代には「藩」に改変されてゆく。江戸時代にも「天下＝公儀」と「国家＝藩」という関係は幕藩体制の基本であり、一見すると戦国の「大名国家」と「藩」との共通性が目に映るが、戦国の「大名国家」では国境＝「境目」を相互の実力と交渉によって独自に画定する力をもっていたのに対し、秀吉の「天下」は公権力の一元的集中を急激に推進していった。その際「大名国家」の王たちがほとんど抵抗しなかった理由は何かということはさらに考えなくてはなるまい。ヨーロッパ勢力の進出をともなう一六世紀の東アジア情勢が、「天下人」と「大名国家」の王たちの危機意識をともに高め、「天下」統一の歩みを促したという面もあったであろう。戦国時代を単純に近世の入口としてだけ片付けてしまうわけにはゆかないのである。秀吉の統一事業についてもなお考えてゆかなくてはならないさまざまの問題が残されている。

おわりに――日本歴史上の戦国時代

結ばれた日本と世界

最後にくりかえしをいとわず、とくに重要と思われる問題をまとめて考えて結びとしよう。

第一にはやはり、一六世紀は日本がはじめて東アジア世界にとどまらず、ヨーロッパと現実の結びつきをもつことによって、文字通り世界史の一環に連なった時代だということである。

世界史上よく知られるヴァスコ＝ダ＝ガマのインドのカリカットへの到着は一四九八年。ゴアへの進出は一五一〇年、マラッカ占領は一一年、広州への到着は一七年、という年表が示すように、ポルトガル人のアジアへの東進は一六世紀の幕明けとともに進行した。そして近年の研究では、鉄砲を伝えたポルトガル人は倭寇の首領明人王直の船で一五四三年（四二年説も提起されている）種子島に到着したらしい。ザビエルの鹿児島上陸はその六年後の一五四九年。極東の日本はこのときからヨーロッパとアジアが直結した世界史の中に置かれることになった。

大名国家の王たちは、この未知のポルトガル人――宣教師と貿易商人に対し概して歓迎の姿勢でのぞんだ。島津・大友・大内・大村などがそうだし、信長も安土で宣教師を歓迎し、教会建設を認め、援助した。戦国争乱の中で、大名はしばしば遠交近攻策をとり、遠国や中央の動きを見すえながらサバイバル戦略をたてざるをえなくなっていた。日・明・朝鮮・琉球・夷島（北海道）などとの交易が拡大していたことが、大名国家の王たちの目をヨーロッパまでをふくめ、世界に開かせやすくしていたといえる。

しかし半面、天正八年（一五八〇）大村純忠が長崎を教会領に寄進し、八八年、秀吉がこれを取り消し収公した事実や、またフィリッピンが一六世紀前半からスペイン人によって占拠されはじめた事実が示すように、当時国際的な領土問題が顕在化しだしていたことも否定できない。これ以後、鎖国に結着する国際関係は、「日本国」にとっても「大名国家」にとってももはや領土問題は偶然的なものでなく、それを視野に入れることなしには自国の在り方を考えることはできなくなっていた。「大名国家」も「日本国」も、それぞれに「境目」=国境と国家の主権、国家と宗教とのかかわりなど、国家の存立にかかわる問題と自覚的に向き合うようになり、倭冦型の国境をほとんど意識しない中世「倭」人の交易・海賊型活動は急速に姿を消してゆく。国際化の進展が「日本」というナショナルな意識と新しい国家体制への関心をめざめさせてゆく。「天下人」信長・秀吉はその意味で、「世界史の中の日本」をはじめて現実にみずからの政治地図に見いだした人物であった。

村々に成長する小領主

では国内に目を向けたとき、一六世紀の列島社会の激動を特色づけるもっとも基礎的なものは何か。

戦国時代が日本歴史上、幕末維新期とともに、変革的な疾風怒濤《しっぷうどとう》の時代であったことは、だれしもが認めるところであろう。どの時代にも歴史をリードしてゆく人物は存在するし、それらの人々はつねに全力で時代の波頭に立ち向かい、はげしく戦ってゆく。だが真に疾風怒濤とよぶにふさわしい変革的な時代の特徴は、先端的な指導層ばかりでなく、その時代の社会を構成するあらゆる身分・階級・階層・集団などが、みなそれぞれに歴史を動かす主体として動き、個性的な役割を果たしてゆくところにある。

戦国時代はまさしくそのような時代であった。代表的な大名ばかりでなく、名も知れぬ地方の国人・地侍もそれぞれに死力をつくして戦っていった。侍たちにとっては、だれを主君にえらぶか、戦いにどのような行動をとるか、その時々の選択がただちにかれらの運命に深くかかわっていた。民衆もまた同様であった。かれらの戦いも、あるときは年貢や夫役の減免を目標とする「侘言」（請願）にとどまったが、ときには抵抗的性質の強い「逃散」や「上げ田」（耕作拒否）というかたちに進み、場合によっては領主間の戦争にかかわりながら自己の要求を追求することさえあった。この時代の特徴を説明するときしばしば用いられる「下剋上」とは、細川が将軍を追い、三好が細川を追い、松永が三好をしのぐといった支配層内部の動向よりも、民衆が領主権力や支配体制そのものにさまざまの形でときにコミットし、ときに抵抗し、持続的な底力を発揮しつつ社会を変えてゆく、その状況に対して用いるほうがはるかにぴったりする。

ではそのような、社会の基底部からの下剋上の動きはどうしてわきおこってきたのか。研究上しばしば「小領主」「地主」などとよばれるような名主・地侍的階層が、一面では郷村共同体のリーダー的性格を強めるとともに、他面では末端領主的性格をもつようになり、「身分」としては「百姓」でありながら、武田の「軍役衆」、毛利の「一所衆」のようにしばしば農民闘争と同時に大名領主の軍事行動にもかかわりだしたことが、その重要な原因だと思われる。郷村共同体のリーダーであるとともに「小領主」的性格を帯びた村の上層の人々の二面性はかならずしも矛盾的なものではない。

荘園制以来の中世武士団は一族・郎党・所従など、ほとんどは同族団的武力構成をとっており、その規模は概して小さく、平地館に住んだ。ところが戦国の国人・大名は、農村社会の中から簇生《そうせい》してくる村の小領主層を在村のままひろく下級家臣に編成し、場合によっては村ぐるみ戦争に参加させる方針をとることによって、部将たちはその軍事力を拡大して山上の城に移った。この点こそが戦国時代の軍事力、戦争形態をはじめとする社会諸関係の在り方をそれ以前から決定的に変化させた条件である。

小領主層は日常的には村の主立《おもだち》百姓層として、山野・水利の管理、村の自検断、その他各種紛争の調停、窮乏者への金融や未納年貢の立替納など、地域の生活と秩序の維持に指導的な役割を果たしている。国人・大名の地域支配は、そうした村々の小領主層の存在・社会的役割と郷村共同体の結合を無視して、直接的に個々の百姓に向けて権力を行使することは不可能であり、また有効でもない。大名領国制にとって小領主層が中心となっている自律性の強い村落共同体は、領域支配を拡大してゆく場合、むしろ好都合な存在であった。戦国大名はこれら小領主層を支配の面では、北条における「小代官・名主中」、畿内に広く見られる「名主・沙汰人中《さたにんちゅう》」という形で位置づけ、郷村共同体の活力を維持させるとともに、年貢・

夫役徴収・納入の責任をもたせた。小領主層の成長は自治性の強い惣型の村落共同体成立の条件であり、「下剋上」的エネルギーの源泉でもあった。

都市・技術・生産・物流の発展

ではそうした郷村の活力をふまえた小領主層の成長を可能にした条件は何か。それは平凡ない い方になるが、基礎的にはやはり経済発展の所産である。

すでに述べてきたところであるが、この時代は、京都や鎌倉、それと緊密なかかわりをもつ堺や博多のような大港津都市を除くと都市の成立がまだまだ低い水準にあった荘園公領制の時代と大きくちがっている。戦国大名・国人領主の城下はいたるところで地方都市として発展しはじめた。多数の地方城下都市の出現は、京都中心・一極集中型の中世社会の伝統的構造を大きく転換させた。大小の城下都市と結びつく物流拠点としての中小の港津都市も飛躍的に増加した。地域間の物流が活発となり、廻船や馬背輸送の活動にかかわる人々が急増した。採鉱冶金技術の向上による鉱山開発のブームとともに、山中にも人口密集の大消費地が生み出された。中央都市京都とその周辺の畿内市場圏は高級織物・工芸品・鉄砲・武具などをはじめとする手工業品の中心的生産地という性格を強めて再生し、それとリンクした近郊農村でも蔬菜《そさい》や農産物加工（絞油・ソーメンなどの食品・竹製品・炭等）の商品生産が発展した。苧《からむし》にくらべてはるかに生産性の高い木綿の国内栽培も一六世紀に本格化し、木綿織物が急速に日常衣料用商品としての性質をもちだした。

また、そうした都市・農村の発展の背後には、この時代に顕著に進んだ技術革新があった。戦国の築城ブームを可能にしたのは、水路や堀の掘鑿《くっさく》、大鋸《おが》による大量の板材生産、指《さし》図《ず》（設計図）によって可能となる分業型土木・建築生産、坑道掘りと精錬を中心とする鉱山技術、大型化しはじめたたたら製鉄技術、良質の鉄と不可分な鉄砲製造と火薬、高級絹織物（西陣・博多）、瀬戸をはじめとする陶磁器生産など、いずれも中国・朝鮮から学びながら発展したものであるが、それらによって向上し、あるいは専業化した農・工・鉱業部門の発展は商品市場の拡大と相互結合によって新しい経済構造の形成を推進した。この過程は農民をはじめとする生産者たちに、貨幣獲得の機会をひろげ、それに通ずる生産意欲を強く刺激した。しかも一六世紀は中国で通貨が銅銭から銀に大転換する時代であり、そのなかで日本でも中国銭に代わる金・銀の貨幣化が急進した。すべて荘園制の時代には考えられないところである。

小領主層の広範な成長・地方都市の簇生はそうした意味で、農民の経済活動の活発化と向上、あるいは商品販売と分業の展開などと不可分である。一言でいえば農業生産の発展が百姓上層部の貨幣獲得と地主化、脱農（侍化）の可能性を生みだしたのである。戦国は一見すると兵農分離の進み出した社会であり、「近世」との近似性が大きいともいえようが、基本的には小領主層の形成によって在地領主制がその裾野《すその》を拡大し、社会の末端にまで自己の組織を浸透させた時代である。そうした意味で戦国期は、「在地領主制の最高（最終的）の段階」であり、封建的社会関係の拡大深化の時代ということができる。

他面、小領主層の大名軍事力への取りこみは、城への普請役や戦争における陣夫役等への動員を急増させ、戦争災害を大規模なものともした。兵糧・家財・人間の略奪はいたる所で行われた。敵が城下町まで攻め込めば、民家をまず焼き払うのが定石だった。敵・味方をえらばず、戦陣には各地から商人が集まって来て、食料以下の各種物資を法外な値段で売り込んだ。それがまた略奪や争いをよびおこす。秀吉の小田原城包囲軍は諸大名の軍隊を大量動員して二〇万に及んだ。その数字はけっして〝文学的〟形容詞ではない。しかも包囲三ヵ月に及んだから、各地から商人が群集して異様な状況を現出したことは当時の史書も注目している。

中世武士団の参戦は、通常、兵糧自弁が原則で、それぞれの部将の率いる軍団ごとに小荷《こに》駄《だ》とよぶ兵糧・武器の輸送兵員をともなっていた。しかし小田原攻めのような大戦争では、秀吉は浅野・長束《なつか》等の奉行に命じ、「金壱万枚」（一枚は一〇両）で兵糧・馬料等を大量に買い付け、事前に輸送した。そこでは大名軍事力と一体化した有力商人が買い付け、輸送に当たり、かねてから領主米取り扱い、金融を担当する蔵宿《くらやど》商人が巨利を博した。物流の飛躍的拡大にともない、豪商やその傘下の商人が急成長した。戦争が異常な消費・輸送・成金（「有徳人《うとくじん》」）を生み出し、他方には家屋・家財を失った人々を大量に生み出すという現象は、戦国の世では全国化した。「足軽」は大名の下級兵力に組織されたものと考えられるが、部分的には、都市・郷村の共同体からの脱落者「溢《あぶ》れ者」が集団化し、略奪型の実力行動をとるものにも連なっていく。戦国の社会は、一面では村々に上昇志向の強い小領主層を広く生みだしたが、半面ではこうした「溢れ者」型の流民をも大量に生みだしてゆく。秀吉が全国統合過程で、検地、戸口調査等によって定住民の掌握と身分固定と定住政策に力を入れるとともに、「海賊」「山賊」の禁止を「惣無事」令と不可分のものとしたのもそのためである。

地域的社会の自立

郷村での小領主層の登場は、戦国社会の基礎をなす自律性の強い郷村共同体とそれを土台とした大名領国の形成を可能にした。社会史的な視点から見るなら、戦国時代は全国の争乱がしだいに一つにからみあって統一への道がひらけてくる半面、地域社会の経済的、政治的自立が進むという点で画期的な意義をもっている。荘園公領制は複雑な領有関係によって地域を分断し、大小さまざまの荘園・公領を入り組んだかたちでつくりだしたため、そこでは一定の「地域」が経済的、社会的に有機的なまとまりをもって自立する方向が疎外されがちであった。それに対して大名領国は、国人・地侍らが在地性を維持しつつ全体としてほぼまとまりある地域社会圏を成立させるようになりだしている。しかもそれは領国政策によって上から権力的につくりだされたとばかりはいえず、右に見たように、むしろ農業生産力の発展、手工業者・商人の集住と専門分化、商品流通の拡大など、ひとくちにいえば地域的な社会分業の進展によって生みだされてきているのである。

同じような事態は政治面についても指摘できる。律令制から荘園公領制へとつづく中世前期までの政治体制は、官職を世襲家産化した「職《しき》」の秩序によって成り立っているため、その編成原理は求心的性質をもっていた。国家の公権力の頂点部分を公家貴族が独占する体制のもとでは、在地領主=武士層も、荘官となって「職」の秩序に連ならないかぎり、公権力の一端さえもになうことは許されなかった。かれらが城をつくり独自の権力をもたなかったのは、そのためである。それに対し大名領国制下では、大名が「公儀」の立場を確立して幕府・守護あるいは朝廷などの中央国家機構から基本的には自立している。この大名領国を、それぞれ完全に自立的な国家とみなすことには、「日本国」とのかかわりという点でなお問題が残るにしても、領国が荘園とちがって独立性の強い政治的世界であることは明らかであるとともに、その公権力もじつは、大名の専権というより、むしろ、領内各層によって分有されている「公」的秩序の集積・編成の上に成立した。大名「家中」における「衆中談合」の慣行や、郷村・都市民衆の「寄合」「自検断」的秩序は、封建的な社会関係の深化発展にともなって生まれてきた中世後期特有の社会結合に基礎をおくものであって、そこにおける政治的公権力は重層的構成をとり、全体として生きた有機的統一構造をつくっていった。

そのような大名領国制の政治的特徴は、古代・中世前期を通じて強固な中央優位の、一極集中的性格の強い政治編成と対比すれば、きわめて重要な変化である。割り切っていえば、日本の社会は、戦国時代においてはじめて「地域的社会」を政治的、経済的に自立させ、律令制以来の集権的支配の体制的枠組み・社会構造を変革するにいたったのである。そのことは、それぞれの「地域」が中央地帯や他の地域とまったく関係をもたないということではないが、かえりみてこれ以前に、農村・都市の民衆が、集団（共同体）としてこのような自律性の強い一定の政治的権利をもち、地域住民として、歴史を左右する力を発揮した時代があったであろうか。在地領主層は平安末期ごろからともかくも「職」権を手にいれ、地域との結びつきを強め、一四、五世紀には「国人」として「国」＝地域に根を張った自律的権力となっている。しかし荘園制下の農民は、土地所有権の未熟さや経営の不安定さのために、みずから耕す土地と「家」さえも安定的に維持することができなかったし、商人や職人は、農村の色濃い自給性の間隙《かんげき》に活動するために地域市場圏に定住する地歩を確保できず、ともに地域社会の主体として十分に自己を主張することができなかった。しかし、大名領国制下では、領主階級のみならず民衆をもその経済的、政治的主体とする地域的社会がはじめて成立してきているのである。分かりやすくたとえてみれば、地域住民パワーの原型がはじめて直接的に歴史の動向に影響を与えるほどの力をもつにいたったのである。このことはまた別の面からみれば専制的支配の枠組みを通じて社会の表層だけを統合した律令制以来の社会から、基底部までを組みこんで統合度を高めた社会への移行のはじまりであり、日本の「民族」形成史上きわめて重要な意味をもつものである。

組織と人間

こうした特徴と意義をもつ戦国時代史の大きな魅力のひとつは、以上のような社会の全構造的変化のなかで、組織と人間という社会の基本的二大契機のからみあいが、もっともするどくあらわれてきたことでもある。それは今日われわれの生きている社会においても深刻な問題であるだけに、とりわけ興味をひかれるところである。

しばしば「領国経営」という言葉も使われるように、大名領国制下においては、領国統治のための積極的な施策が軍事・政治・経済をはじめとする諸分野にわたって推進された。その政策が系統的で、それによって「地域」の意義や進行度に格差があるにせよ、領国体制が構築されていったことは、それ以前の歴史と比べれば明らかである。「国家」統治の組織という点では、古くは律令制が巨大な成果をあげた。しかし律令制度は、唐令をモデルとした機構・制度的枠組みの輸入という限界も否定できず、支配・収取の面ではきびしくそれに規定されながら、生活・権利といった側面では民衆はまだ制度以前的な首長制支配の中に包みこまれていた。それが律令制をある程度専制的に上から強制しえた条件でもあった。それに対して大名領国制は、民衆と共同体の自律的主体性や抵抗と対決しながら諸組織・体制を独自につくりあげていくほかはなかったから、その事情は大いに異なっている。

そこにこの時代の組織と人間の固有のかかわり方がある。戦争における組織化された動員軍団・兵力は数千から万をこえるほどに大規模化した。南北朝ごろの戦いは「家」を基礎とするせいぜい数百程度の単位集団の寄合で、戦況によってどちらにでもつくというものだった(「太平記」のいう「一旦《いったん》の付勢《つきぜい》」)。それにくらべて戦国では軍事力が組織化されたため、主君・指揮官の役割が急速に大きくなった。統治組織もそれと似ている。

だが、この時代の新しい組織や制度はなお成立途上のもので、実際はそれを運用する大名や重臣のパーソナルな側面に依存することが多かった。大名は家臣・兵士・領民の信頼と「合意」の確保には深い気配りをもった。人の信頼こそが制度や法にもまさる力だということである。軍事組織・領国法・領国経済のすべての面にわたって、もっとも積極的に組織化を進め、それによってはじめて強大な領国をつくりあげた武田信玄が、同時に、もっとも人間の信頼関係を重んじた人物だったとされるのであるが、それこそこの時代の群雄の生き生きとした個性が意味をもつ理由であった。江戸時代のように統治の体制が整備され、つくりあげられてしまうと、組織や制度が優先し、人は後景《こうけい》に退けられて個人の人間的力量の役割は薄らいでゆく。それに対して、すべての社会的組織が形成途上にあり、しかも絶えざる社会的、軍事的緊張が連続するという状況のなかでは、やはり指導者たる人間の力量と信頼・魅力といったものがすべてに優先しているのである。いいかえれば、ここでは組織の弱さと限界をカバーすべき人間の個性的役割が想像を絶して大きかったといってよい。

それだけに、戦国の武将たちは、信玄の快川紹喜《かいせんしょうき》、義元の太原崇孚の例からよく知られるように、禅僧を師として人間的修養を重んじた。それは、つねに戦いと死に直面する人間の覚悟といった個人的な性質のものばかりでない。「公儀」「政道」「法度」「筋目」など「公」への目覚めと不可分であり、領国に対する支配の正当性を一人格に凝集してゆかねばならないという、この時代固有の条件に規定されたものなのである。戦国大名は、信長の一向門徒大量殺戮に示されるように、一面では民衆に対する強烈な弾圧者・搾取者たらざるをえない立場にあった。それにもかかわらず、権力への抵抗と地域連帯の意識に目覚めだした民衆の心を掌握し「合意」を得つつ統治をすすめなければならず、絶えざる内外の敵との戦いに領国のすべての力を結集してゆく必要があった。大名たちに負わされた人間的課題はまことにきびしく重いものがある。ひとくちにいって家中・国衆・一揆など、傘下の諸階層・諸集団との不安定な関係、領国間の軍事緊張をはじめとするあらゆる困難を乗りこえてゆくための最後のよりどころは大名たち自身の人間的力量にほかならない。そこに日本歴史上他に例をみないほどにすぐれた個性が生まれ出るゆえんがあり、かれらが時代をこえて、今日なおわれわれの心をひきつけてやまない理由もあると思われる。

あとがき

本書の原形は一九七五年に刊行された小学館版『日本の歴史　14　戦国の動乱』である。それから二五年という長い歳月が流れ、戦国時代の研究はまったく面目を一新するほどの前進をとげた。私自身もその流れからおくれないようにそれなりの勉強を積み上げてきた。今回この旧著を再生させるにあたっては、新たに「都市と商人」「大名国家と日本国」二つの章、「軍事力の構成」の章の「水軍の編成」「城と合戦」の節などを書きおろして加えるとともに、全章にわたって改稿ないし加筆増補した。終章の「日本の歴史上の戦国時代」も章名はもとのままだが、中味は全部改稿した。

その結果、本書の性質も「動乱」に主題をおいた原著よりも、戦国時代の全体像を主題とするという方向にかたむいたため、書名も『戦国時代』と改題することとした。戦国時代は一六世紀の一〇〇年であるが、日本はその一世紀、中世の最終局面を疾風怒濤のごとく突き進み、新しい時代を切り拓いた。伝統的な秩序意識・価値観は崩壊し、人々の行動様式も一変した。いま二〇世紀の最終時点に立って、私は今世紀と一六世紀を重ね映しにしながら、この壮大なドラマとそれを演じた人々のエネルギーを多面的に追究してみたいと考えている。新しい世紀を眼前にして、歴史意識の深化が切実に求められている現在、本書が少しでもそれに応えられているとすれば、著者としてこれにまさる喜びはない。

なおこの新しい叙述の基礎になった私自身の研究については、永原『戦国期の政治経済構造』（一九九七年、岩波書店）を参照していただければ幸いである。

本書の公刊にあたっては、小学館美術編集部の加藤真文さんに全面的に御世話いただいた。厚く御礼申し上げる次第である。

二〇〇〇年一〇月

永原慶二

参考文献

（戦国時代関係文献の中から本書にかかわり深いものをえらんだ。）

■史料

『大日本史料』第九・十・十一編　東京大学史料編纂所編　東京大学出版会　復刻
『大日本古文書』　東京大学史料編纂所編　東京大学出版会　復刻
『中世法制史料集』　３　佐藤進一他編　岩波書店　一九六五
『室町幕府文書集成　奉行人奉書篇』　上・下　今谷明・高橋康夫共編　思文閣出版　一九八六
日本思想大系『中世政治社会思想』上・下　岩波書店　一九七二、一九八一
日本思想大系『蓮如・一向一揆』　岩波書店　一九七二
『菅浦文書』上・下　滋賀大学経済学部史料館編纂　滋賀大学日本経済文化研究所　一九六〇、一九六七
『今堀日吉神社文書集成』　仲村研編　雄山閣出版　一九八一
増補続史料大成『大乗院寺社雑事記』　1～12　竹内理三編　臨川書店　復刻
『政基公旅引付』　宮内庁書陵部編　養徳社　一九六一
『新訂増補言継卿記』　1～5　高橋隆三他校訂　続群書類従完成会　一九六五～六六
『信長公記』　太田牛一・奥野高広・岩沢愿彦校注　角川文庫　一九六九
『萩藩閥閲録』　1～4・別巻　山口県文書館編・発行　一九六七～八九
『小田原衆所領役帳』　杉山博校訂　近藤出版社　一九六九
『戦国遺文後北条氏編』　全六巻　杉山博・下山治久・黒田基樹　東京堂出版　一九八九～九五
その他『神奈川県史』『埼玉県史』『新潟県史』『福島県史』『静岡県史』『福井県史』『岐阜県史』『広島県史』
以下各県史および『小田原市史』など市町村史類の史料編はそれぞれ北条・上杉・伊達・今川・朝倉・斎藤・

毛利以下当該地域大名の関係史料を網羅している。

■戦国時代一般（概説・通史は省略）

『戦国大名論集』全18巻　永原慶二監修　吉川弘文館　一九八三〜八四
『戦国時代』永原慶二・ホール・ヤマムラ編　吉川弘文館　一九七八
『戦国期の権力と社会』永原慶二編　東京大学出版会　一九七六
『戦国期権力と地域社会』有光友学編　吉川弘文館　一九八六
『中世東国史の研究』中世東国史研究会編　東京大学出版会　一九八八
『日本中世史研究の軌跡』永原慶二・佐々木潤之介編　東京大学出版会　一九八八
『史料京都の歴史』第3・4巻　京都市　平凡社　一九七九〜八一
「人物叢書」吉川弘文館　一九六〇〜
『武田信玄』奥野高広／『大内義隆』福尾猛市郎／『伊達政宗』小林清治／『一条兼良』永島福太郎／『三条西実隆』芳賀幸四郎／『ザヴィエル』吉田小五郎／『三好長慶』長江正一／『足利義昭』奥野高広／『長宗我部元親』山本大／『大友宗麟』外山幹夫／『島井宗室』田中健夫
『中世城郭事典』全3巻　村田修三編　新人物往来社　一九八七
『城と城下』小島道裕　新人物往来社　一九九七
『豊田武著作集』全8巻　吉川弘文館　一九八二
『原田伴彦論集』全5巻　思文閣出版　一九八四〜八六
『相田二郎著作集』全3巻　名著出版　一九七六〜七八

■大名領国制・戦国社会

『体系日本歴史(3)　大名領国制』永原慶二　日本評論社　一九六七

『戦国社会史論』藤木久志　東京大学出版会　一九七四
『戦国期の室町幕府』今谷明　角川書店　一九七五
『織田政権の基礎構造』脇田修　東京大学出版会　一九七五
『後北条氏の基礎研究』佐脇栄智　吉川弘文館　一九七六
『後北条氏と領国経営』佐脇栄智　吉川弘文館　一九九七
『戦国の兵士と農民』杉山博先生還暦記念会編　角川書店　一九七八
『戦国法成立史論』勝俣鎮夫　東京大学出版会　一九七九
『戦国大名領の研究―甲斐武田氏領の展開―』柴辻俊六　名著出版　一九八一
『戦国大名後北条氏の研究』杉山博　名著出版　一九八二
『戦国・織豊期の社会と文化』下村效　吉川弘文館　一九八二
『大名領国の構成的展開』岸田裕之　吉川弘文館　一九八三
『後北条氏研究』小和田哲男　吉川弘文館　一九八三
『室町幕府解体過程の研究』今谷明　岩波書店　一九八五
『守護領国支配機構の研究』今谷明　法政大学出版局　一九八六
『戦国城下町の考古学』小野正敏　講談社　一九九七
『豊臣平和令と戦国社会』藤木久志　東京大学出版会　一九八五
『戦国大名の権力構造』藤木久志　吉川弘文館　一九八七
『村と領主の戦国世界』藤木久志　東京大学出版会　一九九七
『中世のなかに生まれた近世』山室恭子　吉川弘文館　一九九一
『大名領国制の研究』池享　校倉書房　一九九五
『戦国時代論』勝俣鎮夫　岩波書店　一九九六
『戦国大名領国の支配構造』黒田基樹　岩田書院　一九九七

『戦国大名と外様国衆』黒田基樹　文献出版　一九九七
『戦国期の政治経済構造』永原慶二　岩波書店　一九九七
『戦国大名毛利氏の研究』秋山伸隆　吉川弘文館　一九九八
『日本中世戦国期権力構造の研究』矢田俊文　塙書房　一九九八
『戦国時代社会構造の研究』池上裕子　校倉書房　一九九九
『戦国・織豊期の権力と社会』本多隆成編　吉川弘文館　一九九九
『戦国大名領国の基礎構造』平山優　校倉書房　一九九九
『戦国大名尼子氏の研究』長谷川博史　吉川弘文館　二〇〇〇
『戦国大名と天皇』今谷明　福武書店　一九九二
『将軍権力の創出』朝尾直弘　岩波書店　一九九四
『秀吉権力の形成』小林清治　東京大学出版会　一九九四

■村落・惣・一揆

『京郊庄園村落の研究』上島有　塙書房　一九七〇
『日本中世農村史の研究』大山喬平　岩波書店　一九七八
『中世民衆生活史の研究』三浦圭一　思文閣出版　一九八一
『中世惣村史の研究』仲村研　法政大学出版局　一九八四
『中世惣村史の構造』黒田弘子　吉川弘文館　一九八五
『中世村落の構造と領主制』田端泰子　法政大学出版局　一九八七
『戦国期社会の形成と展開』宮島敬一　吉川弘文館　一九九六
『戦国の村を行く』藤木久志　朝日新聞社　一九九七
『戦国時代の荘園制と村落』稲葉継陽　校倉書房　一九九八

『中世の惣村と文書』田中克行　山川出版社　一九九八
『一向一揆の研究』笠原一男　山川出版社　一九六二
『蓮如』笠原一男　吉川弘文館　一九六三
『一向一揆の研究』井上鋭夫　吉川弘文館　一九六八
『一向一揆の基礎構造』新行紀一　吉川弘文館　一九七五
『一向一揆の研究』北西弘　春秋社　一九八一
『一向一揆と真宗信仰』神田千里　吉川弘文館　一九九一
『信長と石山合戦』神田千里　吉川弘文館　一九九五
『一向一揆と戦国社会』神田千里　吉川弘文館　一九九八
『天文法華の乱』今谷明　平凡社　一九八九
『戦国の村の日々』水藤真　東京堂出版　一九九九
『日本中世賤民史の研究』三浦圭一　部落問題研究所出版部　一九九〇

■都市・流通・交通・海外関係

『中世日支通交貿易史の研究』小葉田淳　刀江書院　一九四一
『中世南島通交貿易史の研究』小葉田淳　刀江書院　一九六八
『日本貨幣流通史』小葉田淳　刀江書院　一九六九
『日本鉱山史の研究』小葉田淳　岩波書店　一九六八
『中世海外交渉史の研究』田中健夫　東京大学出版会　一九五九
『中世対外関係史』田中健夫　東京大学出版会　一九七五
『対外関係と文化交流』田中健夫　思文閣出版　一九八二
『日鮮関係史の研究』全3巻　中村栄孝　吉川弘文館　一九六五〜六九

『中世日朝貿易の研究』田村洋幸　三和書房　一九六七
『中世商品流通史の研究』佐々木銀弥　法政大学出版局　一九七二
『日本産業発達史の研究』小野晃嗣　法政大学出版局　一九八一
『日本中世商業発達史の研究』脇田晴子　御茶の水書房　一九六九
『日本中世都市論』脇田晴子　東京大学出版会　一九八一
『京都中世都市史研究』高橋康夫　思文閣出版　一九八三
『京都・一五四七年―描かれた中世都市』今谷明　平凡社　一九八八
『日本中世の都市と法』佐々木銀弥　吉川弘文館　一九九四
『洛中洛外の群像』瀬田勝哉　平凡社　一九九四
『戦国城下町の研究』小林健太郎　大明堂　一九八五
『中世水運史の研究』新城常三　塙書房　一九九四
『戦国期東国の都市と権力』市村高男　思文閣出版　一九九四
『日本中世の経済構造』桜井英治　岩波書店　一九九六
『空間・公・共同体』仁木宏　青木書店　一九九七
『中世東国の太平洋海運』綿貫友子　東京大学出版会　一九九八
『日本中世の流通と商業』宇佐見隆之　吉川弘文館　一九九九
『中世都市共同体の研究』小西瑞恵　思文閣出版　二〇〇〇
『中世の蝦夷地』海保嶺夫　吉川弘文館　一九八七
『琉球の時代』高良倉吉　筑摩書房　一九八〇
『琉球王国の構造』高良倉吉　吉川弘文館　一九八七
『キリシタン時代の研究』高瀬弘一郎　岩波書店　一九七七
『海から見た戦国日本』村井章介　ちくま新書　一九九七

『鉄砲—伝来とその影響—』洞富雄　思文閣出版　一九九一
『技術の社会史』1　三浦圭一編　有斐閣　一九八二
『講座・日本技術の社会史』全8巻　永原慶二他編　日本評論社　一九八三〜八五
『新・木綿以前のこと』永原慶二　中公新書　一九九〇

■その他

『言継卿記』今谷明　そしえて　一九八〇
『大乗院寺社雑事記』鈴木良一　そしえて　一九八三
『大乗院寺社雑事記の研究』森田恭二　和泉書院　一九九七
『戦国期公家社会の諸様相』中世公家日記研究会編　和泉書院　一九九二
『戦国の権力と寄合の文芸』鶴崎裕雄　和泉書院　一九八八
『中世公家の経済と文化』菅原正子　吉川弘文館　一九九八

解説――日本中世史学を支え続ける「良心」

本郷和人

偉大な歴史学者の二つのタイプ

歴史研究者が「後世に残る」仕事をしようとするとき、二つの方法があるように思う。

A　一回性を重んじるやり方

他の誰もが模倣できないような独自の地平を切りひらく。歴史学への深い造詣と理解だけではなかなかこの状況にまでは到達できないので、歴史学と親和性の高い他の学問、たとえば国文学や民俗学や考古学などの方法論と達成までを視野に入れて、研究者独自の学問空間を創造する。その研究成果は余人の追随を許さぬものとなるために「後世に残る」ことになる。

B　連続性を重んじるやり方

先人の業績をしっかりと受け止めて吟味し、そこに自分の達成を新たに加えていく。その上で、自己の仕事が他の研究者によって正当に評価され、乗り越えられていくのを待つ。この方法ではたしかに研究者個々の名前はいったんは陰に隠れるかもしれないが、でも後によく吟味をすれば、その真摯な取り組みがあったからこそ研究は先に先にと進んでいるのであって、歴史学が成長していく限り、進展に大きく寄与したその人の研究は「後世に残る」ものとなる。

偉大だとか立派だとかいわれる歴史学者とは、このどちらかのあり方で研究をリードしてきた人たちである。では、この本の著者である永原慶二（以下、先生などの敬称を略する）という方は？　と考えてみると、まさにBの代表として、中世史学の太い基本軸を作った歴史家であったと評価することが妥当ではないか。

日本の歴史研究を振り返る

戦前、日本の歴史学界では「皇国史観」が全盛であった。それは『日本書紀』や『古事記』が語る高天原以来の肇国神話や東征などの建国神話を史実として「信じろ」と説くもので、実証性、ひいては科学的な態度とは隔絶したものであった。この歴史観は「日本は大東亜の盟主」であるとして「八紘一宇」を標榜する昭和の軍部と親和性が高く、それゆえに太平洋戦争の敗戦後には一挙に否定されることになる。

「皇国史観」が退場した後に歴史学界で主流になったのは、マルクス主義の影響下にある「唯物史観」であった。この歴史観は歴史の遷移を階級闘争として捉える。そのため、昭和二〇年代、東京大学の国史学研究室（現在の日本史学研究室）の学生たちは教室で勉学するよりも先に、自ら政治闘争に身を投じていったと語り伝えられている。

だが、もう一つ、この歴史観は下部構造、すなわち庶民や村落など「下から」しっかりと社会や時代を観察し、客観的な数字を重視して解析を進め、その達成を駆使して政治や軍事に言及するという視野を内包していたことを忘れてはいけない。このときに大事にされるのは「皇国史観」の「信じること」ではもちろんない。冷静に分析し、考えること。そうした科学的態度に基づいた歴史研究は、日本では「唯物史観」の学習によって浸透していった。過激な政治闘争とは別の、いわば「科学的で穏やかな唯物史観」に立脚する研究者の代表が永原であった。

「四人組」の登場

昭和三一年には「もはや戦後ではない」という言葉が生まれ、そのあと社会では明治一〇〇年を祝うのか、はたまた戦後二〇年を反省と共に総括するのかという議論が巻き起こった。このころ、「唯物史観」は十分に社会性をもち、歴史学界は社会と連繫して歩んでいた。だがやがて高度経済成長期（GNPが世界第二位に躍進した）を経て社会が安定を見せた昭和五〇年代には、「唯物史観」とは別の歴史観も次第に求められるようになってきた。ここで登場してきたのが、網野善彦であった。

東寺領荘園の膨大な分析と研究成果を以て、実証的な荘園制研究のトップランナーとして学界に知られていた網野善彦は、一九七八（昭和五三）年に『無縁・公界・楽』を著して世の耳目を驚かせ、一躍注目を集めた。先鋭的な試みの常として、当初は否定的な意見も少なからず表明されたが、一九七四年に書かれていた『蒙古襲来』とこの本とを併せ捉え、アカデミズムの脈絡の中で高く評価したのが石井進だった。

東京大学国史学研究室の正統を受け継ぎ、伝統的な中世史学界の中枢に座を占める石井は、学問的な冒険をためらい学際性への対応に鈍感な周囲を批判し続けていた。彼は、同研究室で基礎を学んだ、すなわち東大の本流に属するはずの網野をあえて異端と呼び、ともすると自らの殻に閉じこもろうとする臆病な学界を変革する「外来の旗手」と位置づけた。アナール学派の社会史までを視野に収めた網野のスケールの大きな理論は、石井によって実証性を補完され、また保証されて、瞬く間に区々たる学問領域を乗り越えていった。

民俗学・社会学・考古学などの手法を援用して描写される網野の研究世界は、多くの読者と共感者を得た。網野と石井の二人三脚に法制史の笠松宏至と戦国史の勝俣鎮夫が加わったユニットを人々は「四人組」と呼んだ（これは私が直接知ることだが、四人ともこの括りをとても嫌がっていた。当然か）。彼らは現代とは様々に異なる中世社会を活写し、読者の眼前で展開して見せた。

四人組と永原慶二

網野善彦の歴史学が先に述べたAタイプであることは間違いあるまい。単著だけで四〇冊を上梓した網野の研究をどう評価したものか、私たち中世史研究者は考えあぐねて途方に暮れているのが現状である。

石井進も本質はAタイプである。彼は四人組すべての恩師である佐藤進一に課せられた宿題として『日本中世国家史の研究』（一九七〇年）をまとめ、律令国家から鎌倉幕府への移行を解き明かした後は、国家や幕府などのいわゆる上部構造そのものの研究をやめた。机上の論理ではなく「足へんの歴史」を標榜して徹底した現地調査を行い、一人の在地領主、名も無い農民を主人公として社会の動向を描きはじめたのである。その若き日、研究室の友人が書を捨てて学生運動に馳せ参じるのを尻目に一人黙々と史料を読んでいたという石井は唯物史観の研究者の範疇に入れられることはないが、石井門下生が「先生こそは真のリベラル」と口を揃えるゆえんである。

笠松宏至は所属していた東大の史料編纂所では、今もって「天才かさまつ」と敬意を込めて呼ばれている。もちろんAタイプである。東大の教養学部で教鞭を執り、多くの研究者に影響を与えた勝俣鎮夫は、AとBとを兼ね備えたタイプである。ただ、「史料を解釈するとき、二つの実証的な可能性が存在するときには、話が大きく、面白くなるほうを採りなさい」と教えた（学生としての私が教室で体験している）勝俣も、どちらかというとAタイプだと思う。

生年をみると、網野善彦は一九二八年生まれ、石井進と笠松宏至が一九三一年、勝俣鎮夫が一九三四年。永原慶二は一九二二年。つまり四人組の面々は永原より年下。勝俣などは一まわり下ということになる。こうした後輩たちの華々しい活躍をやさしく見守りながら、自身は頑としてBタイプであることを崩さない。それが永原であった。

誰の目にも明らかなことだが、永原の科学的な業績は質量ともに群を抜いている。中世と呼ばれるのは平安時代後期から戦国時代までであるが、永原はそのすべての時期を網羅し、経済構造の分析を基礎としながら政治や軍事、文化などに言及していく。一方で、京都で黒田俊雄が権門体制論（幕府を中心に時代を描写するのではなく、天皇・朝廷・京都を軸として歴史を叙述する）を発表すると、その学説の妥当性をめぐって真摯な議論を繰り広げたのも永原であった（本来、東の研究者の代表として議論を受けて立つべき石井は、「[黒田が学説の前提としている]中世国家なんて本当にあったのか？」と否定的に疑問を投げかけただけで討論の壇上にのぼらなかった）。

こうしてみていくと、網野をはじめとするAタイプの傑出した学者による「中世史ブーム」を支えたのは、実は永原だったといえるかもしれない。永原ががっちりと実証的な研究を積み上げ、セーフティーネットを張っていたからこそ、四人組は安心して自己の問題意識を深化させ、研究を進めていくことができた。先に、網野の奔放な立論を石井が支えたと述べたが、さらにそのもう一段底を固めたのが永原であった。この意味で、一九八〇年代の「中世史ブーム」を現出した陰の立役者は、永原ではないかと思うのだ。

永原と歴史観

歴史研究者とは一つ一つの歴史事実＝史実を実証的に復元していく人をいう。史実をいくつも重ねあわせ、鎌倉時代の文化であるとか、室町時代の村落などといった、まとまりをもった歴史像を明らかにできる人を歴史学者という。さらに歴史像を整合的に蓄積し、明確な方法論をもって時代を語る＝歴史観を示すことのできる人を歴史家という。

この整理からすると、歴史家と呼べる人には、鋭い分析力が必要であるとともに、時代をカバーするだけの研究分野の広さが求められる。日本の文系研究者は「広く浅く」ではなく

「狭く深く」を重視する趣（この傾向が悪く発現すると、「たこつぼ的」になる）があるが、歴史観を涵養するためには、「広く深く」の研究がなくてはならない。つまりは日々のたゆまぬ勉学が必須になるのだ。

戦後の歴史研究者のうち、歴史観を語れる中世史家として誰もが認める人というと、間違いなく以下の五人の名が挙がるだろう。幅の広い学問を統合し、一人の武士や庶民から社会像を構築した石井進。文字史料の限界に疑問を投げかけ、従来の二倍の社会像を復元してみせた網野善彦。天皇と京都の再認識を通じて、いわば京都史観を打ちだした黒田俊雄。それから、ここまで言及していないが、文化を軸に民衆の側から、古代から近世までの叙述を成し遂げた五味文彦。そしてもう一人が、穏やかな唯物史観の立場を取り、中世全体を深く考察した永原慶二である。

永原の研究成果は、対峙する人間を選ばない。どんな立場から歴史を研究するにせよ、それが実証的であれば必ず、彼の到達に直面する必要に迫られる性質のものである。研究者は永原の提示した推論に学ぶ。それを学んで、乗り越えるべく努力を重ねていく。ある研究者は、努力の末に、永原論のある部分を乗り越えることに成功するだろう。ある研究者は懸命に挑戦しても、永原論の確かさを追認するだけにとどまるだろう。ともあれ、彼の研究業績は、後からやってくる研究者のチャレンジを静かに待っている。乗り越えられることを待っている。この意味で永原は実にフェアーで、尊敬すべき先達なのだ。中世史の良心というべき偉大な研究者、それが永原である。

本書における永原

さて、こうした観点から本書をみていこう。本書の特色は一言でいうと「バランスがすばらしい」ということになろうか。東北から九州までの各地域について、政治・軍事・宗教・文化が実に適切に語られている。しかもどの記述の背景にも、数字に基づいた経済への注目があり、民衆の村落に於ける生活がもとになって、上部の構造がくみ上げられていく。その叙述は無理がないけれども、よく噛みしめてみると、きわめて綿密に計算されていることに気がつくのである。

一例を挙げると、軍事力の構成を考えるときに、永原は山梨県塩山（甲州市）の今に残る農家屋敷に注目する（二〇六頁）。樹齢四〇〇年はあろう老松が生い茂り、宅地部分だけで八〇〇坪はある堂々たる構え。これが「恵林寺領検地帳」にのる「御家人衆」の一人、網野新五左衛門尉の屋敷であった。彼は村落の豪農であって旧来の土地と新規開発の土地の年貢を免除される一方で、武田家の有力家臣・甘利氏の寄子（部下）として戦場に赴く義務を負っていた（領地が二貫文ほどなので、従者は連れず当主一人が従軍することになるのだろう）。これだけで、戦国最強を誇ったという武田の軍事力の構成が生き生きと甦る。なお永原は一九七三年に現地調査を行ったそうだが、山梨の有力者で網野、であるから、網野善彦が調査に何らか関わっているのかな、と想像を逞しくしてしまった。

永原は本書で説くところを「叙述」と表現している。この叙述の背後には『戦国期の政治経済構造』（一九九七年）という彼の「研究」がある（四六二頁）。研究と叙述を切り分ける。研究の成果を平明に社会に向けて叙述する。彼の勤勉さと良心的な態度、それに歴史家としての使命感が窺えよう。

永原が考える戦国時代は、出雲で守護代の尼子経久が富田月山城を奪い、加賀で一向一揆が守護の富樫政親を倒し、伊豆で北条早雲が堀越公方を滅ぼし、京都で細川政元が将軍の足利義材を追放したころ、一四八六年から一四九三年くらいまでに幕を開ける。時代が終わりを告げるのは、「天下人」である織田信長が近江の安土に城を築きはじめる一五七六年が想定される。

一五世紀終わり頃からほぼ一〇〇年のあいだに、日本列島には各地に「大名国家」が形成された。それは中世の他の地方勢力と異なり、中央のシステム（朝廷や幕府）と関係性を持たなくても自立的に活動する権力であった。大名は中央のコントロールを受けないから、たがいに勢力を伸張しあい、国境である「境目」のあり方をめぐって抗争を繰り広げる。これが戦国大名の戦いである。

一方で、この時代には従来の東アジア諸国の他に、ポルトガルなど南蛮諸国が頻繁に列島に来航してきた。そのことにより、列島の「境目」が問題になる。倭寇を見れば分かるように、室町時代には国境を意識しないで人々は活動していた。だが、諸外国の働きかけを受けて、列島の「境目」が広く意識されるようになり、本当の意味で「日本」という国が姿を現わす。日本が世界に繋がったのである。

永原と本書と戦国研究の進展――「天下」を例に

本書の構想は、各地域に大名国家が成立し（戦国時代の始まり）、「境目」を広げていこうとする大名の意志があって、やがてそれをもっとも巧妙に成し遂げた織田信長、またそれに続く豊臣秀吉が「天下人」になる（戦国時代の終わり）、というものである。ここで現在の学界の主流の考えと永原の叙述との違いについて一点だけ指摘してみよう。

いま学界で天下といったとき、それは日本列島全体を指すとは考えられていない。当時の天下という言葉の使い方に注目すると、天下とは京都、もしくは広くても畿内を指す。だから信長が「天下布武」と言った場合、それは日本列島を武力で制圧する、ではなくて、京都を中心とする政治秩序を掌握する、の意味になる、と説かれる（ちなみに筆者・本郷は、この考え方に賛同できない。いまなお天下＝列島全体だと思っている）。

この問題について、永原は本書でどう言っているか。「三好長慶は〔中略〕被官の松永久秀の進出に押されながらも、畿内政権の実権者として権勢を振るうようになった」（三二三頁）と述べながらも、長慶を「天下人」とは書いていない。これに対し信長・秀吉は「天下人」とされるが、その中味はこの一文に端的に示される。「すでに義昭（足利：筆者補足）を追放し、事実上武家の頂点に立った信長は、公卿としても昇進をかさね、天皇を擁し、あるいはその上に立って武家・公家両者を一手に統率する「天下人」への道を進もうとした」（四三二頁）。

このことからすると、彼は大名国家を束ねた者が「天下人」である、すなわち「天下人」は列島全域を支配の対象としている、と考えているようだ。そうすると、現在の「天下」論は永原と対峙し、永原を超えた好例と捉えることができるわけである。ただし彼は常に「天下人」と鉤括弧つきで叙述していて、この点がどうにも気にかかる。従来の天下人とは異なる解釈をもっていたように感じられ、もしかすると永原は現在の「天下」論の成立を見越していたのかもしれない。

仮にそうだとすると、全体の叙述はどう変わるのか。「畿内の政権を重んじた」信長が「全国制覇に進出する」。このあたりの関係を彼ならばどう考えるのか。両者は矛盾するのか、いや当然の帰結となるのか。興味は尽きないが、それを考察するのは永原からバトンを受け継ぐ私たちの仕事になるだろう。そして、それを行うことにより、考察の基となった永原の仕事は、くり返すが、ずっと後世に残っていくのである。

（東京大学史料編纂所教授）

西暦	和暦	天皇	将軍	日本	世界
1576	天正4	正親町		1月　信長、安土築城に着手。2月　信長、安土に移る。4月　本願寺顕如、織田信長に抗す。7月　毛利輝元の水軍、石山城に兵糧を入れる。	
1577	5			3月　信長、紀伊雑賀一揆を攻める。9月　上杉謙信、能登七尾城をおとす。10月　松永久秀挙兵するも、信長方に敗れ自殺。羽柴秀吉、播磨に出陣。11月　信長、右大臣。	
1578	6			10月　荒木村重、信長に叛く。11月　信長水軍九鬼嘉隆、毛利水軍に勝つ。	
1579	7			3月　越後御館の乱。景勝、上杉を継ぐ。	
1580	8			1月　羽柴秀吉、三木城を陥し、別所長治を自殺さす。4月　顕如、大坂退去。	
1581	9			2月　信長、馬揃。	
1582	10			3月　武田勝頼、信長に敗れ甲斐田野で自殺。信長、甲信2国国掟。6月　本能寺の変、信長自殺。山崎合戦、秀吉、明智光秀を倒す。	
1583	11			4月　賤ヶ岳合戦、柴田勝家、秀吉に敗れ、北の庄で自殺。	
1584	12			4月　長久手合戦。	
1585	13			3月　秀吉、紀伊雑賀一揆鎮定。 7月　秀吉、従一位関白に。長宗我部元親降伏。	
1586	14	後陽成		12月　秀吉、豊臣姓。太政大臣。	
1587	15			3月　秀吉、九州に出陣。5月　島津義久降伏。	
1588	16			4月　聚楽第に後陽成天皇行幸。7月　秀吉、刀狩令、海賊禁止令。	
1589	17			9月　琉球王の使、島津義久にともなわれ京都に来る。	
1590	18			4月　秀吉、小田原城を包囲。7月　北条氏降伏。徳川家康、関東に移封。	

西暦	和　暦	天皇	将軍	日　　本	世　界
1567	永禄10	正親町		10月　松永久秀、三好三人衆と戦い、東大寺大仏殿を焼く。信長、城下加納に楽市令を出す。	
1568	11		義栄 足利義昭	2月　義栄将軍就任。9月　信長、義昭を奉じて入京。信長、加納に楽市楽座令を出す。10月　義昭将軍就任。信長、諸国の関所撤廃。12月　信玄、駿府を占領し、今川氏真を遠江掛川に追う。	
1569	12			1月　三好三人衆、京都本圀寺に義昭を襲う。2月　織田信長、義昭のため二条城着工。3月　信長、撰銭令を出す。4月　信長、フロイスの京都居住を許す。6月　上杉謙信、北条氏康と和し、越相同盟。10月　武田信玄、上野・武蔵に進入、小田原城下に放火、三増峠で北条氏政と戦う。信長、伊勢平定。	
1570	元亀1			4月　織田信長、越前に朝倉氏を攻める。浅井長政・六角承禎、近江に挙兵。6月　姉川合戦で信長、浅井・朝倉を破る。9月　本願寺顕如、諸国の門徒に檄し、信長に敵対す。11月　長島一向一揆、小木江城を攻め織田信興を殺す。この年、ポルトガル船、長崎で交易をはじめる。	
1571	2			5月　信長、長島一向一揆攻撃、氏家卜全戦死、6月　毛利元就没。9月　信長、叡山焼打ち。10月　北条氏康没。	イスパニア、フィリピン諸島を占領。(1571)
1572	3			12月　武田信玄、三方ヶ原合戦で徳川家康を破る。	
1573	天正1			4月　武田信玄没。7月　足利義昭、山城槇島で挙兵。織田信長、義昭を捕え追放(室町幕府滅亡)。8月　信長、朝倉義景・浅井長政を滅ぼす。9～10月　信長、長島一向一揆攻撃。	
1574	2			1月　島津義久、大隅肝付氏を服属。9月　信長、長島一向一揆鎮圧。	
1575	3			2月　上杉謙信、「軍役帳」作成。 5月　長篠合戦で信長・家康軍、武田勝頼を破る。8月　信長、越前一向一揆鎮圧。	

西暦	和　暦	天皇	将軍	日　　本	世　界
1558	永禄1	正親町	義藤（義輝と改名）	9月　尼子晴久、石見銀山領有。木下藤吉郎、信長に仕える。12月　足利義輝、三好長慶と和睦し入京。	
1559	2			2月　信長上洛。北条氏「小田原衆所領役帳」作成。4月　上杉謙信上洛。8月　結城政勝没。この年、北条氏「代物法度」を定む。	
1560	3			5月　桶狭間合戦で、今川義元、信長に敗死。徳川家康、岡崎に帰る。足利晴氏没。8月　上杉謙信、関東に出陣。10月　浅井久政隠退。長政継ぐ。11月　三好長慶、芥川城から飯盛城に移る。松永久秀、多聞山城を築く。	
1561	4			3月　上杉謙信、小田原城攻撃。閏3月　謙信、関東管領となり政虎と改名。5月　十河一存没。斎藤義竜没。9月　第4次川中島合戦。	
1562	5			1月　織田信長と徳川家康、清洲で同盟を結ぶ。この年、大村純忠ポルトガル船の交易のため横瀬浦を開く。	フランスにユグノー戦争おこる。(1562)
1563	6			1月　毛利元就、石見銀山を御料所に献上。7月　信長、清洲から小牧山に進出。8月　毛利隆元没。9月　三河一向一揆おこる。この年、武田信玄、甲斐恵林寺領に検地をおこなう。大村純忠、洗礼を受ける。	
1564	7			1月　北条氏康・氏政、国府台で里見義弘を破る。2月　徳川家康、三河一向一揆鎮圧。7月　三好長慶没。	
1565	8			5月　松永久秀・三好三人衆、義輝を殺す。7月　久秀宣教師ビレラ、フロイスらを京都から追放。	
1566	9			2月　一乗院覚慶（義輝弟）還俗、義秋（義昭）と名乗る。11月　毛利元就、月山城に尼子義久を滅ぼす。尼子氏滅亡。	
1567	10			4月　六角義賢・義治、「六角氏式目」制定。8月　織田信長、稲葉山城に斎藤竜興を滅ぼし、ここに本拠を移し、岐阜と改める。	

西暦	和　暦	天皇	将軍	日　　　本	世　界
1549	天文18	後奈良	足利義藤	3月　松平広忠殺される。6月　細川晴元、足利義晴・義藤を擁して近江坂本に走る。7月　ザビエル、鹿児島にくる。三好長慶入京。12月　六角氏、城下石寺新市に楽市令を出す。	
1550	19			2月　二階崩れの変で大友義鑑殺される。4月　北条氏諸公事改革。5月　足利義晴没。7月　毛利元就、井上一族を誅伐。12月　島津貴久、伊集院より鹿児島に移る。	
1551	20			3月　織田信秀没し、信長継ぐ。9月　大内義隆、陶隆房に攻められ自殺。10月　ザビエル、日本を去る。	
1552	21			1月　北条氏康、上野平井城を攻め、上杉憲政を越後に追う。三好長慶、足利義藤（義輝）を京都に迎え、細川晴元を若狭に追う。六角定頼没。3月　大友晴英（義長）大内氏を継ぐ。8月　大内義長、トルレスに大道寺創建を許可す。この年、斎藤道三、土岐頼芸を敗走さす。	ザビエル、中国広東省の上川島に没す。(1552)
1553	22			1月　武田信玄、小笠原長時を越後に追う。2月　今川義元、「今川仮名目録追加」制定。8月　三好長慶、芥川城に入る。第1次川中島合戦。この秋、長尾景虎上洛。	
1554	23			3月　甲・駿・相3国同盟成立（善徳寺の会盟）。11月　北条氏康、足利晴氏父子を相模波多野に幽閉。	
1555	弘治1			2月　相良晴広、「相良氏法度」制定。4月　織田信長、清洲城に移る。10月　毛利元就、厳島合戦で陶晴賢を敗死さす。	
1556	2			4月　斎藤道三、子義竜に敗死。5月　元就、尼子晴久を石見銀山に破る。11月　結城政勝、「結城氏新法度」制定。	
1557	3			4月　元就、防長2国を平定。大内義長を滅ぼす。大内氏滅亡。8月　第3次川中島合戦。12月　元就、安芸国人と軍中法度を定む。	ポルトガル、マカオ居住権獲得。(1557)

西暦	和暦	天皇	将軍	日本	世界
1540	天文9	後奈良	義晴	5月　武田信虎、信濃佐久郡を攻略。9月　尼子詮久、吉田の郡山城に毛利元就を攻める。	
1541	10			1月　尼子軍、吉田から敗走。　6月　武田晴信、父信虎を駿河に追う。7月　北条氏綱没。11月　尼子経久没。	カルヴィンの宗教改革はじまる。(1541)
1542	11			1月　浅井亮政没。3月　三好範長、木沢長政を河内太平寺に敗死さす。5月　斎藤道三大桑城を攻め、守護土岐頼芸を追う。6月　伊達家天文の乱おこる。7月　武田晴信、諏訪氏を滅ぼす。この年から翌年にかけ、北条氏康、相模・武蔵に代替わり検地をおこなう。	ザビエル、ゴアにつく。(1542)
1543	12			2月　大内義隆・毛利元就、富田月山城に尼子氏を攻める。8月　ポルトガル人の乗る大船種子島に漂着し、鉄砲伝来。	コペルニクス地動説発表。(1543)
1544	13			9月　織田信秀、斎藤道三を稲葉山城に攻めるも敗北。11月　毛利元就の子隆景、小早川氏を継ぐ。	
1545	14			4月　武田信玄、信濃高遠城を攻める。8月　今川義元、北条氏康と駿河狐橋で戦う。この年、島津貴久、島津本家の家督と守護職を継承。	
1546	15			4月　北条氏康、川越城に足利晴氏・上杉憲政・同朝定の軍を破る。8月　細川晴元、三好範長を堺に出陣させ、細川氏綱・畠山政国らに備えさす。堺会合衆の仲介により範長、兵を退く。12月　義藤（義輝）将軍就任。	
1547	16		足利義藤	6月　武田晴信（信玄)、「甲州法度之次第」制定。7月　元就の子元春、吉川氏を継ぐ。	
1548	17			2月　武田信玄、上田原に村上義清を攻め、敗れる。3月　朝倉孝景没。竜造寺胤信（隆信）家督を継ぐ。12月　長尾晴景隠居、景虎（謙信）継ぐ。	

西暦	和暦	天皇	将軍	日本	世界
1527	大永7	後奈良	足利義晴	2月　細川高国、柳本賢治に敗れ、義晴を奉じて近江坂本に走る。3月　三好元長、足利義澄の子義維・細川晴元を奉じて、阿波より堺に入る。8月　斎藤道三、美濃守護土岐政頼を越前に追い、頼芸を守護とする。10月　足利義晴入京。	
1528	享禄1			5月　義晴、近江坂本に走る。8月　武田信虎、信濃境川に諏訪頼満と戦う。12月　大内義興没。	
1530	3			6月　北条氏綱、上杉朝興を武蔵小沢原に破る。	
1531	4			1月　長尾為景、越後国人と陣中壁書を定む。閏5月　加賀一向宗大小一揆の乱。6月　三好元長ら、細川高国を自殺させる。7月　足利政氏没。	
1532	天文1			6月　木沢長政、本願寺証如の援けをうけ、飯盛城に畠山義宣を倒し、堺に三好元長を殺す。7月　大和一向門徒、興福寺衆徒と戦う。8月　法華一揆、山科本願寺を焼く。証如大坂に移る。	新大陸の銀がイスパニアに流出。(1532)ピサロ、ペルーを征服。(1533)
1533	2			2月　細川晴元、堺で一向門徒と戦い、淡路に敗走。3月　木沢長政、法華宗徒を率いて一向門徒と摂津で戦う。この年、神谷寿禎、大森銀山で銀精錬に成功。	
1534	3			9月　足利義晴、近江より入京。	イエズス会創立。(1534)ポルトガル、ムンバイ占領。(1534)
1535	4			12月　松平清康、織田信秀を攻めるため守山に陣し、家臣に殺される。信秀、三河に出陣。この年、細川晴元と本願寺和睦。	
1536	5			2月　後奈良天皇践祚10年で即位礼。4月　伊達稙宗、「塵芥集」制定。7月　天文法華の乱。9月　細川晴元入京。	
1537	6			7月　北条氏綱、上杉朝定を川越城から追い、松山城を攻める。12月　毛利元就、隆元を大内義隆に人質に出す。	
1538	7			10月　北条氏綱、下総国府台で小弓御所足利義明・里見義堯と戦い、義明を敗死さす。	
1539	8			1月　三好範長（長慶）入京。	

西暦	和　暦	天皇	将軍	日　　本	世　界
1506	永正3	後柏原	義高（義澄）	1月　毛利弘元没。9月　長尾能景、越中一向一揆に敗死。	
1507	4			6月　細川澄之、父政元を殺し澄元を近江に追う。8月　細川高国、澄之を殺す。澄元家督相続し入京。長尾為景守護上杉房能を追い、定実をたてる。	
1508	5		足利義尹（義稙と改名）	4月　細川澄元・足利義澄、近江に逃げる。6月　前将軍義尹、大内義興とともに入京。7月　義尹将軍就任。	
1509	6			7月　関東管領上杉顕定、長尾為景を越中に追う。	
1510	7			6月　長尾為景、上杉顕定を越後長森で殺す。	ポルトガル、ゴア占領。朝鮮で三浦の乱。(1510)
1512	9			8月　早雲、三浦義同を相模岡崎城に攻め、住吉城に追う。	
1513	10			10月　守護上杉定実、長尾為景を除かんとし、春日山城に拠る。為景、定実を幽閉す。	
1515	12			12月「大友義長条々事書」制定。	
1516	13			7月　早雲、新井城に三浦義同・義意父子を滅ぼす。8月　毛利興元没し、幸松丸継ぐ。	ルター宗教改革はじまる。(1517)
1518	15			8月　大内義興、堺より帰国。10月　北条氏、伊豆木負百姓に虎印判を使用。義興、領内に撰銭令を出す。	
1519	16			8月　北条早雲没。この年、武田信虎、石和から躑躅崎に移る。	
1520	17			この年、北条氏綱、相模に代替わり検地。今川氏検地初見。	
1521	大永1		足利義晴	12月　細川高国、将軍義稙を廃し、義晴を将軍とする。	マゼラン一行世界周航(1522)。
1522	2			この年、伊達稙宗、陸奥守護となる。	
1523	3			4月　足利義稙没。7月　毛利幸松丸没し、元就継ぐ。	
1524	4			1月　北条氏綱、江戸城に上杉朝興を破る。	
1525	5			2月　氏綱、岩槻城を攻め太田資頼を追う。	
1526	6	後奈良		3月　神谷寿禎、石見大森銀山の採掘をはじめる。4月　今川氏親、「今川仮名目録」制定。6月　今川氏親没。	

年表

西暦	和暦	天皇	将軍	日本	世界
1477	文明9	後土御門	足利義尚	11月　応仁の乱終わる。	
1478	10			1月　蓮如、山科本願寺建立に着手。	
1485	17			8月　山城の国一揆おこる。	
1486	18			1月　尼子経久、守護京極氏の富田月山城を奪い、そこに入る。2月　山城の国一揆衆、宇治平等院で国中の掟を定める。7月　上杉定正、太田道灌を殺す。	
1487	長享1			9月　足利義尚、六角高頼を討つため近江坂本に出陣。高頼、甲賀に敗走す。11月　上杉顕定と同定正敵対する。12月　加賀一向一揆おこる。	
1488	2			6月　加賀一向一揆、守護富樫政親を自殺させる。	
1489	延徳1			3月　足利義尚、陣中で病没。	
1490	2		足利義材	7月　足利義材（義尹・義稙）将軍就任。	
1491	3			9月　北条早雲、堀越公方足利茶々丸を滅ぼし、韮山に入る。	コロンブス、アメリカ到着(1492)
1493	明応2			4月　細川政元、足利義材を廃し清晃（義遐・義高・義澄）をたてる。相良為続、「相良氏法度」制定。この年、山城の国一揆解体。	
1494	3		足利義高（義澄と改名）	12月　足利義高（のち義澄）、正式に将軍就任。	
1495	4			9月　北条早雲、小田原城を攻め、大森氏を追う（近年の研究では96年以降）。この年から翌年にかけ美濃国人二分して船田合戦。	
1496	5			9月　蓮如、石山御坊建立。	
1498	7			9月　足利義尹（義材）上京をはかり、越前朝倉氏をたよる。	ヴァスコ＝ダ＝ガマ、カリカットに到着(1498)
1499	8			3月　蓮如没。11月　義尹、周防の大内義興をたよる。	
1503	文亀3	後柏原		3月　幕府、朝鮮に通信符を求める。	
1504	永正1			9月　細川政元、摂津守護代薬師寺元一を殺す。北条早雲・今川氏親、上杉朝良を援け、武蔵立河原に上杉顕定を破る。	

ら　行

わ　行

や　行

ま　行

な　行

は　行

た　行

さ　行

か　行

索　引

あ　行

本書は、一九七五年に小学館より刊行された『日本の歴史
14 戦国の動乱』を基に、二〇〇〇年に増補改訂のうえ小
学館ライブラリーから刊行された『戦国時代 16世紀、日
本はどう変わったのか』（上下巻）を原本としています。

永原慶二（ながはら　けいじ）

1922-2004年。大連市生まれ。東京大学文学部国史学科卒業。東京大学史料編纂所員，一橋大学教授，和光大学教授，日本福祉大学客員教授を経て，一橋大学名誉教授，和光大学名誉教授。経済学博士。歴史学研究会委員長，日本学術会議会員などを歴任。主な著作に，『日本封建社会論』（東京大学出版会），『日本中世社会構造の研究』『戦国期の政治経済構造』（ともに岩波書店）など。

講談社学術文庫

定価はカバーに表示してあります。

戦国時代《せんごくじだい》

永原慶二《ながはらけいじ》

2019年７月10日　第１刷発行

発行者　渡瀬昌彦
発行所　株式会社講談社
東京都文京区音羽 2-12-21 〒112-8001
電話　編集（03）5395-3512
販売（03）5395-4415
業務（03）5395-3615
装　幀　蟹江征治
印　刷　豊国印刷株式会社
製　本　株式会社国宝社
本文データ制作　講談社デジタル製作

ISBN978-4-06-516552-2

「講談社学術文庫」の刊行に当たって

これは、学術をポケットに入れることをモットーとして生まれた文庫である。学術は少年の心を養い、成年の心を満たす。その学術がポケットにはいる形で、万人のものになることは、生涯教育をうたう現代の理想である。

こうした考え方は、学術を巨大な城のように見る世間の常識に反するかもしれない。また、一部の人たちからは、学術の権威をおとすものと非難されるかもしれない。しかし、それはいずれも学術の新しい在り方を解しないものといわざるをえない。

学術は、まず魔術への挑戦から始まった。やがて、いわゆる常識をつぎつぎに改めていった。学術の権威は、幾百年、幾千年にわたる、苦しい戦いの成果である。こうしてきずきあげられた城が、一見して近づきがたいものにうつるのは、そのためである。しかし、学術の権威を、その形の上だけで判断してはならない。その生成のあとをかえりみれば、その根は常に人々の生活の中にあった。学術が大きな力たりうるのはそのためであって、生活をはなれた学術は、どこにもない。

開かれた社会といわれる現代にとって、これはまったく自明である。生活と学術との間に、もし距離があるとすれば、何をおいてもこれを埋めねばならない。もしこの距離が形の上の迷信からきているとすれば、その迷信をうち破らねばならぬ。

学術文庫は、内外の迷信を打破し、学術のために新しい天地をひらく意図をもって生まれた。文庫という小さい形と、学術という壮大な城とが、完全に両立するためには、なおいくらかの時を必要とするであろう。しかし、学術をポケットにした社会が、人間の生活にとってより豊かな社会であることは、たしかである。そうした社会の実現のために、文庫の世界に新しいジャンルを加えることができれば幸いである。

一九七六年六月

野間省一